陇上学人文存

LONGSHANG XUEREN WENCUN

陇上学人文存

蹇长春　卷

蹇长春 著　李天保 编选

甘肃人民出版社

图书在版编目（ＣＩＰ）数据

陇上学人文存. 蹇长春卷／范鹏，王福生，陈富荣总主编；蹇长春著；李天保编选. -- 兰州：甘肃人民出版社，2020.7（2024.1 重印）
ISBN 978-7-226-05567-0

Ⅰ. ①陇… Ⅱ. ①范… ②王… ③陈… ④蹇… ⑤李… Ⅲ. ①社会科学－文集②中国文学－古典文学研究－唐代－文集 Ⅳ. ①C53②I206.42-53

中国版本图书馆CIP数据核字（2020）第139378号

责任编辑：李青立
封面设计：王林强

陇上学人文存·蹇长春卷

范鹏　王福生　陈富荣　总主编

蹇长春　著　李天保　编选

甘肃人民出版社出版发行
（730030　兰州市读者大道 568 号）
德富泰（唐山）印务有限公司印刷
开本 890 毫米 × 1240 毫米　1/32　印张 12.5　插页 7　字数 315 千
2020 年 11 月第 1 版　2024 年 1 月第 2 次印刷
印数：1001~3000
ISBN 978-7-226-05567-0　定价：60.00 元
（图书若有破损、缺页可随时与印厂联系）

《陇上学人文存》第四辑

编辑委员会

《陇上学人文存》第八辑

编辑委员会

总 序

陇者甘肃，历史悠久，文化醇厚。陇上学人，或生于斯长于斯的本地学者，或外来而其学术成就多产于甘肃者。学人是学术活动的主体，就《陇上学人文存》（以下简称《文存》）的选编范围而言，我们这里所说的学术主要指人文社会科学研究。《文存》精选中华人民共和国成立以来，甘肃人文社会科学领域成就卓著的专家学者的代表性著作，每人辑为一卷，或标时代之识，或为学问之精，或开风气之先，或补学科之白，均编者以为足以存当代而传后世之作。《文存》力求以此丛集荟萃的方式，全面立体地展示新中国为甘肃学术文化发展提供的良好环境和陇上学人不负新时代期望而为我国人文社会科学事业做出的新贡献，也力求呈现陇上学人所接续的先秦以来颇具地域特色的学根文脉。

陇原乃中华文明发祥地之一，人文学脉悠远隆盛，纯朴百姓崇文达理，文化氛围日渐浓厚，学术土壤积久而沃，在科学文化特别是人文学术领域的探索可远溯至伏羲时代，大地湾文化遗存、举世无双的甘肃彩陶、陇东早期周文化对农耕文明的贡献、秦先祖扫六合以统一中国，奠定了甘肃在中国文化史上始源性和奠基性的重要地位；汉唐盛世，甘肃作为中西交通的要道，内承中华主体文化熏陶，外接经中亚而来的异域文明，风云际会，相摩相荡，得天独厚而人才辈出，学术思想繁荣发达，为中华文明做出了重要贡献。

近代以来，甘肃相对于逐渐开放的东南沿海而言成为偏远之地，反而少受战乱影响，学术得以继续繁荣。抗日战争期间作为大后方，接纳了不少内地著名学府和学者，使陇上学术空前活跃。新中国成立之后，人文社会科学领域的专家学者更是为国家民族的新生而欢欣鼓舞，全力投入到祖国新的学术事业之中，取得了一大批重要的研究成果，涌现出众多知名专家，在历史、文献、文学、民族、考古、美学、宗教等领域的研究均居全国前列，影响广泛而深远。新中国成立之后，人文社会科学几次对当代学术具有重大影响的争鸣，不仅都有甘肃学者的声音，而且在美学三大学派（客观派、主观派、关系派）、史学"五朵金花"（史学在新中国成立之后重点研究的历史分期、土地制度史、农民战争史等五个方面的重点问题）等领域，陇上学人成为十分引人注目的代表性人物。改革开放以来，甘肃学者更是如鱼得水，继承并发扬了关陇学人既注重学理求索又崇尚经世致用的优良传统，形成了甘肃学者新的风范。宋代西北学者张载有言："为天地立心，为生民立命，为往圣继绝学，为万世开太平"，此乃中华学人贯通古今、一脉相承的文化使命，其本质正是发源于陇原的《易》之生生不已的刚健精神，《文存》乃此一精神在现代陇上得到了大力弘扬与传承的最佳证明。

《文存》启动于中华人民共和国成立六十周年之际，在选择入编对象时，我们首先注重了两个代表性：一是代表性的学者，二是代表性的成果，欲以此构成一部个案式的甘肃当代学术史，亦以此传先贤学术命脉，为后进立治学标杆。此议为我甘肃省社会科学院首倡，随之得到政界主要领导、学界精英与社会各界广泛认同与政府大力支持，此宏愿因此而得以付诸实施。

为保证选编的权威性，编委会专门成立了由十几位省内人文社会科学领域著名学者组成的专家指导委员会，并通过召开专题会议研讨、发放推荐表格和学术机构、个人举荐等多种方式确定入选者。为使读者对作者的学术成就、治学特色和重要贡献有比较准确和全面的了解，在出版社选配业务精良的责任编辑的同时，编委会为每一卷配备了一位学术编辑，负责选编并撰写前言。由于我院已经完成《甘肃省志·社会科学志》（古代至1990年卷，1990至

2000 年卷）的编辑出版工作，为《文存》的选编提供了坚实的基础和基本依据，加之同行专家对这一时期甘肃人文社会科学发展的研究，使《文存》能够比较充分地反映同期内甘肃人文社会科学的基本状况。

我们的愿望是坚持十年，《文存》年出十卷，到 2019 年中华人民共和国成立七十周年之际达至百卷规模。若经努力此百卷终能完整问世，则从 1949 至 2009 年六十年间陇上学人以"人一之、我十之，人十之、我百之"的甘肃精神献身学术、追求真理的轨迹和脉络或可大体清晰。如此长卷宏图实为新中国六十年间甘肃人文社会科学全部成果的一个缩影，亦为此期间甘肃人文社会科学学术业绩的一次全面检阅，堪作后辈学者学习先贤的范本，是陇上学人献给祖国母亲的一份厚礼。此一理想若能实现，百卷巨著蔚为大观，《文存》和它所承载的学术精神必可存于当代，传之后世，陇上学人和学术亦可因此而无愧于我们所处的伟大时代，并有所报于生养我们的淳厚故土。

因我们眼界和学术水平的局限，选编过程中必定会出现未曾意料的问题，我们衷心期望读者能够及时教正，以使《文存》的后续选编工作日臻完善。

是为序。

2009 年 12 月 26 日

目　录

编选前言

当我受命为我校文学院蹇长春教授编选《陇上学人文存》卷时，既深感荣幸，又不无惶惑，担心不能很好地完成任务。好在，蹇先生虽已年届耄耋，但犹精神矍铄，读书笔耕不辍，我在编选过程中可以随时登门求教，以期不辱使命。

先生 1933 年 2 月出生于四川省营山县。1950 年初参加中国人民解放军，在部队服役六年。期间，曾于 1950 年冬入朝参加"抗美援朝"战争，至 1955 年 4 月，始奉命随部队回国。在朝约四年半，荣立三等功一次，获朝鲜民主主义人民共和国颁发的军功章一枚。先生常说，他一生最宝贵的青春年华，是在"抗美援朝"战争中度过的。

1956 年初，他转业到河西走廊工作不久，即赶上是年全国高考扩大招生，遂以同等学力考入西北师范学院中文系学习。1960 年以优异成绩毕业，留校任教，1987 年晋升为教授。曾先后担任《西北师大学报》(社科版)主编、西北师大中文系主任及敦煌学研究所所长。长期从事中国古代文学教学与研究工作，发表学术论文数十篇。对唐代大诗人白居易的研究，用力尤勤，成就斐然，是国内外影响卓著的白居易研究专家。

先生一生读书、治学的经历是曲折的。16 岁时，因家庭困难，初中毕业后，即辍学自修。但缘于外祖父的影响，他的文化基础远远超过了同龄人。先生的外祖父姓刘，是清末秀才，能文，善书法，早年以坐馆授徒为生，后入川军幕，是当地饱学的乡绅。先生幼年即承外祖父指导,熟读"三百千"及《声律启蒙》《千家诗》《幼学琼林》《古文观止》等蒙学读物,具备了阅读和写作浅近文言文的能力。后来,在炮火连天的朝鲜战场,他也惜时如金,利用战事间隙,陆续阅读了除日记和书信外的鲁迅先生的全部著作;同时,还逐字逐句阅读了刚出版的《毛泽东选集》一至三卷。革命领袖与文学巨匠的经典著作,开阔了他的眼界,提高了他的人文素质和思想境界,为他革命的人生观和世界观铸就了坚实的基础。20世纪50年代,先生实现了他进入高校继续深造的夙愿。此时的西北师院,文科师资力量十分雄厚,就中文专业而言,赵荫棠、杨伯峻、尤炳圻、郑文、彭铎、郭晋稀、陈涌、张文熊、李鼎文等一批学有根柢、享誉学林的知名学者正在此间执教,使他受到了良好的学术熏陶。家学与师承的滋养,加之他多年来养成的好学深思之习,使其就读期间,中国古代文学成绩尤为突出。同时,由于战壕里的苦读经历,也为他的现当代文学学习打下了扎实的根基。在1958年西北师院中文系现代文学教师和学生代表编著的《中国现代文学史》教材中,他受命编写了《瞿秋白的文学业绩及其影响》一章,约5万字,受到师生的好评。

在"文化大革命"期间,"世事茫茫难自料",人人忙于运动,他却抓紧一切可以利用的时间,阅读了不少马列主义经典著作和中外文学名著。1970年秋,在老领导辛安亭(曾任甘肃教育学院党委书记兼院长,后调任兰大党委书记兼校长)同志的关照下,他得以调入辛老领导的甘肃省中小学教材编写组,从事中学语文教材编写工作,直至"文化大革命"结束。辛老德高学硕,是当代著名的教育家、出版家,平日宽以待人,严于律己,工作一丝不苟,霍先生深受其风范的影响和熏染。改革开放初,先生很长时期担任西北师大学报〔社科版〕主编,成绩斐然,与辛老的影响不无关系。

"文化大革命"后期,因阅读郭沫若《李白与杜甫》、章士钊《柳文指要》等著作,激发了先生对唐代文学的兴趣。他先后细读了李杜、元白、韩柳、刘禹锡、李贺、张籍、王建及杜牧、李商隐等著名诗人的作品。通过比较,他认为白居易是唐代仅次于"李杜"的伟大诗人;就其诗文数量之多及保存之完好而言,均居唐人之冠。于是,他暗下决心,将白居易作为自己后半生学术研究的重点。

流年急景,光阴易逝,已届中年的他深感时不我待,于是抓紧一切时间,开始了对白居易的深入研究。一方面,在《白氏文集》的文本上狠下功夫;另一方面,尽可能广泛而完备地蒐集自唐宋以来有关白居易研究的论著及史料。从南宋陈振孙《白居易年谱》、清初汪立名《白香山诗集》和《年谱》,到现当代陈寅恪、岑仲勉等著名学者关于白氏诗文的笺证、版本源流、文本辨证等一系列重要著作和文章,以及游国恩、顾学颉、王拾遗、霍松林、卞孝萱、朱金城、褚斌杰等先生关于白居易的论著,他无不爬罗剔抉,一一细读。同时,观照到白氏的"全人""全书"及其所处时代背景,草成约 10 万字的读书札记——"白居易论纲",作为这一研究课题的总体规划。由此可见,蹇先生的白居易研究,准备极其充分,起点甚高。后来,他所发表的关于白居易研究的文章,大都是针对学术界论争的热点有感而发,极富现实针对性和挑战性。因此,有多篇被"人大"复印资料全文转载;其所持学术观点,亦多引起同行专家甚至海外学者的关注和响应。

回顾蹇先生的学术活动,主要集中在"文革"结束后至 21 世纪初的二十多年里。在此期间,就其学术成就而言,最突出的是参与了两项由中央倡导的、具有划时代意义的重大文化建设工程:一是力争将白居易列入《中国思想家评传丛书》的传主之一,并被确定为《白居易评传》的撰稿人,于2002年出版了40多万字的《白居易评传》①。这是一部被誉为白居易研究集大成的力作。二是经南京大学卞孝萱教授荐请,担任了《中华大典·文学典·隋唐五代文学分典》(1000万字)副主编兼《中唐文学部》(300万字)主编,高质量地完成了编纂任务。

由党内老专家匡亚明同志主编的《中国思想家评传丛书》,被誉为"规模最大的中国传统思想文化研究工程"。中宣部、国家教委曾联合发文,要求全国各有关高等院校、出版社、科研单位,高度重视和支持这一重大项目。因此,塞先生是带着严肃的使命感开始《白居易评传》的撰写工作的。白居易作为中唐诗坛重镇,思想儒释道杂糅,诗文遗产多达3700余篇(首),向来是学术界关注的热点。当时已出版关于他的传记多种,研究论著更不计其数。因此,要突破前人陈说,按"中国思想家研究中心"要求完成《白传》的写作任务,决非易事。

如前所述,由于塞先生对白居易研究前期准备功夫极为扎实细致;其次,除早岁曾对革命先烈瞿秋白的文学业绩做过专题研究外,还在20世纪80年代初,与友人合作对傅玄、阴铿及岑参三位诗人的别集作了校注整理②,从而积累了较丰富的研究作家、作品的方法和

---

①20世纪80年代中期,《中国思想家评传丛书》项目启动时,未将白居易列为传主。先生乃主动去信与南京大学《中国思想家研究中心》联系,建议将白氏列为传主,并附上近万言《白传》撰写构思提纲。其建议被"中心"采纳,并决定请先生为《白传》撰稿人。

②20世纪80年代初,先生曾与省图书馆余贤杰、甘报社王会绍二位友人合作,从事古籍校注整理工作。商定好校注体例,确定底本及参校本后,先由余、王二位写出初稿,再由他作为第一作者,逐篇审订定稿,并通观全书,写出《前言》。至1983年底,完成《傅玄阴铿诗注》(约18万字)、《岑参集校注》(约40万字)两部书稿。前者,列入《历代甘肃作家作品选注丛书》,由甘肃人民出版社于1987年7月出版;后者,曾由西北师大科研处请彭铎教授审订。认为书稿基础尚可,修改后可以出版。后因此书已有校注本正式出版在先,事遂寝。

经验。再者,《白居易评传》的写作,"评""传"兼顾,详略得当,重点突出。因此,此书甫一出版就获得学术界广泛的认可和好评;认为之前出版的多种或过于简略,或失之粗疏,或评价有失片面的白居易传记作品,与它诚不可同日而语。2004 年,该书荣获甘肃省高校社会科学成果一等奖,次年又获甘肃省社会科学成果二等奖。

统观《白居易评传》全书,创获与新意颇多。这里仅就为学术界所关注的四个热点,亦即蹇先生白居易研究的四大亮点,略作评析。

其一,对白居易扑朔迷离的先祖、世系与家族问题的厘清和补正。

这是一个学术界长期聚讼不休,也是为白居易立传不容回避的大问题。先生凭着扎实的考据学功底,在有鉴别地汲取前人研究成果的基础上,积极发掘和补充新材料,厘清并明确地回答了这一大问题所涵盖四个具体问题

一是大胆地否定了白氏在其《家状》中伪冒的煊赫的种姓、先祖及世系。蹇先生认为,由于受到魏晋以来矜阀阅、重谱牒遗风的影响,白居易在《家状》中伪冒的远祖,自北齐五兵尚书白建以上的秦名将白起,以及更远的白乙丙、白公胜等等,均出于杜撰。尤其值得关注的是,他最先发现李商隐为白公所撰的墓碑《铭》中,开篇就拈出"公之世先,用谈说闻",对白氏自撰的伪冒不实的《家状》,提出了质疑。李商隐与白居易为忘年之交,其表述自然值得重视。《白居易评传》第一章第一节即引用上述《铭》文开头的八个字为标题,显然是不无用意的。以往许多论者简单地认定乐天之先祖出自"西域龟兹白姓",并拼凑自汉至唐一连串出自西域白姓的所谓"名人",敷衍成白居易先祖由胡入汉的世系。对此类不确切的观点,他引《通典》《高僧传》等相关史料,予以驳斥。比较起来,他认为陈寅恪先生只同意"白居易出于西域",与"西域之白或帛氏有关",而并未简单地认同乐天先世出自"西

域龟兹白姓"(参阅《元白诗笺证稿·附论(甲)白乐天之先祖及后嗣》)之说,甚为允当。

二是否定了白居易伪冒的郡望,落实了其籍里与出生地。清钱大昕《十驾斋养新录·郡望》称:"自魏晋以门第取士,单寒之家,屏弃不齿,而士大夫始以郡望自矜。"由此可知,伪冒世系与郡望,实质上是同一社会陋习所表现的两个不同的侧面。塞先生指出:既然白居易在《家状》中一再重复秦名将白起乃其远祖,是伪冒不实的,则"始皇思武安之功,封其子仲于太原,子孙因家焉,故今为太原人"(《故巩县令白府君事状》),也当然是不靠谱的。查核《史记·白起传》及《始皇本纪》,均无"封其子仲于太原"的载记,则以太原为其郡望之说,不攻自破。塞先生以"断自近祖"为原则,以可靠的史料为依据,认定白氏近祖先占籍同州韩城,后徙下邽(今陕西渭南),因而,以下邽为其籍贯,河南新郑为其出生地,是符合历史实际的(参阅《白传》第一章第二节《郡望与籍里》)。

三是坐实了白居易父母乃亲舅甥婚配的问题。白氏不但是天才诗人,而且早登科第,入居近侍之职,公忠体国,是具有辅弼之才的资深能吏,为何仕途坎坷,最终只落得"同时六学士,五相一渔翁"的结局?这固然与封建专制时代,仕途险恶有关,但其中一个重要的原因,盖因其父母乃亲舅甥婚配,有悖于当时社会之礼法人情。此点对于乐天之仕途与思想转变,影响至巨。

关于乐天父母乃亲舅甥婚配一事,早在唐末高彦休《唐阙史》中即提供了可信的史料。罗振玉认为"(白居易父)季庚所娶乃妹女"(《贞松老人遗稿》甲集之一《后丁戊稿·白氏长庆集书后》),陈寅恪支持此说。岑仲勉则认为,罗、陈二氏之说,"既加季庚以刑事罪名,又重诬大诗人之家风浮薄","季庚与颖川县君不过是中表结婚,绝非舅甥联婚"(岑仲勉《隋唐史》卷下第四十五节,注22)。顾学颉引据乐天所撰其外祖母陈白氏志铭对岑说予以反驳，称：志铭中分明说，"惟夫人在家以和顺奉父母，故延安君（指乐天祖父白锽）视之如子"；又说，"延安终，夫人哀毁过甚，为孝女"（《白居易世系·家族考》）。蹇先生通过对以上观点的梳理对比与分析论证，指出乐天父季庚与其外祖母陈白氏乃兄妹关系；季庚娶其妹陈白氏之女为妻，确系亲舅甥婚配。此说遂成定论。

四是澄清了对白氏子嗣与后裔的疑问。从其诗文中可知，乐天无子。其子嗣为谁？向来有三说：1. 侄孙阿新；2. 侄景受；3. 侄孙景受。诸说均有文献为据，各执一词，难为遽断。蹇先生对以上诸说及其所依据的文献作了详细考辨，并以李商隐《白文公墓碑志》及《樊南文集补编》卷七《与白秀才状》为据，确定乐天以景受为嗣，而景受即延请李商隐为乐天撰写墓碑之人。但景受与乐天之亲属关系究竟是侄或侄孙，仍未详。20世纪80年代初，在洛阳市郊发现了完整的《白居易家谱》（顾学颉编纂注释，中国旅游出版社，1983年1月出版），其中载明白居易"取胞兄幼文次子景受嗣"，直接印证了蹇先生的论断，同时廓清了景受为乐天之侄而非孙的问题。至此，千载疑团，涣然冰释。

由上可见，蹇先生在考辨乐天之先祖、世系及家族问题上，既尊重前人成果，又不轻率盲从，辨析厘正，用力甚勤。对文献学、考据学有兴趣的学人，值得一读。

其二，关于白居易的思想及其前后期分期问题。

白氏之思想儒释道杂糅，其面貌本来纷纭复杂。检点前人对其思想研究的成果，或失之粗疏肤廓，或"以偏概全"，可谓乏善可陈。而蹇先生撰著的《白居易评传》，乃《中国思想家评传丛书》系列之一，故着力剖析其思想，既是为白氏立传题中应有之义的重点，也是毋庸回避的难点。早在20世纪80年代初，蹇先生就发表了长达两万余言的《白居易思想散论》（原载《甘肃师大学报》〔社科版〕，1981年第4

期)。此文针对陈寅恪先生依据"丹药之行为与知足之思想"二端,论定"乐天之思想乃纯粹苦县之学"(《白乐天之思想行为与佛道关系》,《岭南学报》10 卷 1 期,1949.12)的论点,提出商榷。他认为,必须结合白氏所处之时代背景及其仕途经历,从动态中分阶段去把握白氏的思想,才能得其要领。他指出:以唐宪宗元和十年(815),白氏含冤贬江州司马为分界线,其思想可分为前期和后期两个阶段。前期积极用世,以"兼济天下"为己任,用"纯粹苦县之学"的结论来衡量白氏思想,"至少是与其前期思想大相径庭的"。再者,乐天后期虽确有"丹药之行为",但不过浅尝辄止,总的看,对服食是持批判态度的;而"知足知止"的观念,在本质上同儒家"既明且哲,以保其身"的"乐天知命"思想有其相通之处,从儒家典籍中就可找到它的渊源。因此,陈氏之说,大有商榷的余地。塞先生坚持认为:纵观白氏一生,儒家思想基本上是其思想的主干。只不过他的前期思想更多地反映了儒家思想"兼济天下"的积极面;而在其后期,他虽然说过"栖心释梵,浪迹老庄"的门面语,但实质上他既不佞佛,也不信道,而是以"执两用中"的儒家中庸之道,作为其思想和行为的杠杆的;带有"儒道互补"倾向的中庸主义,实质上是白氏后期应付一切现实矛盾的处世哲学。这主要表现在以下三个方面,即:在思想领域里,对待儒释道三教,"持调和平衡、兼包并容的圆融立场";在出处进退的问题上,持"似出复似处"的"中隐"观念;在朋党之争中,"持中立、调和"的骑墙态度。

《散论》一文曾于 1982 年春提交在陕西师大召开的全国唐代文学研讨会,进行学术交流,被同行专家誉为白居易研究领域填补空白的力作(此文编入《白居易论稿》时,略有改动,更名为《白居易思想论略》)。

在此后二十多年时间里,关于白居易的思想及其分期,一直是塞先生学术研究的重点课题,并就此发表了多篇论文。如:《〈百道判〉及其学术价值——兼论白居易的早期思想》(原载《西北师院学报》社科版,1984 年第 3 期),《进不趋要路,退不入深山——白居易的"中隐"观念及其影响》(原载《文史知识》2002 年第 12 期;日文译文载日本白居易研究会编《白居易研究年报》2003 年第四号),《白居易的江州之贬与王涯的落井下石——兼论元和朝局及乐天遭贬的政治原因》(原载《西北师大学报》社科版,2005 年第 1 期),《〈三教论衡〉简析》(原载《诸子百家名篇鉴赏辞典》,上海辞书出版社 2003 年 9 月第 1 版),《论江州之贬是白居易前后期思想的分界线——兼与王谦泰先生商榷》(原载 2005 年 10 月洛阳市龙门《白居易诗歌国际研讨会论文选》,河南文艺出版社 2009 年 3 月第 1 版)等等。不言而喻,作为《白居易评传》精华部分的第六章《白居易的前期思想——激进的民本主义》、第七章《白居易的后期思想——知足保和的中庸主义》,正是在上述系列论文的基础上,并充分汲取白氏早期的温卷之作《策林》中所反映的仁政理念和民本主义倾向,加以综贯融通,结撰而成的。

为白居易这样的文学巨匠立传,本来极易于重文学而轻思想。但蹇先生却能不惜篇幅,对白氏思想分前后期专章深入论析。这在"评传丛书"中是不多见的,也是蹇先生所撰《白居易评传》最大的亮点。

其三,对白氏"为时为事而作"的文学主张,及其所倡导的新乐府运动,予以充分肯定与积极阐扬。

白居易作为唐代诗坛的重镇,在我国文学史上之所以占有重要地位及巨大影响,正因为他鲜明地提出了"文章合为时而著,歌诗合为事而作"(《与元九书》)的进步文学主张,"但歌民病痛,不识时忌讳",大胆地倡导并创作了以《新乐府》《秦中吟》为代表的新乐府诗作,并推衍之成为运动,从而继承和发扬了远绍《诗经》和汉魏乐府,近承杜甫的中国古代诗歌的现实主义传统。20 世纪 80 年代,蹇先生曾就白氏的诗论主张以及他倡导的新乐府运动问题，发表多篇有影响的论文。如《试论白居易对永贞革新的态度及新乐府运动的历史背景》(原载《甘肃师大学报》〔社科版〕，1979年第3期)、《白居易诗论的美学意义》(原载《甘肃师大学报》〔社科版〕，1980年第4期)、《白居易讽喻诗的人道理想》(原载《西北师院学报》〔社科版〕，1983年第1期)、《试论白居易诗歌的艺术风格》(原载《甘肃社会科学》，1980年第2期)、《新乐府诗派与新乐府运动——关于白居易评价的一个问题》(原载《西北师院学报》〔社科版〕，1986年第4期)等论文。其中，关于《白居易诗论的美学意义》一文，坚持运用历史唯物主义的审美基本理念，全面而概略地依次讨论了诗与政治、诗与现实、诗与人民、诗的内容与形式之间的关系等问题。这些基本命题，后来成为他撰写《白居易评传》第八章《白居易的诗歌理论》的架构和基本内容。

20世纪80年代初，我国文艺界"拨乱反正"，为清除生硬的"文艺为政治服务"庸俗社会学的影响，竟然矫枉过正，把白居易当作我国古代诗人中强调"诗歌为政治服务"的典型，肆意贬损白氏在文学史上的地位，否定他所倡导的以"救济人病，裨补时阙"为主旨的新乐府运动，甚至从根本上否定这一具有现实主义精神和历史进步意义的文学流派运动的存在，并对白氏进行人身攻击。《新乐府诗派与新乐府运动》一文，正是针对这一问题有感而发。文章认为："新乐府运动"一语，自20世纪20年代，胡适在其《白话文学史》中提出以来，迄至20世纪80年代初，已经成为学术界的共识。问题在于以往有关新乐府运动的讨论，对这一运动形成的外部条件(即社会的、政治的原因)研究比较充分，而对其最重要的内部原因，即：对一个思想倾向、文艺观点和艺术风格大体相近的诗人群体("新乐府诗派")本身的存在及其影响的研究，则不免失之粗略。

为此，塞先生此文分三个层次来剖析新乐府诗派的构成。即：白居易、元稹、李绅作为新乐府运动的倡导者,是这一诗派的核心和第一个层次。其中,以白氏成就最大,鼓吹最力,被认为是这一运动的领导者。张籍、王建,作为新乐府运动的同盟军和参加者,是构成这一诗派的第二个层次。唐衢、邓鲂作为白居易的追随者,李余、刘猛作为元稹的追随者,都可以看作新乐府运动的积极支持者,是构成这一诗派的第三个层次。褰先生在充分利用前辈学者研究这一派诗人行实考辨成果的基础上,仔细扒梳勾稽此派诗人(特别是白、元、李三人)之间密切交往、彼此呼应的史料,从而有力地论证了在中唐元和初期,确实存在一个出身于中下层士人,思想倾向、文艺观点、艺术风格大体相近,企图通过诗歌改革,以"即事名篇""刺美见事"的讽谕诗来干预时政,揭露社会黑暗,关心民瘼的诗人群体——新乐府诗派。这一诗派的存在及其理论主张和创作实践活动,对当时社会以及在文学史上所产生的影响,即为"新乐府运动"。他特别强调指出:"新乐府运动"这一提法,正是前辈学人借鉴西方现代文艺学关于文学流派运动的理念,针对我国中唐新乐府诗的创作实践这一文学现象而作出的理论概括。限于当时的历史条件,"我们不能指望他们会以开大会、发宣言、办同人刊物、出派别丛书等现代的活动方式来表明他们正在开展一个有组织、有纲领的文学流派运动。"这一富有理论概括性的提法,对促使我国学术研究吸纳西方现代文艺理论成果具有前瞻性;而且,重申了我国诗歌发展史上具有历史进步意义的现实主义传统的存在,以及白居易在继承和发扬这一传统中所起的巨大作用和他在我国文学史上应该享有的崇高地位。

为此,在所谓"对元白再评价"中,褰先生坚持认为:对为我国学术界许多前辈所认同,并沿用已久的"新乐府运动"这一提法,应否摒弃不用,须持郑重态度。此文发表后,学术界反响甚大。陕西师大杨恩成先生在《1986年白居易研究述评》(载《陕西师大学报》〔社科版〕,

1987年第3期）一文中称："塞长春同志的文章的成功之处就在于，他从整体上把握了新乐府诗派，而不像某些同志那样，仅仅从局部现象上对复杂的问题作平面的、直观的、单线条的简单推论。因此，塞文的结论就显得合情合理。"其后，在朱易安、杨恩成合撰的1986年"白居易研究"综述稿中，又强调指出：塞文"以朱著《白谱》、卞著《元谱》《李谱》的年代为经，以白、元、李三位诗人从贞元末相识到元和四年的有关行迹为纬，进行综合考察，从而看出……从理论到创作，实际上已形成了一个诗派。运用关于文学流派运动的现代文艺学观点来衡量，无疑可以称之为'新乐府运动'"（参阅《唐代文学研究年鉴》1987年号）。

从这场关于"新乐府运动"的论辩中可以看出，塞先生全凭材料说话的实事求是的严谨学风，不随俗俯仰的胆识和见地。

其四，对《长恨歌》主题论争的公允评析与创新。这一问题，也是学术界长期聚讼不休的一个热点。

作为白居易诗作中艺术成就最高的不朽杰作《长恨歌》，甫一问世就博得万口竞传、雅俗共赏的社会效果。但是，由于其题材的特殊性、表现手法的独特性，以及作者创作思想上的矛盾性，从它问世那一天起，对其主题思想的认知，就"见仁见智"，众说纷纭。据塞先生统计，从20世纪20年代到90年代，我国学术界研究白居易的论文有近千篇。其中，约半数是关于《长恨歌》主题思想的论争的。早在20世纪80年代初，先生就曾应约对当时论争方炽的《长恨歌》主题思想问题进行过梳理，撰成《关于〈长恨歌〉主题》这篇综述稿（载于《唐代文学研究年鉴》1984年号）。此后数年间，关于这一问题的论争更为激烈，报刊上发表的文章也越来越多。于是，又应日本勉诚社之约，撰写了长文《〈长恨歌〉主题平议——兼论〈长恨歌〉悲剧意蕴的多层次性》，对这一论争做了阶段性总结。

该文首先对在长期论争中形成的讽谕说、爱情说、双重主题说、隐事说、时代感伤说等五派观点，逐一给予客观公正的评述，指出各派的长短得失；同时认为，随着论辩的深入，双重主题说与隐事说两派观点，已失去继续存在的理由。其次，大胆地破除长期统治文坛的一部作品只允许一个主题的"单一主题说"的艺术教条的禁锢。在此前提下，依据作品所描写的主人公的历史原型及故事情节，把《长恨歌》看作一个典型的历史悲剧①，进而抓住《长恨歌》悲剧意蕴的多层次性这一症结问题，分三个层次去把握其主题内涵。即：对李、杨爱情悲剧充满同情和赞美的爱情主题；谴责李、杨是导致"安史之乱"这场大悲剧的制造者的政治讽谕主题；悼惜盛极一时的"开元盛世"一去不返的时代感伤主题。《长恨歌》主题内涵的多义性，正是作品悲剧意蕴多层次性的反映。

从这样的视角和思路去探究《长恨歌》主题，就使得讽谕说、爱情说与时代感伤说这三派观点，虽各自有其相对独立存在的合理性，但又各自有其片面性，得以分层次地结合在一个有机统一的整体框架之中，变以往的相互排斥为相互依存，从而更加全面准确地反映作品思想内涵的实际。这样的评述，无疑是对《长恨歌》主题研究的一个突破性的新进展。

前人谈治学经验有言："业以专故精，精必传。"由于蹇先生对白居易的研究用力执着专精，不回避论争的疑点、难点，极富现实的针对性和挑战性，故其研究成果问世后，学术界反响热烈，甚至引起了

---

①亚里斯多德认为："悲剧的英雄是善良的贵族中人物，但因犯了错误，由泰运而转入否运。"（转引自缪朗山《西方文艺理论史纲》，人民文学出版社，1985年版第92页）按西方古典文论关于悲剧的经典定义，对照李杨爱情故事，它无疑也是一个典型的悲剧。

日本学术界的关注。这里须要特别提到的是,先生与日本著名汉学家下定雅弘教授之间一段密切的学术交往。下定先生卒业于日本京都大学文学部,历任帝塚山学院大学文学部、冈山大学文学部教授,致力于我国中唐"韩柳""元白"等著名诗人的研究,对大诗人白居易的研究,用力尤勤,有多种论著问世。20世纪80年代,霎先生"论白"系列论文陆续发表后,引起了下定先生的关注。先是主动来信联系,并于1990年4月专程来校访问,曾受到白光弼校长的热情接见。下定先生精通汉语,彼此间可以无障碍地进行学术交流,并建立了初步的友谊和学术联系。1991年7月,下定先生又偕衣川贤次、太田孝彦、小池一郎等六位日本学者及其家属一行9人,来校访问,与西北师大部分文史教师就唐代文学、敦煌学举行了小型学术研讨会,并受到校领导的热情接见和宴请。后来,又于1992年4月、2005年10月,先后在洛阳白居易诗歌国际研讨会上,与霎先生有过面晤和交流。

由于二人学术观点相近,借助于白居易研究这个平台,不仅有益于个人之间的相互切磋,还做了一些有益于促进中日两国文化学术交流的实事。二人除经常互通信息,交换各自的研究成果外,还约请对方撰文介绍本国白居易研究的成果和动态,以资交流切磋。下定先生应霎先生之约写了《战后日本白居易研究概况》这篇近3万字的长文(连载于《西北师大学报》〔社科版〕,1989年第4、5期)。相应的,由于下定先生的约请与推荐,霎先生也先后写了三篇"论白"的文章,即:《〈长恨歌〉主题平议——兼论〈长恨歌〉悲剧意蕴的多层次性》《八十年来中国白居易研究述略》和《进不趋要路,退不入深山——白居易的"中隐"观念及其影响》(分别载于七卷本《白居易研究讲座》第二、五卷及《白居易研究年报》2003年第四号)。"他山之石,可以攻玉"。通过信息和不同学术观点的交流与碰撞,对推进白居易研究的深入,无疑是具有积极意义的。

同时,二人还在文献资料方面互通有无,特别是无私地交换本国所珍藏的《白集》善本、古本。下定先生曾以《神田本白氏文集研究》(内有《新乐府》五十首古抄件影印,精装一巨册)、日本静嘉堂文库所藏《白氏六帖事类集》(东京汲古书院影印,精装三巨册)两种文献见赠。蹇先生则以傅增湘藏绍兴本《白氏六帖事类集》三十卷、四库全书本《白孔六帖》一百卷,及国家图书馆善本室藏《新雕白氏六帖事类添注出经》残存两卷回赠。使蹇先生倍感欣慰的是,从陆心源《皕宋楼》流出,入藏日本静嘉堂的北宋善本《白氏六帖事类集》,亦因这次交换的机缘而得以收藏,从而促成了他晚年倡导并组织学生校勘整理作为唐代四大类书之一的《白氏六帖》这一重要项目。

在专注于白居易研究之外,蹇先生学术生涯中另一项重要内容,是关于《中华大典·文学典·隋唐五代文学分典》编纂工作。我国向来有"盛世修典"的传统。《中华大典》是国务院批准的"新中国成立以来最大的一项文化出版工程",是由当代专家学者用现代科学方法编纂的含《文学典》在内共 24 个典、近百个分典,总字数约 8 亿的大型工具书。经筹备会决定,以《文学典·隋唐五代文学分典》,作为《中华大典》全典的试点;聘请南京大学卞孝萱教授担任该分典主编,于 1989 年全面主持并启动了试点工作。孝萱先生出于对蹇先生多年学术研究的了解和信任,于 1991 年初,正式邀请他担任分典副主编、兼中唐文学部主编。

接受这一任务后,蹇先生毅然决定暂时搁置正紧张撰写的《白居易评传》,以便全力投入《隋唐五代文学分典》的编纂工作。一方面,向校、省科研管理部门申报立项,争取科研经费;一方面,以校内力量为主,同时积极与在兰高校有关学者联系,迅速组成一支近 30 人的老中青结合的编纂队伍。这支队伍大多数成员系由高校中文系青年教师及在读硕士生组成,学养及专业素质参差不齐;为了保证质量并按时完成编纂任务,塞先生在组织调配力量方面,颇费了一番苦心。首先,他增设了两位中唐文学部副主编,一位侧重于负责对稿件的初审,从起点上严把质量关,以确保所立条目必须著录的重要文献不致遗漏;另一位侧重于负责校对,以确保文本准确无误。其次,鉴于《隋唐五代文学分典》所收评述作家作品之资料,绝大部分见于我国历代诗话词话;为了收到"事半功倍"之效,以加快编纂进度,他组织部分在读研究生和中青年教师,分工合作,在分头通读历代诗话词话近500种的基础上,在短时间内汇编成一套《中国历代诗话词话隋唐五代人名索引》,复印数十套供同仁们使用。这套"急就章"式资料索引,大大加快了编纂工作的进度,获《分典》主编卞孝萱先生的称赞。再次,他作为中唐部主编在最后终审把关时,对重要作家条目(如"大历十才子"及"韩孟"、"元白"诗派等数十位作家),进一步蒐辑稀见文献,做了大量拾遗补阙的工作,补入资料字数总计近12万字。先生以身作则的奉献精神,获得同仁们的钦佩与好评。

其中,由先生亲自辑录的中唐部"白居易"条,多达31万余字。其中,对白氏作总体评述的纬目《综论》栏,引书153种,收入资料334条,共6.2万余字;对白氏单篇诗文作评析的纬目《分论》栏,评诗814首,文97篇,引书数百种,共16万余字。这种琐细的辑录资料的过程,实际上促使塞先生对《白集》文本作了一次更深入的审视和品味,也为他撰写《白居易评传》作了更扎实的资料积累。

与同仁们群策群力,历经近十年的艰辛,《中华大典·文学典·隋唐五代文学分典》,于2000年12月出版。其中选录资料约1000万字,收作家约2000人,引用古籍近2000种,被誉为"迄今为止有关隋唐五代文学资料最全最精的一部",是已出版的同类书籍"都不能代替的"。该书于2001年8月获第三届全国古籍整理图书奖一等奖。由于塞先生的严谨求实,以身作则,搜辑资料力求详备,信而有征,他所主编的《中唐文学部》(约 300 万字),被认为是分典各部中篇幅最大、资料最全的一部。

更具实际意义的是,借助于编纂《文学典》这个学术平台,为我校及在兰部分高校培养了一批中国古代文学人才。这批当时参与编纂《文学典》的青年学人中,后来成长出近十位文学博士;他们今天大都晋升为教授,有的已被遴选为博导,成为各自所在单位的学术带头人或业务骨干。再者,在这批中青年学人中,后来有多部高质量的唐人诗文集整理专著问世,追本溯源,盖亦多得益于编纂《文学典》时的文献资料积累。

作为一个文化人,有幸参与上述两项国家级的重大文化出版工程,经过二十多年孜孜不倦的耕耘,终于在古稀之年得以顺利完成,为弘扬中华优秀传统文化作出了不凡的贡献,对此,先生是深感欣慰的。2003 年,先生年届七旬,作七律《七十感怀二首》,之一云:

> 书剑飘零春复秋,百年身世任沉浮。
>
> 鸭江浴血惊残梦,蛙井放言贻小羞。
>
> 樗栎讵期三不朽,颟顸直合四宜休①。
>
> 数编聊供蟫鱼饱,漫喟平生志未酬。

诗中回首往昔,自惭虽无大的成就,却也未曾光阴虚掷,差可自慰矣。

在稍后的 2005 年秋,先生应邀参加了洛阳龙门"白居易诗歌国际研讨会"。会议仅邀请了国内及台、港、日、韩共 23 位学者与会,先生的前辈卞孝萱先生与日本友人下定雅弘教授也在其中。这是霁先

①四宜休,语本黄庭坚《豫章集八·四休居士诗序》。时有太医孙昉,自号"四休居士",并谓:"粗茶淡饭饱即休,补被遮寒暖即休,三平二满过即休,不贪不妒老即休。"

生最后一次外出参加学术会议，故人重逢，兴致颇高。面对秋山红叶，良辰美景，深感盛会不常，后会难期，即兴题七律《乙酉金秋欣与洛阳白居易诗歌国际研讨会感赋》一首云：

> 香山又值叶红时，盛会群贤品白诗。
>
> 才比元刘堪伯仲，名追李杜似参差。
>
> 百般幽怨《琵琶引》，万种风情《长恨辞》。
>
> 千古忧思何与继？高标"二为"是吾师①。

即景起兴抒怀，终以对白诗的文采风流，对白公体国忧民思想精神境界的高度赞颂为旨归。司马迁云："余读孔氏书，想见其为人。"先生对白居易研究的执着专一，矢志不渝，盖亦缘于长期浸沉于白氏诗文，因而对白公心仪景仰，情有独钟。

及至退休多年后，先生仍对白氏文学遗产中，一向少人问津的《白氏六帖》《策林》及《百道判》等，念念不忘，期望在有生之年奋其余勇，对它们做一番探讨。否则，他认为对白居易的研究是不全面的。脱离《白集》而单独传世、颇具文献价值的《白氏六帖事类集》三十卷，是唐代四大类书之一，早就引起先生的关注，从中年起即着手蒐集该书存世的善本、古本及相关资料。直到 21 世纪初，下定先生回赠的静嘉堂文库本到手后，准备工作已大体就绪。随即联络河南师大、四川大学及江西科技师范大学的三位弟子，于 2015 年 9 月在新乡河南师大聚会，共商校勘《凡例》，确定以傅增湘藏绍兴本为底本，以静嘉堂文库本为主要参校本，由先生担任学术顾问，协调三位弟子通力合作，正式启动了对《白氏六帖事类集》的校勘整理事宜。该项目已于 2017 年申请到国家社科基金资助，整理工作进展顺利，可望于 2020 年付

---

①《与元九书》云："文章合为时而著，歌诗合为事而作。"乃白居易坚持继承和发扬的我国古典诗歌现实主义传统理论主张之核心理念。

梓问世。倘天假以年,先生还想利用《策林》中丰富的史料,完成一部研究白氏前期激进民本主义思想的专著;并对文采灿然,极富学术价值的《百道判》加以注译,以广其传。天道酬勤,但愿先生的愿望能够及早实现。

鉴于先生是在国内外有影响的白居易研究专家,入选本卷的文章,自然以白居易研究成果为主。在内容安排上,大体是先家世,次思想,后创作,力求突出著者有所发现和突破的新意与亮点,而不依文章发表时间先后的次序。卷末所附的几篇与白居易研究不相关的短文及序、跋之类,亦各具见地,非泛泛肤廓之论,从中可窥知先生学术交游的圈子,及其开阔的学术视阈与趣向。

作为与先生年龄相差悬殊的后学,限于自身学识的不足,对先生的人生阅历、精神境界与学术造诣,毕竟所见尚浅。在《前言》中为之所作的解读与评述,只能略陈梗概,供读者作为阅读本卷之引导而已。不当之处,敬希方家学者批评指正。

后　学　李天保

2019 年 4 月于西北师范大学

不教才展休明代，为罚诗争造化功

——白居易生平、思想与创作道路述略

一

任何一位卓越的历史人物，都是时代的产儿。他的世界观的形成及其思想渊源，他的人生追求与价值取向，以及其思想转变的心路历程，固然都摆不脱传统的羁绊，但更主要的是根植于他生活的那个时代的土壤之中，都带着鲜明的时代烙印。作为中唐诗坛重镇，与李杜差可比肩的伟大诗人白居易，自然也不能例外。他那带有悲剧色彩的曲折而漫长的一生，他在仕途上的出处进退，荣瘁升沉，无不与安史之乱后，大唐帝国日益走向衰飒没落的政治经济形势与时代氛围息息相关。

唐玄宗天宝十四载（755），交织着民族矛盾和种种社会危机的安史之乱，终于爆发了。动地而来的渔阳鼙鼓，惊破了唐王朝统治者金粉沉迷的酣梦；冀马燕犀的铁蹄，无情地扫荡了"开元盛世"的繁荣。长达 8 年之久的战乱，导致两京失守，乘舆播迁，中原板荡，民不聊生，国将不国。战乱虽然终于得以平息，却使得盛极一时的唐帝国元气大伤，并留下藩镇割据、宦官擅权两大难以克服的祸端，从此走向积弱积贫的衰败境地，以迄于亡国。

唐代宗大历七年（772），当白居易降临人间的时候，安史之乱的硝烟尚未散尽。他的童年和青少年时期，正值大动乱后的艰难恢复之

际。中央集权被削弱,河北、山东地方割据势力膨胀,或则彼此劫掠,或则连兵抗拒朝廷,兵连祸结,百姓流离失所。出生于中小地主阶层,家道中落的白居易,也饱尝了"孤舟三入楚,赢马四经秦。昼行有饥色,暮寝无安魂"的颠沛流离之苦。大历、贞元之际,惊魂甫定、脆弱而敏感的士人们,悼惜往日的繁华,使他们无限感伤和失落;渴望中兴的憧憬,又使得他们在满怀希望的期待中,夹杂着好梦难以成真的迷惘与焦灼。白居易正是在这种交织着痛苦与希望的时代氛围中长大成人的。

经过地主阶级中有识之士几代人的准备和酝酿,到了上距安史之乱爆发整整半个世纪的顺宗永贞元年(即德宗贞元二十一年,805年),以"二王八司马"①为核心的新兴进士集团,终于掀起了旨在"内抑宦官,外制方镇,摄天下之财赋兵力而尽归之朝廷"(王鸣盛《十七史商榷》卷七四《顺宗纪所书善政》),从而强化中央集权的"永贞革新"。由于守旧势力的强大,这次带有改良主义色彩的改革,虽旋即归于失败。但它不愧是中唐政治史上一道亮丽的彩虹,唤起了渴望中兴的士人们对亟待疗救的衰敝不堪的社会现实的正视与关注。可以这样说,没有"永贞革新"的引导,便绝不会有接踵而来的"元和中兴"。

白居易是幸运的。当他秉承父祖辈明经及第的家世传统,以"儒家子"自命,在艰难竭蹶中,通过"口舌成疮,手肘成胝"的勤学苦读,经由科举而进入仕途,解褐为秘书省校书郎之际,正值朝廷发生了"二王八司马"掀起的政治改革;由于职位卑微,他虽然未直接介入这

---

①二王,据《旧唐书·顺宗纪》,指"永贞革新"失败后,被贬为开州司马的王伾,贬为渝州司户的王叔文。八司马,据《旧唐书·宪宗纪》,指遭贬斥的虔州司马韩泰、台州司马陈谏、柳州司马柳宗元、朗州司马刘禹锡、饶州司马韩晔、连州司马凌准、郴州司马程异、崖州司马韦执谊。

场斗争，却经历了这场政治改革的全过程。从他假托"为人"，实则为自己直接上给"八司马"中地位最高的韦执谊的《为人上宰相书》，以及他后来对八司马党人表示深切同情，并同其中的刘禹锡、李景俭等密切交往等事实来看，白居易对"永贞革新"分明是持同情乃至支持的态度的①。经历了这场虽被扼杀的政治改革的洗礼，促使初入仕途的白居易拓宽了视野，丰富了阅历，在政治上变得成熟起来。革新派横遭镇压的严酷事实，使他深刻地认识到封建专制制度下仕途的险恶；改革中揭露出的种种矛盾和积弊，又使他深切地感受到改革的艰巨性和迫切性，从而更加坚定了他"兼济天下"，匡助"中兴"的宏愿。在一定的意义上说，这场震惊朝野的政治风波，既为他在宪宗初政的"元和中兴"年代，以铮铮铁骨的"元和谏官"从事兴利除弊的政治实践，作了思想和精神上的准备，也为他在当时诗坛上倡导的以"救济人病，裨补时阙"为主旨的新乐府运动启示了"为时为事而作"的大方向。

二

从元和二年（807）冬自周至尉召入为翰林学士，至六年四月丁母忧出院的近四年时间里（期间，同时先后任左拾遗、京兆府户曹参军），白居易利用其身居近臣的地位，以及"是时皇帝初即位，宰府有正人，屡降玺书，访人急病"（《与元九书》），力图"剪削乱阶"，改变自贞元以来"朝廷威福日削，方镇权重"（《旧唐书·宪宗纪》）的局面，重振纲纪，再创"中兴"的大好机遇，以"誓心除国蠹，决死犯天威"的壮

①参阅陈寅恪《元白诗笺证稿》第五章《太行路》诗笺，及拙著《试论白居易对永贞革新的态度及新乐府运动的历史背景》（《甘肃师大学报》社科版，1979年第3期）。

心直气,全力投入兴利除弊的政治实践中。一方面,通过谏章和奏状向皇帝进言,拾遗补阙,参与军国政事,并对擅权蠹政,残民以逞的巨珰强藩、权豪贵近,给予无情的揭露与鞭挞;另一方面,又以诗歌作为辅助手段,借助于以《新乐府》《秦中吟》为代表的讽谕诗,疾贪吏,恤疲民,抨击社会黑暗,悯怀疮痍,为民请命。其诗有句云:"危言诋阉寺,直气忤钧轴""但歌民病痛,不识时忌讳",正是白居易这一时期忠公体国,不为身谋的战斗风貌的生动写照。

尽管自元和六年(811)四月至九年秋,白氏丁母忧蛰居渭村近四年之久,其意绪稍显颓放,但总的看来,直到元和十年遭构陷贬江州司马之前,其积极用世的态度始终是执着的。因此,我们认为,元和十年的江州之贬,是白居易前后期思想的分界线。

把白居易在这一时期所作奏章及讽谕诗,同他此前于贞元、元和之际所作《百道判》《为人上宰相书》及《策林》等体现其政治理想和为政主张的论著结合起来看,他在其政治实践和文学实践中所表现出的思想主流,可以归结为激进的民本主义。白居易服膺儒家的民本主义传统,有其深刻的思想渊源和社会历史动因。我们知道,民本主义,作为我国一种古老的政治思想传统可以追溯到殷周时期。见于《尚书·五子之歌》的"民为邦本,本固邦宁"一语,就极其精当地揭示了它作为一种政治哲学所强调的治国必先安抚百姓的真谛。其后,孔子提倡"仁爱""修己以安百姓";孟子主张"民贵""保民",是民本主义的进一步发扬。在儒家思想占统治地位的我国漫长的封建社会中,总是难以摆脱以标榜"仁政""德治"为核心的民本主义思想的影响。纵观我国历代封建王朝,凡是政治经济昌盛繁荣的时期,大抵也正是民本主义思想高扬的时期。以"贞观之治"和"开元盛世"彪炳史册的李唐王朝,从总体上看,正是一个较好地继承了民本主义思想传统的朝代。纂集贞观时期君臣论对的史料,标榜"君人南面之术"的《贞观政要》,

作为一部集民本主义思想之大成的政治史料专辑,由吴兢编著于开元前期,从而把"贞观"和"开元"这两个"盛世"联系起来,绝不是偶然的。

在贞元、元和之际,经由科举进入仕途的白居易,顺应从"永贞革新"到"元和中兴",人心思治,上层统治者也力图革除弊政,有所作为的历史趋势,企图走儒家经世致用的道路,颇欲在政治上有所建树。而当时士大夫所渴望的"中兴",正是为了整顿纲纪,挽回国力衰飒的颓势,以恢复贞观、开元时期的兴盛局面。这样,既然以富有民本主义思想的贞观、开元"盛世"作为追求的政治理想,那么,促成了贞观、开元之治的民本主义,自然也就成为他所奉行的政治思想。质言之,白居易的民本主义思想,固然远绍先秦儒家的"仁政"传统,特别是继承了孟子"民贵""保民"的民本思想,实则直接汲取和承袭了反映贞观、开元时期的资治经验,作为集民本主义思想之大成的《贞观政要》这部著作。这一点,只要我们将白氏早期的政论结集《策林》同《贞观政要》加以比照,就完全清楚了。举凡《政要》关于省政宽刑、轻徭薄赋,以安民为本的基本精神,均为《策林》所继承,只不过后者针对"安史之乱"后特别是德宗贞元以来,纲纪废弛、政局败坏的种种痼弊,提出了许多具体的改革措施而已。

封建社会的基本矛盾,是地主阶级同农民之间的矛盾。就其社会政治结构而言,也可以说是作为地主阶级总代表的最高统治者——"君",同处于被压迫和奴役的社会底层的"民"之间的矛盾。介于这二者之间的"臣"——即大大小小的各级官吏,则是行使君主的意志,对广大劳苦民众实行压迫和奴役,从而维护其专制统治的工具。在封建专制制度下,所谓安邦治国的最基本的政治问题,不过是如何处理好上述三者之间的关系罢了。

白居易的《新乐府序》,在谈到其政治讽谕诗的创作主旨时,曾明确主张:"为君、为臣、为民、为物、为事而作"。其实,就讽谕诗干预时政的目的性而言,主要是"为君""为臣""为民"这三个层面;而"为物"与"为事",不过是前三者的延伸与具体化。这是白居易的激进民本主义思想在其文学实践中的反映。这种思想反映在其政治实践中也大体如此,即着眼于固本安民的根本问题,从弘扬君道、勖励臣节和关心民瘼这三个层面而具体展开的。①

在"朕即国家"的封建专制制度下,所谓弘扬君道,首先就要求唤起唯我独尊、可以为所欲为的皇帝本人,意识到自身的一言一行,关系到天下的治乱兴亡,从而强化道德意识,以德自修,以礼自律,惟度是守,力求做道德完善的楷模,遵守法度的表率;通过修身化下,达到"内圣外王"的理想境界。高高在上的皇帝,若真能如此,就有可能"塞人望而归众心",使"言出则千里之外应如响,令下则四海之内行如风"(《策林》第十三《号令》),臻于风俗淳厚,政通人和,天下大治。其次,针对"君"与"民"这一对封建社会的基本矛盾,他提出了"人之困穷由君之奢欲"(《策林》第二十一)的命题。为此,他敦促君主制欲禁奢,躬行"恕己及人"的"仁恕"之道。他要求最高统治者"始则恕己以及人,终则念人而及己"。故"念其重扰,则烦暴之吏退矣;念其嘉生,则苛虐之官黜矣;念其惮劳,则土木之役轻矣;念其恶贫,则服御之费损矣;念其冻馁,则布帛麦禾之税轻矣;念其怨旷,则妓乐嫔嫱之数省矣。"(《策林》第十《王泽流人心感——在恕己及物》)这样,就能达到"泽流心感而天下太平"。再次,封建专制制度,本质上是"人治"的制度。因此,官吏的选拔与任用,对国家的治乱兴衰有着决定性的影响。为了让"德者在位,能者在职",以体恤下情,安抚百姓,维护封建专制

①参阅拙著《白居易评传》(南京大学出版社,2002年5月第1版)第六章《白居易的前期思想——激进的民本主义》。

的国家机器的正常运转，他强调君主要选贤任能，澄清吏治。《策林》第二十七《请以族类求贤》、第三十三《革吏部之弊》、第三十九《使官吏清廉》等十余篇，正是针对中唐政治生活中不尊重人才，吏治腐败等现实问题而立论的。最后，白居易认为，在君权至高无上的封建专制制度下，广开言路，虚心纳谏，是遏制君主骄纵奢逸、减少决策失误的唯一机制。为此，他在《策林》第三十六《达聪明致化理》，第六十九《采诗》，第七十一《纳谏》，以及《新乐府·采诗官》等篇章中，集中而深入地论述了这一问题。不言而喻，生活在"君本位"的专制制度下的白居易，却企图通过劝导与讽谕，敦促最高统治者通过道德自律，树立起"民本位"的观念，这显然是一种不切实际的天真的幻想。但正可以由此看出，他对于民本主义作为一种政治理想的执着追求。

何谓"臣节"？陈垣《通鉴胡注表微·第十二臣节》称："臣节者，人臣事君之大节。《公羊·庄四年传》云：'君、国一体也。'故其时忠于君即忠于国。"对封建士大夫来说，"臣节"亦即"臣道"，即人臣上所以"事君"，下所以"抚民"的行为规范和准则。针对中唐时期，强藩巨镇，割据称雄的现状，反对分裂，维护中央集权的斗争，乃是关系到唐王朝生死存亡的尖锐的政治问题。因此，勖励臣节，崇正疾邪的首要问题，就是要激扬忠烈，维护统一。讽谕诗《青石》《哭孔戡》，以及《哀二良文》等以表彰忠烈（如颜真卿、段秀实、孔戡、陆长源等），抨击藩镇跋扈为主旨的诗文，正是在这样的历史背景下"有所为"而发的。其次，白居易认为，从说直，去谄佞，做忠君爱民的"直臣"，不做蠹政害民的"谄臣"，也是封建士大夫应当恪守的"臣节"。《策林》第三十五《使百职修皇纲振——在乎革慎默之俗》、第七十一《去谄佞从说直》等篇，就是针对当时"骨鲠者日疏""朝寡敢言之士，庭鲜执咎之臣""君子说直之道消，小人慎默之道长"的颓风而痛下针砭的。他还在《赠元稹》《和思归乐》《赠樊著作》《寄唐生》《薛中丞》等讽谕诗中，激情满怀地讴歌了元稹、阳城、薛存诚等谠直敢言之士。再次，疾贪暴，尚清廉，自然也是劝励臣节的应有之义。《新乐府·黑潭龙》题下小序云："疾贪吏也。"陈寅恪《元白诗笺证稿》笺释此诗云："是所谓龙者，似指天子而言；狐鼠者，乃指贪吏而言；豚者，即无辜小民也。"结合白氏当时所上《论于頔裴均状》《论裴均进奉银器状》《论王锷欲除官事宜状》等奏章来解读此诗，当能更深切地理解诗中抨击的"林鼠山狐"所指喻之内涵。此外，针对当时有的权势者，不遵守"七十致仕"（即退休）的制度，贪荣恋栈，不肯告老悬车，——这也是一种伤廉蠹政的腐败行为，他写了《不致仕》与《高仆射》二诗，以"七十悬车盖"的高郢，反衬年过七旬而犹无意请老的杜佑。一贪一廉，两相比照，更凸显其犀利的讥刺锋芒。

关心民瘼，为民请命，是白居易激进民本主义思想的基本内涵。这突出地表现在反对统治阶级对农民的横征暴敛；反对统治阶级以严刑峻法对百姓施加镇压和勒索；反对统治阶级穷兵黩武、劳民伤财等这样几个层面。这些思想，集中地反映在以《新乐府》《秦中吟》为代表的讽谕诗中。如《重赋》，以及"伤农夫之困"的《杜陵叟》、"忧蚕桑之费"的《红线毯》、"念女工之劳"的《缭绫》、"苦宫市"的《卖炭翁》等，就是揭露统治阶级对下层人民进行超负荷的压榨剥削的代表作。基于"仁政""德治"的儒家思想传统，白居易主张省刑慎罚，与民休息。他认为，"刑之繁省，系于罪之众寡也；教之废兴，系于人之贫富也。"（《策林》第五十五《止狱措刑》）并由此进一步提出"生厚德正而寡过""贫困思邪而多罪"（同上）的命题。他还认为，"俗之贪廉，盗之有无，系于人之劳逸，吏之贤否"；因而"去盗贼"的根本措施，在于"举德选能，安业厚生"（《策林》第五十八《去盗贼》）。针对当时人多贫困，"冤狱遍于寰中"的现实，他于元和初所上《奏阌乡县禁囚状》，及讽谕诗《歌舞》的创作，就是揭露当时司法黑暗，为民请命的一个突出事例。

在白氏早期诗文中，还有不少揭露战乱加于人民的苦难，以及批评朝廷轻率用兵，或边将拥兵自重，"困天下以养寇"（《新唐书·兵志》）的具有销兵非战倾向的篇章。如《新乐府》中的《新丰折臂翁》《城盐州》《缚戎人》《西凉伎》《阴山道》等，就集中地揭露了这方面的弊端。

综上可见，白居易在其前期的政治实践和文学实践中表现出的民本主义思想，是鲜明而突出的。诚然，民本主义作为封建统治阶级临政驭民的一种"治术"，其根本出发点固然是为了维护封建专制制度的长治久安，但在客观上却有利于减轻被压迫人民的剥削与痛苦，充分体现了人类理性和人道主义精神。甚至可以说，它是长夜漫漫的封建专制王国的一线光明。就其历史意义而言，它有如封建专制制度的"润滑剂"，既缓和与调节了统治阶级与被统治阶级之间的矛盾与对抗，从而起到了延缓专制制度衰亡过程的作用；同时，又迫使慑服于人民反抗威力的统治阶级对被压迫的劳苦人民作出一定程度的让步，从而有利于改善人民群众的生存条件，有利于社会的稳定和生产力的发展。因此，我们认为，在白居易所处的中世纪，民本主义无疑是一种可能存在的唯一的先进思想。由于受到民本主义传统的影响，我国历史上的文人士大夫，对于民间疾苦一般都可能表现出一些关注和同情的倾向，这是不足为奇的。但是，像白居易在元和前期的政治实践和文学实践中所表现出的那种"但歌民病痛，不识时忌讳"的激切态度，"誓心除国蠹，决死犯天威"的大无畏精神，则确属凤毛麟角，罕有其匹的。这正是我们把白居易的前期思想定位为激进的民本主义思想的原因所在。

三

历史赐予白居易的政治机遇是极其短暂的：他作为"近臣"参与朝政，只有从元和二年冬至六年春不到 4 年的时间。六年四月至九年秋，丁母忧，一直退居渭上。闲散的田园生活滋长的佯狂诗酒的颓放情绪，对以往仕途遭际与官场险恶的回顾与反思，丁忧期满后久不起复的郁闷与焦灼，佛道思想的浸淫，这一切，使他对仕途人生产生了极大的迷惘与困惑，曾一度萌生及早退步抽身的念头。但从他在这一时期创作的《纳粟》《采地黄者》及《村居苦寒》等一组关心农事，同情村民疾苦的讽谕诗，以及起复回朝后不甘心作品秩虽高而闲散无事的太子左赞善大夫，特别是在元和十年盗杀力主对淮蔡用兵的宰相武元衡、伤御史中丞裴度的非常事件中，所表现出的首上奏章，亟请捕贼雪耻的急朝廷之所急的激切态度来看，直到贬江州司马之前，白居易并未改变其积极用世"兼济天下"的初衷。

盗杀武元衡、伤裴度是中唐政治史上的一次恶性事件，其实质是地方割据势力企图以卑劣的暗杀手段阻扰朝廷以武力削藩的决心。在朝野震骇，人心惶遽的情势下，居易首上疏言事，主张缉拿凶犯以维护纲纪，这本来是公忠体国、忠于朝廷的积极表现。但被白氏在任"元和谏官"期间以谏章和诗歌触忤过的权豪贵近，恣意罗织构陷，竟以"宫官非谏职，不当先谏官言事"，以及"言浮华无行，其母因看花堕井而死，而居易作《赏花》及《新井》诗，甚伤名教"（《旧唐书》本传）的罪名，逐出朝廷，远贬江州司马，这不啻是尽忠有罪，爱国有罪。谪迁中，他常常以"忠而被谤"的屈原，"明时见弃"的贾谊自况，可见其承受的冤抑与忧愤是何等深重。这次沉重打击对白居易的思想和创作的影响是巨大的。基于对官场险恶的畏惧，对仕途前程的绝望，其思想急遽从"兼济"转向"独善"，其诗有句云："宦途自此心长别，世事从今口不言。"（《重题》）"面上灭除忧喜色，胸中消尽是非心。"（《咏怀》）就是这种消极退撄心态的生动写照。相应地，积极干预现实的讽谕诗逐渐写得少了，释愤抒怀，怡情适性的感伤诗特别是闲适诗日渐成为其诗歌创作的主流。学术界通常把元和十年的江州之贬，作为白居易从前期的积极用世"兼济天下"转向后期的知足保和"独善其身"的转折点和分界线，是符合其思想实际的。

白居易对仕途的绝望，其思想从积极转向消极，含冤远贬的挫折固然是直接的原因，但就其思想的深层次上说，更主要的原因是同他反思其仕途遭际，对封建专制下的权力结构及其运作机制有了更深刻的体认有关。在"朕即国家"，君权神圣不容冒犯的淫威制衡下，国家的治乱兴衰完全系于君主的贤明与否。元和初期，白居易在政治上积极进取，有所作为，诗歌创作亦有突出成就，显然同称号"中兴英主"的唐宪宗李纯有一定"遇合"之感有关。在中晚唐诸帝中，唐宪宗的确是"刚明果断"有所作为的佼佼者。"自初即位，慨然发愤，志平僭叛，能用忠谋，不惑群议"，经过10年左右的努力，终于平服河北、山东的强藩悍将，实现了"使唐之威令，几于复振"的"中兴"局面；惜乎"及其晚节，信用非人"，加之耽于服食，宠任宦官，终致"身罹不测之祸"，为阉竖所害。（参阅《新唐书·宪宗纪》）元和十年，当白居易被谤遭贬时，宪宗经营的平藩事业方兴未艾，但已暴露出其骄纵自恣，不辨贤愚的昏聩的一面。作为最高统治者，不利用权威崇正疾邪，伸张正义，保护亲自拔擢的"近臣"，而听任权豪们将谠直敢言的白居易逐出朝廷的事实，正是这一问题的直接证明；此后，相继继位的穆宗、敬宗、文宗和武宗更是等而下之。他们或则骄纵淫昏，扰民害政；或则"有帝王之道，而无帝王之才"，懦弱寡断，御下无术；或则稍有振作，即耽嗜逞欲，惑于左道服食，难以有所作为。这些相继主政的"愚君暗主"无疑加快了大唐帝国日益走向衰飒没落的颓势。元和中基本扫平的剧镇强藩，俟机复叛；朝官中，派系林立，朋党倾轧，吏治败坏；特别是内则掌握禁军，外则监临藩镇，并控制着枢秘大权的权宦巨珰，"威权日炽，兰锜将臣，率皆子蓄，藩方戎帅，必以贿成，万机之与夺任情，九重之废立由己"（《旧唐书·宦官传》）。面对主昏臣愚，朝政紊乱，国

是日非的局面,白居易清醒地意识到昔日渴望的"中兴"已成幻梦,大唐帝国的衰落已不可逆转。可以说当他被逐出朝廷之日,也就是他勠力王事,再创"中兴"的政治理想幻灭之时。

从元和十年(815),白居易以44岁的盛年远贬江州,到唐武宗会昌六年(846)75岁逝世,依据其由"吏隐"而"中隐"①的处世态度,我们把这31个年头,看作其生命历程中"独善其身",消极避世的后期。按:白氏在其后期31个年头中的具体表现,以大和三年(829,白氏58岁)为分界线,可进一步划分为两个小的段落:从贬江州到大和三年分司东都之前为前一阶段。在这14年间,他先后做过江州司马,忠、杭、苏三州刺史,期间曾两次还朝出任要职(长庆间曾任中书舍人;大和初,曾任秘书监、刑部侍郎),虽然也曾做过一些勤政爱民的善举,但总的说来,宦情是淡泊的,基本上保持着诗酒悠游的"吏隐"的风貌。即使在出宰苏杭这样的江南名郡,也是主动称病,以"请长告"的方式去职的,绝不贪恋禄位,似乎不愿也无力在这个朝政昏乱的时代在政治上有所作为。从大和三年以太子宾客分司东都到会昌六年逝世,这17个年头为后一阶段。白氏一直在洛阳过着"似出复似处,非忙亦非闲。……终岁无公事,随月有俸钱"的"中隐"生活。虽然初还洛

---

①白氏《江州司马厅记》称:"苟有志于吏隐者,舍此官何求焉?"《寄微之及崔湖州》诗云:"不知湖与越,吏隐兴何如?"可见,白氏视外任地方官为"吏隐"。白氏又有《中隐》诗云:"大隐住朝市,小隐入丘樊。丘樊太冷落,朝市太嚣喧。不如作中隐,隐在留司官。似出复似处,非忙亦非闲。不劳心与力,又免饥与寒。终岁无公事,随月有俸钱。……人生处一世,其道难两全。贱即苦冻馁,贵则多忧患。唯此中隐士,致身吉且安。穷通与丰约,正在四者间。"此乃中隐观念之明确表达。如果说,吏隐阶段紧接"兼济"的前期,政治热情尚未完全冷却,因而在消极中还不时有理想挣扎的表现,那么,到了中隐阶段,则表现为理想破灭之后的完全失望与消极。

阳不久，曾出任过短暂的河南尹，年满 70 后，又过了几年"半俸资身"的退休生活，但不论在职、分司或退休，其"栖心释梵，浪迹老庄"，佯狂诗酒，啸傲林泉的颓唐心境是一以贯之并与日俱增的。

那么，主宰白氏后期思想行为的主导思想是什么呢？如果说，与其前期"兼济天下"，积极用世的生活态度相一致，其主导思想是儒家的激进民本主义；而与其后期"独善其身"，消极退攉的处世态度相一致，其主导思想则是"儒道互补"的中庸主义。

以"执两用中""无过无不及"为理论核心的中庸学说，作为先秦儒家的矛盾观和方法论[①]是儒家学派的"最高哲学"（吕思勉《经子解题》）。中庸的中，本意是箭靶的心中，引申为中正、中和[②]，即不偏不倚，过犹不及之意；庸，用也，常也；中庸，"用中为常道也"[③]。中庸的哲学意蕴，要求人们在把握和处理矛盾时，力求达到对立面统一与平衡的最佳的"度"——即所谓"用中"，避免偏执于一端，从而激化矛盾，破坏对立面的统一与平衡。

中庸学说，作为儒家的传统思想，对后世产生了深远的影响。深受儒家思想熏陶的白居易，自然也接受了这种影响。不过，作为白氏后期处世哲学的中庸主义，就其思想渊源而言，固然主要来自儒家，但同时也汲取了道家的某些思想因素。白氏晚年，在一首训诫子弟的五言古诗中，有感于人心叵测，世路艰险，谆谆告诫其子弟，立身处世，既"不可苦刚强"，亦"不得全柔弱"，那么，"于何保终吉？强弱刚柔

①参阅庞朴《中庸平议》，载《中国社会科学》1980 年第 1 期。

②朱骏声《说文通训定声》："著侯（箭靶）之正为中，故中即训正。"《白虎通义·五行》："中，和也。"《论语·雍也》："中庸之为德也。"皇侃疏曰："中，中和也。"

③《说文》："庸，用也。"《尔雅·释诂》："庸，常也。"《孟子·告子上》："庸敬在兄。"赵岐注：庸，常也，常敬在兄。"《礼记·中庸》："君子中庸。"郑玄注："庸，常也，用中为常道也。"郑氏《中庸》：解题曰："名曰中庸者，以其论中和之为用也。"

间。上遵周孔训,旁鉴老庄言"(《遇物感兴因示子弟》)。正面承认了他的这种在"强弱刚柔"之间"执两用中"的中庸主义思想,主要取则于儒家,同时也旁及道家,是一种"儒道互补"的格局。散见于《尚书》《周易》《礼记·中庸》及《论语》等先秦儒家典籍中关于中庸思想的资料不胜枚举,兹不具论。从白氏早期所作《中和节颂》《动静交相养赋》及《策林》第十七《兴五福销六极》等论著中所表述的中庸观念可以看出,他对于作为儒家传统思想的中庸学说的汲取,是十分广泛的。至于道家,如《老子》所云:"多言数穷,不如守中"(第五章),"柔弱胜刚强"(第三十六章),"知足不辱,知止不殆"(第四十四章)等;《庄子》所云:"处于材与不材之间"(《山木》);"为善无近名,为恶无近刑,缘督以为经"(《养生主》)等,这些关于矛盾的对立及其转化的思想资料,显然都为白氏所吸纳,并以之作为构筑其后期中庸主义思想的重要因素。

作为白氏后期处世哲学的中庸主义,对儒道二家的继承,显然有所抉择,并带有显明的实用理性的倾向。儒家"执两用中"的思维模式,本来带有安于和维持现状,反对对立面的转化的保守倾向,再融汇道家的用弱守雌,适性委顺,遂同白氏"独善其身"的消极退攘思想一拍即合,从而形成作为其后期处世哲学的中庸主义,并以之作为他后期斟酌于出处进退之际,考量于动静屈伸之间,应付一切现实矛盾,以达到避祸全身目的之万应灵丹。这突出地表现在以下三个层面,即:在思想领域里,对待儒释道三教,持调和平衡,兼包并容的圆融立场;在出处进退问题上,持"似出复似处"的"中隐"观念;对待朋党之争,持中立调和的骑墙态度[①]。

---

①参阅拙著《白居易评传》(南京大学出版社,2002年5月第一版)第七章《白居易后期思想——知足保和的中庸主义》。

与此相应，其后期诗歌创作的倾向，也发生了显明的转变：前期那种关注现实，反映生民疾苦的讽谕诗几乎看不见了，而代之以数量浩繁，旨在抒发、叙写其闲散苍白的"中隐"生活情趣的闲适诗和感伤诗。感情基调是悒郁的，恬淡中透露出难以掩抑的失落和空虚，格调与意义均远逊于其前期创作。

<h2 style="text-align:center">四</h2>

"不教才展休明代，为罚诗争造化功。"（《答刘和州禹锡》）这两句诗，是白氏晚年赠给其挚友和"诗敌"刘禹锡的。盖慨叹刘氏早年参与"永贞革新"，旋因失败而遭贬黜，半生沦落，借诗歌以宣泄其不为世用的愤懑的不幸遭际。其实，把这两句诗用来概括同刘氏的出处遭际，以及"年齿官班约略同"（同上）的白居易本人，也是颇为恰切的。纵观白氏一生，虽始终不曾脱离仕途，但真正抱着"兼济天下"的初衷，积极投身于政治实践的时间是很短暂的（基本上在元和十年贬江州司马之前），而大半生过着混迹官场，诗酒悠游，消极应世的岁月。很显然，作为一个历史人物，他的成就和影响，主要在文学方面而不在政治方面。

作为唐代杰出的文学家，白居易的成就是多方面的。今传《白集》虽有所散佚，仍存诗 2800 余首，文 800 余篇。尽管我们不容忽视其文名为其诗名所掩的事实，诗与文相较，其诗歌艺术的成就仍居主要地位。白诗的数量，遥居唐人之冠，其成就差可与李、杜比肩，至少在中晚唐无出其右者。前人论白诗，有以"广大教化主"（张为《诗人主客图序》）相许者，正是就其立意高远，有所为而作，而且毕生执着于诗艺的追求，众体兼擅，影响深远，"及身已风行海内"（赵翼《瓯北诗话》卷四）的卓越成就与大家气象而说的。

白居易与友人元稹、李绅等倡导的新乐府运动，是中唐元和诗坛现实主义精神高涨的产物。白氏本人不仅提出了明确的理论主张,而且创作了旨在"颂美刺恶",干预时政,堪称"杰作绝思"(冯班《钝吟杂录》卷三)的《新乐府》50首,使他当然成为新乐府运动的主要领导者。白氏的诗歌理论,极富人民性与现实主义精神。他在《新乐府序》《与元九书》等论著中,提出了"文章合为时而著,歌诗合为事而作"的现实主义命题;强调"为君为臣为民为物为事而作,不为文而作"的创作主旨,提倡质实平易,便于为下层人民所接受的通俗诗风;他祖述儒家诗教,标榜以"美刺"言诗的《风》《雅》传统:"为诗义如何?六义互铺陈。《风》《雅》比兴外,未尝著空文。"(《读张籍古乐府》)白氏强调以诗歌干预时政,"有所为而作",不虚为文的诗歌理论,是其早期政治上激进民本主义思想的反映。虽然他把"为君"标榜为首要的创作出发点,但其归宿和落脚点,实质上是侧重于"为民"的。正如他在诗中所表白的:"唯歌生民病,愿得天子知""但歌民病痛,不识时忌讳""不惧权豪怒,亦任亲朋讥"。他的这种"代匹夫匹妇立言",为民请命,大胆讥评时政的执着精神,在我国古代诗坛,是极其罕见的。如果我们不把新乐府运动"简单地理解为新题乐府运动"①,那么,白氏早期创作的以《新乐府》《秦中吟》为代表的170余首政治讽谕诗,都可以看作是实践其理论主张而取得的创作实绩。这些富有人民性而形式平易通俗的诗歌,一方面引起了劳苦大众的共鸣,在下层社会中广为流传;一方面发挥其抨击时弊,鞭挞社会黑暗的"刺"的作用,取得了使权豪贵近为之"变色",执政柄者为之"扼腕",握军要者为之"切齿"的强烈社会效应。

白居易关心民瘼,讴歌人民疾苦的创作倾向,在我国诗歌发展史上占有特出的地位。纵观中国诗史,在杜甫以前只有《诗经》和汉魏乐

①参阅乔象钟、陈铁民主编《唐代文学史》(下)第九章第三节《新乐府运动》。

府,对劳动人民的生活和疾苦有所反映,在文人诗作中,很少写到劳动人民。直到"诗圣"杜甫,劳动人民的生活和疾苦,才在他的诗中占有一席之地。然而,杜甫虽有同情人民的倾向,而且创作了不少以"三吏""三别"为代表的反映民间疾苦的好诗,但他并没有明确提出反映人民疾苦的创作主张。"唯歌生民病""但歌民病痛"的主张,是白居易明确地提出来的。这样,"前有杜诗的榜样,后有白居易的主张,这就为后世诗人指出了一个新的方向,为诗歌创作开拓了一个新的天地。后代许多诗人正是沿着杜甫、白居易的道路前进的。"①如果我们把现实主义的基本精神,归结为人民性的思想倾向和写实的艺术手法,那么,我们可以清楚地看到,从《诗经》、汉魏乐府到杜甫、元结,在我国诗歌发展史上,确实存在着一个一脉相承的进步的现实主义传统。白居易在我国文学史上不朽的历史地位,正主要是由于他远追《风》《雅》,近承杜甫,以"有所为而作"的理论主张,并以《新乐府》《秦中吟》为代表的讽谕诗的创作实践,继承和发展了我国古典诗歌优秀的现实主义传统这一点所决定的。

堪称千古绝唱的《长恨歌》《琵琶行》,是白诗中艺术精湛,流传最广,影响最大的双璧。清人赵翼在论及这两首诗在白诗中的分量时曾说"即无全集,而二诗已自不朽"(《瓯北诗话》卷四)。在这里不拟全面地评述二诗的思想与艺术,仅拈出叙事与抒情相结合一端,略加论列。我们知道,同西方诗歌传统相较,我国古典诗歌以抒情言志为主流,叙事作品向来不发达。特别是像《古诗为焦仲卿妻作》《木兰辞》那样首尾连贯,有完整的故事情节的叙事作品,更属凤毛麟角。《长恨歌》与《琵琶行》这两首叙事与抒情完美结合的长篇歌行的涌现,显然

---

①袁行霈《白居易的诗歌主张与诗歌艺术》,载《中国诗歌艺术研究》,北京大学出版社,1987年6月第1版,第287页。

同中唐时期以情节生动，描写细腻见长的传奇小说的兴盛有密切关系。白居易本人按诗歌内在涵蕴分类，虽然将这两首归入感伤诗，但就其艺术表现手法而言，很显然，它具有首尾完整，线索分明的故事情节，鲜明生动的人物描写，叙事与抒情相结合的特征是十分突出的。正如有的研究者在评述这两首诗时所指出的："在故事的完整，描写的细致和抒情气氛的浓厚等方面，他的《长恨歌》与《琵琶行》是其他唐代诗人和以后许多朝代的诗人的叙事诗所不能比并的。"（何其芳《新诗话》六，《文学知识》1959 年第 4 期）的确，在唐代，李白与杜甫不曾写出《长恨歌》《琵琶行》这样的作品，与白氏同时或稍后的元稹的《连昌宫词》，李绅的《莺莺歌》(已佚，仅留残句)，郑嵎的《津阳门诗》，以及后来吴伟业的《圆圆曲》，王闿运的《圆明园曲》等，皆欲步白氏后尘，但均以缺少统摄全篇的相对完整的故事情节与引人入胜的细节描摹，或则意在讽谕而议论太多，或则限于才力，热衷于铺陈故实而堆砌过甚，其艺术造诣与品位均大为逊色。

长于描写与叙事，善于把叙事与抒情有机地结合起来，以增强作品的艺术感染力，的确是白诗的一大特色，也是白居易对诗歌艺术发展的一大贡献。从这种意义上说来，《长恨歌》与《琵琶行》的以叙事见长，在白诗中并不是孤立的现象。比如，在《新乐府》50 首中，就有不少作品具有鲜明的叙事特色。其中，《上阳白发人》《新丰折臂翁》《杜陵叟》《卖炭翁》，以及《缚戎人》《井底引银瓶》等，叙事大致完整，描写较为细致，从而对人物的塑造达到了典型化的高度；同时善于把叙事与抒情有机地结合起来，将鲜明的爱憎融汇入生动的情节与细节描写之中，从而增强了作品的艺术感染力，这也是这一组作品成为《新乐府》50 首中，最富艺术表现力的代表作的奥秘所在。

"诗缘情而绮靡"。情感，是诗的艺术生命所生。在《与元九书》中，白居易曾把诗歌的艺术本质归结为"根情，苗言，华声，实义"。这说明他对于情感是诗歌的艺术生命这一点，是有明确认识的。如果撇开白居易时而按创作目的，时而按诗歌体裁，对自己作品并不科学的分类，径直从诗歌作为一种艺术式样同现实的关系出发，我们看到，在白氏的全部诗作中，真正以"稽政"为目的，"有所为而作"，反映社会现实，表现其"兼济之志"的作品，为数是并不多的；倒是即兴抒怀，着重表现主观情志，特别是表现其后期半官半隐的恬淡生活的闲适之作，亦即从艺术手法上说，着重表现自我的真正意义上的抒情诗，在数量上占绝对优势。全面而公允地评价这部分作品的成就得失，自然是白诗研究不容忽视的课题。大体说来，下述几类直抒胸臆，表现其性情，富有艺术感染力的抒情之作，尤其值得重视：一是就日常琐事，或稍纵即逝的感触，即兴抒怀，语近思深而风情宛然的所谓"小碎篇章"，多见于其短篇律绝，如《赋得古原草送别》《建昌江》《问刘十九》之类；二是就眼前所见，即景抒情，造语清新，韵味隽永，如:《大林寺桃花》《暮江吟》《钱塘湖春行》《余杭春望》之类的写景诗，这是白诗中富有成就的一个门类；三是伤乱离，泄愤懑的忧愤之作，如:《自河南经乱关内阻饥兄弟离散各在一处因望月有感聊书所怀寄上浮梁大兄于潜七兄乌江十五兄兼示符离及下邽弟妹》《放言五首并序》《自海》《恻恻吟》，以及中年以前追忆早年恋人湘灵的缠绵之作，这类作品，为数不多，但尽情地倾吐心灵深处的怨愤与忧伤，具有感人肺腑的力量。此外，在这类诗作中还有两个大宗，这就是唱和诗与晚年的闲适诗。

白居易与同僚和诗友(特别是元稹与刘禹锡)交流思想感情的唱和之作，不仅数量多至 10 余卷，凡 1000 余首，为古来所未有，而且相互间竞胜角力，争奇斗巧，开创了唐人但有和诗而无"次韵"，但有以古诗联句而无以五言排律联句等创体(参阅《瓯北诗话》卷四)。白集中有多首"依次押韵，前后不差"的五言千字排律，正是元白间"以难相挑"，各逞才思的产物。文友诗敌之间，连篇累牍的大量唱和之作，多系同挚友(主要是元稹、刘禹锡)间心灵的袒露交流,直切而少讳饰,因而又是探索诗人心路历程,并从一个侧面窥测当时社会状况的宝贵材料,切不可仅仅把它们等同于流俗的应酬之作而等闲视之。

白居易抒写其半官半隐的恬淡生活情趣的所谓闲适诗,大都写于 58 岁分司东都直到 75 岁逝世的晚年。由于时间跨度长,生活单调,视野窄狭,连篇累牍,无非叙写其佯狂诗酒,寄兴林泉的"中隐"生活的空虚与无聊,往往题材重复而意境雷同。历代诗家,对白氏这类数量繁多的闲适之作,每多非议。有的嫌它唠叨琐屑,"冗易可厌"(《艺苑卮言》卷四);有的甚至说它意绪消沉,读之易"滋颓惰废放之念"(《唐音癸签》卷二五《谈丛》一引罗大经语)。窃以为,这是一种浅见或误解。白氏晚年的避身散地,诚然表现出了一种"处世似孤鹤,遗荣同脱蝉"(皮日休《七爱诗·白太傅》)的高洁情怀,也显示出不愿与污浊的官场沆瀣一气的傲岸与耿介;同时,我们也应看到,他的投闲置散是被迫的,出于不得已的,因而他的那些唠叨重复,貌似冲淡,实则沉重与失落的闲适诗,正是其内心矛盾与郁闷的倾吐,也可以说是对他所处的"恶浊的顽强的封建社会的无言的抗议"(郭沫若《关于乐天》,载《文艺报》1955 年第 23 期)。从这种意义上说,白氏晚年的闲适诗,对理解其后期的思想,对了解当时的社会,都具有重要的认识意义,且不说这些写得洗练精洁,别具一格的闲适之作,看似平淡而耐人寻味的艺术造诣了;也正是在这种意义上,我们对白居易晚年流露于闲适诗中的那种在生活中失去地位的"多余人"的苦闷与悲哀,应当给予更多的理解和同情。由此说来,如果忽略了白氏晚年的闲适诗,我们对白居易的认识和理解,则将是不全面、不完整的。

白居易不仅是一位天才诗人,也是杰出的古文家。白集中今存各体文章 800 余篇,这在唐集中也是为数较多的。但长期以来,他的文名往往为其诗名所掩。《新唐书》本传在评述白氏的文学成就时曾说:

"最长于诗，他文未能称是也。"这是不符合实际的。在"韩柳对峙，元白挺生"的中唐文坛，白居易与其挚友元稹，不仅共同倡导了诗歌领域的新乐府运动，同时，他们又是为韩柳所倡导的与新乐府运动有着相同的历史动因的古文运动的支持者乃至同盟军。白诗所谓"制从长庆辞高古"（《余思不尽加为六韵之作》），就是指长庆初年元白先后任中书舍人、知制诰时，联手改革制诰文字，易骈偶为散体的创举。这正是元白以实际行动支持韩柳古文运动的有力佐证。因此，现当代学者，有的称元白"与同时的韩愈、柳宗元都是散文改革的同志"（胡适《白话文学史》第十六章）；有的说元白是"当时主张复古之健者"，甚至说："元和一代文章正宗，应推元白，而非韩柳。"（陈寅恪《元白诗笺证稿》第四章）

从内容看，白集中策问、奏状、制诰、书、序、祭文、碑志、游记、小品等各类文章，均有所作。其中，以议论文，特别是以《策林》75篇为代表的政论文，持论允当，论证充分，说理透辟，成就突出；许多指陈时弊的奏状（如《论承璀职名状》《论元稹第三状》《论和籴状》等），爱憎分明，不畏权豪，正气凛然；再如《与杨虞卿书》《与元九书》，虽旨在抒写其无端遭贬的愤懑，实则融议论、叙事与抒情于一体，特别是后者，更是洋洋洒洒，议论风发，既陈说了自己诗歌创作的道路，又旗帜鲜明地阐扬了自己的诗歌理论主张，是我国古代诗论中的重要文献，也堪称白氏古文的压卷之作。白文也擅长写景。如《三游洞序》《草堂记》《冷泉亭记》等，文笔清新，即景抒情，情景逼真，诗意盎然。尤其值得一提的是，像《荔枝图序》《木莲花诗序》（按："序"即诗题）这类极易被人忽视的近于科学小品的说明文，在百字上下的狭小篇幅中，描摹名物性状，惜墨如金，而形神毕现，栩栩如生，不愧大家手笔。

五

如同许多在历史长河中产生过积极影响的杰出人物一样，白居易的成就与局限也是交织在一起的。因而，后人对他的评价，就难免不出现见仁见智的歧义，乃至苛求或误解。如何坚持历史唯物主义的观点，具体地考察他在当时对人民的态度如何，以及他的作品对后世产生了怎样的影响，从而给予实事求是的评价，既不拔高，也不苛求于古人，这是白居易研究中亟待正确解决的课题。这里不妨举两个例子，略加说明。

第一，关于白居易的诗歌理论主张及讽谕诗的评价问题。

如前所述，白居易"有所为而作"的诗歌理论主张，是其激进民本主义思想在文学上的反映。就其出发点而言，固然首先是"为君"，但就其客观效果而言，实际上是侧重于"为民"的。他的那些以"救济人病，裨补时阙"为主旨的讽谕诗，正是这种理论主张的具体实践。由于白居易既有写生民疾苦的理论主张，又有"唯歌生民病"的创作实践（杜甫有创作实践而无理论主张，在这一点上，白居易超过了杜甫），我们认为，白居易继承和发扬了我国古典诗歌从《诗经》、汉魏乐府到杜甫、元结的富有人民性的现实主义传统，并由此奠定了他在我国文学史上不朽的历史地位。还应当看到，白居易关注现实，"为时为事而作"的理论主张，及其倡导的为下层人民易晓易喻的通俗化诗风，其实质是标榜文艺的社会性和人民性，不仅在当时产生了巨大的影响，而且哺育了我国封建社会后期一代又一代的诗人；及至现当代，其"有所为而作"主张的理论内涵，同"五四"时期"为人生"的艺术观，以及后来"为工农兵服务"的方向，强调弘扬主旋律的"二为"方针，至少在强调文艺的社会性，强调"不虚为文"，应着重写重大题材这个层面上，有其内在的相通之处。总之，白居易富有人民性的诗歌理论主张与讽谕诗的创作，就其对人民的态度，以及对未来时代的积极影响而言，其进步意义是不容抹杀的。

然而，由于白居易在其诗论中，对"有所为而作"，特别是对美刺之诗必有"稽政"的要求，强调得过分绝对，于是，在实践中便不免出现下述几个问题：一是以这种理论去指导创作实践，就可能导致创作视野及题材的过于褊狭，用今天的话来说，就可能导致只重视弘扬主旋律，而忽视创作题材、体裁的多样性。这显然不利于诗歌艺术的繁荣与发展。其次，由于过分强调诗歌的"补察时政""裨补时阙"的思想倾向与功利性，从而相应地过分强调表达的直切晓畅，"不为文而作"，执意追求"质而径""直而切""核而实"与"顺而肆"的通俗坦易的风格。如果把这种为特定的写作目的而规定的创作风格，当作一般的创作原则，不加限制地加以提倡，就有可能导致放松乃至忽视对诗歌创作的艺术性的追求，甚至走向"为政治而牺牲艺术"的标语口号式的偏颇。第三，如果把这种诗歌理论应用于诗歌发展史的批评，就可能导致取舍尺度太严，以致于苛求古人。例如，他在《与元九书》中，彪炳"六义"，以"美刺"论诗，以致于把从先秦以迄于李杜，举凡不关乎政治教化的诗作，一概被斥之为"嘲风月，弄花草"的绮靡之作。这种带有虚无主义偏激倾向的批评史观，显然不符合我国诗歌发展的历史实际，难以获得人们的认同。白居易诗论所带来的上述问题，确实是存在的，我们不必为之讳饰。问题在于，如何结合白氏提出上述诗歌理论主张的历史背景，同时观照到其自身的全部创作实践，有分析地加以全面正确的理解，力求避免简单化与片面性，从而减少一些歪曲和误解。

我们知道，白居易关于诗歌理论的系统论述，大都集中在元和前期，当他在政治上持"兼济天下"的积极进取态度之际，关心民瘼，锐意改革的激进民本主义是其立论的思想基础。至于作于元和十一年的《与元九书》，作为其诗论的代表作，则是对其元和初期诗歌实践的反思与总结。正因为它写于白氏因积极推行和维护从《诗经》所开创的以"六义四始"为旨归的"诗道"而横遭打击之后，因而字里行间不免带着"泄愤悱"的愤激之情，议论中出现"理不胜情"的偏颇，是可以理解的。基于白氏诗论这样的历史背景，我们可以认定，反映白居易元和前期诗歌创作实践的诗歌理论，基本上可以称之为新乐府运动的理论，或讽谕诗的理论。明乎此，则可知强调诗歌要"有所为而作"，特别是必须"稽政"的问题，显然是针对政治讽谕诗而提出的，并非对于诗歌创作的普遍要求，因而也就不成其为问题。这正如我们今天提倡弘扬主旋律，并不妨碍艺术反映生活在题材体裁方面的多样性一样。事实上，从白居易的全部创作实践来看，虽然其诗歌数量居唐人之冠（今存 2800 余首），其中讽谕诗不过 170 余首（约占其诗歌总数的 1/16）。从其创作的全局看，正充分体现了题材、体裁的多样性。否则，他就不可能获得"广大教化主"的美誉，也不可能臻于众体兼擅，"诗名最著，及身已风行海内"（赵翼《瓯北诗话》卷四）的艺术造诣。其次，白氏所倡导的意质而言激，富有批判锋芒的艺术风格，正是在《新乐府序》中提出的，显然是为了适应以新乐府为代表的政治讽谕诗揭露社会痼弊，鞭挞政治黑暗的斗争需要。艺术表现形式是为内容和目的服务的。就政治讽谕诗干预现实的批判作用而言，这种富有战斗锋芒的艺术风格，不仅不足为病，应该说正是其所长。至于因过分强调"稽政"的目的性，过分地放任"不为文而作"的倾向，由此而导致在一定程度上放松对诗歌艺术性的追求的偏颇，白氏在元和初期就有所认识，并对其直露激切的诗风有所检讨，曾对元稹表示：将"删其烦而晦其义"，以救正其"意太切而理太周"（《答和诗十首序》）的弊端。对于白氏在《与元九书》中以"六义四始"为准的作为坚持"诗道"的标准，对历代诗人持苛评的态度多有贬抑的问题，我们也应作具体分析：一方面应当看到白氏所极力维护的所谓"诗道"，实质上即是从《诗经》到汉魏乐府以来，我国古典诗歌关注现实、同情人民疾苦的现实主义传统，有其值得肯定的合理的因素。另一方面，我们也应承认，白氏以"六义四始"作为批评尺度，对历代诗人确有要求过严过苛的偏向。对此我们毋庸回避，但应予以具体分析。结合《与元九书》全文的思想倾向及感情基调来看，他所发的那些唐突古人的议论，其本意似在强调坚持以"六义四始"为主旨的"诗道"的极端不易与难能可贵；同时，也是有感于自身因坚持他所标榜的"诗道"而横遭斥逐，以及对慨乎"诗道崩坏"而发的无可奈何的愤激之词。切不可把这种在特定情境下所发的议论，视为白居易一贯坚持的文艺批评观。总的看来，白氏对前代与同时代诗人的艺术成就，他是持"不薄今人爱古人"的谦逊宽容的态度，予以借鉴和汲取的。即如在《与元九书》中被他批评过的陶谢与李杜等诗人，他都曾不止一次地在诗中加以称颂①。正因为他能够以"转益多师"的谦虚精神，汇纳百川，博采众长，他才有可能在诗艺上取得与李杜差可比肩的卓越成就。

第二，关于白氏晚年以"中隐"为归宿的评价问题。

对待仕途官职，走"似出复似处"的"中隐"道路，这关系到白氏作为一个士大夫的人生追求与价值取向，历来评说纷纭，分歧颇大。争议主要集中在两个问题上：一是白氏晚年置身散地，"隐在留司官"，到底是淡泊名利，旷达为怀的自觉表现，还是沽名钓誉的矫情或假清高？二是"似出复似处，非忙亦非闲。不劳心与力，又免饥与寒。终岁无公事，随月有俸钱"的中隐生活，果真是宁静闲适，恬然自得的呢，抑或是在诗酒悠游的背后，隐含着无可奈何的苦闷与失落？

---

① 有白集中《访陶公旧宅并序》《读谢灵运诗》(卷七)、《读李杜诗集因题卷后》(卷十五)、《李白墓》(卷十七)等诗可证。

对于第一个问题，自然是赞誉者居多。许多论者，大都交口称赞他持身高洁，置身名利场中，独能不汲汲于进，而汲汲于退。有的称赞他："放心于自得之场，置器于必安之地。优游卒岁，不亦贤乎？"（《旧唐书》本传史臣赞论）有的说他："旷达闲适，意轻冠冕"（罗大经《鹤林玉露》卷九）。皮日休《七爱诗·白太傅》所云，更具有代表性，其诗有句云："天下皆汲汲，乐天独怡然。天下皆闷闷，乐天独舍旃。高吟辞两掖，清啸罢三川。处世似孤鹤，遗荣同脱蝉。士若不得志，可为龟鉴焉。"但也有与此截然相反的看法，而且把话说得很苛刻。理学家朱熹说："乐天人多说其清高，其实爱官职，诗中凡及富贵处，皆说得津津地涎出。"（《朱子语类》卷一四〇《论文》下）明胡震亨更据此加以发挥云："乐天非不爱官职者，每说及富贵，不胜津津羡慕之意。读乐天诗，使人惜流光，轻职业，滋颓惰废放之念，非《蟋蟀》风人'无已太康，职思其居'之义也。"（《唐音癸签》卷二五《谈丛》一）号称"爱白""效白"的袁宗道，甚至直诋乐天为假清高，他说："昔乐天七十致仕，尚自以为达，故其诗云：'达哉达哉白乐天。'此犹白头老寡妇以贞骄人，吾不学也。"（《袁中郎全集·随笔·识伯修遗墨后》）其实，上述两种相反的说法，均未结合白氏的仕途经历及身世处境，深入探讨其出处进退的缘由，因而都存在程度不同的误解。

我们知道，白氏终生奉行的立身处世之道，如同他在《与元九书》中所表白的不外乎"兼济"与"独善"二端。大体上以元和十年（824）贬江州司马为分界线，随着对官场险恶与朝政腐败的深切体认，政治热情锐减，宦情日益淡薄，其处世态度即由"兼济"转向"独善"。表现在行动上，就是屡求外任，有意避开京都长安这块权力倾轧的是非之地。其诗有云："唯看《老子》五千字，不蹋长安十二衢"；"心泰身宁是归处，故乡可独在长安？"就是这种心态的流露。大和三年（58岁）以后，痛感朋党倾轧，阉寺弄权，朝政愈益紊乱，乃以分司官蛰居洛阳，意绪更加颓唐，过着佯狂诗酒，优游佛老，寄兴林泉，亦官亦隐的"中隐"生活；70 岁后又以刑部尚书致仕，直到会昌六年 75 岁逝世。可见，"达则兼善天下，穷则独善其身"，的确是白氏毕生奉行，一以贯之的处世之道；而其在实践中对出处进退的把握与抉择，则全然着眼于自身的安危，以客观时势为转移。《中隐》诗有句云："人生处一世，其道难两全。贱即苦冻馁，贵则多忧患。唯此中隐士，致身吉且安。穷通与丰约，正在四者间。"《遇物感兴因示子弟》诗亦有句云："寄言立身者，不可苦刚强。……寄言立身者，不得全柔弱。彼固罹祸难，此未免忧患。于何保终吉？强弱刚柔间。上遵周孔训，旁鉴老庄言。不唯鞭其后，亦要轭其先。"合二诗旨意观之，则可知白氏之出处进退，不过是以自身安危为转移，作明哲保身之计罢了。应当承认，白氏的求外任，求分司，既避开了险恶的政治漩涡，并同权势者保持了一定距离，同时也在一定程度上维护了自身的人格独立与精神自由，同那些混迹官场，佞顺取容，与权势者同流合污的势利之徒相较，诚然不可同日而语。在这种意义上，我们把白居易自甘投闲置散的行径视为"旷达"与"清高"，亦未尝不可。但是，我们也要看到，白氏虽有"意轻冠冕"的意向，却又耐不住山林丘樊的冷落与清贫，所以其生平虽仰慕陶渊明的为人，却又没有勇气像陶渊明那样，遗荣弃利，远离官场，做一个躬耕田园的真隐士。正因为白居易尚未达到陶渊明那种忘怀得失的傲岸与超脱的境界，所以，他的旷达与清高并未完全摆脱功利的羁绊，我们在肯定它的同时，又不可揄扬过甚。

至于有的论者责难乐天的爱官职，羡慕富贵，甚至讥刺其 70 致仕犹自诩为达，不啻"白头老寡妇以贞骄人"，不唯谑而虐，且有悖于事实。"七十而致仕，自古有明文。"乐天甫及 70，即主动告老悬车，并未违背朝廷制度，就此致以深责乃至訾毁，诚为已甚。诚然，白诗颇富纪实性，文集中说俸禄，叙官职的诗作比比皆是。但是，举凡涉及俸禄官职之什，却并非"爱官职"或则以富贵骄人的表现，而恰恰是持身廉洁的表现。正如洪迈所说："白乐天仕宦，从壮至老，凡俸禄多寡之数，悉载于诗。虽波及他人亦然。其立身廉清，家无余积，可以概见矣。……其将下世，有《达哉乐天行》曰：'先卖南坊十亩园，次卖东郭五顷田。然后兼卖所居宅，仿佛获缗二三千。但恐此钱用不尽，即先朝露归夜泉。'后之君子，试一味其言，虽曰饮贪泉，亦知斟酌矣。"(《容斋五笔》卷八《白公说俸禄》)容斋所言，不啻是对毁谤者针锋相对的驳斥。推崇白诗的王若虚亦有句云："从渠屡受群儿谤，不害三光万古悬。"(《滹南集》卷四十五)老子云："天道无亲，常与善人。"历史对于贤者，毕竟是公正的。

那么，晚年退居洛下，以"中隐"为归宿的白居易，其心境果真是安稳闲适，怡然自得的么？如前所述，白氏之所以从官场退步抽身，由"兼济"转向"独善"，盖出于对险恶而污浊的官场的畏惧与厌恶，对仕途的幻灭，究其实，是为时势所迫，总不免带有某种无可奈何与不得已的勉强心理。因而在其心灵深处，也就很难泯灭关于出处进退的计较与考量，从而也就很难达到身世两忘的旷达境界。有的论者称：乐天"晚年优游分司，有林泉声伎之奉，尝自叙其乐，谓本之以省分知足，济之以家给身闲，文之以觞咏弦歌，饰之以山水风月"(《唐音癸签》卷二五《谈丛》一)，俨然是一位令人羡慕的"风月福人"。这其实是一种很片面、很肤浅的看法。比如，乐天晚年曾自号"醉吟先生"与"香山居士"，并声言："心不择地适，足不拣地安"(《答崔侍郎钱舍人书问因继以诗》)；"已共身心要约定，穷通生死不惊忙"(《遣怀》)，以自矜其狂放与旷达。而实际情形呢？不过是不停息地徘徊辗转于"酒肆法堂方丈室"(《拜表回闲游》)之间，在"非道非僧非俗吏"(《池上闲吟二首》之二)的浮躁与狂悖的心境中，聊以消磨岁月罢了。在乐天老人佯狂诗酒，栖心释梵的背后，分明隐含着迫于时势而在生活中失去地位的"多余人"的寂寞、苦闷与失落。说到底，他不过是以喜剧的形象，扮演了悲剧的角色而已。"知我者，谓我心忧；不知我者，谓我何求？"处于老境颓唐中的白居易，难道就没有这种渴望被理解的期待么？看来，如何结合时代背景，历史地具体地把握古代作家的心路历程，实事求是地评价其作品和思想文化遗产，力求多一些理解，少一些歪曲和误解，仍然是古代文史研究中，有待于进一步解决的课题。

（原载《甘肃高师学报》2004 年第 3 期）

白居易的江州之贬与王涯的落井下石
——兼论元和朝局及乐天遭贬的政治原因

唐宪宗元和十年(815),白居易因事贬江州之际,时任中书舍人的王涯,作为同僚为何不援手论救,反而以"莫须有"的罪名对其落井下石?对这桩中唐政治史和文学史上不小的公案,以往论者多从王涯的性格和人品的层面去探究其缘由,而未能联系王涯同永贞内禅的密切关系,并结合元和初期新旧两派势力尖锐对立的错综复杂的政局去深入探讨其政治原因,因而不得要领,难以弄清问题的实质。

一

元和十年,时任太子左赞善大夫的白居易,以所谓"越职论事"的罪名含冤贬江州司马。这是导致其思想从前期积极用世到后期消极取容的转折点。《旧书》本传(《新书》略同)称:

> (元和)十年七月,盗杀宰相武元衡,居易首上疏论其冤,急请捕贼以雪国耻。宰相以宫官非谏职,不当先谏官言事。会有素恶居易者,掎撼居易,言浮华无行,其母因看花堕井而死,而居易作《赏花》及《新井》诗,甚伤名教,不宜置彼周行。执政方恶其言事,奏贬为江表刺史。诏出,中书舍人王涯上疏论之,言居易所犯状迹,不宜治郡,追诏授江州司马。

这里的"七月",应作六月。这次含冤远贬,对白居易的打击是沉痛的。当他"俟罪浔阳"一年之后,在给其从内兄杨虞卿的一封书信

中,言及此事,愤激之情,犹溢于言表:

>……去年六月,盗杀右丞相(武元衡)于通衢中,迸血髓,碟发肉,所不忍道。合朝震栗,不知所云。仆以为书籍以来,未有此事,国辱臣死,此其时耶? 苟有所见,虽畎亩皂隶之臣,不当默默;况在班列,而能胜其痛愤耶? 故武相之气平明绝,仆之书奏日午入,两日之内,满城知之。其不与者或诬以伪言,或构以非语。且浩浩者不酌时事大小与仆言当否,皆曰:丞郎、给舍、谏官、御史尚未论请,而赞善大夫何反忧国之甚也? 仆闻此语,退而思之:赞善大夫诚贱冗耳! 朝廷有非常事,即日独进封章,谓之忠,谓之愤,亦无愧矣! 谓之妄,谓之狂,又敢逃乎? 且以此获辜,顾何如耳? 况又不以此为罪名乎?(《与杨虞卿书》)

按:《唐律疏义》,东宫官先谏官言事,并不能构成罪名。况且,白居易是在朝廷发生宰相被杀的非常事件,"合朝震栗"的紧急情况下,毅然首上疏亟请捕贼雪耻的。若据此构成罪名,岂不成了忠君有罪、忧国有罪的荒唐逻辑? 那么,所谓"况又不以此为罪名"的"罪名",又何所指呢?

如上引《旧书》本传所载,那就是有"素恶居易者",诬陷"其母因看花堕井而死,而居易作《赏花》及《新井》诗,甚伤名教"。所谓"名教",即以"忠"与"孝"为核心的封建礼教。可见这种毁谤的恶毒之处,正在于构陷白居易犯了有悖于封建礼法人伦的"不孝"的大罪。这使得白居易有口难辩,悲愤莫名。居易遭到的惩罚,先是被执政者"奏贬为江表刺史",继而又遭到时任中书舍人的王涯落井下石,上疏论"居易所犯状迹,不宜治郡,追诏授江州司马"。

结合白氏在元和前期激进的政治表现来看,他遭到这次沉重打击,绝非偶然,而是有其深刻的政治原因的。正如他在《与杨虞卿书》

中,反思其无辜获咎的缘由时所说:

> 然仆始得罪于人也,窃自知矣。当其在近职时,自惟贱
> 陋,非次宠擢,夙夜腼愧,思有以称之。性又愚昧,不识时之
> 忌讳,凡直奏密启外,有合方便闻于上者,稍以歌诗导之,意
> 者,欲其易入而深诫也。不我同者得以为计,媒蘖之辞一发,
> 又安可君臣之道间自明白其心乎?加以握兵于外者,以仆洁
> 慎不受赂而憎;秉权于内者,以仆介独不附己而忌;其余附
> 丽之者,恶仆独异,又信狺狺吠声,惟恐中伤之不获。以此得
> 罪,可不悲乎?

这就是说,他的横遭斥逐,究其根本原因,盖由于自元和初任翰林学士及左拾遗以来,公忠体国,不为身谋,不识忌讳,勇于言事,对那些剥下媚上、横行不法的权倖如于頔、裴均、王锷、严绶、俱文珍、李辅光、吐突承璀之流,或则在疏奏中指名道姓地予以抨击,或则以匕首投枪式的政治讽谕诗,将他们的丑行恶德作为某种类型加以无情的揭露和鞭挞。[①]由此树敌过多,积怨甚深,从而导致他们内外扇连,媒蘖中伤,使他失去了皇帝的信任和庇护,最终遭到贬谪,也就不可避免了。

那么,当白居易遭逢仕途危机时,王涯为什么要对他落井下石呢?

白诗有句云:"同时六学士,五相一渔翁。"(《李留守相公(程)见过池上泛舟举酒话及翰林旧事因成四韵以献之》)在元和初年,王与

---

① 参阅白集(朱金城《白居易集笺校》,上海古籍出版社,1988年12月初版,下同)卷五八《论于頔裴均状》《论太原事状三件》《论于頔所进歌舞人事宜状》《论王锷欲除官事宜状》《论裴均进奉银器状》,卷五九《论承璀职名状》《论元稹第三状》及讽谕诗《宿紫阁山北村》《卖炭翁》《黑潭龙》等。

白，曾是翰苑僚友，王涯即"五相'①中的一位。再者，在元和三年的制科人案中，王涯的外甥皇甫湜同制举人牛僧孺、李宗闵因直言时事，触忤宰相李吉甫，吉甫泣诉于上，致使考策官杨於陵、韦贯之，覆策官裴垍、王涯等皆坐贬。②白氏当时亦是覆策官之一，曾上《论制科人状》为之辩护。陈振孙认为："唐朋党之祸盖始此，而公与李德裕不咸亦始此。"（《白文公年谱》元和三年戊子）白氏在《状》中强调指出覆策应坚持的标准和原则是："唯秉至公以为取舍。虽有仇怨，不敢弃之；虽有亲故，不敢避之。唯求直言以副圣意。故皇甫湜虽是王涯外甥，以其直言合收，涯亦不敢以私嫌自避。当时有状，具以陈奏。不意群心嗷嗷，构成祸端，圣心以此察之，则或可悟矣。"意谓王涯作为覆策官之一，同其他覆策官一道坚持了"唯求直言"，不避亲故的原则，录取其外甥皇甫湜是无罪的。白氏此时把王涯看得颇高，在《状》中把他同参与覆策的裴垍、卢坦、韦贯之并列，谓"此数人者皆人之望也。若数人进，则必君子之道长；若数人退，则必小人之道行……况且无瑕，岂宜黜退？"同时，鉴于参与此次覆策的官员共六人，只有裴垍与王涯二人被贬官，白氏复不计个人得失，进一步申言："若以臣理非允当，以臣覆策事涉乖宜，则臣等见在四人亦宜各加黜责，岂可六人同事，唯罪两人？"可见，在元和三年的制科人案中，不论就公理或私谊来说，白居易的行为都值得称道，也可以说对皇甫湜、王涯甥舅是有德有恩的。也许，正由于此，恃才傲物，"辨急使酒，数忤同省"（《新唐书·皇甫湜

---

①据岑仲勉《翰林学士壁记注补》：王涯于贞元二十年九月二十七日自蓝田县尉充翰林学士，元和三年四月，守都官员外郎出院。白氏于元和二年十一月六日自周至县尉充，元和六年四月丁母忧出院。又据岑仲勉《唐集质疑·同时六学士》条：五相，指李程、王涯、裴垍、李绛及崔群。

②参阅《旧唐书·宪宗纪上》及《旧唐书》杨於陵、裴垍、韦贯之、王涯本传。

传》),且并"不善诗"的皇甫湜,却同白居易一直保持着友谊,有白集中《寄皇甫七》(卷二四)、《访皇甫七》(同上)、《哭皇甫七郎中》(卷二八)等诗可证。然而,王涯本人却对白居易以怨报德,当白居易被诬陷以"甚伤名教"的罪名,谪贬"江表刺史"之际,他不唯不秉公执言,援手论救,反而上疏论"居易所犯状迹,不宜治郡",——这不啻进一步坐实了强加给白居易的"不孝"的罪名,因而遭到改贬江州司马的更沉重的打击。王涯为什么出此下策,对白居易落井下石?窃以为,究其原因有二:一是出于其贪婪、阴狠的本性;二是为了迎合皇帝,讨好守旧的官僚集团,特别是讨好恩遇正隆的大宦官吐突承璀。

二

王涯,两《唐书》均有传,在中唐政治史上,是不能不提到的重要人物,在文学上也有一定影响。《旧传》云:"涯博学好古,能为文,以词艺登科。"贞元八年(792),与欧阳詹、韩愈、李观、崔群、李绛、冯宿等联袂登进士第,同榜士人"皆天下选,时称'龙虎榜'"(《新唐书·欧阳詹传》)。王涯一生,曾三入翰苑,两居宰辅,是"甘露事变"中惨遭腰斩并族诛的"四相"之一。王涯的文学声名,史籍多有载记。《新传》称:"涯博学,工属文。……文有雅思,永贞、元和间,训诰温丽,多所稿定。"《通鉴》卷二四五称其"有文学声名"。《唐才子传》卷五谓其"善为诗,风韵遒然,殊超意表。"虽因身遭非常之祸,其诗文多有散佚,仍有诗文各一卷(分别见《全唐诗》卷三四六,诗60余首;《全唐文》卷四四八及《唐文拾遗》卷二三,共文15篇),及与张仲素、令狐楚三人选其五七言绝句合编的《三舍人诗集》传世。但是,像王涯这样一位在中唐政治史和文学史上都不容忽视的人物,留下的声名却并不佳,历史给予他的贬责,远远多于对他的同情。究其原因,这可能同他出于其贪婪、阴狠的本性,为政苛急,贪敛财货有关。不过,王涯的贪婪也带有少见的文人士大夫的特点:不仅聚敛钱财,还淫掠书画。

史传称,王涯在穆宗及文宗朝,曾两度领盐铁转运使,长达八年之久。①《新传》云:"文宗嗣位,……复统盐铁,政益刻急。"《新唐书·食货志》四亦云:"是时奉天卤池生水柏,以灰一斛得盐十二斤,利倍碱卤。文宗时,采灰一斗,比盐一斤论罪。"当指王涯掌盐铁时所为。可知,《唐才子传》说:"涯榷盐苛急,百姓怨之。"乃言之有据。按:百姓之怨涯,除榷盐外还在于榷茶。《新唐书·食货志》四云:

> 其后,王涯判二使,置榷茶使。徙民茶树于官场,焚其旧积者,天下大怨。

《旧传》云:

> 涯以榷茶事,百姓怨恨,(临刑)垢骂之。投瓦砾以击之。

《新传》云:

> (大和九年)罢度支,真拜司空。始变茶法,益其税以济用度,下益困,而郑注亦议榷茶。天子命涯为使,心知不可,不敢争。李训败,乃及祸。初,民怨茶禁苛急。涯就诛,皆群垢詈,抵以瓦砾。

由此可见,《唐才子传》云:"及甘露祸起,就诛,悉垢骂,投以瓦砾,须臾成堆。"亦有史实可本。

自然,王涯作为聚敛之臣,他的招致民怨,不仅仅因为其榷盐榷茶至为"苛急",剥下以媚上,还在于他借机敛财肥己,既聚敛财货,又

---

①据两《唐书》本传:王涯于穆宗长庆三年(823)为户部尚书领盐铁转运使,至敬宗宝历二年(826)以礼部尚书检校右仆射出为山南西道节度使。又据《资治通鉴》卷二四八称:文宗大和四年(830),七月壬寅,王涯以右仆射兼度支、盐铁转运使;大和七年(833)秋七月壬寅,王涯再度入相,仍领盐铁使;同书卷二四五又称:大和九年八月,盐铁使王涯奏改江淮、岭南茶法。据上可知,王涯领盐铁转运使前后长达八年之久。

大肆搜掠书画。关于这方面的事实,史传载之甚详。《新传》(《旧传》所记略同)云:

> 性啬俭,……年过七十,嗜权固位,偷合训等,不能絜去就,以致覆宗。是时,十一族赀货悉为兵掠,而涯居永宁里,乃杨凭故第,财贮钜万,取之弥日不尽。家书多与秘府侔,前世名书画,尝以厚货钩致,或私以官,凿垣纳之,重复秘固,若不可窥者,至是为人破垣剔取奁轴金玉,而弃其书画于道。

随着王涯在"甘露事变"中横遭惨戮。他所搜罗的书画也经历了一次浩劫。所幸,其藏品中仍有一些作为"劫后余灰"而流传后世者。这一点,我们从文物考古的史料中可以得到证实。

元赵孟𫖯旧藏宋曹之格所刊米芾宝晋斋法帖,上海市文物保管委员会藏,1960年中华书局影印出版,引起文物考古学界关注。著名文物专家徐森玉《宝晋斋帖考》(《文物》1962年2期)称,"米芾曾认为,王右军草书除王略帖外,其他都是伪帖";米芾原题,有"逸少书王略帖天下法书第一"字样,并指出:"帖末下端之永玩珍秘,是唐相王涯之印。"徐氏认为,宝晋斋帖中的王略帖,曾为王涯家藏。另一文物专家唐兰《宝晋斋法帖读后记》(《文物》1963年3期),引米芾所作《书史》云:

> 余白首收晋帖,止得谢安一帖,开元、建中御府物,曾入王涯家;右军二帖,贞观御府印,子敬一帖,有褚遂良题印,又有丞相王铎家印记;及有顾恺之、戴逵画净名天女、观音,遂以所居命为宝晋斋。

据此可知,在米芾宝晋斋所藏有限的晋帖中,以今存文物证之,竟有两件曾入王涯家藏。章士钊《柳文指要》进一步指出:"王涯当时以收藏之富著称,名书画几与秘府相埒,至所藏何品,从来不见有何著录,而今发见元章收三晋帖,因名其斋曰宝晋者,其三晋帖都可能经涯收藏"(上卷一七《蝜蝂传》)。

章氏还就柳宗元同王涯始而亲近,终于疏远的交往行迹,在《指要》的体要及通要之部多处提到王涯为人的贪婪与阴狠。其释《蝜蝂传》云:"吾揣此文,子厚为王涯而作,涯与子厚早为友,观同列名祭李汶中丞(按:王涯名并未同列,殆是章氏误记)及独孤申叔墓碣,载信友十三人于碣后,涯亦与焉可知。顾除此之外,集中不见涯名,夫贞元十八年以至子厚之殁,时历廿载,不为不久,而其中往来酬唱之迹,概乎未见,则两人性情文字间,有大大距离,不难一览而得。……其人贪权嗜禄,固子厚所不喜,……子厚文中告诫重重,期之甚殷,息息惟贪取而近于危坠是惧,足见作者知涯甚深,并逆料将来祸患之难于幸免。"章氏认为,子厚此文以负重登高的蝜蝂为喻,其旨归正在于对王涯深致警诫之意。"何以言之?涯爱积聚,资财钜万,藏书殆与秘府相埒,名书画凿垣纳之,死之日,一切荡尽。时涯兼江南榷茶使,百姓恨之次骨,临斩,争投瓦砾如雨,如'其形魁然大者也,其名人也,而智则小虫也。'白居易有感事诗吊涯云:'祸福茫茫不可期,大都早退是先知',用意与子厚哀蝜蝂同。"章氏还认为,子厚《哀溺文》之旨趣也寓有借善游的永州之民,因腰系千钱贪婪不舍而溺死的故事,以警示"年高恋栈,不肯引退","不欲释利而离尤"的王涯的用意在。

在《柳文指要·通要之部·王涯》一篇中,专就王涯同子厚的关系,讨论王涯之品性为人。章氏认为:"王涯初期,确与子厚为友,自独孤申叔殁后,二人踪迹渐疏。"这绝非偶然,究其原因殆出于其贪狠的本性。为此,章氏举元和十年白氏因事遭贬之际,王涯以"莫须有"的罪名,对白氏无端地落井下石为例。不惜以较长篇幅引述陈振孙《白文公年谱》元和十年所载高彦休《唐阙史》关于白母死于"心疾"的史实,以及陈寅恪《元白诗笺证稿》对这一事件的见解,以澄清王涯同白氏

之间的纠葛,并从而为白氏辩诬。章氏深有感慨地指出:

> 王涯落井下石,居心实未易测,尔后甘露之变,涯致惨戮,居易闻而咏之曰,"当君白首同归日,是我青山独往时",伤感之音甚于怒骂……

> 王涯一生待人接物,始终使用一个狠字,待友如上所述,至聚货财,淫书画,尤无人不知之事,吾料子厚《哀溺》《蝜蝂》诸文,皆暗中于涯有所指摘,大抵去事实不远。此固不止当时观察而已,即至异代,刘后村《题蔡端明茶录》犹云:"甘露宰相损厚贿,或官爵,钩取名书画,凿垣纳之,祸作,为人剔奁轴金玉,而弃书画于路。此以天下之力而不能守,而世之笃好必取者,尚有以为可传万代子孙而不失,几于惑矣。"后幅即显揭其名而言之曰:"王广津以榷茶致宰辅,以权力夺玩好,身与家且不能庇,乌能庇书画耶?"由是观之,虽狠①亦奚以为?

三

章氏把王涯同子厚关系疏远,对白居易落井下石,归结为其性格的阴狠,虽不无见地,却毕竟失之肤廓。窃以为,只有把问题提到政治的高度,联系贞元、元和之际朝中新旧两派势力尖锐对立的政治形势,结合各自对待永贞内禅及永贞革新的态度,及其所扮演的角色,才能弄清问题的实质。质言之,从政治分野看,王涯同子厚、乐天,本

---

① 关于王涯为人之刻薄贪狠,还可补充一例:《资治通鉴》卷二四五《唐纪》文宗大和九年(《新唐书·王涯传》略同)载:"王涯有再从弟沐,家于江南,老且贫。闻涯为相,跨驴诣之,欲求一簿、尉。留长安二岁余,始得一见,涯待之殊落莫。久之,沐因嬖奴以道其欲,涯许以微官,自是旦夕造涯之门以俟命;及涯家被收,沐适在其第,与涯俱腰斩。"

分属于相对立的政治集团:子厚是"二王八司马"集团重要成员之一,乐天是永贞革新的同情者①,而王涯则是追随宦官守旧势力,参与草拟储君诏的四学士之一,对促成永贞内禅与有力焉。这才是问题的症结所在。

《资治通鉴》卷二三六《唐纪》顺宗永贞元年三月载:

> 上疾久不愈,时扶御殿。群臣瞻望而已。莫有亲对奏者,中外危惧;思早立太子。而王叔文之党欲专大权,恶闻之。宦官俱文珍、刘光琦、薛盈珍皆先朝任使旧人,疾叔文、忠言等朋党专恣,乃启上召翰林学士郑絪、卫次公、李程、王涯入金銮殿,草立太子制。……上颔之。癸巳(二十四日),立淳为太子,更名纯。

韩愈《顺宗实录》卷四称:

> (永贞元年七月)乙未(二十八日),诏:军国政事,宜权令皇太子某(按:指宪宗李纯)勾当。……上自初即位,则疾患不能言,至四月益甚。……天下事皆专断于叔文,而李忠言、王伾为之内主,执谊行之于外。……会其与执谊交恶,心腹内离,外有韦皋、裴(垍)〔均〕、严绶等笺表。而中官刘光琦、俱文珍、薛盈珍、尚〔衍〕、解玉等,皆先朝任使旧人,同心怨猜,屡以启上,上固已厌倦万机,恶叔文等,至是速召翰林学士郑絪、卫次公、王涯等入至德殿,撰制诏而发命焉。

从上述史料可知,在"二王八司马"集团同宦官及官僚守旧势力尖锐对立的贞元、永贞皇祚嬗移之际,王涯作为翰林学士之一,曾先后两次分别参与过草拟立太子及令太子监国的制诰,是站在宦官守

---

① 参阅拙著《试论白居易对永贞革新的态度及新乐府运动的历史背景》(载《甘肃师大学报》社科版,1979 年第 3 期)。

旧势力一边,促成永贞内禅的支持者。

《新传》又称:

> 涯文有雅思,永贞、元和间,训诰温丽,多所稿定。帝以
> 其孤进自树立,数访逮,以私居远,或召不时至,诏假光宅里
> 官第,诸学士莫敢望。

对于位望甚轻,于贞元二十年自蓝田尉(正九品下)充翰林学士的王涯,唐宪宗为何竟如此宠信?窃以为,《新传》所谓"永贞、元和间,训诰温丽,多所稿定"一语,颇值得玩味。也就是说,宪宗之所以对他格外恩宠,正是因为在"永贞、元和间"当新旧两派势力围绕着皇位继承问题激烈斗争之际,王涯很可能在参与起草或"稿定"有关册立太子、命太子监国及改元即皇帝位等一系列实现永贞内禅的法制程序的制诰文书方面,发挥了积极作用。这些制诰文书究竟包括些什么?所幸,尚有踪迹可寻。今查《唐大诏令集》,反映永贞内禅的制诰册文,共有九篇:

> 卷一帝王即位册文:《宪宗即位册文》(永贞元年八月九日)
>
> 卷五帝王改元下:《改元元和赦》(元和元年正月二日)
>
> 卷一二帝王遗诰:《顺宗遗诰》(元和元年正月十九日)
>
> 卷二七立皇太子:《立广陵郡王为皇太子制》(贞元二十一年即永贞元年三月,郑絪)
>
> 卷二八皇太子册文:《册广陵郡王为皇太子文》(贞元二十一年四月九日)
>
> 卷二九册皇太子敕:《贞元二十一年册皇太子敕》(贞元二十一年四月,郑絪)
>
> 卷三○皇太子监国:《顺宗命皇太子勾当军国敕》(贞元二十一年七月)

卷三〇皇太子传位:《顺宗命皇太子即位诏》(贞元二十一年八月,郑絪)

卷三〇:《顺宗传位皇太子改元诰》(贞元二十一年八月,郑絪)

上述九篇制诰文字,《旧唐书》本传称:郑絪"好学,善属文",早在贞元八年即以司勋员外郎知制诰充翰林学士,复于贞元二十一年二月迁中书舍人加承旨学士(参阅岑仲勉《翰林学士壁记注补四·德宗》),自然首膺重任,据《诏令集》他一人草拟了4件(其中除《顺宗命皇太子即位诏》,均收入《全唐文》卷五一一);其余5件,很有可能多出自王涯的手笔,或为其所"稿定"。这从宪宗即位后,对郑絪、王涯二人格外恩奖,亦可窥知其中奥秘。据李肇《翰林志》,郑絪与卫次公在德宗朝皆仕途蹭蹬,"守官十三考而不迁",借助于他在永贞内禅中的积极表现,"其年十[二]月二十七日,拜中书侍郎同中书门下平章事、集贤殿大学士。"(元稹《承旨学士院记》)而王涯,贞元二十年自蓝田尉入充翰林学士时,官秩仅正九品下。借助于永贞内禅之际的特殊机遇,到贞元二十一年(即永贞元年)秋,已历右拾遗(从八品上),升至左补阙(从七品上)[1],不但职务清要,而且一年之内连晋五阶。在此以后,直到元和三年四月,王涯因坐外甥皇甫湜直言忤宰相李吉甫,以都官员外郎出院之前,他已擢升为掌起居注,记录皇帝言行以备修史的起居舍人(从六品上)[2],官秩又晋四阶。《新传》所谓宪宗对他的恩遇,"诸学士莫敢望",确是事实。

元和三年四月,王涯坐亲累以都官员外郎出院后,再贬虢州司

---

[1][2]参阅岑仲勉《翰林学士壁记注补四·德宗》。

马,同年九月徙袁州刺史①。宪宗对他的恩遇未替。《新传》云:"宪宗思之,以兵部员外郎召知制浩,再为翰林学士,累迁工部侍郎,封清源县男。"但不言召还及历官迁转时间。《旧传》所纪则大致不差:

> (元和)五年,入为吏部员外。七年改兵部员外郎、知制浩。九年八月正拜舍人。十年转工部侍郎、知制浩,加通议大夫、清源县开国男,学士如故。十一年十二月,加中书侍郎同平章事。

岑仲勉《翰林学士壁记注补六·宪宗》据有关史料补正以下数事:①《旧唐书·宪宗纪》下:"(元和七年七月)乙丑,以兵部员外郎知制浩";②同上书"(元和九年八月)壬戌,以中书舍人王涯……为皇太子侍读";③为侍读时未带学士衔,则王涯复为学士应在元和九年闰八月之后;④据《翰林院故事》及《承旨记》,王涯于元和十一年正月十八日自中书舍人入充承旨,此亦两《唐书》本传所漏载者。

由上可见,王涯在元和初,虽稍经仕途挫折,毕竟波澜不惊。总的看,真可谓官运亨通,青云直上。究其原因,除了受到宪宗的庇护外,还与他在元和初期新旧两派势力的斗争中,善于把握风向,极尽其逢迎附势之能事有关。

四

陈寅恪《顺宗实录与续玄怪录》一文,在论及贞元、元和之际政局时指出:

> 唐代自中叶以后,凡值新故君主替嬗之际,宫禁之中,

---

① 钱仲联《韩昌黎诗系年集释》卷六《祖席·前字》诗笺释引王元启语,谓此诗乃韩愈为王涯徙袁州刺史祖饯而作,时间在九月,有诗中"野晴山簇簇,霜晓菊鲜鲜"句可证。

几例有剧变,而阉宦实为此剧变之主动者。外廷之士大夫,则是宫禁之中阉宦党派斗争时及决胜后可怜之附属物与牺牲品耳!有唐一代之政治史中,此点关系至钜,特宫禁事秘,外间本不易知,而阉人复深忌甚讳,不欲外廷有所得闻。宪宗为中兴之英主,其声望更不同于他君,故元和一代,其君主与阉人始终之关系,后来之宦官尤欲隐秘之。以免其族类为士大夫众矢之的也。

此乃陈氏就整个中唐及元和朝政局而言,仅就宪宗自永贞内禅即位到元和十年前后的政局来看,随着"永贞革新"的失败及"二王八司马"横遭贬斥,翊戴有功的巨珰强藩们宠锡有加,各得其所,唐宪宗"慨然发愤,志平僭叛"(《新唐书·宪宗纪》赞),再创中兴的事业方兴未艾,朝野上下,俨然呈现出一派升平景象。但这不过是表面现象。稍就习见的旧籍所载史料略作爬梳,便不难发现,在元和初期,依靠宦官守旧势力的拥戴而继位的唐宪宗,始终摆不脱对阉宦势力的依恃,当时阉宦势力的代表人物,就是自东宫即陪侍宪宗"恩顾莫二"的大宦官吐突承璀。另一方面,以裴垍、李绛、白居易等正直朝士为一方,作为新兴进士集团的代表,同以吐突承璀、李吉甫、王涯等为代表的守旧势力之间的斗争,始终或明或暗地存在着。白氏作为铮铮铁骨的"元和谏官",始终站在正直朝士的一边,所以仕途艰难,终遭远谪;而王涯既得皇帝宠信,又依附宦官守旧势力,偷合取容,故而仕途优稳,位至宰相。

在元和朝,宪宗格外宠信大宦官吐突承璀绝不是偶然的。《新传》称:"吐突承璀字仁贞,闽人也,以小黄门直东宫,为掖廷局博士,察察有才。"其人出道甚早。远在贞元十年(794),他就曾以"小使"身份,随时任内给事的大宦官俱文珍、御史中承袁滋宣慰南诏,有今存云南昭通豆沙关摩崖碑文可证(参阅《柳文指要》下卷一四《补记袁滋》)。在永贞内禅之际,承璀以年资尚轻,史传不载其名。但他无疑是当时作为储君的宪宗的心腹,同时是阉宦首领俱文珍的得力助手,对促成永贞内禅是出过大力的。所以,宪宗即位之初,即委以心腹重任,"授内常侍,知内省事,左监门将军。俄授左军中尉、功德使"。据《旧唐书·宪宗纪》上,承璀授神策军左军中尉,在元和元年十一月。这以后,随着其威权日炽,他的手也伸得愈来愈长,或贪赃枉法,或不时与宰相李吉甫勾结干预朝政,并屡屡同裴垍、李绛、白居易等正直的朝士发生冲突。其炙手可热的煊赫权势,正如李绛《上言承璀事》(《李相国论事集》卷五)所云:

> 承璀受非常恩私,当非次委任,威振内外,权倾朝廷,无有贤愚,望风畏伏。外间私语,亦不敢斥言其名。中外人云:"宁可止忤陛下,不敢斥言承璀;忤陛下或有恩贷,忤承璀必有祸害摧破,党类相托,无复振起。"

一般朝士之畏伏承璀,姑勿论。验之以李吉甫、裴垍、李绛三位元和前期的重要宰相,他们的荣悴去留,也往往取决于同承璀的关系如何。

李吉甫与承璀相交结,曾两度入相。史称"李吉甫便僻,善逢迎上意,……通于承璀"(《旧唐书·李绛传》);又称:"中官吐突承璀闽人也,(元)义方用其亲属为右职(按:义方时任福建观察使)。李吉甫再当国,阴欲承璀奥助,即召义方为京兆尹。"(《新唐书·元义方传》)由于"善逢迎上意",又有承璀"奥助",据《旧传》,吉甫得以于元和二年正月入相;虽因"诬构郑絪,贬斥裴垍等,盖宪宗察见其情而疏薄之,故(三年九月)出镇淮南"①;但复于六年正月自淮南召回为中书侍郎、同平章事,至元和九年十月终于相位。

裴垍虽与李吉甫同于永贞元年十二月自考功郎中入为翰林学士(参阅岑仲勉《翰林学士壁记注补五·顺宗》),却似与永贞内禅无涉;且"器局峻整,有法度"(《旧传》),与吉甫不能并立于朝②,同吐突承璀更是格格不入。《旧传》称:"吐突承璀自春宫侍宪宗,恩顾莫二。承璀间欲有所关说,宪宗惮垍,诫勿复言。"但承璀并未有所收敛。如元和四、五年之际,朝廷对河北叛将王承宗的轻率用兵,就是时任左神策军中尉吐突承璀"欲希上意,夺裴垍权,自请将兵讨之"(《资治通鉴》卷二三七宪宗元和四年),而挑起来的。《旧唐书·裴垍传》称:(元和四年,成德节度使)"王士真死,其子承宗以河北故事,请代父为帅。宪宗意速于太平,且频荡寇孽,谓其地可取。吐突承璀恃恩,谋挠垍权,遂伺君意,请自征伐。"于是以宪宗、承璀为一方,同裴垍、李绛、白居易等正直朝士之间,就对成德用兵时机是否成熟,用中官吐突承璀统兵是否得当,以及当兵伐成德师久无功是否应罢兵等三个问题,展开了一场激烈的斗争。裴垍称:"(昭义节度使)卢从史阴苞逆节,内与承宗相结约,而外请兴师,以图厚利。……——陈其不可。"(同上)李绛也认为,讨河北成德的态势,不同于平孤立的西川刘辟、浙西李锜。盖河北诸镇割据日久,"外则结连势广,内则胶固岁深。以此用兵,必为不

---

①参阅《通鉴》卷二三七宪宗元和三年九月载,吉甫出镇淮南事所附司马光《考异》。诬郑絪事,指吉甫密奏,絪通于怀有贰志的昭义节度使卢从史,宪宗听李绛言得解;贬裴垍,指元和三年四月制科人案,因制举人直言忤吉甫。垍罢学士出为户部侍郎。上述二事,可参阅《通鉴》元和二年十一月、元和三年四月。

②据《通鉴》元和三年九月:丙申,裴垍入相,同月戊戌,即出吉甫为淮南节度使;又,元和五年十一月,中书侍郎裴垍数以疾辞位,罢为兵部尚书,六年正月,即以前淮南节度使李吉甫为中书侍郎、同平章事。

可"(《李相国论事集》卷三《又上镇州事》)。宪宗却不听阻谏,悍然对成德用兵,并任命吐突承璀为统帅。对此,时任翰林学士、左拾遗的白居易,反对尤为坚决。《论承璀职名状》云:

> 然则兴王者之师,征天下之兵,自古及今,未有令中使专统领者。今神策军既不置行营节度使,即承璀便是制将。又充诸军招讨处置使,即承璀便是都统。岂有制将、都统而使中使兼之?臣恐四方闻之,必轻朝廷;四夷闻之,必笑中国;王承宗闻之,必增其气。国史记之,后嗣何观?陛下忍令后代相传,云以中官为制将、都统,自陛下始?……臣伏以陛下自春宫以来,则曾驱使承璀。岁月既久,恩泽遂深。望陛下念其勤劳,贵之可也。陛下怜其忠赤,富之可也。至于军国权柄,动关于治乱;朝廷制度,出自于祖宗。陛下宁忍徇下之情而自隳法制,从人之欲而自损圣明?何不思于一时之间,而取笑于万代之后?今臣忘身命,沥肝胆,为陛下痛言者,非不知逆耳,非不知危身。但以蝼蚁之命至轻,社稷之计至重。伏乞圣虑又以此思之。

刚愎自用的唐宪宗,迫于舆论的压力,虽将承璀"招讨处置使"的头衔改为"宣慰使",但任用宦官统兵的决心并未动摇。是年十月,"及承璀率禁军上路,帝御通化门楼,慰谕遣之"(《旧传》)。当河北战事,果如裴垍等所料,徒耗粮饷,经年无功,白氏乃迭上三状请速罢兵。其第二《状》云:"河北本不当用兵,今既出师,承璀未尝苦战,已失大将。……以臣愚见,须速罢兵,若又迟疑,其害有四";因盛陈"可为痛惜者二,可为深忧者二"(参阅白集卷五九《请罢兵第二状》)。其《请罢兵第三状》进一步强调:

> 一种罢兵,何如早罢?必待事不得已然后罢之,只使陛下威权转销,天下模样更恶。……臣前后已献三状,不啻千

言。辞既繁多,语亦恳切。陛下若以臣所见非是,所言非忠,况又尘黩不休,臣即合便得罪。若以臣所见为是,所言为忠,则陛下何忍知是不从,知忠不纳? 不然,则臣合得罪。不然,则陛下罢兵。伏望读臣此状一二十遍,断其可否,速赐处分。臣不胜负忧待罪,恳迫兢惶之至。

公忠体国之心,溢于言表。但白氏这种冒死力谏的强直态度,难免不触逆鳞,为其日后遭到疏远、斥逐,埋下祸根(详后说);同时,白氏作为裴垍的追随者,他的这种强直的态度,也在一定程度上给裴垍在朝廷的地位,带来了负面的影响。元和五年九月,当承璀伐成德劳师费时,损兵折将,无功而还,因宪宗袒护,"辛亥,复为左卫上将军,充左军中尉。裴垍曰:'承璀首唱用兵,疲弊天下,卒无成功,陛下纵以旧恩不加显戮,岂得全不贬黜以谢天下乎! '……间二日,上罢承璀中尉,降为军器使"(《通鉴》元和五年)。让人感到蹊跷的是,裴垍旋即"得风疾",又于同年十一月,"以疾辞位","罢为兵部尚书"(同上)。到了六年正月,当"通于承璀"而不能与之并立于朝的李吉甫自淮南召入为相,裴垍的处境更艰难了。据《通鉴》元和六年所纪:吉甫于正月入相,二月即罢裴垍所擢宰相李藩为太子詹事;同时,"因宦官恶李绛在翰林",出为户部侍郎;又称:"四月,戊辰,以兵部侍郎裴垍为太子宾客,李吉甫恶之也。"作为对促成"元和中兴"发挥过积极作用的一代贤相裴垍,其政治生涯就此结束,不久就去世了①。

---

① 《旧传》称:"元和五年,中风病。明年,改太子宾客,卒。"居易与元稹俱深受裴垍之知遇。垍殁后,元白皆深致悼惜之情,白集卷十《梦裴相公》诗有句云:"五年生死隔,一夕魂梦通。"此诗当作于元和十年贬江州之后。元集卷七《感梦》诗亦有句云:"唯我与白生,感遇同所以。……白生道亦孤,谗谤销骨髓。司马九江城,无人一言理。"

五

裴垍的被排挤出政治舞台并不幸早逝，对元和时期要求改革的新兴势力来说，无疑是一次严重的挫折。但斗争并未止息。《新传》称："垍为学士时，引李绛、崔群为与同列。"接替裴垍担当起领袖群伦的重任，继续同守旧势力作斗争的，正是他所扶持的李绛。如果说，裴垍、李吉甫之间，因矛盾尖锐，故宪宗使之不并立于朝；与此相反，在起用李吉甫的同时，又任用与吉甫不协的李绛为相，则是为了分吉甫权，以制衡其专断。据《通鉴》宪宗元和六年载：李吉甫自淮南节度使入相，在是年正月，而李绛以户部侍郎为中书侍郎、同平章事在同年十一月，其原因是："李吉甫为相，专修旧怨，上颇知之，故擢绛为相。"而吉甫《新传》所纪，更为详备：

> 及再辅政，天下想望风采，而稍修怨，罢李藩宰相，而裴垍左迁，皆其谋也。李正辞晚相失，及与萧俛同召为翰林学士，独用俛而罢正辞，人莫不疑惮。帝亦知其专，乃进李绛，遂与有隙，数辩争殿上，帝多直绛。

按：李吉甫于元和六年正月入相，二月即罢李藩相位，盖李藩乃裴垍所擢；[1]其拒用李正辞为学士，也因为正辞乃裴垍所重用的人。[2]不仅如此，据《通鉴》宪宗元和六年载：李吉甫的专恣，还表现在：在罢李藩的同时，又因"宦官恶李绛在翰林，以为户部侍郎，判本司"。很显

———————

①《旧唐书·李藩传》："元和初，……迁给事中。……裴垍言于帝，以为有宰相器，属郑絪罢免，遂拜藩门下侍郎、同平章事。"

②《旧唐书·裴垍传》："垍在中书，有独孤郁、李正辞……自拾遗转补阙，及参谢之际，垍廷语之曰：'独孤与李二补阙，孜孜献纳，今之迁转，可谓酬劳无愧矣……'"

然,李绛被逐出翰林,虽因"宦官恶之",实乃吉甫迎合阉寺以成其奸。同上书又称:元和六年"夏,四月,以兵部尚书裴垍为太子宾客,李吉甫恶之也"。元和前期,唐宪宗尚能大体上分邪正,明是非。鉴于李吉甫的过分严刻专恣,不得已,于同年十一月起用李绛为相。

《旧传》称:"绛以直道进退,闻望倾于一时。然刚肠嫉恶,贤不肖太分,以此为非正之徒所忌。"又称:"同列李吉甫便僻,善逢迎上意,绛梗直,多所规谏,故与吉甫不协。时议者以吉甫通于承璀,故绛尤恶之。绛性刚讦,每与吉甫争论,人多直绛。"可见,李绛与李吉甫的纷争,乃邪正之争,是非之争,其要害是吉甫的"善逢迎上意"与"通于承璀"。

李绛入相后,果然不负众望。他上任后做的第一件大快人心的事,就是拿李吉甫与吐突承璀的党羽元义方开刀。《通鉴》宪宗元和七年称:

> 春,正月,辛未,以京兆尹元义方为鄜坊观察使。初,义方媚事吐突承璀。李吉甫欲自托于承璀,擢义方为京兆尹,李绛恶义方为人,故出之。

《新唐书·元义方传》揭示这一事件的背景,更为详切:

> 义方,历京兆府司录……虢、商二州刺史、福建观察使。中官吐突承璀,闽人也,义方用其亲属为右职。李吉甫再当国,阴欲承璀奥助,擢义方为京兆尹。李绛恶其党,出为鄜坊观察使。

又,据《通鉴》所载,在二李同居相位的元和七、八年间,朝廷论对,二人每多水火。这些大都采自《李相国论事集》的史料,除个别争论乃涉及具体的军国政事(如七年秋,争论是否应对魏博用兵;八年秋,争论应否撤受降城隶天德军等)外,大都是关乎君道、臣节的是非原则问题,如:

论太平。七年"三月，丙戌，上御延英殿，李吉甫言：'天下已太平，陛下宜为乐。'李绛曰：'汉文帝时兵木无刃，家给人足，贾谊犹以为厝火积薪之下，不可谓安。今法令所不能制者，河南、北五十余州；犬戎腥膻，近接泾、陇，烽火屡惊；加之水旱时作，仓廪空虚，此正陛下宵衣旰食之时，岂得谓之太平，遽为乐哉！'上欣然曰：'卿言正合朕意。'退，谓左右曰：'吉甫专为悦媚；如李绛，真宰相也。'"

论争谏。同年春，"李吉甫尝言：'人臣不当强谏，使君悦臣安，不亦美乎？'李绛曰：'人臣当犯颜苦口，指陈得失，若陷君于恶，岂得为忠！'上曰：'绛言是也。'吉甫至中书，卧不视事，长吁而已。李绛或久不谏，上辄诘之曰：'岂朕不能容受耶，将无事可谏也？'"

论赏罚。同年春，"李吉甫又尝言于上曰：'赏罚，人主之二柄，不可偏废。陛下践阼以来，惠泽深矣；而威刑未振，中外懈惰，愿加严以振之。'上顾李绛曰：'何如？'对曰：'王者之政，尚德不尚刑，岂可舍成、康、文、景而效秦始皇父子乎！'上曰：'然。'后旬余，于頔入对，亦劝上峻刑。又数日，上谓宰相曰："于頔大是奸臣，劝朕峻刑，卿知其意乎？'皆对曰：'不知也。'上曰：'此欲使朕失人心耳。'吉甫失色，退而抑首不言笑竟日"。胡三省注云："上以于頔峻刑之言为奸，故吉甫愧前之失言。"

论朋党。八年冬，"上问宰相：'人言外间朋党大盛，何也？'李绛对曰：'自古人君所甚恶者，莫若人臣为朋党。故小人谗君子必曰朋党。何则？朋党言之则可恶，寻之则无迹故也。东汉之末，凡天下贤人君子，宦官皆谓之党人而禁锢之，遂以亡国。此皆群小欲害善人之言，愿陛下深察之！夫君子固与君子合，岂可必使之与小人合，然后谓之非党耶！'"这里，既引征东汉末党锢之祸，以借古鉴今。又云：不必使君子"与小人合"。显然是有所为而发。又，这条史料采自《李相国论事集》卷五《论朋党事》。该文有云："武元衡、李吉甫未对。"这是耐人寻味的。又称："忠正之士，直道而行。不为谄谀，不事左右。明主顾遇则进，疑诅则退，不为他计苟安其位，以此常为奸邪所构。以其无所入也。"这段表白，显然话中有话。似乎在说明，自己不但遭到小人的构陷，同时也遭到了主上的"疑诅"，已经萌生了退意。果然，据《通鉴》，到了元和九年二月，"李绛屡以足疾辞位，癸卯，罢为礼部尚书"。

关于二李之间的纷争，也反映在当时的传奇小说中。写于元和七年的《石鼎联句诗、序》，就是韩愈同情、支持李绛，为讽刺李吉甫而作。方世举《韩昌黎诗集编年笺注》卷八《石鼎联句诗（并序）》称：

此诗借石鼎以喻折足覆𫗧之义，刺时相也。篇中点睛是"鼎臑""水火"四字。序言元和七年，时李吉甫同平章事。史称吉甫与李绛数争论于上前，故曰："谬当鼎臑间，妄使水火争。"上每直绛，吉甫至中书，长吁而已。故曰："直柄未当权，塞口且吞声。"吉甫又与枢密使梁守谦相结。故曰："一块元气闭，细泉幽窦倾。"吉甫自为相，专修旧怨。故曰："方当洪炉间，益见小器盈。"又时劝上为乐，李绛争之，上直绛而薄吉甫。又劝上峻刑，会上以于頔亦劝峻刑，指为奸臣，吉甫失色。故曰："以兹翻溢怨，实负任使诚。"吉甫恶兵部尚书裴垍，以为太子宾客，欲自托于吐突承璀，以元义方素媚承璀，擢为京兆尹。故曰："宁依暖热弊，不与寒凉并。"所奏请者，不过减削官俸，择人尚主。故曰："区区徒自效，琐琐不足呈。"篇中言言合于吉甫，的为李吉甫作。朱子云：托言弥明，而丑其形貌，以资笑噱，使人不觉也。

著名唐传奇研究专家卞孝萱先生进一步指出：韩愈与李绛乃"龙虎榜"同年进士，其同情绛而讥刺吉甫，"是符合世情的"（参阅《唐人小说与政治》第五讲《〈石鼎联句诗、序〉：比喻李绛与李吉甫的"水火争"》，鹭江出版社，2003 年 6 月第 1 版）。

李绛于九年春罢相,意味着他在元和朝政治生命的基本终结。据《旧传》,他于九年罢为礼部尚书后,十年出为华州刺史。此后,在元和后期及穆、敬两朝,均未得重用。文宗大和三年,以太常卿、检校司空出为山南西道节度使。四月二日,因"贪财怙宠"的监军宦官杨叔元的唆使,激起兵乱,为乱兵所害。时以太子宾客分司东都的白居易,同李翱曾有《祭李司徒文》,表示沉痛哀悼。祭文中有云:"居易应进士时,以鄙劣之文,蒙公称奖。在翰林日,以直拙之道,蒙公扶持。或中或外,或合或离,契阔绸缪,三十余载。……眷遇既深于常等,痛愤实倍于众情。"抚今追昔,伤痛之情,溢于言表。

　　这是可以理解的。按:白氏与李绛,元和初同在翰苑,近四年之久①,在元和五年前后,李绛还曾为学士承旨②,在所谓"同时六学士"③中,白、李俱以直言敢谏著称,是翰苑同僚中关系最为密切的志同道合的挚友。白氏《感旧》诗有句云:"生平定交取人窄,并世相知唯五人。"五人者指白氏同四位知交;李建、元稹、崔玄亮、刘禹锡。其《与刘

---

　　①岑仲勉《翰林学士壁记注补六·宪宗》:李绛元和二年四月八月自监察御史充,加主客员外郎。四年四月十七日加司勋员外郎、知制诰。五月十九日,赐绯。五年五月五日,加司勋郎中,依前充。十二月迁中书舍人,赐紫。六年二月二十七日出院。拜户部侍郎。白居易元和二年十一月六日自周至县尉充。三年四月二十八日迁左拾遗。五年五月五日,改京兆府户曹参军,依前充。六年四月,丁母忧出院,退居下邽。据此可知,元和初,白、李同在翰林三年有余。

　　②《旧唐书·裴垍传》称:元和五年朝廷伐镇州时,垍密谋计擒昭义节度使卢从史。"宪宗初愕然,熟思其计,方许之。垍因请密其谋。宪宗曰,此唯李绛、梁守谦知之,时绛承旨翰林。"又据《旧纪》,擒卢从史,在元和五年四月。据此可知,元和五年前后,绛为学士承旨。

　　③此句见《李留守相公见过池上泛舟举酒话及翰林旧事因成四韵以献之》一诗。李留守相公,指李程。五相者:乃裴垍、李绛、王涯、崔群、李程也。详参岑仲勉《唐集质疑·同时六学士》条。

禹锡书》又云："平生相识虽多，深者盖寡。就中与梦得同厚者，深、敦、微而已。"其中首先列举的"深"，指李绛，字深之；"敦"指崔群，字敦诗；"微"指元稹，字微之。白氏的这两个相互交错的交游圈子，大抵前者重在情谊与好尚，后者则重在政治趋向。以《白集》所收有关奏状同《李相国论事集》加以对照，便不难发现，在元和初年，二人就政局国策所发表的意见和主张，往往是相互配合与支持的。自然，这也同二人俱受知于裴垍不无关系。兹列表对照如下：

白居易	李绛
缘今时旱请更减放江淮旱损州县百姓今年租税	论量放旱损百姓租税
请拣放后宫内人	请拣放后宫人
论王锷欲除官事宜状	论王锷加平章事
论裴均进奉银器状	论裴均进银器状
论承璀职名状	论中尉不当统兵出征疏
请罢兵第二状	又上镇州事
请罢兵第三状	泽潞事宜

又，《论事集》卷二《论白居易事》载：

> 上召学士于三殿对，奏论政事。拾遗白居易言事抗直，曰："陛下错。"上色庄而罢。令翰林使密宣承旨李绛对。上曰："白居易小臣不逊，须令出院。"绛因切论曰："臣闻主圣臣直，宥过莫大。自陛下开纳谏诤，容受善言，小臣然后敢极论得失。从而怒之，则是缄其口；若顺从陛下，则安敢发言论。况居易所言，志在裨益，言虽太直，事涉不私。伏恐众议以为陛下恶闻直谏。斥出正人，非所以发扬圣德纳谏诤也。"上悦曰："依卿所奏。"遂待之如初。

此条司马光采之入《通鉴》(见卷二三八《唐纪》宪宗元和五年；

《旧唐书》所纪略同），但具体指出居易忤宪宗，为谏吐突承璀为招讨使及请罢河北用兵事。这是切合史实，也很有见地的。如前所述，吐突承璀是元和朝最受宠信，最有权势的大宦官。他作为腐朽势力的代表，同矢志改革的李绛、白居易之间的矛盾，极为尖锐，形同冰炭，是有其必然性的。位望较高，秉性刚直的李绛，同吐突承璀的对立，尤为尖锐。两者之不能并立于朝，正有似参商二星之出没不得相见。《旧传》（《新传》略同）称：

> 吐突承璀恩宠莫二。是岁（据《旧传》，指元和六年），将用绛为宰相，前一日出承璀为淮南监军。翌日，降制，以绛为中书侍郎、同中书门下平章事。

《通鉴》所载李绛与承璀二人之出入进退，似更详切：

> （元和六年）冬，十一月，弓箭库使刘希光受羽林大将军孙琦钱二万缗，为求方镇，事觉，赐死。事连左卫上将军、知内侍省事吐突承璀，丙申，以承璀为淮南监军。上问李绛：'朕出承璀何如？'对曰：'外人不意陛下遽能如是。'上曰：'此家奴耳。向以其驱使之久，故假以恩私；若有违犯，朕去之轻如一毛耳！'……（十二月）己丑，以户部侍郎李绛为中书侍郎、同平章事。

司马光《通鉴考异》指出："今据《实录》，出承璀至绛入相五十四日。《旧传》云'翌日'（按：《新传》亦云'翌日'），误也。"《通鉴》宪宗元和九年又称：

> 李绛屡以足疾辞位；（二月）癸卯，罢为礼部尚书。初，上欲相绛先出吐突承璀为淮南监军，至是，上召还承璀，先罢绛相。甲辰，承璀至京师，复以为弓箭库使、左神策中尉。

胡三省注云："承璀以丧师罢中尉为弓箭库使，今遂兼为之，此宪宗之巧，盖持两端以观朝议也。李绛既罢，谁敢复以为言乎！"是的，李绛既罢,承璀还朝,而"通于承璀"的李吉甫犹在相位,谁还敢对"威振内外,权倾朝廷"的大宦官吐突承璀说半个"不"字!

六

综观自宪宗元和初至十年以前错综复杂的政局,大抵先后以代表新兴进士集团的裴垍、李绛为一方,白居易是裴、李的积极追随者;以李吉甫和阉宦势力的代表人物吐突承璀为另一方,而王涯则是吉甫和承璀的追随者。对立的两方之间,相互攻讦,形同水火。由于号称"中兴英主"的唐宪宗,在元和前期,尚能顾全大局,对新旧两派势力之间的纷争,不时予以居间调节,因势利导。因此,当时在统治阶级内部的这种龃龉,对政局国策,尚无大碍。总的看来,贞元以来之积弊有所革除,平刘辟,诛李锜,以及积极筹措对淮蔡用兵的平藩事业,不断取得进展。但是,由于依恃阉宦势力上台的唐宪宗,终究是袒护以大宦官吐突承璀为代表的守旧势力的,因此,新旧两派势力较量的天平总是倾向于旧势力的一边。这就是追随革新势力的白居易,公忠体国而频遭打击,而追随旧势力的王涯,虽小有仕途坎坷,而终因得到皇帝和旧势力的宠信,得以仕途惬意的根本原因所在。元和十年,白氏贬江州之际,王涯对其落井下石,说到底,不过是他向守旧势力邀宠作秀的一次拙劣表演而已。

按之白氏前期的行年仕历,他在元和十年之前因追随革新势力而受到的挫折与打击,大略有如下四端:

一是拾遗秩满,未能例转补阙,而外任京兆府户曹参军。按:唐制,拾遗、补阙品秩虽不甚高①,但俱是侍从皇帝的清要的近臣和言

①《唐六典》卷八《门下省》、卷九《中书省》:左右拾遗秩从八品上,左右补阙秩从七品上,"掌供奉讽谏。扈从乘舆。"

官。凡拾遗之称职者,秩满后一般均循例转为补阙,并多位至通显。这种例子很多。与白氏在元和朝的同僚中,先有独孤郁与李正辞[①],后有韦弘景与李绅。[②]与上述几位曾任拾遗的同僚相较,无论就其才能与忠于国事的执着而言,白氏俱有过之而无不及。为什么独孤郁等四人,得以循常例迁转为补阙的内职,而白氏却出为京兆府户曹参军这一外官呢?

白居易的悲剧,也许正在于他对于什么"君以明为圣,臣以直为忠",什么"言之者无罪,闻之者足以戒"之类的信条,过于执着,因而不识忌讳,放言直谏,难免不犯龙颜、触逆鳞,加之权贵们的媒蘖中伤,从而遭致最高统治者的冷淡和疏远。不言而喻,借助于阉宦势力拥戴而上台的唐宪宗,掌握权力以后免不了要袒护和宠信宦官(特别是宠信大宦官吐突承璀),这本来是唐宪宗讳莫如深,也是不容触及的"痛处"。然而,在元和初,入世不深,不知避忌的白居易,其补察时政的言论,总是触到"痛处"的多,搔到痒处的少。仅从他在元和三至五年任左拾遗期间的言论来看,如《论太原事状三件》,就指名道姓地斥责了促成永贞内禅的大宦官李辅光、刘贞亮(即俱文珍),以及与西川节度使韦皋、荆南节度使裴均连表请皇太子监国的太原节度使严绶(另有《论严绶状》,反对严绶除授荆南节度使);又如《论承璀职名状》,以及"请罢兵"三状(按:其第一状已佚)、《宿紫阁山北村》诗等,都是指斥炙手可热的大宦官吐突承璀的。特别是元和五年三月,元稹

①《旧唐书·裴垍传》:"垍在中书,有独孤郁、李正辞……自拾遗转补阙,及参谢之际,垍廷语之曰:'独孤与李二补阙,孜孜献纳,今之迁转,可谓酬劳无愧矣……'"。

②据《旧传》,韦弘景"元和三年,拜左拾遗,充集贤殿学士,转右补阙,寻召入翰林为学士";又,据丁居晦《重修承旨学士壁记》:"李绅元和十五年闰正月十三日自右拾遗内供奉充,二月一日赐绯,二十日迁右补阙。"

在敷水驿与宦官刘士元、仇士良争厅,被击伤面,"帝不直稹,斥其官"(《新唐书·仇士良传》),贬江陵府士曹参军。白居易曾迭上三状(按:其一、二状已佚),为这桩"中官有罪,未见处置;御史(按:指监察御史元稹)无过,却先贬官"(《论元稹第三状》)的错案极力申辩。但宪宗未予理睬。其志同道合的挚友元稹的含冤遭贬,不啻是对白氏的一次警告。尤其值得注意的是,就在白氏秩满改官之际,发生了一桩白氏因论事触怒宪宗,差点被逐出翰林院的严重事件。《旧传》称:

> ……唯谏承璀切,上颇不悦。谓李绛曰:"白居易小子,是朕拔擢致名位,而无礼于朕,朕实难奈。"(《新传》云,"〔宪宗〕谓李绛曰:"是子我自拔擢,乃敢尔,我叵堪此,必斥之!"《论事集》《通鉴》俱云:"白居易小臣不逊,须令出院。")绛对曰:"居易所以不避死亡之诛,事无巨细必言者,盖酬陛下特力拔擢耳,非轻言也。陛下欲开谏诤之路,不宜阻居易言。"上曰:"卿言是也。"由是多见听纳。五年,当改官,上谓崔群曰:"居易官卑俸薄,拘于资地,不能超等,其官可听自便奏来。"……

白氏冒犯唐宪宗的这场危机,在李绛的论救下虽然过去了,但余波所及,却不能不影响到白氏秩满改官时,宪宗对他如何任用。明乎此,我们便不难理解,当时,宪宗同崔群议论,谓白氏"拘于资地,不能超等"(《旧传》)于前,又着翰林院使梁守谦示意使白氏陈情援姜公辅例授京兆府户曹参军(参阅白集卷五九《奏陈情状》及《谢官状》)于后,这只不过是君臣之间彼此心中有底的一次默契的配合而已。这个"底"是什么?即白氏还可用,但不宜重用。白氏《初除户曹喜而言志》诗有句云:"人生百岁期,七十有几人?浮荣与虚位,皆是身之宾。唯有衣与食,此物粗关身。可免饥寒外,余物尽浮云。"昔日元和谏官的铮铮铁骨与壮心直气,扫地以尽,诗中流露的分明是一种被弃置的失落

感。好在,次年四月,白氏丁母忧,退居渭村近四个年头。这倒成了他渡过仕途危机的一个缓冲期。

二是丧服期满,久不起复回朝。这是白氏在当时受到的第二个打击。按:唐代礼制,所谓"三年之丧",实际上是二十七月而毕。[①]据此,则白氏于六年四月丧母丁忧,至八年七月除服,如果顺利,是年秋即可除官回朝。陈振孙《白文公年谱》元和九年称:"有《游悟真寺》诗云:'元和九年秋,八月月上弦。'冬,除右(按:应作'左')赞善大夫……按丁忧在六年,又二年乃除官耳。"这里的"二年"殆举成数而言,按:唐代丧服制度,实际推迟约一年半。其所以如此,显然与当时朝局变化及人际关系对白居易不利有关。

元和八、九年之际,唐宪宗正积极擘画对淮蔡的用兵,颇重用主张以武力削藩的宰相李吉甫;而吉甫因元和三年的制科人案,与白氏极不相能;另一方面与白氏曾是翰苑僚友的李绛,当时虽亦在相位,但《旧传》称:"吉甫便僻,善逢迎上意。绛梗直,多所规谏,故与吉甫不协。时议者以吉甫通于承璀,故绛尤恶之。"正因为李绛与吉甫"不协",加之大宦官吐突承璀可以说是李绛与白氏共同的"政敌",他当时虽在淮南监军任所,但其影响犹在朝廷,所以,李绛虽欲关照白氏,亦难于为力。及至元和九年初,朝局的变化,对白氏更为不利。先是,二月癸卯,李绛罢相,"守礼部尚书"(《旧唐书·宪宗纪下》);紧接着,

---

① 所谓"三年之丧",唐时犹有争议,宗郑玄者,主张二十七月而毕;宗王肃者,主张二十五月而毕。《通典》卷八七《凶礼九》云:"今约经传,求其适中,可二十五月终而大祥,受以吉服,素缟麻衣。二十六月而禫,受以禫服。二十七月终而吉,吉而除。徙月乐,无所不佩。"是遵郑说。据卞孝萱《元稹年谱》:元稹于元和元年九月丁母忧,至三年十二月母服除。得宰相裴垍提拔,四年二月授监察御史。此唐制"三年之丧"二十七月而毕,以及朝官除服后若得当权者援引,可得迅捷起复之近例。

于李绛罢相之次日，吐突承璀自淮南监军召回京师，"复以为弓箭库使，左神策中尉"（参阅《资治通鉴》卷二三九《唐纪》宪宗元和九年）。洞观当时朝局的上述变化，便不难理解为什么白氏除母服后又滞留渭村约一年半之久始得回朝，而回朝后又未得到合理安置的个中奥秘了。元和九年冬，白居易终于得以回朝，时任礼部侍郎的崔群与时任中书舍人的钱徽，可能起到了一定的作用。是年秋，白氏曾有《渭村退居寄礼部崔侍郎翰林钱舍人诗一百韵》，对两位挚友明确地表示了企求援引之意。但决定性的因素，恐怕是与诗人不相能的宰相李吉甫于这年十月去世，以及与新兴进士集团声气相投的韦贯之被任命为宰相有一定关系。①

三是回朝后，被刻意授以冷官。在丧服期满后又稽延一年半之久，才回到朝中的白居易，显然受到了刻意的冷落。在元和五年白氏拾遗秩满例当改官之际，本来因白氏咄咄不休地直言亟谏而感到厌烦（甚至想把他逐出翰林院）的唐宪宗，这时，对白氏似乎更加淡漠了。加之其政敌吐突承璀，几乎就在白氏好友李绛罢相的同时回到朝中，正炙手可热，所以，勇于任事，满怀期待起复回朝后有所作为的白居易，所得到的却是一个东宫属官，几乎是无事可做的太子左赞善大夫的闲职。这是自元和五年以来，白氏受到的第三次打击。一种无可名状的不堪投闲置散的悒郁情绪，屡屡见于刚刚回朝时期的吟咏中。例如，他在给时任国子助教的好友李绅的一首七律中，这样写道：

　　病身初谒青宫日，衰貌新垂白发年。寂寞曹司非闲地，萧条风雪是寒天。远坊早起常侵鼓，瘦马行迟苦费鞭。一种

———————

①《旧唐书·宪宗纪下》：元和九年十月"丙午，金紫光禄大夫、中书侍郎、同平章事……李吉甫卒"；又，同年十二月"戊辰，制以中大夫、守尚书右丞……韦贯之本官同中书门下平章事"。

共君官职冷,不如犹得日高眠。(《初授赞善大夫早朝寄李二十助教》)

按:李绅时任国子助教,秩从六品上[1],可以不奉朝谒,而白氏时任太子左赞善大夫,秩正五品上[2],属常参官之列[3],得奉朝谒,所以才有尾联"一种共君官职冷,不如犹得日高眠"的牢骚。又如,《白牡丹》一诗,也强烈地流露出一种被弃置的失落感,诗云:

> 白花冷淡无人爱,亦占芳名道牡丹。
>
> 应似东宫白赞善,被人还唤作朝官。

四是终被逐出朝廷,远贬江州司马。在当时犹持"兼济天下"积极用世态度的白居易,毕竟是不甘寂寞的。他似乎在时刻准备着、期待着,总想为宣泄自己被弃置被冷落的失落情绪找到一个爆发点。以展示其才能,并显示自己的存在。这样的机会终于来到了。就在他回朝后不久的次年(即元和十年)六月,朝廷发生了盗杀宰相武元衡、伤御史中丞裴度的非常事件,他便抓住时机,"首上疏,请亟捕贼,刷朝廷耻"(《新传》)。正如他在《与杨虞卿书》中所说:"武相之气平明绝,仆之书奏日午入,两日之内,满城知之。"白氏作出的这种迅捷的非常举动,未尝不可以看作是对浑浑噩噩、死气沉沉的元和小朝廷的蔑视,同时,也是对自身被弃置、被冷落的现实处境的抗议。因此,朝廷当局对此作出的反应,也是严厉的。《旧传》称:"宰相以宫官非谏职,不当

---

① 《唐六典》卷二一《国子监》:"助教二人,从六品上,……助教掌佐博士,分经以教授焉。"

② 《唐六典》卷二六:"太子左赞善大夫……正五品上……掌翊赞太子以规讽也。皇太子出入动静,苟非其德义,则必陈古以箴焉。"

③ 唐朝文官五品以上职事官、八品以上供奉官及员外郎、监察御史、太常博士,每日朝参,号常参官。参阅《中国历代官制大辞典》(北京出版社,1994年1月初版)第741页。

先谏官言事。"《新传》称:"宰相嫌其出位,不悦。"当权者对其所谓"越职论事"表示为"不当"和"不悦",本已构成被斥逐的理由,再加上秉性阴狠的王涯,看准了当时的白居易正陷于被皇帝冷落,遭权幸(特别是大宦官吐突承璀)排斥的狼狈境地,复又乘人之危,落井下石,终于导致白氏的江州之贬,这是承前而来的对白氏的第四次打击,也是他生平所遭受到的最沉重的一次打击;从而导致白氏的处世态度从前期的'兼济天下'到后期的"独善其身"的根本性转变。

与此相反,善于逢迎的王涯,因得到宪宗皇帝的宠信与权幸的奥援,自元和五年以来,则仕途亨通,一帆风顺,终于跻身宰辅的高位。《旧唐书》本传记述其仕历虽稍嫌简略,但大致不差:

> 元和三年,为宰相李吉甫所怒,罢学士,守都官员外郎,再贬虢州司马。五年,入为吏部员外郎。七年,改兵部员外郎、知制诰。九年八月,正拜舍人。十年,转工部侍郎、知制诰,加通议大夫、清源县开国男,学士如故。十一年十二月,加中书侍郎、同平章事。

与有关史籍参照,《旧传》漏载或不确处,有如下数事:一是据《新传》,王涯贬虢州司马后,"又徙袁州刺史",此为《旧传》所漏载。二是《旧传》但云"十年,转工部侍郎……学士如故",而不载王涯何时复入翰林。据岑仲勉考证,涯"复入翰林","应为(元和)九年闰八月后"(《翰林学士壁记注补六·宪宗》)。三是岑氏还考证出,王涯于"元和十一年正月十八日自中书舍人入充承旨"(同上),此亦《旧传》所漏载者。

尤须注意者,王涯既远徙袁州矣,缘何得以于"五年,入为吏部员外"(《旧传》)? 对此,《新传》给予了明确回答:"宪宗思之,以兵部员外郎召。""宪宗思之"四字,耐人寻味。这说明,唐宪宗对于促成永贞内禅的旧人,总是念念不忘,恩遇有加。但《新传》谓王涯"以兵部员外郎召"，是不确的。《旧传》云："五年，入为吏部员外，七年改兵部员外郎、知制诰。"是谓王涯于元和五年先入为吏部员外郎，至七年始改为兵部员外郎、知制诰也。对此，可觅得旁证。白集卷五五《除孔戣等官制》云："吏部员外郎王涯：端明精实，加之以敏，懿文茂学，尤推于时。……涯可兵部员外郎、知制诰。①《旧传》亦云："（元和七年）秋七月乙丑，以兵部员外郎王涯知制诰"（据沈本补正）。再者，王涯《元和姓纂序》末署曰："元和七年十月壬辰，中大夫、行兵部员外郎、知制诰王涯述。"凡此，均可作为《旧传》谓王涯七年改兵部员外郎、知制诰之旁证。当以《旧传》为正。

王涯《元和姓纂序》，对唐宪宗及元和政局，特别是对宰相李吉甫颇多溢美之词。如《序》云："元和中，政平刑清，圣作贤辅，尽雍容扬揄之美，成辑熙恺乐之化。相国赵国公式是古训，毗于大君，当八方之枢，总万物之会……"《序》中还盛赞吉甫著《元和国计簿》《元和郡邑图》，及为《姓纂》之编撰"创立纲纪"等事功。我们知道，在元和三年制科人案中，王涯因累于其外甥皇甫湜制策言激，触忤宰相李吉甫，被逐出翰林，并贬为虢州司马、徙袁州刺史。然而，曾几何时，二人似已尽释前嫌，王涯已入李之门墙，且奋笔为其张本矣。据《旧传》，吉甫于元和六年初自淮南节度使入相，至十年十月卒于位。则王涯七年改兵部员外郎、知制诰，九年八月正拜中书舍人，无疑都曾得到吉甫的奥援。王涯之所以化敌为友投靠吉甫，固然出于其"贪权固宠"（《旧传》）之本性，亦因当时朝局及党派分野之大背景使然。陈寅恪先生指出：

① 岑仲勉《〈白氏长庆集〉伪文》，据《旧纪》系《除孔戣等官制》于元和七年七月。谓此制作于"元和六年四月白氏丁忧出翰林后，必伪作无疑。"关于岑氏所辨析《白氏长庆集》伪文问题，日本学术界有不同看法。著名汉学家花房英树、平冈武夫等，早就提出白氏制诰中所谓"伪文"，实为"拟制"。请参阅下定雅弘《读白氏文集札记》（日本勉诚社平成八年十月初版）中文提要第二章《试论制诰的拟制》。

元和廷议用兵淮蔡之时,宪宗总持于上,吐突承璀之流主张于内,而外朝士大夫持论虽有异同,然其初未必遽有社会阶级之背景存乎其间也。不意与吐突承璀交结赞助用兵出自山东旧门之外廷宰相李吉甫,其个人适为新兴阶级之激进派牛僧孺等所痛诋,竟酿成互相报复之行动。夫两派既势不并立,自然各就其气类之所近招求同党,于是两种不同社会阶级争取政治地位之竞争,遂因此表面形式化矣。(《唐代政治史述论稿》中篇《政治革命及党派分野》,三联书店1956年2月初版,第100页)

由于唐宪宗在当时力主用武力削藩,故吉甫卒后,宪宗待他之意犹未已。就在吉甫卒后不久,太常寺请谥吉甫为"恭懿",坐累其座主吕温诬告宰相李吉甫而贬为金州刺史,吉甫卒后方入为度支郎中的张仲方予以驳议,谓淮蔡之役"'师徒暴野,戎马生郊,僵尸血流……剿绝群生,迨今四载,祸胎之肇实始其谋。……请俟蔡寇将平,天下无事,然后都堂聚议,谥亦未迟。'宪宗方用兵,恶仲方深言其事,怒甚,贬为遂州司马"(《旧唐书·张仲方传》)。时为翰林学士、驾部郎中、知制诰的萧俛,"坐与张仲方善。宪宗怒,贬仲方,俛亦罢学士,左授太仆少卿。"(《新唐书·萧俛传》)

这一事例说明,吉甫虽殁,但大宦官吐突承璀已于元和九年春回到朝中,加之"宪宗总持于上",承璀与吉甫"交结赞助用兵"之势力,仍占据着元和朝局的主流。王涯虽未必是"主战派",但因其深得宪宗恩遇,并在政治上倒向吉甫、承璀一边,则其元和九年之再入翰林、十年转工部侍郎、加通议大夫清源县开国男,以及十一年初加承旨、同年末入相,以理推之,当与得到唐宪宗支持的以吐突承璀为代表的这一派势力的眷顾有关。

综上可见,在元和五至十年之际,正由于得到宪宗支持的由吐突承璀与李吉甫内外勾结主张以武力削藩的这一派占据着元和朝局的上风,故外廷士大夫无论其对削藩之态度如何,也无论其社会阶级背景怎样,他们的仕途前景,大抵以对这一派势力的顺逆与依违为转移。明乎此,我们就不难理解,王涯与白居易在此期间,为何一个节节迁升,一个屡遭蹉跌,荣悴各殊,云泥易势了。

(原载《西北师大学报》社科版,2005 年第 1 期)

进不趋要路，退不入深山

——白居易的"中隐"观念及其影响

在我国过去的时代，士大夫传统的处世态度，不外乎"仕"与"隐"两途。孔子早就说过："天下有道则见，无道则隐。"（《论语·泰伯》）孟子也说过："士穷不失义，达不离道。……穷则独善其身，达则兼善天下。"（《孟子·尽心上》）后世士人们，大抵是遵循着孔孟的教诲去实行的。但世路是艰难的。出仕，有宦海风波之险；归隐，有生计无着之虞。遂使士人们有时竟陷于"谋官谋隐两无成"的两难境地。于是，便有"小隐隐陵薮，大隐隐朝市"的近乎解嘲的自我揶揄，便有"身在山林而心存魏阙"，以"谋隐"作为"谋官"的"终南捷径"的假隐士们的纷纷出现。他们，或则"翩然一只云中鹤，飞来飞去宰相衙"；或则"相逢尽说休官去，林下何曾见一人！"比较起来，白居易提出的"似出复似处"的"中隐"观念，也许陈义并不甚高，但却切实可行，因而对我国封建社会后期士人们的影响，也更为深远。

白居易是"中隐"观念的发明者。在其《中隐》诗中，他把"似出复似处，非忙亦非闲。终岁无公事，随月有俸钱"的中隐生活，描绘得十分安闲舒适。究其深层的用心，则在于下述的理性思考：

> 人生处一世，其道难两全。贱即苦冻馁，贵则多忧患。唯此中隐士，致身吉且安。穷通与丰约，正在四者间。

在另一首诗中，他说得更为坦率："进不趋要路，退不入深山。深山太濩落，要路多艰难。不若家池上，乐逸无忧患。"（《闲题家池寄王

屋张道士》)

　　白氏这种在出处进退之间"执两用中"的中隐观念的形成,就其思想基础来看,可能与其"出身寒微,故易于知足,……迄可小康,即处之泰然,不复多求"(《瓯北诗话》卷四)的庶族地主意识有关。就其思想渊源而言,则是他"上遵孔周训,旁鉴老庄言",融合儒家的"乐天知命",道家的"知足知止",并借助于"执两用中"的思维模式而形成的。至于促使这一观念形成的现实契机,则是在他经历了江州之贬,深谙宦途风险之后,而且经历了一个由"吏隐"而"中隐"的犹豫思索的过程。《中隐》诗写于大和三年(829),白氏58岁,罢刑部侍郎以太子宾客分司东都之时。而"吏隐"的提法,则始见于元和十三年(818),白氏47岁时所作《江州司马厅记》。两者相距达十一年之久。这期间,白氏或求外任,或厕身于闲散官职,可视为从"吏隐"到"中隐"的过渡阶段。《寄微之及崔湖州》诗云:"不知湖与越,吏隐兴何如?"可见,白氏视外任地方官为"吏隐"。

　　那么,为什么说白氏标榜的"中隐"观念,易于为后世士大夫所接受并产生了深远的影响呢?这是因为,白氏的这种折中于出处进退之间的处世态度,更切合后世士大夫所面临的时势及现实处境,因而更易于实行的缘故。

　　回溯我国封建社会漫长的历史,关于士大夫对待出处进退问题的态度,我们可以找出三位极端的典型:这就是屈原、陶渊明和白居易。

　　屈原是坚守忠君爱国的思想,以身殉道的典型。他生当"横则秦帝,纵则楚王"(刘向《战国策叙》)的战国末季、秦楚争霸的乱世。作为楚国的宗室,他"正道直行,竭忠尽智以事其君"(《史记·屈原贾生列传》)。他热爱自己的国家和人民,渴望内修政理,外连齐国等抗御秦国,实现统一天下的抱负。无奈君昏臣愚,"信而见疑,忠而被谤"(同上),屡遭谗毁,被疏远,被放逐,终因其忠君爱国之志难酬,忧愤沉江而死。他的这种忠贞爱国,以身殉道的崇高精神,他所创作的以《离骚》为代表的、洋溢着"虽九死其犹未悔"的爱国主义激情的辞赋作品,均堪垂范千古,可与日月争光。诚然,屈原作为我国历史上第一位伟大的爱国主义诗人,他执着于理想追求而舍生取义的崇高壮烈的精神境界,的确值得后世士人奉为人格和精神的楷模。但是,我们也应看到,屈原所追求的理想和行为准则,毕竟陈义过高,不免使后世士人们可望而不可及。旷观古今,大抵只有当个人独特的身世命运同重大的社会历史冲突相撞击,才有可能演出屈原式的以身殉道的大悲剧,如宋末的文天祥,明末的史可法,以及清末的谭嗣同、秋瑾等,这种"时穷节乃见"的大悲剧,在历史上毕竟屈指可数。

陶渊明是退隐田园、消极避世的另一种典型。他生当晋、宋易代之际,社会乱离,生民涂炭。对现实采取"邦无道则隐"的回避态度。不过,陶公虽息影山林,但对世事并未完全忘怀。真德秀指出:"虽其遗宠辱,一得丧,真有旷达之风,细玩其词,时亦悲凉慷慨,非无意于世事者。……独以力不得为,故肥遁以自绝。食薇饮水之言,衔木填海之喻,至深痛切,顾读者弗之察耳。"(《跋黄瀛甫拟陶诗》)沈德潜说:"陶公以名臣之后,际易代之时,欲言难言,时时寄托,不独《咏荆轲》一章也。六朝第一流人物,其诗自能旷世独立。"(《说诗晬语》卷上)白居易《访陶公旧宅》诗云:"垢尘不污玉,灵凤不啄膻。呜呼陶靖节,生彼晋宋间。心实有所守,口终不能言。……不慕樽有酒,不慕琴无弦。慕君遗荣利,老死此丘园。"其实,后世士人的尊崇陶公,主要的倒并不在乎他作为"名臣之后",有无"耻事二姓"的缱绻晋室的忠君意识,而在于他能够真正做到遗荣弃利,归隐田园,亲事稼穑,宁可穷饿而死,也不愿"为五斗米折腰",不与龌龊的统治者同流合污的高洁旷达的情怀。士人们所钦羡的,正是他的"隐居求志,……真气自不可掩"(李光地《榕村诗选叙例》)的真率自然的诗风。为此,他被尊为"千古隐逸诗人之宗"(钟嵘《诗品》中),甚至有人说:"千古之诗,谓唯陶与杜可也。"(陈祚明《采菽堂古诗选》卷一三)然而,陶渊明那种"守拙归田园"而甘愿"贫居依稼穑,戮力东林隈"的真隐士的风范,也是后世士人们可学而不可及的。他们大都守道不坚,以"退"为"进",不过是把"谋隐"作为"谋官"的手段。像陶渊明那样耐得住清贫和寂寞,宁可饿死山林,也不愿折节出仕的真隐士,虽累世也难得一见。

白居易是折中于出处进退之间,走"中隐"道路的典型。存在决定意识。人们的思想行为,包括其处世态度,总是摆不脱在一定社会历史条件下,各自所面临的主客观条件的制约。白居易把这种主客观条件,概括为"时"与"命"。所谓"时",指时势的良否,世运的兴替;所谓"命"指个人的遭逢与际遇。在他看来,时与命都是可遇而不可求,只宜与之相适应,而不宜抗拒的。他认为,人生的穷达利钝,均为"时命"(尤其是"命")所主宰着。在其吟咏中,自少壮以迄于暮年,每多对于时命的无可奈何的嗟叹:

> 世路重禄位,栖栖者孔宣。人情爱年寿,夭死者颜渊。二人如何人?不奈命与天。(《赠杓直》)

> 况彼时命间,倚伏何足数。时来不可遏,命去焉能取。唯当养浩然,吾闻达人语。(《达理二首》之二)

> 况吾时与命,蹇舛不足恃。常恐不才身,复作无名死。(《初入峡有感》)

> 颜回命短伯夷贱,我今所得亦已多。功名富贵须待命,命若不来争奈何!(《浩歌行》)

> 所禀有巧拙,不可改者性。所赋有厚薄,不可移者命。我性愚且蠢,我命薄且屯。……慕贵而厌贱,乐富而恶贫。同出天地间,我岂异于人。性命苟如此,反则成苦辛。以此自安

分，虽穷每欣欣。(《咏拙》)

基于上述对时与命不可抗拒的带有宿命论色彩的认识，于是，白氏结合其现实处境，不断调整自己的心态，对人生的穷达利钝，力求保持一种委顺任运的通达的态度：

> 时邪？命邪？吾其无奈彼何；委邪？顺邪？彼亦无奈吾何！(《无可奈何歌》)

> 荣销枯去无非命，壮尽衰来亦是常。已共身心要约定，穷通生死不惊忙。(《遣怀》)

> 穷通不由己，欢戚不由天。命即无奈何，心可使泰然。且务由己者，省躬谅非难。勿问由天者，天高难与言。(《咏怀》)

> 我无奈命何，委顺以待终。命无奈我何，方寸如虚空。曾然与化俱，混然与俗同。(《达理二首》之二)

> 赋命有厚薄，委心任穷通。通则为大鹏，举翅摩苍穹。穷则为鹪鹩，一枝足自容。苟知此道者，身穷心不穷。(《我身》)

及至老年，虽然仍有"诗称国手徒为尔，命压人头不奈何"(《醉赠刘二十八使君》)、"未酬恩宠年空去，欲立功名命不来"(《赴苏州至常州答贾舍人》)的慨叹，但仍能以宁静恬淡心情自处："老来尤委命，安心即吾乡"(《四十五》)、"自兹唯委命，名利心双息"(《遣怀》)。

以上这些结合着白氏对仕途、人生的大半生体悟，流露于吟咏中的对"时"与"命"的理性认识，才是其"中隐"观念形成的深层的思想动因。也正基于对"时"与"命"的不可抗拒的认识，白氏对于屈原的为理想而以身殉道的执着，陶渊明的为清高而穷死山林的消极避世，似乎均不认同。白诗有句云："士生一世间，谁不有浮沉。良时真可惜，乱世何足钦。乃知汨罗恨，未抵长沙深。"(《读史五首》之一)又云："长笑灵均不知命，江篱丛畔苦悲吟。"(《咏怀》)在白氏看来，贾谊生当大有可为的"良时"而赍志以没，值得惋惜；而屈原生当难于有所作为的

"乱世"，而犹缱绻国事，悲吟泽畔。是一种"不知命"不明智的表现。其处世态度，自然是不可取的。对于陶公，白氏既喜爱其真旷自然的诗风，又钦仰其不慕荣利的高尚情怀，但却没有勇气忍受陶渊明躬耕而食的清贫。对于生计问题，白氏始终持务实的态度。解褐之初，就有过"养无晨昏膳，隐无伏腊资"（《思归》）的慨叹；中年遭谪迁后，又说："去国固非乐，归乡未必欢。何须自生苦，舍易求其难。"（《岁晚》）他甚至说："行道佐时须待命，委身下位无为耻。……命苟未来且求食，月俸犹堪活妻子。"（《王夫子》）正是着眼于生计问题，白氏终身未曾脱离仕途，也无心去做陶渊明式的真隐士。于是，他折中于屈原和陶渊明之间，选择了"似出复似处"的"中隐"的道路。

白氏所选择的安稳闲适的"中隐"的道路，也许达不到屈原的悲壮激烈、陶渊明的清高旷达的人生境界，但毕竟不失为一种既坚守其"独善之义"，又通达务实，为后人可学可及的现实的人生追求。况且，纵观历史长河，世运的兴衰隆替，也总是中间大而两头小：像白居易所标榜的"良时"，固然罕见；像屈原所遭逢的"乱世"，也并非人人都能遭逢。大多数的情况倒是，像白居易所面临的唐代后期的那种虽大不景气，但还没有坏到让人活不下去的境地。所以，后世与白居易的际遇相仿佛，仕途虽不惬意，但还没有倒霉到活不下去的境地的士人们，大都选择了白居易所走的"中隐"的道路。典型的例子，可以举出北宋的苏轼兄弟，及明末的"公安三袁"。

东坡倾慕乐天，不仅爱其真率坦易的诗风，更爱其旷达的处世态度。洪迈称：东坡之所以慕乐天，盖因其自觉与乐天"出处老少大略相似，庶几复享晚节闲适之乐，……则公之所景仰者，不止一再言之，非东坡之名偶尔暗合也"（《容斋三笔》卷五《东坡慕乐天》）。其弟子由，晚岁居洛阳，杜门养病，闲旷自得，"或当日又以乐天称子由。香山一老，而两苏公共之"（叶寘《爱日斋丛钞》卷三）。明代后期，反对前后七子复古倾向，崇尚性灵的"公安三袁"（宗道、宏道、中道），自然好尚乐天坦易近人的诗风，又因袁氏兄弟皆仕途蹭蹬，他们的混迹官场，近乎"吏隐"，故尤慕白乐天、苏东坡的放达的处世态度。袁宗道《咏怀》诗称：他不愿过陶渊明那种"老死无储粟"的穷日子，也不敢奢望白居易"分司饶俸钱"的优稳闲适之乐，他的选择只能是："揣分所得处，将在陶白间。"袁中郎（宏道）称：其长兄伯修（宗道），"酷爱白、苏二公，……每下直，辄焚香静坐，命小奴伸纸，书二公闲适诗，或小文，或诗余一二幅，倦则手一编而卧，皆山村会心语，近懒近放者也"（《识伯修遗墨后》）。袁中道也说：其长兄伯修，"所居之室，必以白苏名。……吾观乐天、子瞻为人，大约皆真实淳笃，不立城府；而伯修亦温良重厚，胸中无半毫鳞甲，是其心同也"（《白苏斋记》）。他进一步对乐天、东坡加以比较说："昔子瞻亦自以为出处老少，同于乐天，……而老为逐人，卒飘泊于蜑坞獠洞之中，竟不得与乐天同乐，盖有故矣。乐天当朋党甫动之时，即奉身而退，为散官，为分司，而子瞻自元祐之后，徘徊公卿间，如食蔗，然曾不为引决之计，故宜未几而祸生也。乐天怀知足之情，子瞻多干世之意，然而祸福之几，亦可畏矣。今伯修官渐高，禄渐厚，然每见，必屈指谓予曰：吾数年内归矣。嗟呼！伯修近日所欲同，而吾辈亦必欲其同之者，其尤在白乎！其尤在白乎！"（《白苏斋记》）

　　袁氏兄弟急于认同白氏乐天知命，折中于出处进退之间的"中隐"观念，反映了我国封建社会后期，既不愿与污浊的官场沆瀣一气，又唯恐在宦海浮沉中横遭灭顶之灾的士人们的戒惧心理。这正是白氏的"中隐"观念，之所以博得大多数士人认同的原因所在；也是其抒写"中隐"生活情趣的闲适诗大受士人们的喜爱，而广为流传的原因所在。

　　（原载《文史知识》2002年第12期；日文译文载日本白居易研究会编，勉诚社2003年出版的《白居易研究年报》第四号）

《三教论衡》简析

三教论衡　白居易

大和元年十月,皇帝降诞日,奉敕召入麟德殿内道场,对御三教谈论。略录大端,不可具载。

第一座:秘书监、赐紫金鱼袋白居易。安国寺赐紫金引驾沙门义休。太清宫赐紫道士杨弘元。

序

中大夫、守秘书监、上柱国、赐紫金鱼袋臣白居易言:谈论之先,多陈三教,赞扬演说,以启谈端。伏料圣心,饱知此义。伏计圣听,饫闻此谈。臣故略而不言,唯序庆诞,赞休明而已。圣唐御区宇二百年,皇帝承祖宗十四叶。大和初岁,良月上旬,天人合应之期,元圣庆诞之日。虽古者有祥虹流月,瑞电绕枢,彼皆琐微,不足引谕。伏惟皇帝陛下,臣妾四夷,父母万姓,恭勤以修己,慈俭以养人。戎夏乂安,朝野无事。特降明诏,式会嘉辰。开达四聪,阐扬三教。儒臣居易,学浅才微。谬列禁筵,猥登讲座。天颜咫尺,陨越于前。窃以释门义休法师,明大小乘,通内外学。灵山岭岫,苦海津梁。于大众中,能师子吼。所谓彼上人者,难为酬对。然臣稽先王典籍,假陛下威灵,发问既来,敢不响答?

僧问

义休法师所问:《毛诗》称六义,《论语》列四科。何者为四科? 何者为六义? 其名与数,请为备陈者。

对

孔门之徒三千,其贤者列为四科。《毛诗》之篇三百,其要分为六义。六义者:一曰风,二曰赋,三曰比,四曰兴,五曰雅,六曰颂。此六义之数也。四科者:一曰德行,二曰言语,三曰政事,四曰文学。此四科之目也。在四科内,列十哲名。德行科则有颜渊、闵子骞、冉伯牛、仲弓,言语科则有宰我、子贡,政事科则有冉有、季路,文学科则有子游、子夏,此十哲之名也。四科六义之名数,今已区别。四科六义之旨意,今合辨明。请以法师本教佛法中比方,即言下晓然可见。何者?即如《毛诗》有六义,亦犹佛法之义例有十二部分也。佛经千万卷,其义例不出十二部中。《毛诗》三百篇,其旨要亦不出六义内。故以六义可比十二部经。又如孔门之有四科,亦犹释门之有六度。六度者,六波罗蜜。六波罗蜜者,即檀波罗蜜、尸波罗蜜、羼提波罗蜜、毗梨耶波罗蜜、禅定波罗蜜、般若波罗蜜。以唐言译之,即布施、持戒、忍辱、精进、禅定、智慧是也。故以四科可比六度。又如仲尼之有十哲,亦犹如来之有十大弟子。即迦叶、阿难、须菩提、舍利弗、迦旃延、目乾连、阿那律、优波离、罗睺罗、富楼那是也。故以十哲可比十大弟子。夫儒门、释教,虽名数则有异同;约义立宗,彼此亦无差别。所谓同出而异名,殊途而同归者也。所对若此,以为何如? 更有所疑,即请重难。

难

法师所难:十哲四科,先标德行。然则曾参至孝,孝者百行之先。何故曾参独不列于四科者?

对

　　曾参不列四科者,非为德行才业不及诸人也。盖系于一时之事耳。请为始终言之。昔者仲尼有圣人之德,无圣人之位。栖栖应聘,七十余国。与时竟不偶,知道终不行,感凤泣麟,慨然有吾已矣夫之叹。然后自卫反鲁,删《诗》《书》,定《礼》《乐》,修《春秋》,立一王之法,为万代之教。其次则叙十哲,伦四科,以垂示将来。当此之时,颜、闵、游、夏之徒,适在左右前后,目击指顾,列入四科,亦一时也。《孝经》云:"仲尼居,曾子侍。"此言仲尼闲居之时,曾参则多侍从。曾参至孝,不忍一日离其亲。及仲尼旅游历聘,自卫反鲁之时,曾参或归养于家,不从门人之列。伦拟之际,偶独见遗。由此明之,非曾参德行才业不及诸门人也。所以不列四科者,盖一时之阙耳。因一时之阙,为万代之疑。从此辨之,可无疑矣。

问僧

　　儒书奥义,既已讨论。释典微言,亦宜发问。

问

　　《维摩经不可思议品》中云:"芥子纳须弥。"须弥至大至高,芥子至微至小,岂可芥子之内,入得须弥山乎?假如入得,云何得见?假如却出,云何得知?其义难明,请言要旨。僧答不录。

难

　　法师所云:芥子纳须弥,是诸佛菩萨解脱神通之力所致也。敢问诸佛菩萨,以何因缘,证此解脱?修何智力,得此神通?必有所因,愿闻其说。僧答不录。

问道士

儒典、佛经，讨论既毕。请回余论，移问道门。臣居易言：我大和皇帝祖玄元之教，挹清净之风。儒素缁黄，鼎足列座。若不讲论玄义，将何启迪皇情？道门杨弘元法师，道心精微，真学奥秘。为仙列上首，与儒争衡。居易窃览道经，粗知玄理。欲有所问，冀垂发蒙。

问

《黄庭经》中有养气存神、长生久视之道。尝闻此语，未究其由。其义如何？请陈大略。道士答不录。

难

法师所答，养气存神、长生久视之大略，则闻命矣。敢问"黄"者何义？"庭"者何物？"气"养何气？"神"存何神？谁为此经？谁得此道？将明事验，幸为指陈。道士答不录。

道士问

法师所问：《孝经》云："敬一人，则千万人悦。"其义如何者？

对

谨按《孝经·广要道章》云："敬者，礼之本也。敬其君则臣悦，敬一人则千万人悦。所敬者寡，而悦者众。此之谓要道也。"夫敬者谓忠敬尽礼之义也，悦者谓悦怿欢心之义也。要道者谓施少报多简要之义也。如此之义，明白各见于经文。其间别有所疑，即请更难。

难

法师所难云：凡敬一人则合一人悦，敬二人则合二人悦。何故敬一人而千万人悦？又问：所悦者何义，所敬者何人者？

对

《孝经》所云一人者,谓帝王也。王者无二,故曰一人。非谓臣下众庶中之一人也。若臣下,敬一人则一人悦,敬二人则二人悦。若敬君上,虽一人即千万人悦。何以明之?设如有人尽忠于国,尽敬于君,天下见之,何人不悦?岂止千万人乎?设如有人不忠于国,不敬于君,天下见之,何人不怒?亦岂止千万人乎?然敬即礼也,礼即敬也。故《传》云:"见有礼于其君者,事之如孝子之养父母也。"如此,则岂独空悦乎?亦将事而养之也。见无礼于其君者,诛之如鹰鹯之逐鸟雀也。如此,则岂独空不悦乎?亦将逐而诛之也。由此而言,则敬不敬之义,悦不悦之理,了然可见,复何疑哉?

退

臣伏惟三殿谈论,承前旧例,朝臣因对敕之次,多自叙才能及平生志业。臣素无志业,又乏才能。恐烦圣聪,不敢自叙。谨退。

简　析(按:原文据朱金城《白居易集笺校》卷六十八排印)

唐文宗大和元年(827)十月,皇帝诞日,时任秘书监的白居易作为儒臣的代表,奉敕诏入麟德殿内道场,与安国寺僧义休,太清宫道士杨弘元,于御前举行三教论衡。载于《白集》卷六八的《三教论衡》一文,就是较完整地记述了这一论辩过程,在唐人文集中有关这一题材仅存的珍贵文献。

三教论衡,肇始于北魏,至北周风气已盛。然北朝君主以夷入夏,为维护其统治,无不奉儒家礼法人伦为立国根本,故其时所谓三教论衡,实则主要是释道二教相互驳难与攻讦,以致发生了魏太武帝灭佛,及周武帝之世释道俱伤的"法难"。唐承北朝遗风,自武德迄于唐末，几乎历朝皆举行三教论衡。但在唐代统治者对儒释道三教施行兼容并蓄的思想文化政策制约下，这时的三教论衡，已成为朝廷调和三教，点缀升平的例行公事，毫无彼此诘难与抗辩的气息。正如《新唐书·徐岱传》所称："始三家若矛盾然，卒而同归于善，帝大悦。"于是，为了弘扬"三教虽异，善归一揆"的旨趣，达到取帝大悦的目的，彼此间便不得不事先有所商酌，乃至拟订"脚本"，并加以预习。久之，遂逐渐伎艺化与戏剧化，至唐末咸通中，终由李可及演为滑稽戏。其后，宋杂剧及金院本中，以"三教"为题材者，更不胜枚举。从戏剧史的角度看，如白氏此文所载：于麟德殿内道场设座，乃其场面也；升座者，儒官原服赐紫金鱼袋，释为赐紫引驾沙门，道亦赐紫道士，乃其服装也；僧问儒对、僧难儒对，儒问僧答、儒难僧答，儒问道答、儒难道答，道问儒对、道难儒对，乃其情节与科白也。《新唐书·艺文志二》载初唐孙思邈早有《会三教论》一卷，内容或不外此，抑即其脚本之所本也。（参阅任半塘《唐戏弄》二《辨体》及三《剧录》二节）但孙著早佚，故白氏此文，便成为追溯三教戏发端之最早史料。

从思想史的角度看，本文不仅从总体上体现了唐王朝对儒释道三教持调和平衡、兼容并蓄的思想文化政策，同时也真实地反映了白居易本人在当时三教并重的官方政策制约下，既奉儒守官，不失儒臣的本分，又"栖心释梵，浪迹老庄"，从容悠游于三教之间的思想格局。白氏自称："仆本儒家子""尝为鲁邹儒"。基于我国悠久的"儒道互补"的思想传统，加之李唐王朝在"敦本息末，崇尚儒宗"的同时，又奉老聃为始祖，尊之为太上玄元皇帝，白居易奉行"上遵周孔训，旁鉴老庄言"的信条，也就不难理解了。白氏后期，融汇儒家"执两用中"及道家"知足知止"的思想，形成中庸主义的处世哲学：对待出处进退，持"似出复似处"的"中隐"（即"吏隐"）观念；对待朋党之争，持中立圆通的骑墙态度；对待儒释道三教，持调和平衡、兼容并蓄的圆融立场，——

正是这种"儒道互补"传统,在中世纪士大夫身上独特的表现形式。白氏思想表现的另一个侧面是,由于唐代是我国佛教特别是禅宗的鼎盛时期,受此影响,对佛教早有浸染。中岁左迁以后,为了排遣仕途坎坷的失落与愤懑,进一步乞灵于佛家渲染的"空无"的义谛,以之作为"治心"的要道,把参禅和醉酒同样视为释愤忘忧的法门。他在其吟咏中称,天下事最重要者:"第一莫若禅,第二无如醉。禅能泯人我,醉可忘荣悴。"又云:"千药万方医不得,唯应闭目学头陀";"若不坐禅销妄念,即应行醉放狂歌"。纵观白氏一生的佛教信仰,主要宗奉禅宗南宗,有句云:"近岁将心地,回向南宗禅。"晚年拜僧如满为师,自号香山居士,为南岳下第三世法嗣(见《五灯会元》卷四)。但同时又持斋戒,向往极乐净土,同律宗和净土宗也有所接近。由上可见,当时朝廷让品秩高(秘书监从三品),而且融通三教的白居易作为儒臣的代表参与三教论衡,的确是理想的最佳人选。

不过,白居易虽然声称"予早栖身释梵,浪迹老庄",标榜"外袭儒风,内宗梵行";"唯看《老子》五千字,不踏长安十二衢",但在其思想的深层次上,并未从根本上背离儒家的纲常伦理传统。他终身未脱离仕途,始终保持着儒臣的风范,便是最好的证明。即如本文所述,他在同释道的论对中所显示的,正是儒家的基本立场。例如,白氏在对僧的问难中,以儒家的"六义""四科"及"十哲",比方佛家的"十二部经""六度"和"十大弟子",以弘扬儒门释教"同出而异门,殊途而同归"的旨趣;在回答道士的问难中,标榜儒家"忠敬尽礼"的伦常观念,强调"见有礼于其君者,事之如孝子之养父母也";"见无礼于其君者,诛之如鹰鹯之逐鸟雀也"——其终极目的,正是要圆融会通三教,使之"同归于善",共同为维护封建皇权服务。

(原载《诸子百家名篇鉴赏辞典》,上海辞书出版社,2003年9月初版)

试论白居易的前期思想

——积极用世的激进民本主义

纵观白居易的一生,以元和十年贬江州司马为分界线,其人生走向与心路历程,可分为前后两个不同的时期:前期,"志在兼济",积极用世,其思想主流表现为激进的民本主义;后期,"行在独善",消极退撄,其思想主流则表现为知足保和的中庸主义。

民本主义,作为我国一种古老的政治思想传统,其渊源可以追溯到殷周时期。见于《尚书·五子之歌》的"民为邦本,本固邦宁"一语,就极其精当地揭示了它作为一种政治哲学所强调的治国必先安抚百姓的真谛。其后,孔子提倡"仁爱""修己以安百姓";孟子主张"贵民""保民",是民本主义的进一步发扬。在儒家思想占统治地位的我国漫长的封建社会中,总是难以摆脱以标榜"仁政""德治"为核心的民本主义思想的影响。

诚然,民本主义作为封建统治阶级临政驭民的一种"治术",其根本出发点固然是为了维护封建专制制度的长治久安,但在客观上却有利于减轻被压迫人民的剥削与痛苦,充分体现出人类理性和人道主义精神。甚至可以说,它是长夜漫漫的封建专制黑暗王国的一线光明。就其历史意义而言,它有如封建专制制度的"润滑剂",既缓和与调节了统治阶级同被统治阶级之间的矛盾与对抗,从而起到了延缓专制制度衰亡过程的作用;同时,又迫使慑服于人民反抗威力的统治阶级对被压迫的劳苦大众作出一定程度的让步,从而有利于改善人民群众的生存条件,有利于社会的稳定和生产力的发展。纵观我国历代封建王朝,凡是政治经济昌盛繁荣的时期,大抵也正是民本主义思想高扬的时期。以"贞观之治"和"开元盛世"彪炳史册的李唐王朝,从总体上看,正是一个较好地继承了民本主义思想传统的朝代。纂集贞观时期君臣论对的史料,标榜"君人南面之术"的《贞观政要》,作为一部集民本主义思想之大成的政治史料专辑,由吴兢编著于开元前期,从而把"贞观"和"开元"这两个"盛世"联系起来,绝不是偶然的。

在贞元、元和之际,经由科举进入仕途的白居易,顺应从"永贞革新"到"元和中兴",人心思治,上层统治者也力图革除弊政,有所作为的历史趋势,企图走儒家经世致用的道路,颇欲在政治上有所建树。而当时士大夫所渴望的"中兴",不过是力求整顿纲纪,挽回国力衰飒的颓势,恢复贞观、开元时期的兴盛局面罢了。这样,既然以富有民本主义思想的贞观、开元"盛世"作为追求的政治理想,那么促成了贞观、开元之治的民本主义,自然也就成为他所奉行的政治思想。质言之,白居易的民本主义思想,固然远绍先秦儒家的"仁政"传统,特别是继承了孟子"贵民""保民"的民本思想,实则直接汲取和承袭了反映贞观、开元时期的资治经验,作为集民本主义思想之大成的《贞观政要》这部著作。这一点,只要我们将白氏早期的政论结集《策林》同《贞观政要》加以比照,就完全清楚了。举凡《政要》关于省政宽刑、轻徭薄赋,以安民为本的基本精神,均为《策林》所继承,只不过后者针对"安史之乱"后特别是德宗贞元以来,纲纪废弛,政局败坏的种种痼弊,提出了许多具体的改革措施罢了。

白居易前期的民本主义思想,除了在《策林》中有较集中的体现,还散见于其早期所作《百道判》《为人上宰相书》;同时,也鲜明地表现在其元和前期的政治实践和文学实践中。比如,他在翰林学士及左拾遗任上,所作的那些不避权贵,旨在疾贪暴、活疲民的状奏谏章,在倡导新乐府运动期间所作大量的"唯歌生民病"的讽谕诗,无一不闪熠着悯怀疮痍、关心民瘼的激进民本主义思想的光辉。

平心而论,由于受儒家"仁政"理想和民本主义传统的影响,我国历史上的文人士大夫,对于民间疾苦一般都可能表现出一些关注和同情的倾向,这是不足为奇的。但是,像白居易在元和前期的政治实践和文学实践中所表现出的那种"但歌民病痛,不识时忌讳"的激切态度,"誓心除国蠹,决死犯天威"的大无畏精神,则确属凤毛麟角,罕有其匹的。这正是我们把白居易的前期思想定位为激进民本主义思想的原因所在。

一、弘扬君道,鼓吹仁政

封建社会的基本矛盾,是地主阶级同农民之间的矛盾。就其政治结构而言,也可以说是作为地主阶级总代表的最高统治者——"君",同处于被压迫奴役的社会底层的"民"之间的矛盾。介于这二者之间的"臣"——即大大小小的各级官吏,则是行使君主的意志,对广大劳苦民众实行压迫和奴役,从而维护其专制统治的工具。在封建专制制度下,所谓安邦治国的最基本的政治问题,不过是如何处理好上述三者之间的关系罢了。

白居易《新乐府序》,在谈到政治讽谕诗的创作主旨时,曾明确主张"为君、为臣、为民、为物、为事而作"。其实,就讽谕诗干预时政的目的性而言,主要是"为君""为臣""为民"这三个层面;而"为物"与"为事",不过是前三者的延伸与具体化而已。这是白居易的激进民本主义思想在其文学实践中的反映。这种思想反映在其政治实践中也大体如此,即着眼于固本安民的根本问题,从弘扬君道、勖励臣节和关心民瘼这三个层面而具体展开的。

生活在"君本位"专制制度下的白居易,却企图通过劝导与讽谕,敦促最高统治者以德自律,以礼自修,唯度是守,树立起"民本位"的观念。这显然是一种不切实际的天真的幻想。但正可以由此看出,他对于民本主义作为一种政治理想的执着追求。

(一)内圣外王,修身化下

按照儒家的传统观念,走修身、齐家、治国、平天下的道路,乃是其人生追求与价值取向的最高理想。在这几个层次中,修身无疑是其根本的立足点。所以,儒家明确主张:"自天子以至于庶人,一是皆以修身为本。"(《礼记·大学》)所谓修身,即内修圣德,自觉地追求道德上的自我完善。如果一个人在道德上臻于完善的境界,那么,他在社会政治实践中,施行仁民爱物的仁政——"王道",便是不期然而然的逻辑延伸。这样,把这二者结合起来,就达到了虽由先秦道家学派所提出,实则为儒家奉为最高政治哲学与理想人生境界的所谓"内圣外王"。

在"朕即国家"的封建专制制度下,所谓弘扬君道,首先就是要唤起唯我独尊、可以为所欲为的皇帝本人,能够意识到自身的言论行为,关系到天下的治乱兴亡,从而强化道德意识,以德自修,以礼自律,唯度是守,所谓"有诸己而后求诸人,无诸己而后非诸人"(《礼记·大学》),力求做道德完善的楷模,遵守法度的表率。只有这样,才能塞人望而归众心,使"言出则千里之外应如响,令下则四海之内行如风"(《策林·号令》),臻于风俗淳厚,政通人和,天下大治。

《贞观政要·君道篇》在论及为君之道时,开宗明义引述太宗之言云:"若安天下,必须先正其身,未有身正而影曲,上治而下乱者。"陪侍于侧的魏徵也认为,对于君主而言,修身乃"治国之要",他引詹何对楚王之言云"未闻身治而国乱者"。贞观初,锐意励精图治的唐太宗,在与侍臣论对中,曾多次强调修身化下的重要。如贞观二年,他对侍臣说:"古人云:'君犹器也,人犹水也,方圆在于器,不在于水。'故尧舜率天下以仁,而人从之;桀纣率天下以暴,而人从之。下之所行,皆从上之所好。"(《慎所好》第二十一)贞观四年,在谈及隋炀帝因逞欲败德,以致败亡,又加以强调说:"君天下者,唯须正身修德而已,此外虚事,不足在怀。"故贞观十一年,魏徵在谏疏中再次强调,对君主来说,修身化下乃治国之本,他引证《潜夫论》之文曰:"人君之治,莫大于道德教化也……是以圣帝明王,皆敦德化而薄威刑也。德者,所以修己也;威者,所以理人也。民之生也,犹铄金在炉,方圆薄厚,随熔制耳。是故世之善恶,俗之薄厚,皆在于君。"(《公平篇》第十六)上述思想观点,都被白居易在《策林》中充分汲取,并时有创造性地发挥。

他首先提出"兴废理乱,在君上所教"的命题,并进而指出:"亿兆之所趋,在一人之所执",而"化之善否,系乎君之作为"。其用心就在于敦促君主不但要以德自修,追求自身道德的完善,同时要施仁政于民,才能收到教化的实效。他说:

> 人无常心,习以成性。国无常俗,教则移风。故亿兆之所趋,在一人之所执。是以恭默清净之政立,则复朴保和;贵德贱财之令行,则上让下竞;恕己及物之诚著,则苍生可致于至理;养老敬长之教洽,则皇化可升于太宁。由是言之,盖人之在教,若泥金之在陶冶;器之良窳,由乎匠之巧拙;化之善否,系乎君之作为。(《策林·策项》)

为了强化君主修身向善的自觉意识,他进一步强调指出,君主的言动举措,密切关系到政教的兴废、百姓的祸福、国家的治乱:

> 教无常兴,亦无常废。人无常理,亦无常乱。盖兴废理乱,在君上所教而已。故君之作为为教兴废之本,君之举措为人理乱之源。若一出善言,则天下之人获其福;一违善道,则天下之人罹其殃。若一肆其心,而事有以阶于乱;一念于德,而邦有以渐于兴。交应之间,实犹影响……(同上)

为了敦促君主清醒地认识到"修己"与"施教"的极端重要，白居易汲取了《政要·政体篇》关于"五帝、三王，不易人而化。行帝道则帝，行王道则王"的观点，在《策林·风行浇朴》中提出了"风行浇朴，由教不由时"的命题。他说："代之浇漓，人之朴略，由上而不由下，在教而不在时。盖政之臧否定于中，则俗之厚薄应于外也。"他引《礼记·乐记》的观点，并加以阐发：

> 《礼记》曰："教者人之寒暑也，事者人之风雨也。"[①]此言万民之从王化，如百谷之委岁功也。若寒暑以时，则禾黍登而菽麦熟；若风雨不节，即稂莠植而秕稗生。故教化优深，则廉让兴而仁义作；刑政偷薄，则讹伪起而奸宄臻。虽百谷在地，成之者天也；虽万人在下，化之者上也。必欲以凉德弊政，严令繁刑，而求仁义行，奸宄息，亦犹飘风暴雨，愆阳伏阴，而望禾黍丰，稂莠死。其不可也，亦甚明矣。故曰：尧、舜率天下以仁，比屋可封；桀、纣率天下以暴，比屋可戮。斯则由上在教之明验也。

其次，正因为君主的行为举措，关系到国家的治乱兴亡，白居易劝谕君主居安思危，理不忘乱，既"慎其始"，也"敬其终"。针对刚刚主持元和新政的唐宪宗，当务之急是如何塞人望、归众心，为此，提出了"慎言动之初"的命题。他说：

> 夫欲使人望塞、众心归者，无他焉，在陛下慎初之所致耳。臣闻天子动则左史书之，言则右史书之。……若王者言中伦，动中度，则千里之外应之，百代之后歌之，况其迩者

---

① 《礼记正义》卷三八《乐记》云："天地之道，寒暑不时则疾，风雨不节则饥。教者，民之寒暑也；事者，民之风雨也。事不节则无功。"按：白氏引文"民"作"人"，盖避太宗讳改。

乎？若言非宜，动非礼，则千里之外违之，百代之后笑之，况其迩者乎？是以古之天子，口不敢戏言，身不敢妄动。动必三省，言必再思。况陛下初嗣祖宗，新临兆庶。臣伏见天下之目专专然以观陛下之动也，天下之耳颙颙然以听陛下之言也。则陛下出一言不终日而达于朝野，动一事不浃辰而闻于华夷。盖是非之声，无翼而飞矣；损益之名，无胫而走矣。陛下得不慎之哉……言动不苟，则天下之望塞焉，天下之心归焉。（《策林·塞人望归众心》）

鉴于历代帝王"靡不有初，鲜克有终"（《诗·大雅·荡》），白居易汲取《政要·慎终篇》关于魏徵针对唐太宗"近岁颇好奢纵，渐不克终"所上"十渐疏"的思想，他敦促唐宪宗不要期望教化速成，不要满足于"小理"，而要"敬始慎终"，臻于"大治"。他说：

夫欲使政必成，化必至者，无他焉，在陛下敬始慎终之所致耳。臣闻：先王之训，不徒言也；先王之教，不虚行也。浅行之则小理，深行之则大和。浅深大小之应，其犹影响矣。然则天下至广，王化至大，增减损益，难见其形。是以政之损者，虽不见其日损，必有时而乱也；教之益者，虽不见其日益，必有时而理也。陛下但推其诚，勤其政，慎其始，敬其终，日用而不知，自臻其极。此先王终日所务者也，终日所行者也。不可月会其教化之深浅，岁计其风俗之厚薄焉。臣又闻《易》曰："圣人久于其道而天下化成。"《诗》曰："靡不有初，鲜克有终。"此言王者之教待久而成也，王者之化待终而至也。陛下诚能久而终之，则何虑政不成而化不至乎？（《策林·教必成化必至》）

再次，"顺人心以立教"才能收到教化速成，不劳而治的实效。民本主义的实质和核心问题，正在于顺乎民心。为此，白居易汲取《政要·政体篇》关于"古之帝王为政,皆志尚清静,以百姓之心为心,近代则唯损百姓以适其欲"的见解,向唐宪宗详细申论了以百姓之心为心,"顺人心以立教"的迫切意义:

> 臣闻:三皇之为君也无常心,以天下心为心;五帝之为君也无常欲,以百姓欲为欲。顺其心以出令,则不严而理;因其欲以设教,则不劳而成。故风号无文而人从,刑赏不施而人服。三、五所以无为而天下化者,由此道也。后代反是,故不及者远焉……后代之天下,三、五之天下也……而不及三、五者,何哉……岂不以己心为心,抑天下以奉一人之心也;以己欲为欲,咈百姓以从一人之欲也……伏惟陛下去彼取此,执古御今,以三、五之心为心,则政教何忧乎不洽?以亿兆之欲为欲,则惩劝何畏乎不行?政教洽,则不殷忧而四海宁;惩劝行,则不勤劳而万人化。此由舍己而从众,是以事半而功倍也。臣又闻太宗文皇帝尝曰:朕虽不及古,然以百姓心为心。臣以为致贞观之理者,由斯一言始矣。(《策林·不劳而理》)

基于上述人心的向背关乎治乱的思想,他进一步尖锐地提出,人君能否去恶向善,修己安人,直接关系到国家的兴亡。他指出:"邦之兴,由得人也;邦之亡,由失人也。"但是,人心的得与失,都有一个渐进的过程。所以说:"人君不能顿为兴亡,必渐于善恶。善不积,不能勃焉而兴;恶不积,不能忽焉而亡。善与恶,始系于君也;兴与亡,终系于人也。"(《策林·辨兴亡之由》)在封建专制制度下,君主的地位虽然至高无上,却并不意味着可以不辨是非善恶,肆意妄为,其言动举措,终究要受到人心向背的制约。因为:

> 君苟有善,人必知之。知之又知之,其心归之。归之又归之,则载舟之水由是积焉。君苟有恶,人亦知之。知之又知

之，其心去之。去之又去之，则覆舟之水由是作焉。故曰：至高而危者君也，至愚而不可欺者人也。圣王知其然，故则天上不息之道以修己，法地下不动之德以安人。修己者慎于中也，栗然如履春冰；安人者敬其下也，懔乎若驭朽索。犹惧其未也，加以乐人之乐，人亦乐其乐；忧人之忧，人亦忧其忧。乐同人，敬慎著于己。如是而不兴者，反是而不亡者，自生人以来未之有也。（《策林·辨兴亡之由》）

为了引起君主的戒惧，唤醒其安不忘危、治不忘乱的忧患意识，在这里，白居易再次把修己安人的问题，提高到关系人心得失与国家兴亡的高度来加以认识。

（二）恕己及人，制欲禁奢

为了遏制君主贪婪奢侈的欲望，减轻人民大众的困苦，白居易在《策林》第二十一中，尖锐地提出了"人之困穷由君之奢欲"的论点。

他首先指出："人庶之贫困者，由官吏之纵欲也。官吏之纵欲者，由君上之不能节俭也。"本来，以天下之大，人民之众多，物质财富之丰富，供君主一人享用，即所谓"以至多奉至少"，似应不至于"扰于人伤于物"。只是由于君主作为剥削阶级的总代表，为了维护其专制统治，必须具备一个庞大的官僚机构；况且，在聚敛财富的过程中，各级官吏层层盘剥，更何况整个不劳而获的剥削阶级都依靠劳动人民来供养。这样，如果君主不体恤下情，制欲禁奢，而逞其嗜欲，横征暴敛，处于社会底层的劳苦大众，必将不堪其累。为此，他进一步揭露了这种层层盘剥、民不堪命的严酷现实：

盖以君之命行于左右，左右颁于方镇，方镇布于州牧，州牧达于县宰，县宰下于乡吏，乡吏传于村胥，然后至于人焉。自君至人，等级若是。所求既众，所费滋多。则君取其一而臣已取其百矣。所谓上开一源，下生百端者也。岂直若此

而已哉?盖亦君好则臣为,上行则下效。故上苟好奢,则天下
贪冒之吏将肆心焉;上苟好利,则天下聚敛之臣将置力焉。
雷动风行,日引月长。上益其侈,下成其私。其费尽出于人,
人实何堪其弊?此又为害十倍于前也。夫如是,则君之躁静
为人劳逸之本,君之奢俭为人富贫之源。故一节其情,而下
有以获其福;一肆其欲,而下有以罹其殃。一出善言,则天下
之心同其喜;一违善道,则天下之心共其忧。盖百姓之殃不
在乎神鬼,百姓之福不在乎天地,在乎君之躁静奢俭而已。
是以圣王之修身化下也,宫室有制,服食有度,声色有节,畋
游有时。不徇己情,不穷己欲,不殚人力,不耗人财。夫然,故
诚发乎心,德形乎身,政加乎人,化达乎天下。以此禁吏,则
贪欲之吏不得不廉矣;以此牧人,则贫困之人不得不安矣。
困之由,安之术,以臣所见,其在兹乎!(《策林·人之困穷由
君之奢欲》)

在这里,对民众"困之由"的剖析颇具深度,对"安之术"的表述,
则未免简单化了。正因为他认为"君之躁静为人劳逸之本,君之奢俭
为人富贫之源",所以,似乎只要君主有"修身化下"的道德自觉,做到
"唯度是守","不徇己情,不穷己欲,不殚人力,不耗人财",就可以达
到政通人和,百姓安居乐业。但问题在于,在专制制度下,君主拥有
"出言而莫己逆,所为而人必从"(《政要·慎终篇》)的无上权威,可以
恣其嗜欲,为所欲为。很显然,白居易上述的所谓"安之术",是以具有
"修己以安百姓"的道德自觉的"好皇帝"为前提的。然而,纵观历代封
建王朝,能够以俭约自奉,勤政爱民的"好皇帝",虽累世难得其一。所
以,白居易设想的"安之术",充其量不过是一种善良的愿望,实际上
是很难行得通的。

那么,是否可以找到一种易喻易行,而又具有权威性,能够唤起

君主的理性和良知,使其乐于接受并遵行的行为模式,以作为自我约束、修己安民的准则呢?

有的。这就是孔子所标榜的,作为实践其思想体系核心——"仁"的具体途径的"忠恕之道",亦即先秦儒家奉为修身的最高准则的所谓"絜矩之道"①。

《论语》记载,"仲弓问仁,子曰:'……己所不欲,勿施于人……'"(《颜渊》)孔子又说:"夫仁者,己欲立而立人,己欲达而达人,能近取譬,可谓仁之方也已。"(《论语·雍也》)在《礼记·中庸篇》,孔子还说过:"忠恕违道不远。施诸己而不愿,亦勿施于人。"可见,仁道,即孔子"一以贯之"的"忠恕";行忠恕,即行仁。按照朱熹的解释:"尽己之心为忠,推己及人为恕。"(《中庸章句》)"忠恕"二字,实质上包括了行仁的两个方面:"己欲立而立人,己欲达而达人",意即"己之所欲,亦施于人",亦即"尽己为人",这是行仁的积极方面,孔子称之为"忠"。"己所不欲,勿施于人",意即以自身为尺度,将心比心,将身比身,"推己及人",这是行仁的消极方面,孔子称之为"恕"。将这两者结合起来,就叫作忠恕之道,就是行仁的方法("仁之方")。

忠恕之道,先秦儒家亦称之为"絜矩之道"。朱熹解释说:"絜,度也。矩,所以为方也。"(《大学章句》)可见,"絜矩"乃度量之意。所谓"絜矩之道",意即以自身的欲求好恶为尺度,自觉地调节本人的行为,从而全方位地处理好同各方面的关系,特别是处理好同老百姓之

①《礼记·大学》云:"所谓平天下在治其国者,上老老而民兴孝,上长长而民兴弟,上恤孤而民不倍,是以君子有絜矩之道也。所恶于上,毋以使下;所恶于下,毋以事上;所恶于前,毋以先后;所恶于后,毋以从前;所恶于右,毋以交于左;所恶于左,毋以交于右:此之谓絜矩之道。"这是先秦儒家主张以自身的欲求好恶为尺度,自觉地调节本人的行为,从而处理好上下左右关系的行为准则。

间的关系。如果能做到"民之所好好之，民之所恶恶之"(《礼记·大学》)，亦即如朱熹所说："能絜矩而以民心为己心，则是爱民如子，而民爱之如父母矣。"反之，"若不能絜矩而好恶殉于一己之偏，则身弑国亡，为天下之大戮矣。"(《大学章句》)对于君主来说，能否行絜矩之道，乃是关系到国家兴亡的大事。所以，朱熹认为：絜矩之道"所操者约，而所及者广，此平天下之要道也"(《大学章句》)。

以"推己及人"为方法和途径，以敦促君主施行仁民爱物的"仁政"为主旨的忠恕之道即絜矩之道，也是开创了"贞观之治"的贞观君臣所艳称的话题。贞观四年，太宗对侍臣说：

> 崇饰宫宇，游赏池台，帝王之所欲，百姓之所不欲。帝王所欲者放逸，百姓所不欲者劳弊。孔子云："有一言可以终身行之者，其恕乎！己所不欲，勿施于人。"劳弊之事，诚不可施于百姓。朕尊为帝王，富有四海，每事由己，诚能自节，若百姓不欲，必能顺其情也。(《贞观政要·俭约》)

随侍的魏徵乘机进言云："陛下本怜百姓，每节己以顺人，臣闻：'以欲从人者昌，以人乐己者亡。'隋炀帝志在无厌，惟好奢侈……上之所好，下必有甚，竞为无限，遂至灭亡。"魏徵作为直言敢谏的贞观"名臣"，以推己及人、制欲禁奢为言的谏奏，不胜枚举，其中以著录于《政要·君道》篇的《论时政第二疏》(即所谓"十思疏")，最为突出和集中，他说：

> 君人者，诚能见可欲则思知足以自戒，将有作则思知止以安人，念高危则思谦冲而自牧，惧满溢则思江海下百川，乐盘游则思三驱以为度，忧懈怠则思慎始而敬终，虑壅蔽则思虚心以纳下，想谗邪则思正身以黜恶，恩所加则思无因喜以谬赏，罚所及则思无因怒而滥刑。总此十思，弘兹九德，简能而任之，择善而从之。则智者尽其谋，勇者竭其力，仁者播

其惠,信者效其忠。文武争驰,君臣无事……鸣琴垂拱,不言
而化。何必劳神苦思,代下司职,役聪明之耳目,亏无为之大
道哉!

这种要求君主在有所欲求或举措时,慎思可能造成的后果,特别
是可能给百姓带来的烦扰,从而以俭约自奉,"节己顺人"的思维模
式,付诸实践即"推己及人"的忠恕之道。

为了结合现实、针砭时弊,更深切地表述其激进的民本主义思
想,白居易在《策林》中,把"推己及人"的单向思维模式,改造成为从
"恕己及人"到"念人及己"的双向思维模式。例如《策林·王泽流人心
感》在表述"王泽流人心感在恕己及物"这一命题时,即运用了这种双
向思维模式。他说:

夫欲使王泽旁流,人心大感,则在陛下恕己及物而已。
夫恕己及物无他,以心度心,以身观身,推其此为以及天下
者也。故己欲安则念人之重扰也,己欲寿则念人之嘉生也,
己欲逸则念人之殚劳也,己欲富则念人之恶贫也,己欲温饱
则念人之冻馁也,己欲声色则念人之怨旷也。

这里的"恕己及物",亦即"推己及人";而下述的"念人及己",则
进入到一个更高的境界:

陛下念其重扰,则烦暴之吏退矣;念其嘉生,则苛虐之
官黜矣;念其殚劳,则土木之役轻矣;念其恶贫,则服御之费
损矣;念其冻馁,则布帛麦禾之税轻矣;念其怨旷,则妓乐嫔
嫱之数省矣。推而广之,念一知十。盖圣人之道也,始则恕己
以及人,终则念人而及己。故恕之又恕之,王泽不得不流矣;
念之又念之,则人心不得不感矣。泽流心感而天下不太平
者,未之闻也。

再如《策林·致和平复雍熙》提出了"政不念今,则人心不能交感"

的论点。所谓"念今",即关注下层人民的疾苦和现实处境。在这里,也是运用了"念人及己"的思维模式,他说:

> 将欲感人心于和平,则在乎念今而已。伏惟陛下:知人安之至难也,则念去烦扰之吏;爱人命之至重也,则念黜苛酷之官;恤人力之易罢也,则念省修葺之劳;忧人财之易匮也,则念减服御之费;惧人之有馁也,则念薄麦禾之税;畏人之有寒也,则念轻布帛之征;虑人之有愁苦也,则念节声乐之娱;恐人之有怨旷也,则念损嫔嫱之数。念之又念之,则人心交感矣;感之又感之,则天下和平矣。

如果说,"推己及人"还停留在道德修养的层次,那么,"念人及己"则递进到了政治实践的层次。"念人"(或"念今")即感念百姓的疾苦;"及己"即因感念百姓的疾苦而反思自身的行为,检讨当前的政令措施,从而制欲禁奢,务清静,尚宽简,实行轻徭薄赋的宽柔政策,以减轻百姓的负担。可见,白居易标榜的"为君",及其弘扬君道的种种议论,其出发点和落脚点都与"为民"有着密切联系。这正是他的激进民本主义思想的本质特征。

(三)选贤任能,澄清吏治

封建专制制度,本质上是"人治"的制度。按照韩愈的说法:"君者出令者也,臣者行君之命而致之民者也。"(《原道》)"臣",即大大小小的各级官吏,其职能是行使君主的意志,管理民众,维护国家机器的正常运转。所以,君主能否选贤任能,能否让真正有德有才的人辅佐他治理国家,这关系到国家的治乱兴亡。唐太宗认为"任贤能,受诤谏"(《贞观政要·君道》),是维护国家长治久安的两大课题。《贞观政要》除在《任贤》《择官》两章中集中地讨论了"任贤能"的问题外,还在《政体》《君臣鉴戒》《忠义》《公平》等章中,载记了许多不分贵贱、不论亲疏、不辨华夷,而任人唯贤,唯才是举,非次拔擢的事例。唐太宗的这种"所以求贤才者,盖求为百姓安也。用人但问堪否,岂以新故异情"(《贞观政要·公平》)的开明思想,显然曾为白居易在撰写《策林》及其以后的政治实践中所汲取和借鉴。如《策林》第二十七《请以族类求贤》、第二十八《尊贤》、第二十九《请行赏罚以劝举贤》、第三十《审官》、第三十一《大官乏人》、第三十二《议庶官迁次之迟速》、第三十三《革吏部之弊》、第三十四《牧宰考课》以及第三十八《君不行臣事》、第三十九《使官吏清廉》、第四十《省官并俸减使职》、第四十一《议百官食利钱》、第四十二《议百官职田》等十三篇,其内容正是针对中唐政治生活中,不尊重人才,不重视官吏的选拔与任用,以及吏治紊乱而腐败等问题而立论的。

第一,敦促君主树立起尊贤尚贤,珍惜人才的观念。白居易认为:"致理之先,先于行道。行道之本,本于得贤。《策林·尊贤》)这就是说,能否"得贤",是关系到政教的得失,国家的理乱的大问题。怎样才能"得贤"呢?他指出:"得贤之由,由乎审礼。若礼之厚薄定于此,则贤之优劣应于彼。"(同上)似乎贤能之士,都是待价而沽的。为此,他把人才分为师、友、大臣、左右、厮役五个等级。作为君主要想罗致到"师友"之才以为辅佐,就必须礼贤下士,降心以求,给予贤能之士以足够礼遇和尊重,才能使天下归心,为其所用。为了唤起唐宪宗尊贤尚贤的意识,他强调指出:

况开帝王之业,垂无疆之休,苟无尊贤之风,师友之佐,则安能弘其理,恢其化乎?国家有天下二百年,政无不施,德无不备。唯尊贤之礼,未与三代同风。陛下诚能行之,则尽美尽善之事毕矣。(同上)

上述看法和主张,不免带有泥古守旧的倾向,而且,也未必切实可行。对于初入仕途、阅历不深的白居易,我们似乎不必苛求。他敦促君主为国惜贤,渴望升平的出发点,毕竟是有积极意义的。

在封建专制制度下,求贤的路子实际上是很狭窄的。有感于"贵贱相悬,朝野相隔,堂远于千里,门深于九重",以致"君求贤而不得,臣效用而无由","上下茫然,两不相遇"的状况,他在《策林·请以族类求贤》一篇中,具体地申述了"求贤""辨贤"的方法和途径:

> 方术者,各审其族类,使之推荐而已。近取诸喻,其犹线与矢也。线因针而入,矢待弦而发。虽有线矢,苟无针弦,求自致焉,不可得也。夫必以族类者,盖贤愚有贯,善恶有伦。若以类求,必以类至。此亦由水流湿,火就燥,自然之理也。何则?夫以德义立身者,必交于德义,不交于险僻。以正直克己者,必用于正直,不用于颇邪。以贪冒为意者,必比于贪冒,不比于贞廉。以悖慢肆心者,必狎于悖慢,不狎于恭谨。何者?事相害而不相利,性相戾而不相从。此乃天地常伦,人物常理,必然之势也。则贤与不肖以此知之。伏惟陛下欲求而致之也,则思因针待弦之势;欲辨而别之也,则察流湿就燥之徒。得其势,必汇征而自来;审其徒,必群分而自见,求人之术,辨人之方,于是乎在此矣。

这里所说的"族类",是以贤愚善恶为标准,即以人的德行和才能来划分的,而不是依据其出身门第的高卑贵贱来划分的。这表现出白居易自觉的庶族地主阶级的立场,以及他作为新兴进士集团的一员,为该集团成员之间互为党援,以打破门阀士族残余势力的垄断,从而加强该集团的政治地位的明显企图。

第二,重视官吏的选择与任用。把尊贤的观念落实到施政的吏治实践,则具体化为官吏的选拔与任用问题。在唐代,官吏的选择,不外乎三种途径:一是科举考试:分常科(主要是明经、进士)与制科;二是举荐;三是荫举与纳资。科举考试有定型化的制度,常科由吏部或礼部主持,制科由皇帝亲自主持,它给士人及下级官吏提供了进身的机会;出身于庶族地主的白居易,正是经由科举考试顺利进入仕途的,所以,他在《策林》中,对科举制度本身未置一词,而对于举荐及荫举、纳资制度多所批评。

《唐会要》载:"武德五年三月敕:令京官五品已上,及诸州总管刺史各举一人,其有志行可录,才用未申,亦许听自己具陈艺能,当加显擢,授以不次。"(卷二六《举人自代》)《通典》亦载:"诸道使管内之人及州县官属,有政理尤异,识略宏通,行业精修,艺能超绝及怀才未达,隐德丘园,或堪充内官,不称州县者,并申送吏部……随才擢用。称举者,举主加阶进爵,得贤俊者,迁其官"(《选举六·杂议论下》),以资奖劝。同时,明文规定,所举官吏若有行迹乖谬及犯赃罪者,"兼坐举主",视其情节轻重,分别给予夺禄、夺赐、夺阶及爵、解现任职事官、贬官、除名等处罚(同上),以资督责。但由于吏治腐败,积重难返,徇私舞弊,举非其人的弊端严重存在。甚至"有因奸纳赂而举者,有亲友非才而举者,有容受嘱托而举者,有明知不善而故举者"(同上)。有关惩劝制度,不过流于具文,并未认真实行。《策林·请行赏罚以劝举贤》所批评的,正是这种"献其状莫匪贤能,授以官罕闻政绩"的因循苟且有妨贤路的现状。其所以如此,盖由于举荐制度中的赏罚机制未予认真贯彻。他指出:"得贤由举择审慎,审慎由赏罚必行。"然而"自(贞元)十年以来,未闻有司以得所举赏一人,以失所举罪一人。则内外之举,恐未专精,出处之贤,或有违滥",也就在所难免了。为此,他向唐宪宗重申在举荐中严格实行赏罚制度的必要:

> 伏惟申命所举,深诏有司,量其短长之材,授以大小之职。然后明察臧否,精考殿最。得人者行进贤之赏,谬举者坐不当之辜。自然上下精详,远近惩劝。谨关梁以相保,责辕轮以相求,俾夫草靡风行,达于天下。天下之耳尽为陛下听,天下之目尽为陛下视。明其视则举不失德,广其听则野无遗

贤。而后官得其才，事得其序。如此则陛下但凝神端拱而天下理矣。

荫举与纳资，是朝廷给予贵族官僚子弟进入仕途的特殊待遇。唐制，有荫与无荫，依散官的品秩而定。五品以上为有荫散官，其子称高品子；五品以下为无荫散官，其子称品子。不过，有荫高品子与无荫品子入仕，都得付出一定代价，即一般都得到有关部门服役，并纳资（实即以资代役的代役钱）；到一定年限经有司考核合格，才能取得出任职事官的资格。①不言而喻，这种为贵族官僚子弟谋出路的政策，极易滋生弊端，流于冗滥。及至高宗显庆年间，每年吏部注官约一千四百余人，其中"经学时务等比于杂色，三分不居其一。经明行修之士犹罕有正人，多取胥徒之流，岂可皆求德行。即知天下共厘百姓之务者，善人少而恶人多。"②因此，有人主张对包括资荫子弟在内的杂色人入流加以限制："杂色人请与明经、进士通充入流之数，以三分论，每二分取明经、进士，一分取杂色人。"③中唐贞元、元和之际，这种凭门第、荫资入仕的状况，冗滥尤甚。白居易在《策林·革吏部之弊》中指出："今则官倍于古，吏倍于官，入色者又倍于吏也。此由每岁假文武而筮仕者众，冒资荫而出身者多。故官不得人，员不充吏。是以争求日至，奸滥日生。"为了革除这种"真伪争进"，"贤愚莫分"，"才能者淹滞而不振，巧诈者因缘以成奸"的弊端，他提出了"芟烦刬弊"的建议：

> ……使诸色人入仕者量省其数，或间以年，则庶乎士不乏官矣。官得其才，则公平政理之道所由长也；士不乏官，则趋竞巧滥之弊所由消也。

在《策林·大官乏人》中指出：朝廷"台衮之材，台省之器"缺乏，盖

①参阅陈仲安、王素：《汉唐职官制度研究》第三章第四节《荫举与纳资》。
②③参阅《通典》卷一七《选举五·杂议论中》。

"由不慎选小官"所致。他认为,"秘著校正,畿赤簿尉"等,品秩虽低,实乃"丞郎之椎轮,公卿之滥觞也。"然而,"近日秘著校正,或以门第授;畿赤簿尉,唯以资序求。未商较其器能,不研核其才行。至使顷年已来,台官空不知所取,省郎阙不知所求。岂直乏贤?诚亦废事。"为了"惩趋竞之流,塞侥幸之路",他极力赞成关于"进士非科第者不授校正,校正欠资考者不署畿官"的主张,从而"广丞郎椎轮之本,疏公卿滥觞之源。如此则良能之材必足用矣,要剧之职不乏人矣"。主张"慎选小官"的实质,仍在于限制以门第资荫入仕的官僚子弟的冗滥,从而为以科第为进身之路的士人们争取到更大的施展才能的空间。

关于官吏的任用,白居易结合当时吏治紊乱的现状,也提出了许多精当的见解。在《策林·审官》中,提出了"量才授职"的原则。他认为"官有大小繁简之殊,才有短长能否之异。称其任则政立,枉其能则事乖"。切不可"以短任长,以大授小"。他比喻说:"任小能于大事者,犹狸搏虎而刀伐木也;屈长才于短用者,犹骥捕鼠而斧剪毛也。"君主若能"量众才之短长,审庶官之小大。俾操凿柄者无圆方之谬,备轮辕者适曲直之宜。自然人尽其能,职修其要,彝伦日叙,庶绩日凝。又何患乎事不举而政未成哉?"

白居易还格外重视对于宰相及州县牧宰这些重要职位的授任。能否任用和信任贤能之士为宰相,不仅关系到朝政的理乱,也是判断一个君主贤愚的标准。贞观、开元之治的出现,正因为唐太宗和玄宗分别任用了房玄龄、杜如晦、姚崇、宋璟等"贤相"为之辅佐。《策林·君不行臣事》,其主旨正在于强调"委任宰相"的至关重要。他指出:"建官施令者,君所执也。率职知事者,臣所奉也。臣行君道则政专,君行臣道则事乱。专与乱,其弊一也。"对于君主而言,关键的问题,在于"操其要,择其人",即委任贤能之士为宰相,并给予充分信任,使之"有其位,有其权,有其宠"(《为人上宰相书》)。切不可"失君道"而"行臣事","侵宰相之任"。否则,"虽多夕惕若厉之虑","日昃不食之勤",不惟"劳而无功",反而会自乱朝政。很显然,白居易强调:"君不行臣事",其用意正在于使君主的权势欲有所约束,避免其恣意妄为,倒行逆施。为此,他进一步申述了"委任宰相"的重大意义:

> 宰相之任者,上代天工,下执人柄,群职由之而理乱,庶政由之而弛张。君之心膂待宰相而启沃,君之耳目待宰相而聪明。设其位,不可一日非其人;得其人,不可一日无其宠。疑则勿用,用则勿疏。然后能欣合其心,驯致其道。盖先王所以端拱凝旒而天下大理者,无他焉,委任于有司也,仰成于宰相也。

从关心百姓的命运出发,白居易尤其关注对州牧县宰的任用。《策林·牧宰考课》指出:"庶官之理同归,而牧宰之用为急。盖以邦之赋役,由之而后均;王之风教,由之而后行。人之性命系焉,国之安危属焉。"因此,他一方面敦促朝廷,从"勤恤黎元"出发,"慎择牧宰",同时,严加殿最考课,厉行惩劝黜陟,以收"去恶迁善"之效,勿使"善恶并驱",危害百姓。另一方面,他主张改变各级政权"迭相拘持"、州牧县宰政不由己的现状,给予他们一定的结合当地实际施政的自主权。否则,政令必将脱离实际,使百姓遭殃。比如:"力役之限,赋敛之期,以用之费省为求,不以人之贫富为度;以上之缓急为节,不以下之劳逸为程。县畏于州,州畏于使,虽有仁惠,何由抚绥?"

第三,省官并俸,以减轻百姓的负担。《策林·省官并俸减使职》,针对安史之乱后,藩镇割据,"兵戎屡动,荒洿荐臻;户口流亡,财征减耗"的现状,主张"量其官而省之,并其禄而厚之",以达到"官省则事简,事简则人安;禄厚则吏清,吏清则俗阜"的目的。然而,实际情况却是:"知清其吏而不知厚其禄,则饰诈而不廉矣;知厚其禄而不知省其官,则财费而不足矣;知省其官而不知选其能,则事壅而不理矣。"更有甚者,在此战祸连年、民不堪命的情况下,不唯常设官员未予省减,反增设了许多临时差遣性质的使职。到了中唐后期,这种使职差遣便渐趋定型,造成"职与官分离,职无品秩却治事务,官有品秩仅寄禄秩"的状况,大有取代三省制下的职官制度的趋势。①由于机构重叠,政出多门,人浮于事,不唯蠹政,抑且扰民——加重百姓的负担。白居易尖锐地指出:

> 兵兴以来,诸道使府或因权宜而置职,一置而不停;或因暂劳而加俸,一加而无减。至使职多于郡县之吏,俸优于台省之官,积习生常,烦费滋甚。今若量其职员,审其禄秩,使众寡有常数,厚薄得其中。故禄得其中,则费不广而下无侵削之患矣;职有常数,则事不烦而人无劳扰之弊矣。(《策林·省官并俸减使职》)

减使职的目的,正是着眼于"费不广""事不烦",使百姓少受"侵削""劳扰"之苦。

同样基于对百姓疾苦的关注,白居易在《策林·议百司食利钱》、第四十二《议百官职田》中,主张对这种官府变相盘剥百姓的制度加以改革。所谓"食利钱"即公廨钱。本是地方官府向百姓(多是贫户)举债,按月征收高额利息,以备公用之不足的一种榨取百姓的手段。在施行中便出现了"私财竭于倍利,官课积于逋债。至使公食有阙,人力不堪"的弊端。为此,他主张计其每岁所需,"随两税以分征,使万民而均出";这样,使负担"均之于众,则贫户无倍息之弊矣"。而"职田"的性质,与"食利钱"相似,即地方官吏将依品秩所受田亩租给百姓,以

---

①陈仲安、王素《汉唐职官制度研究》第一章第六节《唐后明使职差遣制的流行》认为,"尚未固定成型的职称为差遣,已经固定成型的职称为使职"。并将当时使职分六类加以论列,可资参考。

收取高额租税,也是盘剥百姓的一大秕政。元稹《同州奏均田状》称:职田每亩所征租税,"比于正税,近于四倍加征……疲人患苦,无过于斯"。他主张将职田均分给百姓,按正租征纳,以减轻百姓负担。白氏在《策林》中,则认为职田税额之厚薄,应"视其田之肥墝。如此则沃瘠齐而户租均"。比之元稹于后此十余年——长庆初任同州刺史时的主张,似较肤泛,但其悯恤百姓疾苦的用心,也应予以肯定。

(四)虚心纳谏,广开言路

在"君本位"的封建专制制度下,君主若能虚心纳谏,广开言路,造成臣下敢于直言进谏的风气,这几乎是遏制君主的奢逸,减少决策失误的唯一机制。唐太宗之所以能够开创"贞观之治",一个极其重要的原因,正在于他能够虚心求谏,集思广益。他曾对侍臣说:"明主思短而益善,暗主护短而永愚";"若人主所行不当,臣下又无匡谏,苟在阿顺,事皆称美,则君为暗主,臣为谀臣,君暗臣谀,危亡不远"(《贞观政要·求谏》)。所以,唐太宗把"纳谏"看作与"任贤"同等重要的谋求国家长治久安的两大举措之一。在《政要》一书中,除列有《求谏》《纳谏》(附《直谏》)及《规谏太子》等专章外,该书辑录的贞观君臣商榷政教得失的各方面史料中,都不难找到臣下尽情极谏、主上闻过则喜的生动事例。

受到唐代这种诤谏的政治传统的影响,白居易初入仕途,即深刻地认识到君主能否虚心纳谏,"思酌下言,乐闻上失"(《与元九书》),关系到政教的得失、国家的治乱。他在《策林》中,撰有第三十五《使百职修皇纲振》、三十六《达聪明致理化》、六十九《采诗》、七十《纳谏》、七十一《去谄佞从谠直》等章集中而深入地论述这一问题。基于其目光向下,体恤下情的激进民本主义思想,白居易对"纳谏"的重要意义与"进谏"的方法途径,都作了新的探索。

第一,他认为天子之耳目不能自为聪明,必待臣下之匡谏而后聪明。这样，就破除了关于天子自神自圣的迷信，把对君主纳谏的必要性提高到一个新的认识水平。他认为，对君主来说，匡谏之不可或缺，盖"思欲取天下之耳目裨我视听，尽天下之心智为我思谋"，从而达到"政之壅蔽者决于中，令之灭绝者通于外。上无违德，下无隐情"（《策林·纳谏》），政通人和，臻于郅治的目的。对此，他作了深入浅出的阐释：

> 臣闻：天子之耳不能自聪，合天下之耳听之而后聪也。天子之目不能自明，合天下之目视之而后明也。天子之心不能自圣，合天下之心思之而后圣也。若天子惟以两耳听之，两目视之，一心思之，则十步之内不能闻也，百步之外不能见也，殿庭之外不能知也。而况四海之大，万几之繁者乎？圣王知其然，故立谏诤讽议之官，开献替启沃之道。俾乎补察遗阙，辅助聪明。犹惧其未也，于是设敢谏之鼓，建进善之旌，立诽谤之木。工商得以流议，士庶得以传言。然后过日闻而德日新矣。是以古之圣王，由此途出焉。（《策林·纳谏》）

在这里，白居易似乎把古代帝王过分理想化了。其实，在历史上，能真正做到闻过则喜、从谏如流的帝王是极其罕见，甚至累世难得其一的。同时，他把纳谏对于促使君主提高自身的道德修养和为政治国的能力，从而避免倒行逆施、走向败亡的作用，似乎也过分夸大了。下面的一段议论，就切合实际得多：

> 臣又尝观历代人君有愚有贤，举事非尽失也；人臣者有能有否，出言非尽得也。然而先王勤勤恳恳，劝从谏，诫自用者，又何哉？岂不以自古以来，君虽有得，未有愎谏而理者也，况其有失乎？臣虽有失，未有从谏而乱者也，况其有得乎？勤恳劝诫之义，在于此矣。（同前）

虽然人君"举事非尽失"，而人臣"出言非尽得"，但"君虽有得，未

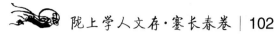

有愎谏而理者也";"臣虽有失,未有从谏而乱者也",这才是确定不移的法则。这样有分析地看问题,就显得实事求是,也更有说服力。

第二,他明确主张,并自觉地把诗歌作为诤谏的辅助手段。本来,在我国古来就有采诗以体察风俗之厚薄、时政之得失的传统。所谓"治世之音安以乐""乱世之音怨以怒"(《诗大序》);所谓"亡国之音哀以思,其民困。声音之道与政通矣"(《乐记·乐本》),就是这一传统的理论总结。但是,像白居易那样,自觉地把诗歌(指政治讽谕诗)当作有韵的谏章,作为"补察时政""泄导人情"的手段①,实为我国文学史上的第一人。《策林·采诗》,正是着眼于君主的行政施教,必须"酌人言,察人情",而仅凭其一人之耳,不可能"遍听天下之言";仅凭其一人之心,不可能"尽知天下之情",因此,他主张继承古代"采诗"的传统,"立采诗之官,开讽刺之道,察其得失之政,通其上下之情"。《进士策问五道》之三亦称:

> 大凡人之感于事,则必动于情,发于叹,兴于咏,而后形于歌诗焉。故闻《蓼萧》之咏,则知德泽被物也,闻《北风》之刺,则知威虐及人也,闻"广袖""高髻"之谣,则知风俗之奢荡也。古之君人者,采之以补察其政,经纬其人焉。夫然则人情通而王泽流矣。

稍后,他在其作为《新乐府》五十篇之殿的《采诗官》中,又重申了同样的旨趣:

> 采诗官,采诗听歌导人言。言者无罪闻者诫,下流上通上下泰。周灭秦兴至隋氏,十代采诗官不置。郊庙登歌赞君

①《与元九书》云:"仆当此日,擢在翰林,身是谏官,手请谏纸,启奏之外,有可以救济人病,裨补时阙,而难于指言者,辄咏歌之,欲稍稍递进,闻于上。上以广宸聪,副忧勤;次以酬恩奖,塞言责;下以复吾平生之志。"可资参阅。

美，乐府艳词悦君意。若求兴谕规刺言，万句千章无一字。不是章句无规刺，渐及朝廷绝讽议。诤臣杜口为冗员，谏鼓高悬作虚器。一人负扆常端默，百辟入门两自媚。夕郎所贺皆德音，春官每奏唯祥瑞。君之堂兮千里远，君之门兮九重閟。君耳唯闻堂上言，君眼不见门前事。贪吏害民无所忌，奸臣蔽君无所畏。君不见，厉王胡亥之末年，群臣有利君无利！君兮君兮愿听此，欲开壅蔽达人情，先向歌诗求讽刺！

陈寅恪指出："乐天《新乐府》五十篇，每篇皆以卒章显其志。此篇乃全部五十篇之殿，亦所以标明其作五十篇之旨趣理想者也。"(《元白诗笺证稿》第五章《新乐府》)白氏在此诗题下标明其主旨云："鉴前王乱亡之由也。"可见，他认为朝廷是否设采诗之官、开讽刺之道，乃是关系到国家治乱兴亡的大事。白居易的这种主张，有两点也许值得商榷：第一，他似乎过分夸大了诗歌作为一种文学样式干预政治的作用；其次，这种主张还有可能削弱乃至抹杀诗歌自身的独立品格，导致为政治而牺牲艺术的消极倾向，妨碍诗歌艺术的发展。但是，我们应当看到，他的这种主张，正是元和初年，在其激进的民本主义思想主导下，政治热情高涨，要求以诗歌"稽政"——干预时政的创作倾向的理论表述；再者，这种理论主张，仅仅适用其"为君、为臣、为民、为物、为事而作，不为文而作"的政治讽谕诗，并不能代表他对诗歌的艺术特性及功能的全面、系统的体认。

二、勖励臣节，崇正疾邪

何谓"臣节"？陈垣《通鉴胡注表微·第十二臣节》称："臣节者，人臣事君之大节。《公羊·庄四年传》云：'君、国一体也。'故其时忠于君即忠于国。"对封建士大夫来说，"臣节"亦即"臣道"，即人臣上所以"事君"，下所以"抚民"的行为规范和准则。固不必专指为君殉忠、为国死难的节烈观念而言。

魏徵论人君御下之道，引刘向《说苑》关于"六正六邪"①之说，主张"因其材以取之，审其能而任之，用其所长，掩其所短，进之以六正，戒之以六邪，则不严而自励，不劝而自勉矣"（《贞观政要·择官》）。可见，勖励臣节，就是要崇正疾邪，激扬忠烈，尚贞廉，去谄佞，在朝廷上下大兴公忠说直、勤政爱民之风，以达到君臣契合，共致升平的目的。这是白居易以"为君、为臣、为民"为核心的激进民本主义思想的一个重要环节。在美刺褒贬、抑扬惩劝之间，充分反映出他在初入仕途的早期，所表现出的高涨的政治热情和执着的理想追求，以及诗人爱憎分明、疾恶如仇、耿介不阿的高尚品格。

（一）激扬忠烈，维护统一

藩镇割据，是导致唐王朝走向衰亡的一大祸患，其祸端盖肇始于安史之乱后，朝廷迫于形势，以河北、山东一带安置降将，姑息养奸。他们拥兵自重，割据称雄，俨然视其领地为独立的世袭王国，父死子代，自署官吏，赋税不入于朝廷；更有甚者，时而连兵抗拒朝廷，时而为掠夺而相互攻伐，以致战祸连年，民不聊生，严重地削弱了中央集权，破坏了国家的统一。因此，在整个中晚唐时期，反对分裂，维护中央集权的斗争，一直是关系到唐王朝生死存亡的尖锐政治问题。开创了"元和中兴"局面的唐宪宗，之所以被誉为"中兴英主"，正因为他在位期间锐意经营，基本上削平了背叛朝廷的剧镇强藩，强化了中央集权；而在此大背景下，朝廷上下，凡是在反对分裂、维护中央集权的斗

①刘向《说苑·臣术》称："人臣之行，有六正六邪。行六正则荣，犯六邪则辱。"简言之，所谓"六正"：一曰圣臣，二曰良臣，三曰忠臣，四曰智臣，五曰贞臣，六曰直臣；所谓"六邪"：一曰具臣，二曰谀臣，三曰奸臣，四曰谗臣，五曰贼臣，六曰亡国之臣。此不具引。

争中，表现出特立卓行者，便会很自然地受到钦敬和表彰。白居易的《青石》《哭孔戡》《哀二良文》等以激扬忠烈抨击强藩跋扈为主旨的诗文，正是在这样的历史背景下写成的。

《新乐府·青石》题下自注云："激忠烈也。"诗云：

> 青石出自蓝田山，兼车运载来长安。工人琢磨欲何用？石不能言我代言。不愿作人家墓前神道碣，坟土未乾名已灭。不愿作官家道旁德政碑，不镌实录镌虚辞。愿为颜氏段氏碑，雕镂太尉与太师。刻此两片坚贞质，状彼二人忠烈姿。义心若石屹不转，死节名流确不移。如观奋击朱泚日，似见叱呵希烈时。各于其上题名谥，一置高山一沉水。陵谷虽迁碑独存，骨化为尘名不死。长使不忠不烈臣，观碑改节慕为人。慕为人，劝事君。

此诗从反对以"虚美愧辞"滥立石碣起意，可与《秦中吟·立碑》相参证。但此诗的主旨则在于表彰为反对藩镇叛逆而壮烈殉国的段秀实与颜真卿。《寄唐生》诗亦云："不悲口无食，不悲身无衣。所悲忠与义，悲甚则哭之。太尉击贼日，段太尉以笏击朱泚。尚书叱盗时。颜尚书叱李希烈。……每见如此事，声发涕则随。"按：段秀实，唐汧阳（今陕西千阳）人，字成公，官泾原郑颖节度使。德宗时召为司农卿。建中四年（783），原泾阳节度使朱泚（时正谋反的范阳节度使朱滔之兄）谋反，秀实唾面大骂，以笏击伤其额，遂遇害。兴元元年（784），诏赠太尉，谥"忠烈"，事详两《唐书》本传。《旧传》称："自贞元后，累朝凡敕书节文，褒奖忠烈，必以秀实为首。"可见，白氏在诗歌中一再揄扬其"忠烈"大节，乃顺乎舆情，并具有崇正疾邪的现实意义。稍后，柳宗元以《段太尉逸事状》上于史馆，又作《与史官韩愈致段秀实逸事书》称："太尉大节，古固无有……自有难在军中，其处心未尝亏侧，其莅事无一不可纪。会在下名未达，以故不闻，非直以一时取笏为谅也。"可与白诗相参证。

颜真卿,字清臣,琅玡临沂(今山东临沂)人。擅词章,尤工书法。历仕玄宗、肃宗、德宗三朝。安史之乱时,募兵拒贼,为抗逆名臣。肃宗时,官工部尚书、兼御史大夫。德宗朝,官太子太师。李希烈反,遣真卿前往宣谕,希烈迫之使降,不屈,叱曰:"若等闻颜常山否?吾兄也。禄山反,首举义师,后虽被执,诟贼不绝于口。吾年且八十,官太师,吾守吾节,死而后已,岂受若等胁耶!"(《新唐书》本传,《旧书》本传略同)陈寅恪指出:"《青石》一篇以段、颜为例者,唐世忠烈之臣无过二公……真卿复与秀实齐名,此篇标举忠烈,以劝事君,舍此二公,自莫属也。又秀实死于朱泚之乱,真卿死于李希烈之叛,则此篇结语:'长使不忠不烈臣,观碑改节慕为人。慕为人,劝事君。'所谓不忠不烈之臣,乃指骄蹇之藩镇,当无可疑。"(《元白诗笺证稿》第五章《新乐府》)陈氏的论析,甚为确当。

白居易《赠樊著作》诗有句云:"刘辟肆乱心,杀人正纷纷。其嫂曰庾氏,弃绝不为亲。从史萌逆节,隐心潜负恩。其佐曰孔戡,舍去不为宾。"此诗作于元和五年,诗中标举反对叛逆的庾氏与孔戡的节烈行为,向时为著作郎的樊宗师进言:"何不自著书,实录彼善人?编为一家言,以备史阙文。"其意旨与《青石》诗正同,也是通过表彰节烈,以惩戒藩镇的叛逆,维护中央集权。刘辟贞元末为剑南西川节度使韦皋幕下度支副使。永贞元年(805)八月,韦皋暴卒,遂自立为节度留后。"朝廷不许,除给事中,便令赴阙,辟不奉诏。时宪宗初即位,以无事息人为务,遂授辟检校工部尚书,充剑南西川节度使。"(《旧唐书》本传)刘辟既得旌节,愈益骄悍,更求兼领三川,宪宗不许,遂发兵谋反。朝廷令高崇文将兵讨伐,元和元年九月擒刘辟,送京师斩之,蜀乱乃平。刘辟,两《唐书》均有传。但不载其嫂庾氏大义灭亲,不附随谋逆,断然与之决绝事。幸赖白居易的四句诗,使其辨顺逆、识大体的节烈声名,总算在历史上留下了一缕痕迹。

孔戣,字君胜,乃孔巢父从子,两《唐书》有传,附《巢父传》末,均甚简略。韩愈《唐朝散大夫赠司勋员外郎孔君墓志铭》叙其事迹甚详。略谓:贞元末,孔戣为昭义节度使卢从史掌书记。"从史稍得志,益骄,与王承宗、田绪阴相结,欲久连兵以固其位,戣始阴争不从,则于会肆言以折之。从史始若受其言,后偃蹇不轨,戣遂以疾归洛阳。"(《旧唐书》本传)"当是时,天下以为贤,论士之宜在天子左右者,皆曰'孔君孔君'云。(韩愈《孔君墓志铭》)朝廷拟予起用,卢从史又三上书加以诬陷,仅以卫尉丞分司洛阳。元和五年(810)初卒,年五十七。"公卿大夫士相吊于朝,处士相吊于家。君卒之九十六日,诏缚从史送阙下,数以违命,流于日南(按:即驩州,在今越南北部)"(同上)。卢从史的下场,自是罪有应得。

《旧唐书》本传称:孔戣"重然诺,尚忠义"。韩愈《孔君墓志铭》亦称:"君于为义若嗜欲,勇不顾前后;于利与禄,则畏避退处如怯夫然。"对于忠毅贞介的孔戣,白居易更是情有独钟,一再见诸咏吟。除《赠樊著作》诗揄扬其不附逆为虐的节概,主张载之史乘,垂作典范;《登乐游原望》诗亦云:"下视十二街,绿树间红尘。车马徒满眼,不见心所亲。孔生洛阳死,元九谪荆门。可怜南北路,高盖者何人?"为心仪的贤者横遭弃捐,流露出无可奈何的怅惘。又有《哭孔戣》诗,悼惜这位"非义不可干""其道直如弦""合置在朝端"的贤者,"竟不得一日,謇謇立君前",只落得"没齿为闲官",赍志以没。诗末,情不自禁地流露出深沉地浩叹:

贤者为生民,生死悬在天。谓天不爱人,胡为生其贤!为天果爱民,胡为夺其年!茫茫元化中,谁执如此权?

从深层次上说,把诗人为国"惜贤"之心,同"爱民"之心关联在一起的,正是其激进的民本主义思想。

《白集》卷四〇有《哀二良文并序》，陈振孙《白文公年谱》系于贞元十六年（800），谓"为陆长源、郑通诚作也"。陆长源以行军司马佐汴州刺史、宣武军节度使董晋；贞元十五年二月董晋卒，未十日而汴州军乱。朝廷授长源检校礼部尚书、汴州刺史、御史大夫、宣武军节度使，以执法严峻，为乱军所害。事详两《唐书》本传及《旧唐书·德宗纪》。白氏《寄唐生》诗"大夫死凶寇"，亦指长源。祠部员外郎郑通诚，佐徐州刺史、徐泗濠节度使张建封为判官。贞元十六年夏，建封卒，通诚权知留后，恐军士为变，欲引浙西过镇兵入城为援，事泄，徐州军乱，杀通诚而拥立建封之子愔为留后（参阅两《唐书·张建封传》及《资治通鉴·唐纪》德宗贞元十六年）。《哀二良文序》称："大夫以直道及祸"，"员外以危行遇害"，盖为旌表陆、郑二人为维护朝廷纲纪而死难的节概。《哀文》更于悼惜之余深致感慨云：

> 惟善人兮，邦之纪纲。邦之瘁兮，正人先亡。谓天之恶下民兮，胡为生此忠良？谓天之爱下民兮，胡为生此豺狼？我欲阶冥冥，问苍苍。苍苍之不可问兮，俾我心之蛊伤。悲夫！而今而后，吾知夫天难忱而命靡常。

由上文可见，早在入仕之前，白居易已萌生了明顺逆、辨忠奸，维护中央集权的观念。这可能与其父白季庚本为淄青叛镇李正己下属，于德宗建中初反正归国的家世背景，以及青少年时期因藩镇叛乱而饱受颠沛流离之苦有关。而他呼天抢地的诅咒"豺狼"跋扈，悼惜"忠良"罹殃，其出发点固然在于维护朝廷纲纪，反对分裂割据，究其深层的思想底蕴，则仍在于他心系"下民"的民本主义情结。

（二）从谠直，去谄佞

白居易《贺雨》诗有句云："君以明为圣，臣以直为忠。"在他看来，"直"是"忠"的本质特征和基本内涵。作为封建士大夫，从谠直去谄佞、崇正疾邪，做忠君爱民的"直臣"，不做蠹政害民的"谀臣"（即佞臣),是其应尽的人臣事君的大节。何谓"直臣"?魏徵论臣节,引刘向《说苑·臣术》篇关于"六正六邪"之说云:"国家昏乱,所为不谀,敢犯主之严颜,面言主之过失,如此者,直臣也。"反之:"主所言皆曰善,主所为皆曰可,隐而求主之所好而进之,以快主之耳目,偷合苟容,与主为乐,不顾其后害,如此者,谀臣也。"(《贞观政要·择官》)白居易在《策林》中,进一步分析论证了崇正疾邪,尚直去佞,对于维护朝廷纲纪的重要意义。他说:

> ……然则历代之主,莫不知邦以贤盛,以愚衰;君以谏安,以佞危。然则犹前车覆而后车不诫者,何也?盖常人之情,悦其从命逊志者,恶其违己守道者。又君子难进而易退,况恶之乎?小人易进而难退,况悦之乎?是则常主之待君子也,必敬而疏;其遇小人也,必轻而狎。狎则恩易下及,疏则情难上通。是以面从者日亲,动则假虎威而自负也;骨骾者日疏,言则犯龙鳞而必死也。故政令日以坏,邦家日以倾。斯所以变盛为衰,转安为危者矣。是以明王知君子之守道也,虽违于己,引而进之;知小人之徇惑也,虽从于命,推而远之。知谠言之为良药也,虽逆于耳,恕而容之;知佞言之为美疹也,虽逊于心,忍而绝之。故政令日以和,邦家日以理。斯所以变衰为盛,转危为安者矣。盛衰安危之效,唯明主能鉴之。(《策林·去谄佞从谠直》)

白居易还在另一篇策论中,深刻地分析了由于"君子谠直之道消,小人慎默之道长",以致造成"百职不修,万事不举,皇纲弛而不振,颓俗荡而不还"的严重现实。他指出:

> 臣伏见近代以来,时议者率以拱默保位者为明智,以柔顺安身者为贤能,以直言危行者为狂愚,以中立守道者为凝滞。故朝寡敢言之士,庭鲜执咎之臣。自国及家,浸而成俗。

故父训其子曰:无介直以立仇敌。兄教其弟曰:无方正以贾悔尤。识者腹非而不言,愚者心竞而是效。至使天下有目者如瞽也,有耳者如聋也,有口者如含锋刃也。慎默之俗,一至如斯。此正士直臣所以退藏而长太息也。岂直若此而已哉?盖慎默积于中,则职事废于外。强毅果断之心屈,畏忌因循之性成。反谓率职而举正者不达于时宜,当官而行法者不通于事变。是以殿最之文虽书而不实,黜陟之法虽备而不行。欲望善者劝,恶者惩,百职修,万事举,不可得也。(《策林·使百职修皇纲振》)

假如朝廷上下果真陷入了这样不分邪正,不辨是非善恶的抗瀣一气的局面,离亡国也就不远了。这自然是一切"正士直臣"所不愿见到的。

那么,怎样才能革除这种因循苟且、佞顺取容的"慎默之俗"呢?白居易抛却了儒家尚义轻利的传统观念的束缚,明确提出"夫人之蚩蚩,唯利是务"的务实观点,建议朝廷在决策上坚决地向有利于谠直的方面倾斜。这样,"若利出谠直,则谠直之风大行"。反之,"若利出慎默,则慎默之风大起"。为此,他向唐宪宗进言:

伏惟陛下以至公统天下,以至明御群臣,使情伪无所逃,言行无所隐。有若谠直强毅举正弹违者,引而进之;有若慎默畏忌吐刚茹柔者,推而远之。使此有利彼无利,安得不去彼取此乎?斯所谓俾人日从善远罪而不自知也。如此则百职修,万事举,皇纲振,颓俗移。太平之风由斯而致矣。(同上)

基于上述认识,白居易在初入仕途,政治热情高涨的元和初期,俨然以做一个崇正疾邪的"直臣",作为自己的政治抱负。这种思想倾向,屡屡见诸吟咏。例如:

君以明为圣,臣以直为忠。(《贺雨》)

至宝有本性,精刚无与俦。可使寸寸折,不可绕指柔。愿快直士心,将断佞臣头。(《李都尉古剑》)

直从萌芽拔,高自毫末始。四面无附枝,中心有通理。寄言立身者,孤直当如此。(《云居寺孤桐》)

我有鄙介性,好刚不好柔。勿轻直折剑,犹胜曲全钩。(《折剑头》)

正色摧强御,刚肠嫉喔咿。常憎持禄位,不拟保妻儿。养勇期除恶,输忠在灭私……道将心共直,言与行兼危。(《代书诗一百韵寄微之》)

危言诋阍寺,直气折钩轴。不忍曲作钩,乍能折为玉……只要明是非,何曾虞祸福。(《和梦游春诗一百韵》)

在诗人的笔下,"直"这一富有政治色彩的理念,完全诗化为至善至美的审美意象。在白氏早期讽谕诗中,还有《有木八章并序》。其前七章分别托弱柳、樱桃、枳橘、杜梨、野葛、水柽、凌霄等以讽在位的"佞顺媕婀""附丽权势"者;其第八章则以"风影清似水,霜枝冷如玉。独占小山幽,不容凡鸟宿。……重任虽大过,直心终不曲。纵非栋梁材,犹胜寻常木"的丹桂以自况。这充分显示了白居易作为直声满朝,铮铮铁骨的"元和谏官"的壮心直气,及其特立独行、傲岸不群的风采。

元和初期的白居易,不仅以"直"持身,以"直"自律,而且以"直"取人。在其讽谕诗中,他以"直"作为知人论世的标准,格外推崇并倍加揄扬的人物是阳城、元稹和薛存诚。

阳城乃中唐名臣,两《唐书》有传,分别入《隐逸》与《卓行》门。字亢宗,北平(今河北卢龙)人,博学,以德行闻。李泌为相,荐于德宗为谏议大夫。因极谏德宗贬陆贽而相裴延龄,贬为国子司业。[1]白氏《赠樊著作》诗云:"阳城为谏议,以正事其君。其手如屈轶,举必指佞臣。卒使不仁者,不得秉国钧。"正指此事。后又因呵护以狂直敢言得罪的弟子薛约,远贬道州刺史。《寄唐生》诗有句云:"谏议谪蛮夷。"自注:"阳谏议左迁道州。"对阳城的遭遇,诗人是深表同情的。阳城牧道州,罢贡矮奴,宽赋敛,政声卓著。白氏《新乐府·道州民》云:"一自阳城来守郡,不进矮奴频诏问。城云臣按《六典》书,任土贡有不贡无。道州水土所生者,只有矮民无矮奴。吾君感悟玺书下,岁贡矮奴宜悉罢……道州民,民到于今受其赐,欲说使君先下泪。仍恐儿孙忘使君,生男多以阳为字。"这一破除"以良为贱"的奴隶制残余的德政,的确是值得大书特书的。元和五年春,元稹以触忤权幸,贬为江陵府士曹参军。途经商山阳城驿,有感正士直臣多遭斥逐,作《阳城驿》诗,历述阳公德业事功,洋洋近八百言,有句云:"我愿避公讳,名为避贤邮。"白氏既同情好友元稹的无端远谪,又盛赞其"宠辱誓不移"的敬贤之心,乃作《和阳城驿》诗,称元诗"言直文甚奇"。和诗中有句云:"次言阳公节,謇謇居谏司。誓心除国蠹,决死犯天威。终言阳公命,左迁天一涯。道州炎瘴地,身不得生归。——皆实录,事事无子遗……若作阳公传,欲令后世知。不劳叙家世,不用费文辞。但于国史上,全录元稹诗。"可见,白氏的心仪阳城,其姓名行迹屡屡见诸笔下,盖钦佩其忠君爱民、守正不阿的凛凛节概。

　　元稹是与白居易齐名的诗友,在文学史上"元白"并称。《新唐书》本传称:元稹谪江陵后,"信道不坚,乃丧所守,附宦贵得宰相"。是一位所谓"晚节不终"的有争议的人物。但在"元白"订交的元和初年,二人俱为锐意改革的新兴进士集团的重要成员,并在文学领域共同促成了富有人民性和现实主义精神的新乐府运动。当时的元稹,不愧是白居易志同道合的挚友,其公忠体国,刚直不阿,不避权势的气概,深得白氏的赞赏和钦佩。《赠元稹》诗有句云:"无波古井水,有节秋竹竿。一为同心友,三及芳岁阑。"《酬元九对新栽竹有怀见寄》诗又云:"曾将秋竹竿,比君孤且直。"《赠樊著作》诗有句云:"元稹为御史,以直立其身。其心如肺石,动必达穷民。东川八十家,冤愤一言伸。"《新唐书》本传称:"(元和四年二月)拜监察御史,按狱东川,因劾奏节度使严砺违诏过赋数百万,没入涂山甫等八十余家田产奴婢。时砺已死,七刺史皆夺俸,砺党怒。俄分司东都。"可为此诗脚注。元稹以监察御史分司东都后,又举劾河南尹房式等违法凡"数十事,或移或奏,皆止之"(《元稹集·叙奏》),由是激怒权幸,朝廷罚稹一季俸,召还西京;归途中宿敷水驿,又因与宦官争厅,被击伤面部。由于唐宪宗袒护宦官[1],贬为江陵府士曹参军。对此,白居易曾三上疏切谏,盛赞元稹"守官正直,人所共知……自授御史已来,举奏不避权势"(《论元稹第三状》)。《登乐游园望》诗有句云:"下视十二街,绿树间红尘。车马徒满眼,不见心所亲。孔生洛阳死,元九谪荆门。可怜南北路,高盖者何人?"流露出因挚友无端被黜而触发的叹惋与惆怅。《和思归乐》诗再次称赞元稹:"况始三十余,年少有直名。心中志气大,眼前爵禄轻。……退不苟免难,进不曲求荣。在火辨玉性,经霜识松贞。"赞美

---

　　① 参阅《新唐书·元稹传》。

中饱含着慰勉与期待。元稹在横遭斥逐后，确有"信道不坚"①的瑕疵。但他在元和初执法严峻，不避权势，直气凛然，无疑是值得肯定与称誉的。

薛存诚字资明，河中宝鼎(今山西荣河)人。中进士第，累官至御史中丞。有奸僧鉴虚者，"自贞元中交结权幸，招怀赂遗，倚中人为城社，吏不敢绳。会于𫖮、杜黄裳家私事发，连逮鉴虚下狱。存诚案鞫得奸赃数十万，狱成，当大辟。中外权要，更于上前保救，上宣令释放，存诚不奉……附中使奏曰：'鉴虚罪款已具，陛下若召而赦之，请先杀臣，然后可取。不然，臣期不奉诏。'上嘉其有守，从之，鉴虚竟笞死。洪州监军高重昌诬奏信州刺史李位谋大逆，追赴京师。上令付仗内鞫问。存诚一日三表，请付位于御史台，及推案无状，位竟得雪。"(《旧唐书》本传)存诚元和八年暴卒，赠刑部侍郎。白氏作讽谕诗《薛中丞》抒发惜贤之心，其主旨即在于表彰薛存诚当官执法，守正不阿，不畏权势的刚毅强直的气概。同时，对其不幸早逝，流露出为国惜贤的伤悼之情。诗云：

> 百人无一直，百直无一遇。借问遇者谁？正人行得路。中丞薛存诚，守直心甚固。皇明烛如日，再使秉王度。奸豪与佞巧，非不憎且惧。直道渐光明，邪谋难盖覆。每因匪躬节，知有匡时具。张为坠网纲，倚作颓檐柱。悠哉上天意，施报纷回护。自古已冥茫，从今尤不谕。岂与小人意，昏然同好恶？不然君子人，何反如朝露？裴相昨已夭，薛君今又去。以我惜贤心，五年如旦暮。况闻善人命，长短系运数。今我一涕零，岂为中丞故！

此诗当作于元和八年，薛氏暴卒之际，时居易丁忧，居下邽。裴

---

①参阅《新唐书·元稹传》

相,指曾居相位的裴垍,卒于元和六年,故云"昨已夭"。

(三)疾贪暴,尚清廉

在封建专制制度下,官吏的贪与廉,与百姓的处境和命运息息相关。韩愈说得很直白:"民者,出粟米麻丝,作器皿,通货财,以事其上者也。"(《原道》)说到底,只有下层劳苦大众才是社会物质财富的唯一创造者;官吏们所侵夺和搜刮的,无一不是劳动人民的血汗。因此,反贪倡廉,很自然地成为白居易激进民本主义思想的一个重要组成部分。这种倾向,在其元和初期的文学活动和政治实践中,都有突出的反映。

《新乐府·黑潭龙》题下小序云:"疾贪吏也。"诗云:

> 黑潭水深色如墨,传有神龙人不识。潭上架屋官立祠,龙不能神人神之。丰凶水旱与疾疫,乡里皆言龙所为。家家养豚漉清酒,朝祈暮赛依巫口。神之来兮风飘飘,纸钱动兮锦伞摇。神之去兮风亦静,香火灭兮杯盘冷。肉堆潭岸石,酒泼庙前草。不知龙神飨几多,林鼠山狐常醉饱。狐何幸?豚何辜?年年杀豚将喂狐。狐假龙神食豚尽,九重泉底龙知无?

朱金城《白居易集笺校》云:"此篇盖诋诮当时剥削生民、进奉财货,以求相位恩宠之藩镇而作。《元白诗笺证稿》谓'是所谓龙者,似指天子而言,狐鼠者,乃指贪吏而言。豚者,即无辜小民也。'"结合白氏当时所上《论于頔裴均状》《论裴均进奉银器状》及《论王锷欲除官事宜状》等文来解读此诗,其指喻当更显豁。

《论于頔裴均状》指出:于頔裴均请求"入朝",其用心盖"欲仰希圣恩,旁结权贵",达到邀宠固位的目的。为了上下打点,只有"减削军府,割剥疲人","若又许来,荆襄之人,必重困于剥削矣"。《论裴均进银器状》称:"裴均性本贪残,动多邪巧。每假进奉,广有诛求。料其深心,不愿停罢。"所谓"不愿停罢",盖指裴均于元和四年四月,在朝廷降"德音"，明令停罢进奉之后，"恃有中人之助……进银器千五百余两"（《资治通鉴·唐纪》宪宗元和四年）。白氏请求追究其"违越进奉"的罪责。《论王锷欲除官事宜状》，乃针对淮南节度使王锷，"厚进奉及贿宦官，求平章事"（同上）的卑劣行径而发。《状》称："王锷在镇日，不恤凋残，唯务差税。淮南百姓，日夜无憀。五年诛求，百计侵削，钱物既足，部领入朝，号为羡余，亲自进奉。凡有耳者，无不知之。今若授平章事，臣恐四方闻之，皆谓陛下得王锷进奉而与宰相也。"由于白居易的无情揭露，王锷"割剥生人，营求宰相"的企图，并未得逞（参阅拙著《白居易评传》第三章第二节之（一）《抨击权豪的贪暴》）。

上述的于頔、裴均与王锷，既贪恋财货，又追求权势；对下大事诛求，对上百般逢迎。不惜以"夺军府疲人之不足，奉君上权贵之有余"（《论于頔裴均状》）的卑劣行径，达到其希宠固位，谋取"重位大权"的目的。这正暴露出他们贪婪腐朽的共同本性。白居易不畏惧其出将入相、权倾朝野的气焰，不顾忌其"家通国亲，势连戚里"的背景，大义凛然地予以揭露和抨击，这充分表现出他前期高涨的政治热情；也充分反映出他悯念生民疾苦，不愿"林鼠山狐"荼毒百姓的深厚的民本主义思想。

在白居易的时代，对官吏本来有"七十而致仕"（即退休）的相沿已久的制度。但总有那么一些身居高位的权势者，贪荣恋栈，不肯告老悬车。这也是一种伤廉蠹政的腐败行为。对此，白居易在其讽谕诗中，以杜佑和高郢作为一贪一廉、正反两方面的典型，对这种不知廉退的行径，给予了辛辣的讽刺。

《秦中吟·不致仕》一诗，即是讽刺年过七旬，犹占据"摄冢宰"（即首席宰相）的高位而不肯告退的大官僚杜佑的。诗云：

> 七十而致仕，礼法有明文。何乃贪荣者，斯言如不闻？可怜八九十，齿堕双眸昏。朝露贪名利，夕阳忧子孙。挂冠顾翠

綏,悬车惜朱轮。金章腰不胜,伛偻入君门。谁不爱富贵?谁
不恋君恩?年高须告老,名遂合退身。少时共嗤诮,晚岁多因
循。贤哉汉二疏,彼独是何人? 寂寞东门路,无人继去尘。

李肇《国史补》卷中云:“高贞公(郢)致仕,制云:‘以年致政,抑有
前闻。近代寡廉,罕由斯道。’是时杜司徒(佑)年七十,无意请老,裴晋
公(度)为舍人,以此讥之。”(明蒋一葵《尧山堂偶隽》卷三略同)清汪
立名《白香山诗集》笺云:“公此诗所指当与裴同,盛为当时传诵。厥后
杜牧之每于公多不足语,形之诗篇,致托李戡之言极口诋诮,文章家
报复可畏如此……牧之,佑之孙也。”据《旧唐书》本传,杜佑于贞元十
九年(803)自淮南节度使入朝,拜检校司空、同平章事,德宗崩,摄冢
宰,依前平章事;顺宗崩,复摄冢宰,封岐国公。一直到元和七年(812)
六月,才以重病罢相,同年十一月卒,享年七十八岁。据此可知,这位
三朝元老居相位凡十年。元和五年,当高郢年届七十,及时挂冠告
退①,犹“无意请老”的杜佑,已是76岁的高龄了。无怪乎招来了裴度
与白居易的讥诮。在这里,我们无意对杜佑这位有影响的历史人物作
全面评价。他自己撰写的《通典·职官十五》分明写道:“诸职事官七十
听致仕……。其五品以上籍年虽少,形容衰老者,亦听致仕。”可是,这
一制度,他本人就未能遵行。受到讥诮,固其宜矣。

作为杜佑的反衬,七十致仕,以廉退自高的高郢,与白居易本来
有座主门生之谊②。白氏于元和后期贬江州时,对高公犹深怀感戴之
情,有句云:“还有一条遗恨事,高家门馆未酬恩。”(《重题》四首之四)
当高郢于元和五年及时请老,以右仆射致仕时,白氏作《高仆射》诗以

①《旧唐书·宪宗纪》:“(元和五年九月),以兵部尚书高郢为右仆射致仕。”
②朱金城《白居易年谱》:贞元十六年(800),白居易29岁,于中书郎即高郢
主试下,以第四名进士及第。

揄扬之，自然是怀着钦佩之情的。诗云："遑遑名利客，白首千百辈。唯有高仆射，七十悬车盖。"将此诗同《不致仕》参照解读，则诗中以高的贞廉同杜的贪婪相比照的用心，不言而喻。诗人"见贤思齐"，在诗末言志以自警云：

> 我虽年未老，岁月亦云迈。预恐耄及时，贪荣不能退。中心私自儆，何以为我戒？故作仆射诗，书之于大带。

那么，白居易自身到底做得怎样呢？武宗会昌元年（841），白居易七十岁，作《达哉乐天行》诗，有句云："七旬才满冠已挂，半禄未及车先悬。"看来，他是不折不扣的实践了自己早年的诺言的。不仅如此，据史籍记载，长庆初年为中书舍人时，曾拒收魏博节度使田布所赠缣五百匹[①]；长庆四年，罢杭州刺史时，"俸钱多留官库，继任者公用不足，则假而复填，如是五十余年。及黄巢至郡，文籍多焚毁，其俸遂亡"[②]。看来，白居易所坚决维护的反贪倡廉的原则，也用以律己。作为封建士大夫的白居易，是以清廉的形象流誉史册的。

三、关心民瘼，为民请命

如果说"为君"与"为臣"，就其出发点而言，是为了营造一种符合人类理性的社会政治环境，从而有利于人民的休养生息，也有利于社

---

①李商隐《太原白公墓碑铭并序》："受旨起田孝公代恒阳，孝公行，赠钱五百万，拒不纳。"《新唐书》本传："俄转中书舍人，田布拜魏博节度使，命持节宣谕，布遗五百缣，诏使受之，辞曰：'布父仇国耻未雪，人当以物助之，乃取其财，谊不忍。方谕问旁午，若悉有所赠，则贼未殄，布赀竭矣。'诏听辞饷。"按：田布乃魏博节度使田弘正之子。弘正效忠朝廷，长庆元年为悍将王庭凑所杀。乃起复前泾原节度使田布为魏博节度使，讨庭凑。（参阅《资治通鉴》卷二四三穆宗长庆元年），时白居易为中书舍人。

②王谠《唐语林》卷二、陈振孙《白文公年谱》长庆四年略同。

会的稳定与统治阶级的长治久安，因而可以看作是白居易民本主义思想的外部结构；那么，"为民"，即直接关注挣扎在社会底层的劳苦大众的痛苦和呻吟，甘作人民的喉舌，满怀激情地为改善他们非人道的生存条件而呼吁、呐喊，则是其民本主义思想的内部结构，亦即其民本主义思想的主体和核心。在元和初期，白居易"但歌民病痛，不识时忌讳"的刚肠直气，突出地表现在反对统治阶级对农民横征暴敛，反对统治阶级以严刑峻法对百姓镇压与勒索，反对统治阶级穷兵黩武、劳民伤财这样几个方面。

（一）轻敛薄赋，舒解民困

"国家存在的经济体现就是捐税"①。因为，赋税既是不劳而获的剥削阶级赖以生活享受的物质来源，也是支撑其庞大国家机器得以运转的经济基础。在以农立国的唐代，赋税的承担者主要是农民。白居易有句云："嗷嗷万族中，唯农最辛苦。"（《夏旱》）挣扎在死亡线上，忍受着超经济强制剥削的农民，自然也就成为他格外关注和同情的对象。

本来，在安史之乱后，农村经济凋敝，户口大量流失，均田制随之崩坏，"计丁征纳"的租庸调法已无法继续施行。德宗建中元年（780），采纳杨炎的建议，改行以地税和户税为内容分夏秋两季征纳谷帛和钱缗的两税法②，使农民的负担稍为合理，剥削有所减轻。但两税法的颁行迄于元和初，还不到三十年，在施行过程中已滋生了许多流弊——主要是官府特别是方镇随意税外加税，以及变交纳谷帛为输入钱缗，使农民倍受盘剥，苦不堪言。

---

① 马克思：《道德化的批评和批评的道德化》，《马克思恩格斯全集》第 4 卷第 342 页。

② 参阅张泽咸：《唐五代赋役史草》第一编第四章《两税法》。

白居易《秦中吟·重赋》一诗,就是直接揭露这种流弊的。诗云:

> ……国家定两税,本意在忧人。厥初防其淫,明敕内外臣。税外加一物,皆以枉法论。奈何岁月久,贪吏得因循。浚我以求宠,敛索无冬春。织绢未成疋,缲丝未盈斤。里胥迫我纳,不许暂逡巡。岁暮天地闭,阴风生破村。夜深烟火尽,霰雪白纷纷。幼者形不蔽,老者体无温。悲端与寒气,并入鼻中辛。昨日输残税,因窥官库门。缯帛如山积,丝絮似云屯。号为羡余物,随月献至尊。夺我身上暖,买尔眼前恩。进入琼林库,岁久化为尘。

联系前述所揭露的于頔、裴均、王锷等不法方镇"减削军府,割剥疲人",大事进奉,以营求重位大权的事实来看,可知这种"夺军府疲人之不足,奉君上权贵之有余"的现象,在当时是带有普遍性的。造成这种税外加税、置两税法形同虚设的状况,固然由于方镇贪吏们出于其贪残的本性,恣意诛求,以希宠固位;同时也因为贞元、元和之际军旅屡兴,财用匮乏,德宗、宪宗"属意聚敛"有关。致使方镇们迎合"上意",以"羡余"之名,于"常赋之外,进奉不已"①。

两税法在实施过程中出现的另一重大弊端,是变输纳谷帛为输纳钱缗,由此造成钱重物轻,谷贱伤农。白居易在《策林》中,对此曾一

---

①《文献通考》卷二二《土贡》:"德宗既平朱泚之后,属意聚敛,藩镇常赋之外,进奉不已。剑南西川节度使韦皋有'日进',江西观察使李兼有'月进',他如杜亚、刘赞、王纬、李锜,皆徼射恩泽,以常赋入贡,名为'羡余',至代易又有进奉。户部财物,所在州府及巡院,皆得擅留,或矫密旨加敛,或减削吏禄,或鬻蔬果,往往私自入,所进才十二三,无敢问者。刺史及幕僚至以进奉得迁官。"清汪师韩《韩门缀学》卷三亦云:"羡余之名,始于唐而甚于宋……宪宗罢除官受代进奉及两税外榷。时虽有罢之名,而方镇进献,度支盐铁与诸道贡献,且加甚焉。用军有助军钱,贼平有贺礼,上尊号有献贺物……窃观皇甫湜《论进奉书》云:凡诸州府,必有羡余,不归之王廷,必没于私室。大概唐之羡余,以正为羡者多也。"

再提出批评：

> 当今游惰者逸而利，农桑者劳而伤。所以伤者，由天下钱刀重而谷帛轻也。所以轻者，由赋敛失其本也。夫赋敛之本者，量桑地以出租，计夫家以出庸，租庸者，谷帛而已。今则谷帛之外又责之以钱。钱者，桑地不生；铜，私家不敢铸。业于农者何从得之？至乃吏胥追征，官限迫蹙。则易其所有，以赴公程。当丰岁，则贱粜半价不足以充缗钱；遇凶年，则息利倍称不足以偿逋债。丰凶既若此，为农者何所望焉？是以商贾大族乘时射利者，日以富豪；田垄罢人望岁勤力者，日以贫困。劳逸既悬，利病相诱。则农夫之心，尽思释耒而倚市；织妇之手，皆欲投杼而刺文。至使田卒污莱，室如悬磬。人力罕施，而地利多郁；天时虚运，而岁功不成。臣常反复思之，实由谷帛轻而钱刀重也……若复日月征求，岁时输纳。臣恐谷帛之价转贱，农桑之业转伤。十年已后，其弊或甚于今日矣……《策林·息游惰》）

在《策林·平百货之价》中，他再一次强调了"钱刀重则谷帛轻，谷帛轻则农桑困"的问题。《赠友五首》之三亦云：

> 私家无钱炉，平地无铜山。胡为秋夏税，岁岁输铜钱？钱力日已重，农力日已殚。贱粜粟与麦，贱贸丝与绵。岁暮衣食尽，焉得无饥寒……

面对官府无休止的敛索的农民，遇凶荒之年，只有告贷纳税，忍受高利贷的剥削；即使在丰收年景，也只有贱粜谷帛，以应付官府迫蹙催征的程限。于是，和籴便成为两税法施行后派生的又一害民的蠹政。白居易于元和三年所作《论和籴状》，曾结合切身经历，痛陈其弊端；并提出变强行摊派的"配户"为"开场"，变"和籴"为"折籴"等切实可行的改进措施(参阅拙著《白居易评传》第三章第二节之(三)《悯恤生民疾苦》)。讽谕诗《纳粟》云:"有吏夜扣门,高声催纳粟。家人不待晓,场上张灯烛。扬簸净如珠,一车三十斛。犹忧纳不中,鞭责及童仆。"作者亲历的这种狼狈惶遽的情景,正可作为此文的脚注。

如上所述,两税法施行后,广大农民受到的剥削事实上反而较前加重了,使他们进一步陷入了冻馁并至的窘境。对此,白居易在其早期讽谕诗中,以饱含人道主义激情的笔墨,给予了生动的反映。例如:《观刈麦》诗中"家田输税尽",不得不冒着炎天暑气,抱子挈筐,拣拾麦田遗穗,以充饥肠的贫妇人;《采地黄者》诗中,迭遭春旱秋霜,麦禾无收,"岁晏无口食,田中采地黄",以易富家儿的"马残粟","救此苦饥肠"的饥民;《杜陵叟》诗中,"典桑卖地纳官租",不堪忍受"急敛暴征",愤怒地喊出了"剥我身上帛,夺我口中粟。虐人害物即豺狼,何必钩爪锯牙食人肉"的强烈抗议的老农;《卖炭翁》诗中,"满面尘灰烟火色,两鬓苍苍十指黑……可怜身上衣正单,心忧炭贱愿天寒",横遭宦官假"宫市"以劫掠的老翁等等。这些饥寒交迫挣扎在死亡线上的农夫农妇的形象,正是中唐时期战祸频仍,统治阶级急征暴敛,导致广大农村经济凋敝,十室九空的悲惨景象的缩影。

除两税外,"任土作贡"的贡赋,即要求各州府每年进贡当地的土特产品,以供宫廷奢侈享受,这也是压在农民和贡户头上的沉重负担。《红线毯》一诗,揭露了以"一丈毯,千两丝","彩丝茸茸香拂拂,线软花虚不胜物",精美绝伦的红线毯,用作宽广"十丈余"的披香殿的地毯,以供"美人踏上歌舞来",这是何等不恤人力物力的奢靡浪费!难怪诗人出于"忧农桑之费"的情感,要向上层统治阶级发出"地不知寒人要暖,少夺人衣作地衣"的申斥。《缭绫》一诗,则揭示了费工耗力"织为云外秋雁行,染作江南春水色","异采奇文相隐映,转侧看花花不定"的缭绫,却被承恩受宠的"昭阳舞人"等闲视之:"汗沾粉污不再着,曳土踏泥无惜心"。因此,诗人发出了"缭绫织成费功绩,莫比寻常缯与帛。丝细缲多女手疼,扎扎千声不盈尺。昭阳殿里歌舞人,若见织时也应惜"的慨叹,表达了"念女工之劳"的鲜明主题。

脆弱的小农经济,既无法抵御人祸——重赋的盘剥,也无法抗拒天灾。若遇灾荒年景,农民的命运更加凄惨。对此,白居易在其诗文中也有深刻的反映。《夏旱》诗云:"太阴不离毕,太岁仍在午。旱日与炎风,枯焦我田亩。金石欲销铄,况兹禾与黍。嗷嗷万族中,唯农最辛苦。"《村居苦寒》诗云:"八年十二月,五日雪纷纷。竹柏皆冻死,况彼无衣民!回观村间间,十室八九贫。北风利如剑,布絮不蔽身。唯烧蒿棘火,愁坐夜待晨。乃知大寒岁,农者尤苦辛。"元和四年,江南久旱不雨,白居易及时奏请"减放江淮旱损州县百姓今年租税"称:"欲令实惠及人,无如减放租税。"①然而,际此大旱之年,衣朱佩紫的将军们,却照样享受着"樽罍溢九酿,水陆罗八珍"的盛筵,直乐得"饱食心自若,酒酣气益振"。面对这群麻木不仁,充耳不闻百姓饥寒声的权幸们,诗人愤怒地发出了"是岁江南旱,衢州人食人"(《秦中吟·轻肥》)的当头棒喝。

为了减轻赋税,解救农民的倒悬之苦,诗人在《策林》及其讽谕诗中,多次提到恢复均田制及租庸调法的主张。《策林·息游堕》称:"今若量夫家之桑地,计谷帛为租庸。以石斗登降为差,以匹丈多少为等。但书估价,并免税钱。则任土之利载兴,易货之弊自革。"《策林·议井田阡陌》,则主张将井田制与均田制加以折中:"人稀土旷者,且修其阡陌",即实行均田制;"户繁乡狭者,则复以井田。"这样,就可以止兼并,息游堕,"庶乎人无浮心,地无遗力,财产丰足,赋役平均,市利归于农,生业著于地者矣。"讽谕诗《赠友五首》之三,则明确主张恢复唐

---

①《奏请加德音中节目二件·缘今时旱请更减放江淮旱损州县百姓今年租税》。

前期的租庸调法,诗云:

> ……吾闻国之初,有制垂不刊。佣必算丁口,租必计桑田。不求土所无,不强人所难。量入以为出,上足下亦安。兵兴一变法,兵息遂不还。使我农桑人,憔悴畎亩间。谁能革此弊?待君秉利权。复彼租佣法,令如贞观年。

中唐著名政治家陆贽也有类似的主张。[①]白居易之所以提出这样的主张,也许因为他是诗人,注重感性直观,他所关注的主要是两税法施行后赋敛加重给农民带来的苦难,而无暇也无力以一个政治家的眼光去审视两税法取代租庸调法的历史必然性。因此,我们似乎不必苛责其思想的保守与复旧。相反,应当看到,这正是诗人正视现实,关心民瘼的激进民本主义思想的具体表现。

(二)省刑慎罚,与民休息

在封建社会,司法刑狱等强力手段,是剥削阶级用以镇压被剥削阶级(主要是农民)的反抗,以维护其统治秩序的阶级压迫的工具。出于对贫困疲惫的下层人民的深切同情,白居易主张"德治"与"法治"并重,执法宽平,防止冤滥;反对以"凉德弊政,严令繁刑"(《策林·风行浇朴》)摧残百姓。比较集中地反映在其早期著作《百道判》与《策林》中的开明的法律思想,是其民本主义思想的一个重要的方面。

"德主刑辅""礼法合一",这本来是以儒家思想为核心的我国法律思想的传统观念。成书于初唐时期的《唐律疏义》,开宗明义就强调说:"德礼为政教之本,刑罚为政教之用,犹昏晓阳秋相须而成者也。"(卷一《名例》)这种隆礼崇教、尚德慎罚的立法思想,鲜明地体现了初唐统治阶级慑于隋末农民大起义的威力,鉴于"炀帝忌刻,法令尤峻,人不堪命,遂至于亡"(《旧唐书·刑法志》)的前车之覆,为了"安人宁

---

① 参阅《陆宣公集》卷二二《均节赋税恤百姓》。

国"，不得不"以宽仁治天下，而于刑法尤慎"(《新唐书·刑法志》)的政治企图。及至安史之乱后，阶级矛盾尖锐，社会危机加剧，"淳朴既消，浇伪斯起"(《旧唐书·刑法志》)；加之苛政繁刑，司法腐败，冤狱遍地，民不堪命。为适应加强"法治"的现实需要，在尊崇贞观时期"法贵简当""恤刑慎杀"的立法思想的基础上，白居易打破"德主刑辅"的传统，主张"刑礼并用"。在《策林·刑礼道》中，他提出了"刑道礼迭相为用"的命题，强调指出："刑行而后礼立，礼立而后道生……故曰：刑者礼之门，礼者道之根，知其门，守其根，则王化成矣。"在这里，他把"刑"看作是实现"礼"的重要条件和前提。接着，对刑道礼三者的关系作了充分的论析：

> 夫刑者可以禁人之恶，不能防人之情。礼者可以防人之情，不能率人之性。道者可以率人之性，又不能禁人之恶。循环表里，迭相为用。故王者观理乱之深浅，顺刑礼之后先。当其惩恶抑淫，致人于劝惧，莫先于刑；刬邪窒欲，致人于耻格，莫尚于礼；反和复朴，致人于敦厚，莫大于道。是以衰乱之代，则弛礼而张刑；平定之时，则省刑而弘礼；清净之日，则杀礼而任道……将欲较其短长，原其始终，顺其变而先后殊，备其用而优劣等。离而言之则异致，合而理之则同功。其要者，在乎举有次，措有伦，适其用，达其宜而已……

在这里，白氏从政治哲学的高度，以达乎时变的眼光来看待"刑"与"礼"的关系，从而打破了"德主刑辅"的传统观念，把"刑"从辅助地位提高到与"礼"同等重要的地位。

这一观念的转变，并不是要主张严刑峻法，对百姓横加镇压，其实质是针对当时吏治腐败，法制废弛的状况，强调加强法治，以适应现实政治的需要。这在当时，至少在以下两个方面是有积极意义的：一是抑制豪强的法外特权；二是加强法制建设，改善司法腐败的现状。这两者都将使下层人民深受其惠。

体现统治阶级意志的封建法典，对权贵们本已明文规定享有许多特权。但出于其贪婪的阶级本性，他们仍不满足，往往有所违越。白氏在其早期著作《百道判》[①]中，对此是持批判态度的。例如：

> 判52，得丁上言：豪富人畜奴婢过制，请据品秩为限约。或责其越职论事，不伏。

按：私家畜养奴婢，乃是奴隶制的残余，其弊甚多。因为奴隶劳动毕竟是一种极端落后的生产关系，不利于生产的发展，同时，由于他们不堪忍受主子过分的奴役，往往会酿成反抗主子的暴动，不利于社会的稳定；再者，豪宗强藩所畜大量奴婢，还可能转化为他们进行武装割据的兵源。[②]有鉴于此，唐代统治阶级明令禁止压良为贱，或掠卖人口以谋取暴利[③]，并严格限制豪富人家畜养奴婢的数量，"虽王公之家，不得过二十人"（《唐会要》卷八六《奴婢》）。白氏在这条判例中所揭示的正是不依品秩为限约，畜奴婢过制的情况。判词云：

> 品秩异伦，臧获有数。苟逾等列，是紊典常。丁志在作程，恶夫过制。爰陈诚于白奏，俾知禁于素封。将使豪富之徒，资虽积于钜万；僮仆之限，数无逾于指千。抑淫义叶于隋时，革弊道符于汉日。责其论事，无乃失辞？若守职以越思，则为出位；将尽忠于陈计，难伏嘉言。楚既失之，郑有辞矣。

---

①《百道判》是白氏入仕前为应付科举试判的需要，所撰的练习性的著作，判例是虚拟的。参阅拙著《百道判及其学术价值》，载《西北师大学报》社科版1984年第3期。

②《唐会要》卷八六《奴婢》："永昌元年九月，越王贞破，诸家僮胜甲衣者千余人。于是制王公以下奴婢有数。"

③《唐律疏议》卷二十《略人略卖人》条疏："略人、略卖人为奴婢者，并绞……若和同相卖为奴婢者，皆流二千里。"

白氏认为，丁的"上言"旨在"抑淫""革弊"，而责其"越职论事"，则"无乃失辞"。其主张抑制权豪势要的法外特权的思想倾向，是极其鲜明的。再如：

> 判 29，得乡老不输本户租税，所司诘之。辞云：年八十余，岁有颁赐，请预折输纳。所由以无例不许。

这也是一个主张限制豪右之家的法外特权的判例。很显然，此乡老既然曾"名系版图"，且"岁有颁赐"，无疑是一位告老还乡的官僚地主。他拒不交纳正税，而企图以尚未兑现的颁赐"预折输纳"，有乖律例，故有司不许。判词云："天赐未颁，且有躁求之请；地征合纳，非无苟免之心。曾是徇私，固难违例……不从妄请，诚谓职司。"对乡老的恃势妄请，进行了指责，对有司的秉公执法，给予了肯定。

针对当时法制废弛，司法腐败的现状，白氏提出的加强法制的要求，主要着眼于整顿执法队伍与加强法律思想理论的建设。

在封建专制时代，法制的败坏主要缘于吏治的败坏。白氏在其《策林·论刑法之弊》中指出：倘使执法者用非其人，"直是使国家生杀之柄假在小人之手"，必将导致"黩货贿""怙亲爱""陷仇怨""畏权豪""欺残弱"等等弊端随之而生，甚至造成"重轻加减，随其喜怒；出入比附，由乎爱憎"的严重后果。之所以如此，他认为是由于"朝廷轻法学，贱法吏"的政策性失误所造成的。为此，他强调必有"贞观之吏"，而后能行"贞观之法"。明确主张在澄清吏治的同时，加强执法队伍的建设，具体办法是：

> 高其科，重其吏……悬法学为上科，则应之者必俊乂也；升法直为清列，则授之者必贤良也。然后考其能，奖其善。明察守文者，擢为御史；钦恤用情者，迁为法官。如此则仁恕之诚，廉平之气，不散于简牍之间矣；掊刻之心，舞文之弊，不生于刀笔之下矣。与夫愚诈小吏窃而弄之者，功相万也。

在重法治、"升法科"的思想主导下，白氏颇注重于法律思想的探讨。在《百道判》，特别是在《策林》中，他针对当时法制败坏的现状，提出了许多既具有理论意义而又切中时弊的见解。

"议肉刑可废，不可用。"《策林·议肉刑》指出："夫肉刑者，盖刵、劓、腓、黥、刖之类耳。《书》所谓五虐之刑也……汉文帝始除去之，而刑罚以清；我太宗亦因而弃之，而人用不犯……今一朝卒然用之，或绝筋，或折骨，或伤面，则见者必痛其心，闻者必骇其耳。又非圣人适时变、顺人情之意也。"这种看法，是符合人类理性和人道的开明的见解。况且，受刑狱之苦的多是为生计所迫而触犯刑律的下层百姓。因此，废肉刑的主张，也是白氏的"仁政"理想和民本主义思想的反映。

"理大罪，赦小过。"在《策林·使人畏爱悦服》中，白氏提出了"理大罪，赦小过"的观点，主张执法宽平，力求"宽猛适宜，疏密合制"，以便使平民百姓及下级胥吏等所谓"权轻而过小者"得到宽容，"寄重而罪大"的权豪贵幸不能逃脱惩罚。基于这样的认识，在《策林·议赦》中，他又提出了"赦者可疏而不可数也，可重而不可废也"的观点。既反对"废赦"，以免使"布新之义缺而好生之德废"；也反对"数赦"，以免使"惠奸之路启而召乱之门开"。《百道判》判5亦称："政包宽猛，法有弛张。习以生常，则起为奸之弊；废而不用，何成作解之恩？"所以，他来了一个折中："数则不可，无之亦难。"诚然，在封建专制制度下，统治阶级对"罪犯"实行赦宥的"怀柔"政策，其出发点不过是为了缓和阶级矛盾以稳定其统治秩序。但它毕竟可以在一定程度上减轻被压迫者的刑戮之苦。所以，白氏关于"理大赦小"及"赦可重而不可废"的思想，在客观上是有利于劳动人民的。

"止刑措狱，在富而教之。"这是白氏在《策林·止狱措刑》中提出的命题，并从而对人们犯罪的原因进行了深入探讨，归纳出了"贫困思邪而多罪"的犯罪论。这是白居易具有鲜明的民本主义倾向的法律思想的核心论点和精华所在。

在我国法律思想史上，对于犯罪原因的探讨，大都从人性的善恶去思考问题，而白居易却看到了人民生活贫困同犯罪之间的关系，无疑是一大进步。在《策林·止狱措刑》中，他首先引述管子"仓廪实，知礼节。衣食足，知荣辱"的见解，提出了"食足财丰，而后礼教所由兴也。礼行教立，而后刑罚所由措也"的论点，再以历史事实为鉴戒，充分地论证了百姓生活境遇的好坏同犯罪率高低之间的关系问题。他认为，汉代文、景及唐代贞观之时，每岁断狱极少，"虽则明圣慎刑，贤良恤狱之所致也，然亦由天下之人生厚德正而寡过也"。而桀纣及暴秦之时，却"比屋可诛""赭衣塞路"，"虽则暴君淫刑，奸吏弄法之所致也，然亦由天下之人贫困思邪而多罪也"。他由此得出结论说：

> 由是观之，刑之繁省，系于罪之众寡也；教之废兴，系于人之贫富也。圣王不患刑之繁，而患罪之众；不患教之废，而患人之贫。故人苟富，则教斯兴矣；罪苟寡，则刑斯省矣。是以财产不均，贫富相并，虽尧、舜为主，不能息忿争而省刑狱也；衣食不充，冻馁并至，虽咎陶为士，不能止奸宄而去盗贼也。若失之于本，求之于末，虽圣贤并生，臣窃以为难矣……必欲端影于表，澄流于源，则在乎富其人，崇其教，开其廉耻之路，塞其冤滥之门。使人内乐其生，外畏其罪，则必过犯自省，刑罚自措。

上述对所谓封建"盛世"的过分美化，以及视被迫揭竿而起反抗压迫的百姓为"盗贼"等错误的看法，自然是其剥削阶级立场的表现，是不足为训的。但他把"富民厚生"看作"止狱措刑"的根本问题的思想，是同情劳动人民的，应予充分肯定。

在《策林·去盗贼》中，白氏结合元和时期人多贫困，社会危机四伏的现状，进一步探讨了如何"去盗贼"——减少犯罪的问题。他认为：

> 俗之贪廉，盗之有无，系于人之劳逸、吏之贤否也。方今禁科虽严，桴鼓未静。敲攘者时闻于道路，穿窬者或纵于乡间。无乃陛下之人有多穷困冻馁者乎！无乃陛下之吏有非循良明白者乎！伏惟陛下大推爱人之诚，广喻称善之旨。厚其业业，使俗知耻格；举以贤德，使国无幸人。自然廉让风行，奸滥日息。则重门罕闻于击柝，外户庶见于不扃者矣。

这同前述"生厚德正而寡过""贫困思邪而多罪"的思想，是息息相通的。

白居易上述的思想，不仅在当时具有现实意义，在我国法律思想史上，也应占有一席地位。

作为一位贴近社会生活的伟大现实主义诗人，一位关心民瘼的士大夫，白居易不仅迫切要求改革司法腐败的状况，对于当时人多贫困，"冤狱遍于寰中"的现实，尤为关切。元和四年所上《奏阌乡县禁囚状》及讽谕诗《歌舞》的创作，就是揭露司法黑暗，"代匹夫匹妇立言"，为民请命的一个突出的例子。

状中揭露的因"欠负官钱"而被"禁囚"者，"债无纳期，禁无休日。至使夫见在而妻嫁，父已死而子囚"的遭遇，的确是惨绝人寰，"自古罪人，未闻此苦"。他恳请皇帝发善心，"发使一时放免"（参阅拙著《白居易评传》第三章第二节之(三)《悯恤生民疾苦》）。与此状相应，《歌舞》一诗，则以辛辣的笔触，揭露了"贵有风云兴，富无饥寒忧。所营唯宅第，所务在追游"的廷尉、秋官们，他们作为司法机构的首脑，不司职守，过着歌舞酣宴的腐化生活。诗末更着以点睛之笔："岂知阌乡县，中有冻死囚！"两相比照，既抨击了权贵们的腐朽，也揭露了司法腐败是当时冤狱遍地的重要原因之一。

此外，在《百道判》的许多判例中，也表现了主张"征其实，酌其情"，执法宽平，防止冤滥，以体恤下民的倾向。例如判18："得丁为郡，岁凶，奏请赈给百姓。制未下，散之。本使科其专命。丁云：恐人困。"判词肯定了因"恐人困"而"专命"的作法："是输济众之诚，允叶分忧之政"；"苟利国家，专之可也。"判23："得甲年七十余，有一子。子请不从政。所由云：人户减耗，徭役繁多，不可执礼而废事。"按："从政"，指应徭役。某甲既须服徭役，显系寒素之家。判词云："家贫亲老，养难阙于晨昏。在子道而可矜，虽王徭之宜免。"矜老恤贫之心，溢于言表。再如判11：因"冬月运路水浅"，送庸调"不及春至"；判34：因江上阻风，"进柑子过期坏损"等，白氏在判词中，都主张"酌其情"，予以宽宥。这些判例，虽带有虚拟的性质，但毕竟源于现实生活，是白氏悯怀疮痍的民本主义思想的曲折反映。

（三）销兵非战，矜恤民劳

"自马上得天下"的唐太宗，深谙战争造成的破坏和加于百姓的苦难。即位之初，即告诫侍臣说："兵者，凶器，不得已而用之……自古以来穷兵极武，未有不亡者也。"（《贞观政要·征伐》）后来，又在垂训太子的《帝范》中说："夫兵甲者，国家凶器也。土地虽广，好战则人凋；中国虽安，忘战则人殆。凋非保全之术，殆非拟寇之方，不可以全除，不可以常用。"不正确对待战争和军事问题，之所以会导致"人凋""人殆"，是因为当时军队的给养消耗仰给于赋敛，而兵源则主要征召自农民。遇有征伐，耗费增多，必然加重人民的负担；而遭受行役之苦和流血牺牲的则是来自社会下层的士兵们。房玄龄《谏伐高丽表》，曾经十分沉痛地说："况今士兵之徒，无一罪戾，无故驱之于战阵之间，委之于锋刃之下，使肝脑涂地，魂魄无归，令其老父孤儿，寡妻慈母，望槥车而掩泣，抱枯骨而摧心，足以变动阴阳，感伤和气，实天下之冤痛也。"以上这种销兵非战的民本主义思想倾向，无疑使向往"贞观之治"的白居易受到深刻的影响。

出生于"是时兵革后,生民正憔悴"(《伤唐衢二首》之二)的代宗大历初年,登朝于藩镇割据,战祸频仍的贞元、元和之际的白居易,他的童年及青少年时代,大抵是在"田园寥落干戈后,骨肉流离道路中"的颠沛流离中度过的。对战乱加于人民的深重苦难的亲身体验,自然使白居易对"贞观君臣"们的非战思想容易引起共鸣。《策林·议兵》的基本观点即主要取则于《贞观政要·征伐》。他说:

> 天下虽兴,好战必亡;天下虽安,忘战必危。不好不忘,天下之王也。祭公曰:"先王耀德不观兵。"《老子》曰:"兵者不祥之器,不得已而用之。"斯则不好之明训也……然则君天下者不可去兵也,不可黩武也。在乎用之有本末,行之有逆顺。逆顺之要,大略有三,而兵之名随焉。夫兴利除害,应天顺人,不为名尸,义然后动,谓之义兵。相时观衅,取乱侮亡,不为祸先,敌至而应,谓之应兵。恃力宣骄,作威逞欲,轻人性命,贪人土田,谓之贪兵。兵贪者亡,兵应者强,兵义者王。王之兵无敌于天下也……。然历代君臣,惑于本末。闻王者之无敌则思耀武,是获一兔而欲守株也;见亡者之自败则思弭兵,是因一咽而欲去食也。曾不知无敌者根于义,自败者本于贪。而欲归咎于兵,责功于武,不其惑欤!

上述关于"义兵""应兵""贪兵"之说,是白氏试图界定战争的正义与非正义性质,所作的不无价值的发挥。显然,他是坚决反对穷兵黩武,"轻人性命,贪人土田"的非正义的"贪兵"的。

关于"安边"之策,白氏主张"以政成德盛为图,以人安师壮为计",把"富国安人"放在首位。他强调说:"若政成国富德盛人安,则虽六月有北伐之师,不足忧也;若政缺国贫,德衰人困,则虽一时无南牧之马,不足庆也。何则?国富则师壮,师壮则令严;人安则心固,心固则思理。如此久久,则天子之守不独在于诸侯,将在于四夷矣。"(《策林·

御戎狄》）

在关于"守险"的争议中,他主张"德与险兼用"。他指出:"以道德为藩,以仁义为屏,以忠信为甲胄,以礼法为干橹者,教之险,政之守也。以城池为固,以金革为备,以江河为襟带,以丘陵为咽喉者,地之险,人之守也。王者之兴也,必兼而用之。"又举例说:"桀、纣、三苗之徒,负大河,凭太行,保洞庭而不修德政,坐取覆亡者,是专恃其险也。"(《策林·议守险》)在"德"与"险"之间,他着眼于人心背向,实质上是强调"地利不如人和",主张"在德不在险"的。

鉴于"军兵之众,资粮之费,未有如今日者",以致造成"财用竭而人力疲"的严重问题,若简单地予以"散弃",又可能造成"军情怒而戎心启"的恶果。因此,他主张用"断召募,去虚名"的办法,以达到"销兵省费"的目的。他指出:"窃见当今募新兵,占旧额,张虚簿,破见粮者,天下尽是矣。斯则致众之由,积费之本也。今若去虚名,就实数,则一日之内十已减其二三矣。若使逃不补,死不填,则十年之间又十减其三四矣。故不散弃之,则军情无怨也;不增加之,则兵数自销也;去虚就实,则名不诈而用不费也。"(《策林·销兵数》)

上述这些反映在《策林》中的反对穷兵黩武,主张销兵省费以恤民劳的见解和措施,大都具有现实针对性,可资"裨补时阙",不宜视为书生的纸上空谈。

元和初期,朝廷面临的严重军事形势,一是强藩剧镇的叛逆;二是西北边境吐蕃的侵扰。这两者的内外交攻,是造成社会动乱,国弱民困,唐王朝日益衰飒的重要原因。对于这一关系到国家的安危与百姓的劳逸的重大问题,白居易是深切地关注的。早期诗文中,有不少揭露战乱加于人民的苦难,以及批评朝廷轻率用兵,或边将拥兵自重,"困天下以养寇"(《新唐书·兵志》)的篇章。

唐宪宗即位后,面对"自国门以外,皆分裂于方镇"(《新唐书·兵志》)的现状,对割据称雄的强藩剧镇,毅然采取武力削平的方针。总的看,白居易对此是坚决支持的。《贺雨》诗有句云:"元年诛刘阙,一举靖巴邛。二年诛李锜,不战安江东。"就是对平定西川、浙西叛镇的热烈称颂。

但是,白居易却反对虚耗国赋民力的轻率用兵。元和四年,宪宗"欲革河北诸镇世袭之弊,乘(成德节度使)王士真死,欲自朝廷除人;不从则兴师讨之"(《资治通鉴》卷二三七)。宰相裴垍,翰林学士李绛、白居易等,均以为不可。正如李绛所指出的:成德所处的态势,与易于讨平的西川、浙西等大不相同:"内则胶固岁深,外则蔓连势广,其将士百姓怀其累代煦妪之恩,不知君臣顺逆之理,谕之不从,威之不服,将为朝廷羞。又,邻道平居或相猜恨,及闻代易,必合为一心,盖各为子孙之谋,亦虑他日及此故也。万一余道或相表里,兵连祸结,财尽力竭,西戎、北狄乘间窥窬,其为忧患可胜道哉!"(《资治通鉴》卷二三八宪宗元和四年七月)不出所料,王士真之子王承宗果然抗拒朝命,自立为留后。深得宪宗宠信的大宦官时任左军中尉的吐突承璀,"欲希上意,夺裴垍权,自请将兵讨之"(同上元和四年四月)。宪宗竟然任命承璀为诸军行营招讨处置等使,率兵征讨王承宗。他之所以"不用耆臣宿将而专付中臣",不过是为了显示"此乃天子自为之谋,欲将夸服于臣下也"(同上)。对这次讨伐的对象、时机及命将均不得当的军事行动,白居易迭上三状加以阻谏(可参阅拙著《白居易评传》第三章第二节之(二)《反对宦官擅权》对吐突承璀的批判,此不具述)。事态的发展不出白氏所料,自元和四年冬,至五年夏,兵陈河北,师久无功,虚耗国库民财,徒劳士卒,最后不得不对王承宗作出让步而草草罢兵。

作于元和四年的《题海图屏风》诗,则通过对力大难制的"海底鳌"的制驭无方,从而造成严重后果的象征性描写,讽刺了朝廷对河北的轻率用兵。诗云:"一鳌既顿首,诸鳌齐掉头。白涛与黑浪,呼吸绕咽喉……万里无活鳞,百川多倒流。遂使江汉水,朝宗意亦休。"就是对其所造成的不可收拾的局面的形象性描绘。何焯校一隅草堂刊本《白香山诗集》于此诗末评云:"元和四年帝用宦者吐突承璀为帅讨王承宗,几乱天下,此诗盖借以讽切之也……不斥言诸镇将环顾,而起庾词比物,又以尊国体,可谓《风》《雅》未坠者矣。"

雄踞于西北的吐蕃,趁安史乱起,乘虚侵占河西、陇右,兵锋直逼京畿。白诗有句云:"平时安西万里疆,今日边防在凤翔。"(《西凉伎》)道出了当时严峻的边防形势。白氏在《新乐府》诗中,有多篇是讽谕朝廷将相在"备边"及处理与周边民族关系措置失宜的。

按:盐州(今陕西定边),乃拱卫京师的战略要地。"贞元三年(787),城为吐蕃所毁,自是塞外无屏障"(《旧唐书·德宗纪下》);"灵武单露,鄜坊侵迫,寇日以骄,数入为边患。贞元八年,(德宗)帝诏城之,九年讫功,而虏兵不出"(《唐宋诗醇》卷二〇《城盐州》诗笺)。《城盐州》诗云:"自筑盐州十余载,左衽毡裘不犯塞……诸边急警劳戍人,唯此一边无烟尘。"即盛赞筑城乃"备边"之良策。诗末又插入初唐张仁愿筑受降城事,从而讥诮"如今边将"并非无御边之策,根本问题在于他们拥兵玩寇:"相看养寇为身谋,各握强兵固恩泽"罢了。

《缚戎人》题下小序云:"达穷民之情也。"诗人以沉痛的笔墨,叙写了一位凉州边民,大历年中被俘,"一落蕃中四十载,遣着皮裘系毛带"。虽已配妻生子,但仍心系中土。当他历尽艰险,"脱身冒死奔逃归",却又被冒功的边将"缚作蕃生","耳穿面破驱入秦",再被"配向东南卑湿地"。使这位无辜边民,陷于蕃汉两地俱无容身之所的凄惨境地:"凉原乡井不得见,胡地妻儿虚弃捐。没蕃被囚思汉土,归汉被劫为蕃虏。早知如此悔归来,两地宁如一处苦!缚戎人,戎人之中我苦辛。自古此冤应未有,汉心汉语吐蕃身。"缚戎人的遭遇,当时在沦陷区边民中具有一定的典型意义。这是诗人借缚戎人之口,对拥兵自重的边将们既未能保境安民于前，而又认汉作蕃以冒功于后的罪恶行径的愤怒控诉。

《西凉伎》一诗，则通过对作为封疆大吏的边将们，不思收复失地，而犹麻木不仁地以自胡地传入中土的狮子舞——西凉伎宴赏三军的描写，从而深刻地揭示了河、湟之所以沦陷及其久久不得收复的原因所在。诗云：

> 自从天宝兵戈起，犬戎日夜吞西鄙。凉州陷来四十年，河陇侵将七千里。平时安西万里疆，今日边防在凤翔。缘边空屯十万卒，饱食温衣闲过日。遗民肠断在凉州，将卒相看无意收。天子每思常痛惜，将军欲说合惭羞。奈何仍看《西凉伎》，取笑资欢无所愧？纵无智力未能收，忍取《西凉》弄为戏！

《元稹集》卷二四亦有《西凉伎》诗。陈寅恪《元白诗笺证稿》云："自安、史乱后，吐蕃盗据河、湟以来，迄于宪宗元和之世，长安君臣虽有收复失地之计图，而边镇将领终无经略旧疆之志意。此诗人之所以同深愤慨，而元、白二公此篇所共具之历史背景也。"

另外三首与"边政"有关的《新乐府》，也反映出白氏"以政成德盛为图，以人安师壮为计"（《策林·御戎狄》），反对轻率用兵的一贯思想。《新丰折臂翁》通过一位元和初犹存的88岁老翁，回忆天宝年间为逃避征南诏之役而自戕肢体的悲惨经历，揭露了朝廷将相黩武邀功，轻启边衅，给人民带来的深重灾难。老翁虽落得终生残疾，犹自庆幸"一肢虽废一身全"，不然，他早已"身死魂飞"泸水河边，"应作云南望乡鬼"了。诗末，从老翁的经历，引出可资鉴戒的教训："君不闻，开元宰相宋开府，不赏边功防黩武！又不闻，天宝宰相杨国忠，欲求恩幸立边功。边功未立生人怨，请问新丰折臂翁。"陈寅恪认为："此篇为乐天极工之作"，其主旨在于"抒写开元、天宝之治乱系于宰相之贤不肖及深戒用兵之意"（《元白诗笺证稿》第五章）。白氏还借德宗时南诏来朝,"刺将骄而相备位"的《蛮子朝》一诗,再次提到天宝中征云南的败绩:"鲜于仲通六万卒,征蛮一阵全军没。至今西洱河边岸,箭孔刀痕满枯骨。"又云:"谁知今日慕华风,不劳一人蛮自通。诚由陛下休明德,亦赖微臣诱谕功。"可见,他是主张以德化亲善的"怀柔"政策对待周边民族的。"深戒用兵之意",与前诗正同。

《阴山道》一诗,则揭露了中唐同回纥交往中的"马价"问题及其加于百姓的困扰。位于中国北部边境的回纥,自恃助朝廷平定安史之乱有功,自肃宗乾元以迄于宪宗元和初,"屡遣使以马和市缯帛,仍岁来市,以马一匹易绢四十匹,动至数万马……蕃得帛无厌,我得马无用,朝廷甚苦之";且"马价出于租赋",必将"重困于民"(《旧唐书·回纥传》)。正如诗中所写,回纥送来的尽是病弱之马:"养无所用去非宜,每岁死伤十六七。"而朝廷则迫于"缣丝不足织工苦,疏织短截充匹数。"双方的欺诈行为,诚如陈寅恪所说:"观于唐、回纥马价问题,彼此均以贪诈行之,既无益,复可笑。乐天此篇诚足为后世言国交者之鉴戒也。"(《元白诗笺证稿》第五章)问题的实质还在于"马价出于租赋",这种"既无益,复可笑"的行径的真正受害者,只能是贫苦百姓。所以,新乐府诗人李绅、元稹和白居易,相继以《阴山道》为题①,予以讥刺。又,白氏此诗小序云:"疾贪虏也。"其深层用意,似在警示人们:只有以"政成国富""人安师壮"(《策林·御戎狄》)为计,增强自身在外交中的优势和实力,才能从根本上遏制和杜绝回纥的"贪诈"。

(原载拙著《白居易评传》,南京大学出版社2002年5月第1版,即该书第六章,标题有改动)

---

①元稹《阴山道》诗题下小序云:"《李传》云:元和二年,有诏悉以金银酬回纥马价。"又,元氏《和李校书新题乐府十二首》序有"予友李公垂贶予乐府新题二十首"云云。《阴山道》应是其中的一首,李诗今已不传。

白居易后期思想探赜

——知足保和的中庸主义

从贬江州司马直到晚年，是白居易一生的后期。白诗有句云："直道速我尤，诡遇非吾志。"(《适意二首》之二)反思官场的险恶，痛感"直道"行不通，而"诡遇"又非所愿，于是便选择了"似出复似处"的由"吏隐"而"中隐"的道路，以守其"独善"之道。就其处世态度而言，则表现为知足保和的中庸主义。

一、儒道互补：作为处世哲学的中庸主义的思想渊源

历史唯物主义认为："统治阶级的思想在每一时代都是占统治地位的思想。"[①]李唐王朝的统治者，对儒、释、道三教虽然实行比较开明的兼容并包的政策，但儒家的礼、乐、刑、政和纲常伦理，毕竟是其立国的根本，因而儒家思想始终处于"定于一尊"的统治地位；而释、道二教不过是最高统治者用以维护其政治统治的御用工具而已。基于这样的时代背景，"世敦儒业"的中小地主门第，"读儒书与履儒行"的科第出身，以及终身未曾脱离官场的仕途经历，决定了白居易基本上是以儒家思想为其思想的主干的。只不过以元和十年(815)贬江州司马为分界线，他的前期思想更多地反映了"兼济天下"、积极用世的儒家思想的积极面；而在其后期，他虽然说过"栖心释梵，浪迹老庄"

①马克思、恩格斯：《德意志意识形态》，《马克思恩格斯选集》第 3 卷第 52 页。

(《病中诗十五首》序)的门面话，但实际上他既不佞佛，也不信道，而是以"执两用中"的儒家中庸之道，或者说以儒道互补的"知足保和""乐天知命"的中庸主义，作为支配其思想和行为的杠杆的。

我们知道，以"执两用中""无过无不及"为理论核心的中庸学说，作为先秦儒家的矛盾观和方法论，是儒家学派的理论基础。[①]它作为一种传统思想，曾经对后世产生过深远的影响。以"我本儒家子"(《郡中春宴因赠诸客》)自命的白居易，无疑是深受这种传统思想的影响的。不过，白居易接受中庸学说的影响，主要不在于如何认识与处理客观事物的矛盾及其发展的理论性的一面，而在于接受了如何领略"执两用中"的奥秘来回避矛盾，圆滑应世的一面。白居易后期以"险路应须避，迷途莫共争"(《江州赴忠州至江陵已来舟中示舍弟五十韵》)的消极态度混迹官场，与世无争，正是以儒家的中庸学说为其生活准则的。

当然，白居易晚年服膺于儒家的中庸之道，绝不是偶然的。一方面由于屡遭政治上的蹉跌，迫于世路的艰险，生活态度由积极而转向消极；另一方面，也是由于他的出身与教养，与他深受儒家思想传统的熏陶有关。翻翻白居易的早期著作，便不难发现，他宣扬儒家中庸之道的思想资料屡见不鲜。例如，唐德宗贞元十五年(799)，"有诏始以二月上巳日为中和节"——这本来是统治阶级利用儒家中庸学说关于"致中和，天地位焉，万物育焉"的唯心论神秘思想，来点缀升平的自欺欺人的把戏。是年，白居易由宣歙观察使所贡，往长安应进士试，为了"美盛德、颂成功"，献《中和节颂》一章，极力宣扬"和维大和，中维大中，以畅中气，以播和风，萌芽昆虫，昭苏有融，如斡玄化，如运神功"的"天人合一"的思想。这篇早期著作，充分显示出白居易崇儒

---

① 参阅庞朴《中庸平议》，载《中国社会科学》1980 年第 1 期。

宗经的儒家思想面貌。不过,他的出发点还是好的,是为了表达他的"安萌芽,养幼少,缓刑狱,布庆赐"的"仁政"思想——而这也正是儒家正宗的思想本色。

早期的白居易,还力图从方法论的意义上运用儒家中庸学说关于"执两用中"的思想,去认识和处理现实中的矛盾。例如,他在探索动与静、巧与拙之类的对立面如何结合和平衡的方面,提出了具有朴素的辩证因素的思想。在取义于《老子》的《大巧若拙赋》中,他主张顺应自然,随物成器,务使"巧在乎不违天真","巧在乎无枉物情",以做到巧拙相济,防止"偏伤"。在《动静交相养赋》中,他认为,"动兮静所伏,静兮动所倚",因而必须动与静相济相养,方能"两全而交利",反之,必将"两伤而交病",并由此引申出立身行事的准则来,他说:

> ……人之生于世,出处相济,必有时而行,非匏瓜不可以常系;人之善其身,枉直相循,必有时而屈,故尺蠖不可以常伸。嗟夫!今之人知动之可以成功,不知非其时动必为凶;知静之可以立德,不知非其理静亦为贼。大矣哉!动静之际,圣人其难之。先之则过时,后之则不及时,交养之间,不容毫厘。故老氏观妙,颜氏知机。噫!非二君子,吾谁与归?

这里,从在动静之间"执两用中"出发,归结到折中于"观妙"与"知机"。清人李调元评此赋说:"超超玄箸,中多见道之言。"(《赋话》卷六)这里表现的,的确是一种不折不扣的儒道杂糅的中庸思想。

当白居易的社会政治思想更趋成熟的时候,他对儒家中庸学说作了更完整的表述与更全面的发挥。这充分反映在他的早期著作《策林·兴五福销六极》一文中,他说:

> 臣闻:圣人兴五福、销六极者,在乎立大中、致大和也。至哉中和之为德,不动而感,不劳而化。以之守则仁,以之用则神。卷之可以理一身,舒之可以济万物。然则,和者生于中

也,中者生于不偏也,不邪也,不过也,不及也。若人君内非中勿思,外非中勿动,动静进退,皆得其中。故君得其中,则人得其所;人得其所,则和乐生焉。是以君人之心和,则天地之气和;天地之气和,则万物之生和。于是乎三和之气,欣合絪缊,积为寿,蓄为富,舒为康宁,敷为攸好德,益为考终命……夫然者,中和之气所致也。若人君内非中是思,外非中是动,动静进退,不得其中。故君不得其中,则人不得其所;人不得其所,则怨叹兴焉。是以君人之心不和,则天地之气不和;天地之气不和,则万物之生不和。于是乎三不合之气交错堙郁,伐为凶短折,攻为疾,聚为忧,损为贫,结为恶,耗为弱……夫然者,不中不和之气所致也。则天人交感之际,五福六极之来,岂不昭昭然哉!

剥开"致中和"的理论体系的天人感应的神秘外衣,可以清楚地看出,白居易实际上是在运用"执两用中"的中庸思想,以自然现象来比附风俗人情,为维护地主阶级的封建统治秩序作哲学论证。这个理论体系的核心,不过是从道德的角度要求最高统治者实行"无过无不及"的中道。他认为,只要"君人之心和",就可以导致"天地之气和","万物之生和",这样,就可以"兴五福、销六极","跻一代于富寿,纳万人于康宁"。很明显,"致中和"的思想,既是他的伦理观的理论基础,又是他企图用以消弭一切社会矛盾的政治哲学。当然,他的这种企图通过诉诸最高统治者的道德情操而实现其"仁政"理想的政治伦理观点,只不过是一种缺少中间环节,因而根本无法实现的善良愿望而已,其唯心主义实质是不言而喻的。再者,这个"卷之可以理一身,舒之可以济万物"的中庸之道,也是白居易乐天知命、知足知止的人生观的哲学支柱。白居易在其后期,总是着眼于自身的安危祸福来考虑他在仕途上的出处进退,这正是所谓"动静进退皆得其中"的理论在实践中的具体运用。

这里需要强调指出的是,正是鉴于白氏后期的放浪形骸、佯狂诗酒,对待现实人生,的确表现出一种"外形骸而忘忧患"的出世的超然态度,以及"知白守黑""知雄守雌""知足知止""乐天知命""明哲保身"的消极退缩思想,于是,有的前辈学者便依据"丹药之行为与知足之思想"二端,十分肯定地认为:

> 乐天之思想,一言以蔽之曰"知足"。"知足"之旨,由老子"知足不辱"而来。……由是言之,乐天之思想乃纯粹苦县之学,所谓禅学者,不过装饰门面之语。(陈寅恪《元白诗笺证稿·附论(乙)白乐天之思想行为与佛道关系》)

关于乐天的"丹药之行为"以及他与禅学的关系,均详后说;这里仅就其"知足知止"的思想与儒、道二家之渊源关系,稍作辨正。

我们知道,非汉族出身的李唐王朝的统治者,为了拔高李姓作为皇族的门第以维护其统治,乃伪托先秦道家李耳为其远祖,并尊奉李耳为太上玄元皇帝。于是在有唐一代,在儒、释、道三教中,道教始终处于被朝廷保护的优势地位,而李耳撰著的《老子》(即《道德经》五千言),也成为士大夫必须诵习的显学。据两《唐书》著录,在当时为《老子》作"注"作"传",以及附会滋衍的"老学"著作不下五十种;甚至连唐玄宗也曾亲自为《老子》作过注(参阅《旧唐书·经籍志下》《新唐书·艺文志三》)。在这种"老学"风靡一时的风气影响下,以科第出身,秉性旷达的白居易,接受"知足知止"的道家思想的影响,是不言而喻的。而且这种影响在其早期诗文中已露其端倪。比如,在其早期著作《策林·黄老术》中,就推崇过"尚宽简,务俭素","无为自化","无欲自朴"的黄老之道;在《策林·刑礼道》中,又强调"反和复朴,致人于敦厚,莫大于道",认为治理国家必须"刑、礼、道迭相为用",因时制宜,不可偏废。在其早期的吟咏中,也曾流露过"真隐岂长远,至道在冥搜。身虽世间住，心与虚无游……寡欲虽少病，乐天心不忧。何以明吾志，《周易》在床头"（《永崇里观居》）这样的儒道杂糅的消极退撄思想。及至晚年，当他阅尽世路艰险，深谙宦途滋味，结合着对自身生活阅历的反思，而把老子关于"知足不辱，知止不殆，可以长久"（《老子》第四十四章）的教诲，镕铸到自己的人生观和处世哲学中去，这应该是顺理成章，不难理解的。

但是，问题在于："知足知止"作为一种传统的思想理念，就其渊源来说，难道仅仅存在于道家的思想中吗？

诚然，"知足知止"是老庄哲学的一个基本观念。但不能据此论定白居易的思想"乃纯粹苦县之学"。其实，这种"知足知止"的观念，也可以在儒家经典中找到它的思想渊源，甚至可以上溯到《易》这部弥漫着神秘气氛的古老典籍中。唐宣宗吊白居易诗有句云："浮云不系名居易，造化无为字乐天。"（见王定保《唐摭言》卷一五）推究一下诗人命名的由来就可以看出一些端倪。晁迥《法藏碎金录》卷九云："白公名居易，盖取《礼记·中庸》篇云'君子居易以俟命'。字乐天，又取《周易·系辞》云'乐天知命故不忧'。余观公之事迹，可谓名行相符矣。"可见渊源于儒家经典的"乐天知命"，同源出于道家的"知足知止"，就其本质来说，有其相通之处。质言之，都不过是一种明哲保身的独善主义，一种退撄避世的消极思想。这种带有实用理性色彩的消极应世的思想，并不为道家所专有，在儒家典籍中也屡见不鲜。像什么"死生有命，富贵在天"，"用之则行，舍之则藏"；什么"一箪食，一瓢饮，在陋巷……不改其乐"，"饭蔬食，饮水，曲肱而枕之，乐亦在其中"之类的话头，就屡见于《论语》之中。孟子也说过："养心莫善于寡欲。"白居易奉为立身行事准则的"志在兼济，行在独善"，也正是从孟子那里来的。孟子所谓"穷不失义，达不离道……得志，泽加于民；不得志，修身见于世。穷则独善其身，达则兼善天下"（《孟子·尽心上》），正是白居易终身奉为立身之道的蓝本。清人陈继辂指出："乐天知命之学，当于《论语》《孟子》中求之，何必乞灵外道？"（《合肥学舍札记》卷六）是很有见地的。由上可见，仅仅根据"知足知止"思想一端，把白居易的思想简单地归结为"纯粹苦县之学"，从思想渊源来说，也是经不起验证的。

还应当看到，白居易晚年其思想之所以蜕变成这种亦儒亦道、儒道互补的格局，有其历史的和现实的原因。从历史渊源来看，早在魏晋之际的那些"非吏非隐，似儒似道"的玄学家身上，就表现出了调和儒道的倾向。通过传、注，企图"熔《老》《易》于一炉"，强调"老子与圣人同"的何晏与王弼就是其中主张"儒道和同"的代表人物①。在"老学"大行，注家蜂起的唐代，以儒解老、调和儒道成为当时的学术风尚。陆希声在其《道德真经传》序言中说："天下方大乱……于是仲尼阐五代之文，以扶其衰；老氏据三皇之质，以救其乱，其揆一也。"在该书第十八、十九章注中也分别强调说"孔老之术不相悖""老氏之术焉有不合于仲尼"！由此可见，突出地表现在白氏后期思想中的这种儒道互补的倾向，是带着鲜明的时代印记的。

唐武宗会昌元年（841），白居易年满七旬，乃求罢太子宾客分司，行将致仕，结束其一生漫长而曲折的宦途生涯。就在这一年，他着意写了一首反思其毕生处世经验，并垂示后辈的五言诗《遇物感兴因示子弟》，诗云：

> 圣择狂夫言，俗信老人语。我有老狂词，听之吾语汝：吾观器用中，剑锐锋多伤。吾观形骸内，骨劲齿先亡。寄言处世者，不可苦刚强。龟性愚且善，鸠心钝无恶。人贱拾支床，鹊

___

① 参阅侯外庐等主编：《中国思想通史》第三卷第六章第一节《儒道四本论与儒道合派》。

欺擒暖脚。寄言立身者,不得全柔弱。彼固罹祸难,此未免忧
患。于何保终吉,强弱刚柔间。上遵周孔训,旁鉴老庄言。不
唯鞭其后,亦要轭其先。

此诗所标榜的"柔弱胜刚强"的意旨,无疑是老子哲学的一个基
本思想。在《老子》第三十六、四十、四十三、七十六、七十八等章中,对
此曾反复加以强调。老子的这种"用弱守雌""以柔克刚"的思想,同他
所主张的"寡欲""不争""知足知止"的思想,在精神实质上是关联和
相通的。只不过,白氏在此诗中并非原封不动地照搬老子的思想,而
是和而不同,有所汲取,也有所扬弃和改造。也就是说,他在"柔弱"与
"刚强"之间,并不是一味地偏执于"柔弱"的一面,而是在柔弱刚强之
间"执其两端而用其中"。白氏对待儒、道二家思想的原则立场,也是
了了分明的:"上遵周孔训,旁鉴老庄言。"这说明,白氏后期思想虽然
折中于儒道之间,但仍然以儒为主,以道为辅。由此也可证明,我们说
白氏后期虽有过"栖心释梵,浪迹老庄"的表白,但仍然"以儒家思想
为其思想的主干"的论断,是可以成立的。

我们之所以把儒道互补的中庸主义称为处世哲学,因为它具有
实用理性的特点。当白居易为了在实践中认识与处理纷纭复杂的主
客观矛盾,以达到趋利避害、全身远祸的目的,以儒家"执两用中"的
理论模式为基本点,又汲取和扬弃道家的知足知止、用弱守雌、以柔
克刚等思想,从而升华为儒道互补的中庸主义的哲学形态时,它就具
有了某种方法论的意义,成为具有实用理性的处世哲学。抓住了这一
点,就抓住了理解白氏后期思想的一把钥匙。结合白氏后期的立身行
事来观察,这种亦儒亦道、儒道互补的中庸主义,作为他的处世哲学,
几乎成为他应付一切现实矛盾的万应灵药。这突出地表现在以下三
个方面,即:在出处进退的问题上,持"似出复似处"的"中隐"观念;在
朋党之争中,持中立、调和的骑墙态度;对待儒、释、道三教持调和平

衡兼容并包的圆融立场。

二、折中于出处进退之间的"中隐"观念

"执两用中"的中庸思想反映在对待仕途的"出处进退"的问题上,就表现为"中隐"的观念。应该说,这是白居易的一大发明。

本来,在中世纪前的社会结构中,知识分子的出路,一般不外乎"仕"与"隐"两途。所谓"邦有道则仕,邦无道则隐",以及企慕箕山颍水之风,这本来是中国士大夫阶级的传统观念。每当政治腐败,社会动乱之际,在统治阶级内部总有一些比较清醒、开明的分子,以隐遁作为全身远祸的手段,并以此作为抗世疾俗不与统治者同流合污的表示。隐士们的息影山林,不慕荣利,倒是使自己获得了"高人雅士"的令名美誉;但他们这种不与统治者合作的消极反抗,对统治阶级其实是无害的——岂但无害,甚至还可以为统治阶级起到一种点缀升平、粉饰现实的作用。因而,统治阶级历来对希企隐逸之风不唯不予禁绝,甚至还加以奖掖。于是,隐士们从"身在山林而心存魏阙",到把归隐作为出仕的"终南捷径",便成为合乎逻辑的发展趋势。到了白居易的时代,就大抵只剩下那种貌似旷达,而实则利欲熏心,谋求"待价而沽"的假隐士了。例如,与白居易同时隐于庐山(后迁少室)的名士李渤,就是经历了一个与当权者讨价还价的过程,不免带着"辞少就多"(韩愈《与少室李拾遗书》)的嫌疑而出山的。因此,白居易那首著名的《中隐》诗,不仅带有宦途失意后的玩世不恭的自我解嘲的意味,也可以看作是对那些以"谋隐"作为"谋官"手段的假隐士们的讥讽。请看,他在这首诗中把隐逸的真谛参悟得多么透彻罢:

> 大隐住朝市,小隐入丘樊。丘樊大冷落,朝市大嚣喧。不如作中隐,隐在留司官。似出复似处,非忙亦非闲。不劳心与力,又免饥与寒。终岁无公事,随月有俸钱……人生处一世,

其道难两全。贱即苦冻馁,贵则多忧患。唯此中隐士,致身吉
且安。穷通与丰约,正在四者间。

此诗为白居易五十八岁以太子宾客分司东都①,定居洛下时所
作。诚然,前人已有过"小隐隐陵薮,大隐隐朝市"(晋王康琚《反招隐
诗》)和"缘督以为经"(《庄子内篇·养生主》)的思想,也可以看作白居
易中隐观念的思想渊源,但是,他们毕竟不曾拈出"中隐"二字来明晰
地表述这种折中于出处进退、穷通丰约之间的中庸之道。因而,中隐
观念的发明权,仍应属于白居易。正是在这种以"执两用中"的中庸思
想为哲学基础的中隐观念的支配下,白居易晚年宦情更加淡薄了:
"心泰身宁是归处,故乡何独在长安?"为了求得"心泰身宁",去危图
安,他在其生命的最后十多年里,甘愿投闲置散,一直寄居洛下,以至
于终老。

结合白居易走过的生活道路来看,他从"志在兼济",退而"行在
独善",终于以"中隐"为归宿,可见他是经历了一个从追求到幻灭的
痛苦的探索过程的。中隐的道路,可以说这是他在饱经时世艰难与仕
途挫折,带着"宦途滋味已尽谙"(《自问》)的深沉苦闷,带着政治上找
不到出路的途穷道尽的痛苦心情,而无可奈何地选择的一条现实的
道路。我们看到,在白居易的早期思想中,并不是没有闪现过"归隐"
的念头。例如,元和初,他因居丧于渭南赋闲时,在《咏拙》一诗中,就
不免带有一种入世不深的轻松的浪漫情调,把隐居生活设想得极其
自由而快乐。他说:

> 慕贵而厌贱,乐富而恶贫。同出天地间,我岂异于人! 性

---

① 分司,唐职官名。唐于东都洛阳分设略同于京师长安之官府,于此任官者
称分司。除分司御史有监察之责外,其他分司官员都是但食俸禄而无职事的闲散
官职。

命苟如此,反则成苦辛。以此自安分,虽穷每欣欣。葺茅为我庐,编蓬为我门。缝布作袍被,种谷充盘飧。静读古人书,闲钓渭水滨。优哉复游哉,聊以终吾身。

但是,这种茅庐蓬户,躬耕而食的隐居生活——也就是所谓"小隐"的生活,要真的实践起来却并非易事,非到万不得已,大抵是很难以付诸实践的。因而,虽然有人把白居易比附为陶渊明①,他自己也以"异世陶元亮,前生刘伯伦"(《醉中得上都亲友书……咏而报之》)自命,而且在元和中,丁母忧退居渭上时,还意深笔长地写过《效陶潜体十六首》,但他到底没有陶渊明那样的勇气——"守拙归田园",实地体验一下"贫居依稼穑,戮力东林隈"②的真隐士的生活。而生活,只有生活才是诗歌创作的源泉。正因为白居易虽有"中隐冷官闲况味,归心无日不山林"(《闲意》)的意向,但他到底不曾"小隐入丘樊",这就无怪乎他晚年虽然以旷达闲适自诩,写了不少怜风月、狎池苑的闲适诗,却写不出一首风怀澄淡,像陶渊明笔下那样的带有牧歌情调的田园诗来。

然而,"身闲当富真天爵,官散无忧即地仙"(《池上即事》)的中隐生活,虽然是既舒适又安稳的神仙般的生活,但其实是回避矛盾、委曲求全的苟活,这种生活本身就是一种腐蚀剂。当白居易在洛下过了十多年"似出复似处"的中隐生活之后,他的意志变得愈益颓丧,心灵也愈益麻木。"荣枯忧喜与彭殇,都是人间梦一场"(《老病相仍以诗自解》)。这时的白居易,显然更加自觉地以混世派的姿态陶醉于那种空虚灰色的生活中而不能自拔了。他在《闲题家池寄王屋张道士》一诗

①元好问《论诗三十首》"一语天然万古新"句下自注云:"柳子厚唐之谢灵运,陶渊明晋之白乐天。"

②《陶渊明集》卷三《丙辰岁八月中于下潠田舍获》。

中,就以夫子自道的口吻,给自己勾勒出一幅混世派的自画像,特别是画出了他这个在出处进退问题上"中道而行"的混世派的灵魂。在此诗中,他毫不隐讳自己生活的信条:"进不趋要路,退不入深山。"为什么呢?他接着说:"深山太濩落,要路多艰险。不如家池上,乐逸无忧患。有食适吾口,有酒酡吾颜。恍惚醉乡游,希夷造玄关。"由此可以看出,貌似风雅的中隐生活,其实不仅是自私的,也是寄生的。因为有闲的奥妙,首先就在于有钱。白居易晚年之所以能够在洛阳过着"全家遁世曾无闷"(《刑部尚书致仕》)的饱食安居的中隐生活,其秘密就在于"月俸百千官二品"(《从同州刺史改授太子少傅分司》),就在于他致仕以后也仍然"半俸资身亦有余"(《刑部尚书致仕》)。假如他真的挂冠而去退隐深山,再没有"俸禄及妻孥"的生活保障,恐怕他将为冻馁而叫苦不迭,哪里还有闲情逸致写诗,特别写那种温文尔雅的闲适诗呢?从这种意义上说白居易在仕与隐之间持"执两用中"的中隐观念,同他在三教之间调和折中一样,反映了他的精神悲剧的一个重要的侧面。他晚年曾以"达哉达哉白乐天"自诩,又声称"全家遁世曾无闷"。这些表白并不足以说明他对于出处进退毫不介意。他的"隐在留司官",乃是鉴于"要路多艰险",不得已而为之的。因此,晚年被称为"世间第一有福人"[①]的乐天老人,心境其实是凄苦的;他的心灵上分明笼罩着一层理想幻灭、在生活中失去地位的"多余人"的悲哀。

鉴于白居易后期以"似出复似处"的态度对待仕宦与官职,而其诗作中亦多叙官职、说俸禄乃至记品服,及至晚年还有过"同时六学士,五相一渔翁"(《李留守相公见过池上泛舟举酒话及翰林旧事因成四韵以献之》)的慨叹——这些,足以说明白氏对于富贵势利似乎并未完全忘却。于是,对其"中隐"观念,在后世便有了被理解与被误解

①袁宗道:《(白苏斋类集·寄三弟)》。

的分歧。宋人洪迈《容斋五笔》卷八说：

> 白乐天仕宦，从壮至老，凡俸禄多寡之数，悉载于诗。虽波及他人，亦然。其立身廉清，家无余积，可以概见矣……其将下世，有《达哉乐天行》曰："先卖南坊十亩园，次卖东郭五顷田。然后兼卖所居宅，仿佛获缗二三千。但恐此钱用不尽，即先朝露归夜泉。"后之君子，试一味其言，虽日饮贪泉，亦知斟酌矣。

对白诗深有研究的清人赵翼，对此似有同感。他说："香山历官所得，俸禄多少，往往见于诗……可当《职官》《食货》二志也。"（《瓯北诗话》卷四）

然而，南宋的理学家朱熹，对此却作出了完全相反的评价。他说："乐天，人多说其清高，其实爱官职。诗中凡及富贵处皆说得口津津地涎出。"①明人袁宏道对白氏于七十高龄以太子少傅分司致仕，亦颇有微词。他在其《随笔》中转述其兄宗道之语云，"昔乐天七十致仕，尚自以为达，故其诗云'达哉达哉白乐天'。此犹白头老寡妇以贞骄人，吾不学也"，"因相与大笑"②。此虽见于兄弟间之谈谑，而随意讥评古人，未免有失"论人当恕"之旨。况且，白氏《秦中吟·不致仕》有句云："七十而致仕，礼法有明文。"可见，白氏于七十岁主动告老退休，并不悖于典制。

晚唐皮日休在其《七爱诗并序》中，对白氏之文学事功及人品，都给予了高度的评价，其中格外盛赞白氏廉退之品格：

> ……忘情任诗酒，寄傲遍林泉。所望标文柄，所希持化权。何期遇訾毁，中道多左迁。天下皆汲汲，乐天独怡然。天

---

① 《朱子语类》卷一四〇《论文》下。
② 《袁宏道集·随笔·识伯修遗墨后》。

下皆闷闷,乐天独舍旃。高吟辞两掖,清啸罢三川。处世似孤鹤,遗荣若脱蝉。仕如不得志,可为龟鉴焉。(《七爱诗·白太傅》)

平心而论,这样的评价是公允而符合实际的。

三、对待朋党之争的调和骑墙态度

在尖锐激烈的朋党纷争中,持中立、调和的骑墙态度,是白居易"执两用中"的中庸思想在后期的政治实践中的突出的表现。

以牛僧孺、李德裕为代表,延续数十年之久的"牛李党争",是中晚唐政治史上无可否认的事实。从陈寅恪先生在《唐代政治史述论稿》中列举的大量史料可以看出,这场斗争,乃是统治阶级内部重门第礼法的旧士族阶层,同由进士科第出身的中小地主阶层之间的争权夺利的斗争。在宦官擅权,左右着皇位的废立及政局国策的中晚唐时期,由于"外朝士大夫党派乃内庭阉寺党派之应声虫,或附属品"[1],从而更加剧了这两种对立的政治势力之间的排挤和倾轧,使得这一时期的政局变幻,更加波诡云谲,出人意料。正如陈先生所指出的:"夫两派既势不并立,自然各就其气类所近招求同党,于是两种不同社会阶级争取政治地位之竞争,遂因此表面形式化矣。及其后斗争之程度随时间之久长逐渐增剧,当日士大夫纵欲置身于局外之中立,亦几不可能。如牛党之白居易之以消极被容(乐天幸生世较早耳,若升朝更晚,恐亦难幸免也)……可谓例外。"[2]陈先生论定,白居易在牛李党争的政治分野中属于牛党,是正确的。这从以下几点可以看出:第一,白居易中小地主的门第及进士科第的出身,这使他容易同牛党气

---

[1]《唐代政治史述论稿》,三联书店 1956 年第 11 版,第 121 页。
[2]《唐代政治史述论稿》,三联书店 1956 年第 11 版,第 100 页。

类相投;第二,在元和三年的策试案①及长庆元年的重考进士案②中,白居易虽系秉公执言,但显然都站在牛党一边,这有白集中《论制科人状》及《论重考进士事宜状》为证;第三,考其行状,白居易一生在宦途生涯中的出处进退,大抵与牛党的命运息息相关:如官职的升迁,或采取求外任、求分司等防嫌远祸的保护性措施,也大都借助于牛党得势人物之援引或斡旋;第四,从诗集可以看出,白居易与李党领袖李德裕却甚疏远,文字交往只有一首《小童薛阳陶吹觱栗歌》(和浙西李大夫作);第五,会昌六年武宗殁,宣宗继位,罢李德裕相而李党失势,白居易从弟敏中入相,遭李党贬逐之五相(牛僧孺、李宗闵、崔珙、杨嗣复、李珏)同日北还——从白敏中在党争中的鲜明立场,不难推知白居易"恩牛怨李"之倾向。

但是,陈先生认为,白居易在党争中之所以能够"以消极被容",乃是由于"生世较早,若升朝更晚,恐亦难幸免"——这一论断,就颇有值得商榷的余地。叶梦得《避暑录话》指出:"方大和、开成、会昌之间,天下变故,所更不一。元稹以废黜死,李文饶以谗嫉死。虽裴晋公犹怀疑畏,而牛僧孺、李宗闵皆不免万里之行。所谓李逢吉、令狐楚、

①元和三年(808)四月,策试"贤良方正能言极谏科",牛僧孺、李宗闵、皇甫湜三人及第。因指陈时政太切,触怒李德裕之父宰相李吉甫,三人均出为幕职,并贬考官杨於陵、韦贯之、王涯等。此案实启历时数十年之久的牛李党争之衅端。时白氏为左拾遗、翰林学士,上《论制科人状》谓牛、李等以"直言时事"被黜,杨、韦等以"敢收直言者"遭贬为不当。

②长庆元年(821)四月,白居易充重考进士官,复试礼部侍郎钱徽主试下及第进士郑朗等十四人,内有牛党李宗闵婿、杨汝士弟皆及第。李德裕、元稹与宗闵有隙,因同李绅上言,以为不公。诏居易、王起重试,黜郑朗等十人;钱徽、李宗闵、杨汝士皆远贬。白居易在《论重考进士事宜状》中,极力为被黜进士及钱、李等辩解。

李珏之徒,泛泛非素与游者,其冰炭低昂未尝有虚日,顾乐天所得岂不多哉!"在上列因党争而牵连受害的人物中,大都与白氏同时升朝,有的甚至比他升朝更早。可见,把"生世"与"升朝"的早晚,作为白居易在党争中得以幸免于祸的理由,根据是不够充分的。

那么,几乎一踏入仕途就与党争发生了纠葛的白居易,在那连当时的最高统治者都喟然慨叹"去河北贼非难,去此朋党实难"①的大和、开成、会昌之际,他为什么居然能够在党祸炽烈、宦途艰险的缝隙中,奇迹般地苟容于时,并得以优游终老呢? 最重要的一点就在于,"饱尝荣辱事""深谙世俗情"(《重题》四首之一)的白居易,能够清虚自守,不汲汲于功名势利,并懂得以足够的权变来应付事态,回避矛盾,力求以调和、骑墙的态度超然于党争之外,而决不卷入朋党倾轧的旋涡。"身心安处即吾土,岂限长安与洛阳?"(《吾土》)他晚年的"隐在留司官",寄居洛下一十八年,即主要是着眼于党祸炽烈而有意避开长安这个政治旋涡的。再如,他既交好于牛党领袖牛僧孺,以及属于牛党的姻亲杨氏兄弟,又与李党重要人物元稹、李绅相厚善,这也正是他在党争中持调和、骑墙的中庸主义立场的典型表现。

正如白居易在三教之间搞调和折中,在入仕与出世之间持中隐观念,是带着半生痛苦的经历,带着同现实妥协的感伤情调不得已而为之的一样,从他的吟咏中可以看出,他在党争中持调和、骑墙的中庸主义立场,也是在入世甚深之后,从反面总结立身处事的经验教训的反思的结果。"昨日延英对,今日崖州去。由来君臣间,宠辱在朝暮"(《寄隐者》),这难道不是深谙君臣关系的虚伪,因而心存戒惧,有所彻悟的表示吗? "何处投荒初恐惧,谁人泽畔正悲吟?"(《闲卧有所思二首》之一)这难道不是在对迁客逐臣的深切同情中,隐寓着忧谗畏

①唐文宗语,见《旧唐书·李宗闵传》。

讯的心情吗？"权门要路是身灾，散地闲居远祸胎"（同上之二），"险路应须避，迷途莫共争"（《江州赴忠州至江陵已来舟中示舍弟五十韵》），这难道不是在宦海浮沉中失意之余闪露的"迷途知返"的意向吗？既然他的心情已经灰冷到"睡到午时欢到夜，回看官职尽泥沙"（《喜罢郡》）的地步，既然他以"高吟辞两掖，清啸罢三川"①的实际行动显示了他的疏放旷达的襟怀，那么，他以"相争两蜗角，所得一牛毛"（《不如来饮酒七章》之七）的虚无态度来看待党争，并在党争中持调和骑墙的中庸主义立场，也就不难理解了。

然而，"晚岁深谙世俗情"（《重题》四首之一）的白居易，虽然不时摆出一副混世派的面孔，但他毕竟还不是一个毫无节概、佞顺取容的混世派。在对待党争的问题上，他固然有回避矛盾以为全身远祸之计的圆滑与世故的一面，但在他的心灵深处毕竟还保持着某种高尚而神圣的东西，因而能够做到"牛李构衅，绝无依附。不以娉婴逢时，不以党援干进"②，"不附丽为进取计"（《新唐书·白居易传赞》）。正如叶梦得所指出的："白乐天与杨虞卿为姻家而不累于虞卿；与元稹、牛僧孺相厚善，而不党于元稹、僧孺；为裴晋公所爱重，而不因晋公以进；李文饶素不乐，而不为文饶所深害。处世者如是人，亦足矣。推其所由得，惟不汲汲于进，而志在于退。是以能安于去就爱憎之际，每裕然有余也。"（《避暑录话·余话上》）潘德舆也称赞他"心甚淡，节甚峻，识甚远"（《养一斋诗话》卷一○）。按："牛李党争"的实质，本来不过是名利与权势之争。正因为白居易视权门要路为"身灾"，视官职如"泥沙"，对权势利禄置之淡然，因而他才能够在朋党纷争之际，超然于党派的利害是非之外，并在两派中都坦然地交朋友，做到"中立不倚，峻节凛

①皮日休：《皮子文薮》卷一《七爱诗·白太傅》。
②《唐宋诗醇》卷一九白居易诗总评。

然"(葛立方《韵语阳秋》卷一六),"进退以义"(晁公武《郡斋读书志·白居易长庆集》),"完节自高"(《新唐书·白居易传赞》)。

我们还应当看到,"不汲汲于进,而志在于退",这固然反映了他的调和折中、妥协退让的中庸思想的本质,而他在党争中的能够中道而行,不以党派的是非为是非,并在两派中都结识朋友,这也正是"执两用中"的中庸思想作为他的处世哲学在方法论上的妙用。

四、对待儒释道三教兼容并包的圆融立场

白居易对待儒释道三教,总的来说是持调和平衡兼包并容的中庸主义立场。只不过在其生活的前期,他还谨守"奉儒守官"的本分,对释老不时有揶揄之辞,而到了他生活的后期,当他以虚无主义的黯淡心情来看待一切,因而更加自觉地在三教之间搞调和平衡、"执两用中"罢了。

白居易早期,以"儒家子"自命,儒家的门户之见甚深,以"攻乎异端"的批判态度对待佛道二教(特别是佛教)是不言而喻的。在《策林·议释教》中,他认为"儒道释之教鼎立于天下",乃是"德既下衰,道又上失"的世运衰飒的反映;而佛教虽有"诱掖人心,辅助王化"的作用,但它毕竟是西方之教,"若许之大行",不唯"乖古先唯一无二之化",而且"伤生之费亦深",利病相形,得不偿失。况且,佛家的那一套禅定、慈悲、报应、斋戒等等"诱掖人心"的手段,在华夏的传统文化,即儒家的"先王之教"中,可谓应有尽有,"何必使人去此取彼",以"成异教殊俗之弊",而"贰乎人心"呢?再者,若听任佛教的恶性发展,必将对经济起破坏作用,危害国计民生。他说:

> 况僧徒月益,佛寺日崇。劳人力于土木之功,耗人利于金宝之饰,移君亲于师资之际,旷夫妇于戒律之间。古人云:一夫不田,有受其馁者;一妇不织,有受其寒者。今天下僧尼

不可胜数,皆待农而食,待蚕而衣。臣窃思之,晋、宋、齐、梁以来,天下凋弊,未必不由此矣!

这难道不可以看作是一篇排佛的檄文吗?

如前所述,由于唐代最高统治者出于政治上的需要崇奉老子,所以白居易对于道教不敢有大不敬的表示。但他在《新乐府·海漫漫》一诗中,仍以奇特的构思,婉转地批判了道家神仙方术的荒诞无稽。此诗结语更巧妙地指出:"何况玄元圣祖五千言,不言药,不言仙,不言白日升青天!"这真是"借矛攻盾,极其警快"(《唐宋诗醇》卷二〇《海漫漫》诗评)。

但是,当白居易遭到元和十年流贬江州的挫折之后,随着其政治态度的日益消沉,宦情日益淡薄,精神日益颓丧,他对待三教的态度也逐渐起了变化。于是,"自念咸秦客,尝为邹鲁儒,蕴藏经国术,轻弃度关繻"(《东南行一百韵寄元九侍御……窦七校书》)的白居易,为了寻求精神上的解脱,他不得不乞灵于释老的空无哲学,希图在它们渲染的彼岸世界中,给自己的被现实烦恼煎迫得疲惫焦灼的灵魂找到一个栖息之所。一方面,他带着自我揶揄的心情,无可奈何地承认:"千药万方医不得,唯应闭目学头陀"(《眼暗》),"犹觉醉吟多放逸,不如禅坐更清虚"(《改业》),对佛教作了妥协;另一方面,又声称:"唯看老子五千字,不踏长安十二衢"(《村居寄张殷衡》),甚而至于"常悲东郭千家冢,欲乞西山五色丸"(《寻王道士药堂因有题赠》),对道家有了接近。很明显,白居易晚年,已经摒弃了儒家的门户之见,他再也无心在三教之间计较长短是非,而是以一种调和平正的中庸主义立场来对待它们了。

最鲜明地表现了白居易这种中庸主义立场的,莫过于他在唐文宗大和元年(827)所写的那篇作为三教讲论实录的《三教论衡》。尽管陈寅恪先生说"此文不过当时一种应制之公式文字耳,故不足以推见乐天之思想"(《元白诗笺证稿·附论(乙)白乐天之思想行为与佛道关系》)。但我们通过白居易在此文中发表的所谓"儒素缁黄，鼎足列坐"，"同出而异名，殊途而同归"，以及什么"见有礼于其君者，事之如孝子之养父母也"，"见无礼于其君者，诛之如鹰鹯之逐鸟雀也"之类的议论，却不唯可以看出，白居易对三教分明持调和平衡的中庸主义立场，而且还可以看出，他的这种立场只不过是官方政策的反映，因而更具有历史的真实性。

白居易对三教持调和平衡的中庸主义立场，除了同他的个人遭际相联系的主观方面的原因而外，还有其深刻的社会历史动因。质言之，他的这种立场是为儒释道三教共同的阶级本质和思想根源所决定的，是受中国封建社会中历史地形成的"三教合流"的总的趋势所制约的。

列宁指出：剥削阶级为了维护其反动统治而"求助于宗教并不是偶然的，而是必然的"；他们懂得，单靠棍棒和鞭子并不足以维护其统治，"棍棒终究要被折断"，因而不得不求助于宗教以作为"思想棍棒，精神棍棒"[①]。我国中世纪以来的封建统治阶级，也深谙儒家的"忠孝"、道家的"道德"、佛家的"慈悲"，"事迹虽异，理数不殊"[②]的道理，懂得"以佛治心，以道治身，以儒治世"[③]的妙用。因而，他们一方面以儒家的纲常伦理——传统的"先王之教"作为立国的根本；另一方面又把在中世纪兴起的释道二教当作"麻醉人民的鸦片"。他们把三教都看作维护其封建皇权的御用的工具和奴仆。所以，从历史上看，虽然儒释道三教之间从一开始就存在着矛盾和斗争，但从来就是既互相排斥、又互相汲取的，而且总是随着社会危机的日益加剧，随着统

①列宁：《我们的取消派》，《列宁全集》第17卷第60页。
②③《雍正十一年二月十五日上谕》，见刘谧撰《三教平心论》。

治阶级对宗教的依赖的愈益迫切，而朝着"三教合流"的历史趋势向前发展的。目睹了隋末农民大起义的历史风暴的李唐王朝的统治者，慑于"阡陌之人（农民）将纷纷而群起"（李节《送潭州道林疏言禅师太原取经诗序》）的革命暴力，颇注意汲取前代兴亡得失的经验教训，深深懂得儒释道三教对于维护封建统治秩序都是不可或缺的精神支柱，因而有意识地予以奖掖和扶持，甚至运用政治权力去调节和平衡它们之间的地位和关系。①所以，在有唐一代，三教之间的地位虽曾有过升沉起伏，但就统治阶级方面来说对三教持调和平衡、兼包并容政策的基调却始终没有改变。简单地说，这就是儒释道三教在唐代之所以能够鼎足并存的社会政治背景，也是白居易对三教持中庸主义立场的现实基础。这是问题的一方面。

另一方面，白居易之所以能够在三教之间搞调和折中，特别是在其生活的后期能够从思辨的领域将三者贯通起来，使自己得以圆通自在地优游于其间，也正是因为儒释道三教作为意识形态，它们具有共同的唯心主义的思想本质。如果说："三教合流"溯源于"三教同源"，那么，所谓"三教同源"，不仅同在具有共同的阶级根源，而且更主要的是同在具有共同的思想根源上。所谓"理同出于一源，道并行而不悖"②，正一语道破了此中奥秘。不言而喻，"三教合流"是一个历史过程。从思想史看，在社会动乱、"异端"迭起的魏晋南北朝时期，先是出现了内儒外道、儒道双修的玄学，继而在志怪小说中出现了"引

①如唐太宗贞观十三年、德宗贞元十二年及十三年、文宗大和元年，先后四次诏儒释道于内殿讲论三教，即最高统治者运用政治权力调节和平衡三教之间的关系的具体措施。（参阅任继愈《汉唐佛教思想论集·汉—唐佛教简明年表》）。

②《雍正十一年二月十五日上谕》，见刘谧撰《三教平心论》。

经史以证报应,已开混合儒释之端"①的迹象,进而出现了佛学与魏晋玄学合流,到了中唐时期,随着禅宗南宗佛学的兴起,"三教合流"的机运便臻于成熟了。白居易对三教的态度及其思想的变迁,也大致经历了这样一个曲折的递进的过程。我们在他身上看到的,正是从早年的"读儒书与履儒行",谨守儒家的门户之见,到"知足而守中"(《故饶州刺史吴府君神道碑铭并序》)的儒道双修,再到"外服儒风,内宗梵行"的儒佛合流;最后,正如他在中年后承认的"近岁将心地,回向南宗禅"(《赠李杓直》),终于在禅宗南宗,给自己的调和折中的中庸主义的宗教观找到一个归宿。

禅宗南宗作为盛行于中晚唐的势力最大的一个佛教宗派,乃是玄学化与儒学化了的中国式的佛教②;从思想源流上讲,它可以被看作是从魏晋玄学演变为"三教合流"(实即"三教归儒")的宋代理学的中间环节。它所宣扬的那一套"见性成佛,不立文字","若欲修行,在家亦得,不必在寺"的简便的修行方法,特别适合那些"仕途失意满心烦恼和富贵内热需要饮冰"的中国士大夫的口味。③白居易晚年之所以栖心于禅宗南宗,也正因为它的融汇儒、道,把世俗问题和神学问题调和起来的倾向,以及轻视戒律、放浪形骸的世俗色彩,颇与他晚年通脱放任的处世态度,及其对待三教的调和折中的中庸主义立场相凑泊的缘故。

白居易晚年有句云:"官职三分归洛下,交游一半在僧中。"(《喜照密闲实四上人见过》)又云:"薄食当斋戒,散班作隐沦。佛容为弟子,天许作闲人。"(《闲卧》)翻翻白氏文集,可知白居易为和尚所作碑

---

①《中国小说史略》,《鲁迅全集》,人民文学出版社 1957 年版,第 8 卷第 40 页。

②③参阅范文澜《唐代佛教》,人民出版社 1979 年第 11 版第 68 页。

铭、塔铭,以及同僧徒交往的诗作甚多。特别是晚年退居洛下时,吟咏持斋、坐禅,同禅僧唱和的诗作,更是屡见不鲜。作于大和二年(828)的《戊申岁暮咏怀三首》之一有句云:"龙尾趁朝无气力,牛头参道有心期。"按:"牛头",指佛教禅宗之牛头宗。[1]据《五灯会元》卷三载记:白居易乃中唐禅宗高僧佛光如满和尚弟子,为禅宗南岳下第三世法嗣。这位如满禅师,曾得唐顺宗的召见并与之论道,对弘扬南宗禅颇有影响。又据白氏于会昌五年(845)三日所作《九老图诗并序》,时如满已95岁高龄,尚健在。白氏晚年自号"香山居士"。居士者,在家修行之佛弟子也。清人彭绍升,亦曾为之作传,载于彭氏所撰《居士传》卷一九中。可见,白居易晚年向佛,并倾心于南宗禅学,是不可否认的事实。

基于上述事实,我们就不难理解,白氏晚年标榜的什么"每夜坐禅观水月,有时行醉玩风花。净名理事人难解,身不出家心出家"(《早服云母散》);什么"尽离文字非中道,常住空虚是小乘。少有人知菩萨行,世间只是重高僧"(《赠草堂宗密上人》)——这些企图调和宗教感情和世俗欲念的论调,不啻是对"若欲修行,在家亦得,不必在寺"的禅宗教义的诠释。"林暖僧敷坐,楼晴妓卷帘"(《书事咏怀》);"乐天得法老凝师,后院犹存杨柳枝"[2](按:杨柳枝,指乐天歌妓柳枝)。这种蔑视清规戒律的浪漫行径,同宣称"饮酒食肉不碍菩提,行盗行淫无妨般若"的禅宗南宗教义倒也并无抵牾。

马克思指出:"宗教是那些还没有获得自己或是再度丧失了自己

---

① 参阅汤用彤:《隋唐佛教史稿》第四章第六节, 中华书局 1982 年 8 月第 1 版。

② 叶寘:《爱日斋丛钞》卷三引苏子由读白集五绝句之二。

的人的自我意识和自我感觉。"①当白居易沉湎于南宗禅学,他似乎获得了一种浑浑噩噩的满足。在《和知非》诗中,他认为天下最要紧的事,"第一莫若禅,第二莫若醉"。于是,"若不坐禅销妄念,即须行醉放狂歌"(《强酒》),便成为他晚年寂寞空虚的生活的唯一内容。这时,他对于儒道二家,都有了否定性的再评价,认为"儒家重礼法,道家养神气。重礼足滋彰,养神多避忌"(《和知非》),到底不如谈禅饮酒那样自由放任,无拘无碍。在《读老子》一诗中,他甚至敢于直接冒犯被李唐王朝奉为"圣祖玄元皇帝"的李耳:

> 言者不知知者默,此语吾闻于老君。若道老君是知者,缘何自著五千文?

在《读庄子》一诗中,他对庄周的基本思想,也表示了异议:

> 庄子齐物同归一,我道同中有不同。遂性逍遥虽一致,鸾凤终校胜蛇虫!

从以上两诗可知,白居易虽然自称"浪迹老庄",但也仅仅是"浪迹"而已。他毕竟还不愿完全像老子主张的那样清虚自守,有所不为;也还没有颓丧到庄周那样消极,与世浮沉,自暴自弃。

由于南宗禅学本身带有较多的世俗因素,白居易不过是把它当作解脱世俗烦恼的清凉剂,对它并不具有宗教的虔诚,加之在白居易晚年的消极思想中,毕竟还存在着超脱现实与关注现实的矛盾,这就决定了白居易不可能"常住空虚",把禅宗南宗永远当作栖心的净地。《读禅经》一诗说:"言下忘言一时了,梦中说梦两重虚。"这难道不是意识到佛家渲染的什么佛国乐土,有如"梦中说梦",虚妄无谓,因而有所彻悟的表示吗?

---

① 《〈黑格尔法哲学批判〉导言》,《马克思恩格斯选集》第 1 卷第 1 页。

至此，白居易似乎把儒释道三教都看透了。于是，他在《感悟妄缘题如上人壁》一诗中，给自己的"信仰"作了一个总结：

> 自从为骖童，直至作衰翁，所好随年异，为忙终日同。弄沙成佛塔，锵玉谒王宫。彼此皆儿戏，须臾即色空。有营非了义，无著是真宗。兼恐勤修道，犹应在妄中。

在这里，他把出仕、参禅、修道，都等同儿戏；把什么"道缘俗累"，都看得虚妄无谓，了无意义，真有点大彻大悟的样子。然而，白居易的精神悲剧，到此并没有完结。鲁迅说得好："人生最苦痛的是梦醒了无路可以走。"[1]要"苟活"吗？而"苟活正是活不下去的初步"[2]。请看，白居易在《拜表回闲游》一诗中，把自己那种抛却一切信念，但知及时行乐的疏狂颓放的精神面貌，披露得何等淋漓尽致：

> 玉佩金章紫花绶，纻衫藤带白纶巾。晨兴拜表称朝士，晚出游山作野人。达摩传心令息念，玄元留语遣同尘。八关净戒斋销日，一曲狂歌坐送春。酒肆法堂方丈室，其间岂是两般身！

然而，这种"非道非僧非俗吏"（《池上闲吟二首》之二）的狂悖行径，并不能掩饰他内心的空虚。在栖心释梵、佯狂诗酒的背后，正分明透露出他晚年那种无所事事，百无聊赖，而又无可奈何的寂寞凄苦的心境。

（原载拙著《白居易评传》，南京大学出版社 2002 年 5 月第一版，即该书第七章，标题有改动）

---

[1]《坟·娜拉走后怎样》，《鲁迅全集》第 1 卷第 270 页。
[2]《华盖集·北京通讯》，《鲁迅全集》第 2 卷第 21 页。

新乐府诗派与新乐府运动

——关于白居易评价的一个问题

白居易在文学史上的地位，是同中国古典诗歌的现实主义传统密切地联系在一起的。现行的几部文学史，之所以把他称为"伟大的现实主义诗人"，或"继杜甫之后最伟大的现实主义诗人"，主要是因为他以自身的文学实践，为继承和发展我国古典诗歌的现实主义传统作出了杰出的贡献。而白氏同元稹一起倡导的新乐府运动，以及他所创作的以《新乐府》《秦中吟》为代表的饱含着悯怀疮痍、关心民瘼的激进民本主义思想的讽谕诗，无疑是标志着他的现实主义文学成就最重要的基本内容。因此，是否承认新乐府运动是一个在我国诗歌发展史上产生过影响的流派运动，不仅关系到如何看待白氏前期文学活动的成就和影响，而且直接关系到如何评价白氏在文学史上的地位。

"新乐府运动"这一提法，滥觞于胡适于 20 世纪 20 年代初所著的《白话文学史》。[①]其后，陈寅恪《元白诗笺证稿》也认为："乐天之作新乐府，实扩充当时之古文运动，而推及之于诗歌"[②]。新中国成立后，随着白诗的人民性和现实主义精神受到高度评价，白氏所倡导的新乐府运动，也被视为唐代诗坛现实主义精神高涨的产物，而予以充分

---

①参阅《白话文学史》第十六章《元稹白居易》。
②参阅《元白诗笺证稿》第五章。

肯定。于是,"新乐府运动"的提法,被写入高等学校中国古典文学教学大纲,在通行的几部中国文学史中也都有专章论列,在文学史及古典文学研究的领域已成为人们所公认的常识。

平心而论,把元白倡导的新乐府创作这一文学现象看作一个"运动",比不承认它是一个"运动",无疑要困难得多。因为,不言而喻,在元白诸公创作新乐府诗的当时,在他们头脑里还不可能存在关于文学流派运动的观念,当然不可能自觉其为"运动"。把它看作一个"运动",乃是前辈文学史研究者,运用关于文学思潮和文学流派运动的现代文艺学观念,对我国唐代文学史上元白所倡导的新乐府创作这一特定文学现象进行理性把握而作出的认识和判断。应当看到,前辈文学史研究者之所以能在二十年代达到这样的认识水平,显然是在"五四"新文化运动这一大的历史背景的影响下,文学观念及研究方法更新的结果;亦即在新思潮的激荡和西方现代文艺学观念的启迪下,他们力图打破僵滞封闭的旧的文学观念,抛弃侧重于训诂考据的传统方法,并尝试着用新的眼光和新的思维方式去对中国文学发展史上的具体文学现象作宏观性、综合性的探讨所取得的一个积极成果。半个多世纪以来,时代更替,人事沧桑,我国经历了好几代文学史研究者,他们并未对"新乐府运动"的提法提出异议,倒是有不少研究者以他们各自的探讨进一步深化和肯定了这一认识成果。然而,学术探讨永无止境。今天,在学术界强调更新文学观念和文学研究方法以适应全面改革的新形势的背景下,有的研究者对他所倡导的新乐府运动是否存在,也提出了疑问。应当说这是学术空气活跃的表现,是值得欢迎的。当然,究竟应当如何看待白居易的诗论和讽谕诗,如何全面地评价他的文学成就,这是应当郑重对待和认真研究的问题。我只想说,对待像白居易这样一位为我们民族文学争过光的、享有世界声誉的伟大诗人,我们尤其应当坚持历史主义和实事求是的态度,不可对他求之过苛。关于如何全面地评价白居易的问题，在此姑且不论。这里，只想就"新乐府运动"究竟是不是一个运动的问题，谈点不成熟的意见。

要回答"新乐府运动"究竟是不是一个"运动"，似乎不涉及多少高深的理论。依据现代文艺学关于文学思潮和文学流派运动的一般性常识，结合对中唐元和时代出现的新乐府创作高潮这一特定文学现象作科学的历史的考察，即可解决问题。现行的几部对新乐府运动持肯定态度的文学史，大都把这一运动看作唐代诗坛现实主义精神高涨的产物，并分别从社会、政治和文学三个方面，分析和论述了这一运动所由产生的外部条件和内部条件。一般都把天宝之乱后，走向衰飒没落的大唐帝国日趋严重的社会危机对文学提出的要求，看作新乐府运动所由产生的社会原因；把唐宪宗元和初年，昙花一现的"元和中兴"所呈现的开明的政治局面，看作这一运动所由产生的政治条件；而把杜甫、元结所作的反对形式主义诗风的努力，以及他们所作的"即事名篇""刺美见事"的新乐府创作的尝试，从文学思潮上看作元白"新乐府运动"的先导。应当特别提到的是，近年来先后发表的陈贻焮《从元白和韩孟两个诗派略论中晚唐诗歌的发展》(见《唐诗论丛》，湖南人民出版社，1980 年 9 月第 1 版)及卞孝萱《白居易与新乐府运动》(见《文史知识》1985 年第 1、2 期)两文，对新乐府运动所由产生的"历史必然性"，都有精当的分析，是近年来研究新乐府运动的新收获。尤其是卞文，通过扎实的史料功夫，论定当时的开明宰相裴垍，"是白居易元和初年大量创作讽谕诗，兴起新乐府运动的政治上的支持者"，更是独具只眼，发前人所未发。1979 年，笔者在《试论白居易对永贞革新的态度及新乐府运动的历史背景》(见《甘肃师大学报》社科版 1979 年第 3 期)一文中，也曾就这一问题提出了个人不成熟的看法，认为：所谓"元和中兴"，实质上不过是对具有历史进步

意义的"永贞革新"的积极扬弃;而在交织着痛苦与希望的元和初年出现的人心思治、力图改革的政治气候和时代氛围,正是新乐府运动所由兴起的社会历史背景。

总的看来,以往对关于新乐府运动的成因的探讨,其不足之处主要在于,对这一运动形成的外部条件(即社会的、政治的原因)研究比较充分,对于形成这一运动的内部条件(即文学本身的原因)的研究,则显得薄弱;同时,对文学本身原因的分析,又侧重于文学思想的传承与嬗递的一面,而对于形成这一运动的最重要的一个方面,即对思想倾向、文艺观点和艺术风格大体相近的诗人群体——"新乐府诗派"这一"艺术家家族"(丹纳语)本身的研究,则往往因限于资料而不免失之于粗略。其实,按照现代文艺学的常识,所谓文学流派运动,正是以一个在思想倾向、文艺观点和艺术风格上大体相近的艺术家群体的存在为最重要的前提;所谓"运动"云者,其实质不过是就这一艺术家群体的存在及其艺术实践所产生的影响而言。因此,针对上述情况,本文讨论的重点,将主要放在探讨新乐府诗派的存在及其影响这两个方面。

一

以往论新乐府运动者,一般都把白居易、元稹、李绅、张籍、王建以及唐衢、邓鲂和李余、刘猛等九位诗人,看作"新乐府诗派"这一诗人群体中的成员。但由于其中有些诗人的作品未能留传下来,或存留极少,论述其生平行迹的资料更付阙如,所以对这一诗人群体中不少成员的面目描述得相当模糊;对这一群体的成员间彼此的联系、交往和活动,更缺乏具体交代。这很可能成为怀疑新乐府运动的存在的重要原因。近年来,随着李绅、白居易、元稹及张、王等诗人的年谱及研究他们生平的考据文章的相继问世,这将使我们有可能借助这些研究成果，把新乐府诗派这一诗人群体的面目及其活动描述得稍微具体一些。

当然，这一诗派的上述九位诗人在运动中所处的地位和所起的作用，是各不相同的。为了叙述的方便，不妨把他们分为如下三个层次：

白居易、元稹、李绅，作为新乐府运动的倡导者，是这一诗派的核心和第一个层次。按：李、元创作新乐府虽俱在白之前，但以白的成就最大、鼓吹最力，所以论新乐府运动者一般都尊白为这一运动的领导者。这是正确的。

张籍、王建，作为新乐府运动的同盟军和参加者，是构成这一诗派的第二个层次。

唐衢、邓鲂作为白居易的追随者，李余、刘猛作为元稹的追随者，都可以看作新乐府运动的积极支持者，是构成这一诗派的第三个层次。

先看第一个层次：白居易、元稹和李绅。

一般地说来，以往对这三位诗人（特别是元白）的论述还是比较充分的，特别是对他们作为这一运动的核心和倡导者的作用和影响，给予了充分的肯定。主要的问题是，对他们从贞元末年相识，到元和四年兴起新乐府创作高潮，这很重要的几年间他们之间的联系交往，缺乏细节性的描述，以致对这一运动兴起于元和四年不免感到突然，而看不到在它的背后，确实存在着一个自觉或不自觉的酝酿准备的过程。为了弥补这一不足，我们参考朱著《白谱》、卞著《元谱》及《李谱》(见《安徽史学通讯》1960 年第 3 期)，以年代为经，以三位诗人在这几年间的有关行迹为纬，列表如次，以便给他们在贞元元和之际的交往和有关的活动情况，提供一个简略而又较为实在的大致轮廓：

年　代	白居易行迹	元稹行迹	李绅行迹
贞元十九年（803）	32岁。春，与元稹同登书判拔萃科。"俱授秘书省校书郎，始相识"（白氏《代书诗》自注）。	25岁。三月，与白同登拔萃科，俱授校书郎，始定交。与京兆尹韦夏卿女韦丛结婚。韦于十月出为东都留守，元与韦丛侍从赴东都。	32岁。客居苏州。秋七月，应长洲县令之请，作《画龙记》。此前，曾于贞元十七年赴京应进士第，以古风《悯农》二首谒吕温。
贞元二十年（804）	33岁。在长安为校书郎。春，东游洛阳、徐州。是年徙家秦中，卜居下邽县。	26岁。正月，自东都赴西京；三月又徂东都，五月返。九月，撰《莺莺传》传奇，李绅为作《莺莺歌》。	33岁。复至长安，准备应进士试，居元稹靖安里第。闻元语崔莺莺事，作《莺莺歌》。因稹而识白居易，遂定交。
永贞元年（805）	34岁，在长安为校书郎，寓居永崇里华阳观。二月十九日上书于宰相韦执谊。八月，顺宗内禅，宪宗即位。永贞革新失败，"二王八司马"俱远贬。	27岁。在长安，为校书郎。官闲，与白、李交游。与白准备应"制举"。十二月，韦夏卿为太子少保，李吉甫、裴垍充翰林学士。	34岁。在长安，准备应进士试，与元、白时相往来。
元和元年（806）	35岁。在长安，罢校书郎。与元稹退居华阳观，闭户累月，揣摩时事，成《策林》七十五篇。四月，与元同登才识兼茂明于体用科，授盩厔尉。七月，权摄昭应丞。	28岁。在长安。与白居易"搜求激直词"，准备考试。裴垍指示"慎勿以《策苑》为美"。与白同登制科，授左拾遗。九月，贬河南尉。同月，母郑氏卒，丁忧。是年韦夏卿卒。	35岁。正月二日，与元稹等同游曲江。三月放榜，登进士第。初夏东归还乡，元、白俱有诗送行。过润州，为镇海军节度使李锜辟掌书记。

续表

年　代	白居易行迹	元稹行迹	李绅行迹
元和二年（807）	36岁。春，与杨汝士等屡会于杨家靖安里宅。秋，自周至尉调充进士考官。试毕，帖集贤校里。十一月，召为翰林学士。	29岁。丁母忧。二月，葬母于咸阳县奉贤乡，白为撰墓志铭。	36岁。在润州，为李锜掌书记。冬，李锜叛，召为草表，坚执不从，被囚。锜诛乃免。
元和三年（808）	37岁。在长安，居新昌里。四月，为制策考官，除左拾遗，依前充翰林学士。是年与杨虞卿从妹杨氏结婚。九月，裴垍为中书侍郎同平章事，李吉甫出为淮南节度使。	30岁。仍丁母忧。是年曾游海门。十二月除母服。元丁忧期间生活困难，白资助之。	37岁。罢浙江西道节度使从事。被浙江东道观察节度使薛苹招游境中，与之唱和。
元和四年（809）	38岁。在长安，仍为左拾遗、翰林学士。屡陈时政，如请降系囚、蠲租税、放宫人、绝进奉、禁掠卖良人等，皆从之。继李、元之后，作新乐府五十首。	31岁。二月，除监察御史，三月，充剑南东川详覆使，乘机了解民情，查究官吏不法。妻韦丛卒，韩愈为撰墓志。作《和李校书新题乐府十二首》。	38岁。春，由浙东返长安，除校书郎。作新乐府二十首，针砭时弊，元稹和之。

诚然，上表只不过给我们提供了一些了解问题的线索。要真正弄清新乐府运动为何兴起于元和四年，以及他们兴起这一运动是否有一个自觉或不自觉的酝酿准备的过程等实质性问题，还必须作进一步的探讨和说明。

第一，应当看到，这三位诗人的接近和密切交往，并非由于偶然的机遇，而是有其深厚的思想基础的。白居易曾说，他与元稹是"文友""诗敌"，"谊同金石，爱等兄弟"，二人生死不渝的友谊，是文学史上称羡的佳话。白与李，生卒同年，二人自贞元末定交，"事历五朝"，"交情不替"。元与李的结识，更有其特殊的因缘：先是李绅于贞元十五年前后，以诗名受知于当时任苏州刺史的韦夏卿（详后说），后韦调任京兆尹，婿元稹；绅遂因韦而结识元稹，又因稹而结识白居易，三人遂为莫逆之交。这三位青年诗人的接近与交往，对他们未来的仕途生涯与文学道路，无疑都有着重要的意义。但他们的结识，并成为志同道合的挚友，却不能用偶然的机遇，或仅仅从性格、气质方面去加以解释；应当看到，他们大体相同的身世经历，为他们在思想上与艺术上的接近，提供了共同的基础。按：元白的父祖辈官阶都不高。白父季庚，官至襄州别驾；元父宽，官至比部郎中、舒王府长史。李绅曾祖虽曾任高宗朝宰相，但后来家道中落，其父李晤，官终晋陵县令。这样的门第，决定了他们同属于以科第为进身之阶的新兴进士阶层，自然易于同其声气。同时，正因为他们并非出身于豪权势要之家，所以在他们解褐入仕之前，都经历过生活的艰难，对社会的黑暗和人民的痛苦有一定的了解。元稹自称"八岁丧父，家贫无业。……幼年之学，不蒙师训"，而是由母亲郑氏"亲为教授"的。[①]李绅也是六岁失怙，备尝艰辛。范摅《云溪友议》及《无锡县志》均有李绅"初贫，游无锡惠山寺，累

---

①参阅《同州刺史谢上表》。

以佛经为文稿,致主藏僧殴打"(《云溪友议》上)的记载。白居易青少年时代,也有过"苦乏衣食资,远为江海游"(《将之饶州江浦夜泊》),"孤舟三入楚,羸马四经秦。昼行有饥色,暮寝无安魂"(《朱陈村》)的困顿经历。白氏《伤远行赋》提到,贞元十五年,他曾从浮梁(今江西同名县)长兄幼文处"负米而还乡"(是时家洛阳),以活家口,可见其生计艰难到了何等程度。这三位诗人青少年时期经受的艰难与磨炼,以及对社会下层的接触与了解,使他们彼此的接近有了共同的思想基础,同时也成为他们在新乐府创作中表现出高度的现实性与人民性的思想基础。

另一方面,贞元末年,他们彼此相识时,各自都已成为创作上有一定成就,而且思想倾向和艺术风格相近并趋于成熟的诗人,这是他们在文学上接近并形成诗歌流派的一个直接原因。元稹《叙诗寄乐天书》云:"识足下时(按:指贞元十九年),有诗数百篇矣。"而且回忆了他孩童时因"不惯闻见"官吏向百姓"剥夺百货",遂有"心体震悸,若不可活,思欲发之久矣"的创作冲动,以及仰慕陈子昂、杜甫重"寄兴"的现实主义诗风的情景。白氏《与元九书》云:"及授校书郎时(亦指贞元十九年),已盈三四百首。"其早期创作思想中的现实性与人民性倾向,在《策林》中有较充分的表述(详后说),此不赘述。李绅也是一位早熟的诗人。《新唐书》本传称:"于诗最有名,时号'短李',苏州刺史韦夏卿数称之。"李绅《过吴门二十四韵》云:"忆昨麻衣客,曾为旅棹游。放歌随楚老,请宴奉诸侯。"自注:"贞元中余以布衣,多游吴郡中,韦夏卿首为知遇,常陪宴席。"据卞孝萱《李绅年谱》考证,韦夏卿任苏州刺史在贞元十年至十六年。则绅以诗名受知于韦,当在这几年之间,即在结识元白之前数年。又据《云溪友议》及《唐诗纪事》记载,贞元中(约在贞元十七年,李第一次进京应试期间),李绅曾以古风《悯农》二首为行卷谒吕温,温对齐煦及吕恭说:"此人必为卿相"。从《悯农》二首可知,李绅早年所作古风,其思想倾向与艺术风格,颇与元白早年创作的讽谕诗相类。

上述情况说明,这三位诗人在文学上的接近,也是有着深厚的基础的。

第二,贞元元和之际,这三位诗人的频繁交往,实质上为新乐府运动的兴起,作了酝酿与准备。他们三人的交往,是诗人之间的交往。杯酒唱酬,促膝论文,是他们交往的形式,也是他们之间的友谊的真实内容。所以在创作上的砥砺切磋,共同研讨,相互促进,从他们一结识便开始了。如贞元二十年,元稹作《莺莺传》,李绅乃作《莺莺歌》;受其影响,白氏于元和元年又有《长恨歌》之作。这里须要特别提到的是,元和元年,白氏罢校书郎,与元稹退居华阳观,"闭户累月,揣摩当代之事,成策目七十五门"(《策林序》)这一短暂而又重要的经历。按:白氏《代书诗》"策目穿如札"句下自注云"时与微之结集策略之目,其数至百十"。元稹《酬代书》诗云:"略削荒凉苑,搜求激直词。那能作牛后,更拟助宏基。"自注云:"旧说,制策皆以恶讦取容为美。予与乐天,指病危言,不顾成败,意在决求高等。初就业时,今裴相公(按:指裴垍)戒予:'慎勿以《策苑》为美。'余深佩其言。"通过这些材料,可以看到元白当时在华阳观闭户用功,共同揣摩时事,研讨济世救民之策略的情景,以及他们当时关注现实、热衷仕进的思想精神状态。只可惜元稹所作策目一篇也没有存留下来,今仅存白居易所撰《策林》七十五篇。这部视野开阔,内容丰富,思想深刻的政论结集,是研究白氏早期思想难得的重要资料。贯穿于这部著作的一个基本思想,那就是白氏继承先秦儒家贵民、重民思想传统并受现实的启迪而形成的激进民本主义思想。这种思想,反映在政治理想上,就是主张节制人君之奢欲,去烦扰、弘简易、省刑罚、薄赋税,施行仁政;反映在伦理观念上,就是强调恕己及物,以心度心,以身观身的人道理想;反映在文学思想上,就是注重诗歌的讽刺炯诫作用,主张文学应反映现实、关心民瘼的人民性和现实主义精神。我们知道,元白新乐府运动的理论,虽然更系统地反映在后来问世的《新乐府序》《与元九书》以及《和李校书新题乐府十二首序》《叙诗寄乐天书》《乐府古题序》等篇章中,但注重诗歌的"美刺兴比"的社会作用,强调诗歌的现实性和人民性这些基本思想,在《策林》的《议文章》《采诗》等篇什中已表现得相当鲜明。从不久后兴起的新乐府运动所表现出的思想倾向和艺术特色看来,元和初白氏《策林》的写作,从一定的意义上说,不啻为这一运动的兴起,作了思想和艺术上的理论准备。

我们还应当注意,从贞元二十年(804)到元和四年(809)这五六年间,李绅虽大部分时间在江南,不能经常与居留长安的元白一起谈诗论文,但须注意从贞元二十年至元和元年春这一年多时间,李绅客长安准备应试,正住在靖安里元稹家;特别是元和元年春,白氏罢校书郎,与元稹同住华阳观准备应制举时,似李绅亦同住在这里。白氏的几首诗,为他们三位诗人的这一段重要经历留下了一些痕迹。如《醉送李二十常侍赴镇浙东》诗云:"靖安客舍花枝下,共脱青衫典浊醪。"又如《靖安北街赠李二十》诗云:"榆荚抽钱柳展眉,两人并马语行迟。还似往年安福寺,共君私试却回时。"(按:安福寺,在长安皇城安福门外,系应试时必经之地。)再如《渭村酬李二十见寄》诗云:"形容意趣遥看取,不似华阳观里时。"从以上这些诗句不难想象,贞元和之际,李绅与元白在靖安里和华阳观,揣摩时事,研讨诗文的生动情景。元稹于元和十二年所作《乐府古题序》云:"况自《风》《雅》至于乐流,莫非讽兴当时之事,以贻后代之人。……近代唯诗人杜甫《悲陈陶》《哀江头》《兵车》《丽人》等,凡所歌行,率皆即事名篇,无复依傍。予少时与友人乐天、李公垂辈,谓是为当,遂不复拟古题。"这里的"少时",当即指贞元元和之际,他与白、李盘桓于靖安里、华阳观之时。而且,这里还分明提到,"即事名篇,无复依傍"这种改革古题乐府为新乐府的规范性主张,乃是他们三人借鉴杜甫的创作经验,而共同商讨确定的。所以后来写新乐府虽由李绅打头,但"即事名篇"这种体制却未必由他个人首创;其实他只不过率先实践了经由他们三人共同确定的创作主张罢了。根据这些情况,我们有理由说,新乐府运动之所以兴起于元和四年绝非偶然,在此之前,在他们中间确实有过自觉或不自觉的酝酿与准备的活动。

第三,元和初年的政局,给新乐府运动的兴起,提供了适宜的气候和土壤。白氏《与元九书》云:"自登朝来,年齿渐长,阅事渐多,每与人言,多询时务;每读书史,多求理道。始知文章合为时著,歌诗合为事而作。是时皇帝初即位,宰府有正人,屡降玺书,访人急病。仆当此日,擢在翰林,身是谏官,手请谏纸,启奏之外,有可以救济人病,裨补时阙,而难于指言者,辄歌咏之。欲稍稍递进闻于上。上以广宸聪,副优勤;次以酬恩奖,塞言责;下以复吾生平之志。"白氏这段充满感情的表白,真实地说明了唐宪宗元和初年,即所谓"元和中兴"的年代,在统治阶级内部确实出现了广开言路,奖掖直言的开明的政治气氛,从而为元白创作以针砭时弊为主旨的讽谕诗,并兴起新乐府运动提供了适宜的气候和土壤。《资治通鉴》宪宗元和二年十一月称:"周至尉、集贤校理白居易作乐府及诗一百余篇,规讽时事,流闻禁中;上见而悦之,召入翰林为学士。"白氏以作讽谕诗而获知奖的事实,应该是很能说明一些问题的。这里应当特别提到的是,裴垍作为当时新兴进士集团的领袖,于元和三年九月入相,这给予了元白以莫大的鼓舞。从贞元末裴垍考制词发现并赏识元白,到元和元年元白应制举裴垍又鼓励他们以直词求高等,我们看到裴垍的确是元白在政治上的支持者与保护人。元稹于元和三年十二月除母服,四年二月即除监察御史,以及李绅于元和四年春自江南入为校书郎,很可能都是由于裴垍的提拔。正因为元白在政治上得到裴垍的支持,所以他们作为言官,为澄清吏治,革除弊政,颇为尽职尽力。白氏于元和四年这一年中,即屡陈时政,如请降系囚、蠲租税、放宫人、绝进奉、禁掠卖良人等,皆从之;又论裴均违制进奉银器、于𬱟不应暗进爱妾、宦官吐突承璀不当为制军统领等,亦多听纳。元稹于是年二月任监察御史后,三月即赴东川按狱,乘机了解民众疾苦,察访官吏不法,弹奏故剑南东川节度使严砺贪赃枉法,名动三川;后分务东台,又弹奏数十事,"或奏或劾或移,岁余皆举正之"(白居易《河南元公墓志铭并序》)。不难看出,元和初年,元白在政治实践方面表现出的忧国爱民的经济热肠,同他们企图通过新乐府创作来"救济人病,裨补时阙"的用心,是完全一致的。

第四,定李、元、白三人的新乐府均作于元和四年,是否有根据呢?有的。白集《新乐府序》后自注云:"元和四年,为左拾遗时作。"汪立名编订《白香山诗长庆集》卷三《新乐府并序》题下按语谓元稹集《和李校书新题乐府十二首序》中"语末尝及白,而此序(按:指白序)中又不言和李作,当是因李作而推广者"。也就是说,李作在先,元作次之,白作最后。陈寅恪《元白诗笺证稿》根据元作《西凉伎》"开远门外万里堠,今来蹙到行原州"句,又据《旧唐书·宪宗纪》:"元和三年十二月庚戌,以临泾县为行原州"的记载,论定"微之新乐府作成之年月,亦在元和三年十二月以后,与乐天所作同为元和四年"。然则,李绅所作究在何年?按:李绅所作新乐府二十首,虽今已不传,但从元稹所和十二首题下小序所引《李传》可知,李所作题目,多取材于国家大事,年代记载颇详。其中《阴山道》取材最迟,元作和此诗题下引《李传》云:"元和二年,有诏悉以金银酬回纥马价。"可知非接触国史及文档者,难以获得这些确切的史料。而李绅于元和四年春任秘书省校书郎一职,正有此便。据此,把李绅作新乐府二十首的时间,定在元和四

年春，即他自江南来长安任校书郎后不久，是较为恰当的。

二

历代诗家论唐人乐府，每以张王元白并称。张戒《岁寒堂诗话》说："张司业诗，与元白一律，专以道得人心中事为工。但白才多而意切，张思深而语精，元体轻而词躁耳。"何世基《燃灯纪闻》说："元、白、张、王诸作，不袭前人乐府之貌而能得其神者，乃真乐府也。"刘熙载《艺概·诗概》说："白香山乐府与张文昌、王仲初同为自出新意，其不同者，在此平旷而彼峭窄耳。"上述这些侧重于艺术风格的评论，虽然见出他们的乐府诗同中有异，各具特色，但在总体上是把他们看作一个流派的。不过，新乐府运动是一个以"刺美见事"，针砭时弊、关心民瘼为主旨，具有鲜明的思想倾向的诗歌革新运动；其实质是自拟新题，规讽时事。所以，仅仅依据张王与元白在艺术风格上的相近，还不足以判断他们是否参加了新乐府运动。为此，必须对张王的乐府诗从内容和体制上作具体分析，以判明其性质和特点。

以徐澄宇整理的《张王乐府》（人民文学出版社，1957年8月第1版）同中华书局于1959年点校出版的《张籍诗集》和《王建诗集》相对照，所收篇目两者互有出入，而以点校本较为完备。我们以中华书局点校本为底本，参照徐本加以补充，共得张籍所作乐府诗73题，75首，其中自拟新题51首，古题新制24首；共得王建所作乐府诗76题，87首，其中自拟新题51首，古题新制34首。可见，两人所作，新题均多于古题。不过，给乐府诗划分新题、古题，标准并不容易掌握，上述统计数字，只能做到大致不差，聊供参考。为了验证以上划分的可靠性，我们又细检了郭茂倩《乐府诗集》。按：郭氏共辑入张籍乐府诗53题，55首。其中标明为"新乐府辞"者20首；标明为"杂曲歌辞""近代曲辞"及"杂歌谣辞"这三类近于自拟新题者共14首；古题新意

21首。共辑入王建乐府诗36题,43首。其中标明为"新乐府辞"者10首;标明为"杂曲""近代曲""杂歌谣"等三类近于自拟新题者共15首,古题新意19首。按郭氏的划分标准,新题乐府在二人所作乐府诗中,亦均在半数以上。以上数字似可作为检验我们划分的准确性的参考系数。上述数字表明,与元白同时代的诗人中,张籍和王建,也是有志于"刺美见事"的新乐府诗的创作的。沈德潜说,"张王乐府,有新声而少古意。王渔洋所谓'不曾辛苦学妃豨'也",正说明了这种情况。

再从作品的思想内容看,张王乐府虽然不像元白新乐府那样篇篇都有"讽兴",篇篇都有鲜明的"刺美"的主题,但从总体上看,也大都是有所为而作。如有的作品通过描写征人思妇的怨旷之情,谴责了统治阶级的开边黩武;有的作品则通过为黎庶下民啼饥号寒,以揭露统治阶级的强征暴敛;不少作品还分别鞭挞了权豪贵近的穷奢极欲、黠吏恶徒的横行不法、富商大贾的奢侈靡费,等等。所有反映当时社会基本矛盾的重大主题,在张王乐府中几乎都涉及到了。而且在有些题材上,他们所使用的语言和表现手法,也同元白的作品相仿佛。这是不足怪的。因为张王与元白基本上属于同时代人。他们所面对的现实,同样是天宝之乱后,藩镇割据,宦官擅权,生民凋敝,满目疮痍的现实;他们所承受的文学传统,同样是远绍《诗经》及汉魏乐府,近追杜甫、元结的现实主义传统。而且,由于张王所处的社会地位更低,较之元白登朝更晚,对下层人民所受苦难的体察也更深刻,所以他们的作品真可谓"代匹夫匹妇立言",因而更具有感人肺腑的艺术力量。就风格特色而言,如前所述,张王与元白有相似之处,而又各具特色。大体说来,张王乐府篇幅较精炼短小,描写不如元白婉转细腻,表现感情也较含蓄凝敛,不像元白那样大肆铺陈,措辞激切质直,感情上一泄无余。再细抠起来,张籍似更精深含蓄,与元白保持着一定距离;而王建之轻快直切似稍近于元白。这种细微的差别,陈绎曾曾经指出过："张籍祖国风，宗汉乐府，思难辞易；王建似张籍，古少今多。"(《唐音癸签·评汇三》)钱钟书进一步指出："文昌含蓄婉挚，长于感慨，兴之意为多；而王、白轻快本色，体则近乎赋也。"(《谈艺录》二十五《张文昌》)

正是考虑到张王乐府与元白乐府一样，都具有"刺美见事"、针砭时弊的思想倾向，但在作品的体制及风格特色上既相近似，而又各具特色，所以我们从总体上把他们看作新乐府运动的参加者，同时又就他们在这一运动中所处的地位和所起的作用，把他们看作这一诗派的同盟军。他们以自己独具特色的乐府诗，对推进作为当时现实主义文学主潮的新乐府运动的发展，无疑起过很好的配合和推波助澜的作用。

再细考张王的行年及交游，我们更有理由把张王与元白看作同一诗派，或同一个"艺术家家族"。

由于张王俱出身寒微，其先世名位事迹，俱不可考；且因仕途蹭蹬，官卑职冷，其生平行年，亦无确凿记载（按：王建，唐史无传；张籍虽两《唐书》有传，亦语焉不详）。有的研究者以白氏《与元九书》"张籍五十，未离一太祝"，及白氏《重到城十绝句·张十八》诗云"独有咏诗张太祝，十年不改旧官衔"为依据，推知张籍约生于代宗大历元年（766）。又据张籍《逢王建有赠》诗云，"年状皆齐初有髭，鹊山漳水每相随。使君座下朝听易，处士庭中夜会诗。新作句成相借问，闲求义尽共寻思。经今三十余年事，却说还同昨日时"，推知张王不仅同年生，而且青年时期二人曾在山东鹊山共同求学，切磋诗句。张籍后来因孟郊而识韩愈，得愈荐送，于贞元十年登进士第。及第后东归，过徐州，因得李翱之荐入徐州节度使张建封幕。元和元年调补太常寺太祝，在此卑微职位上滞留达十年之久。元和十一年转国子助教。此后历官国子博士、水部郎中、主客郎中、国子司业等，大和初年卒，年六十余。[1]综观张籍一生，以诗名，世称"张水部"，亦称"张司业"，又工古文，晚年与韩愈齐名，时号"韩张"。可以说，他同当时文学战线上兴起的古文运动与新乐府运动，都有瓜葛。

就交游师承关系而言，张籍显然出自韩门，但同白居易亦是交情终身不替的挚友。白氏《酬张十八访宿见赠》诗云："问其所与游，独言韩舍人。其次即及我，我愧非其伦。"这分明是说，白乃张的第二号朋友。细检二人现存诗作，白与张往还唱和各十三首（张与元唱酬各二首）；韩赠张十八首，张赠韩仅六首。以诗风而论，张亦显然不属于韩孟诗派而属于元白诗派。诚如钱钟书先生所说："按：其多与元白此唱彼于，盖虽出韩之门墙，实近白之坛坫。"（《谈艺录》二五《张文昌》）

张籍与白居易定交，可追溯到元和初张调补太常寺太祝之时。（张籍《病中寄白学士拾遗》诗云"自寓城阙下，识君弟事焉"可证）自定交后，二人友情甚笃，时有唱和，直到大和三年张去世前不久，白以太子宾客分司东都，张作《送白宾客分司东都》为之送行，诗中有句云："老人也拟休官去，便是君家池上人。"张比白年长，所以自称"老人"。这可能是二人唱酬诗的"绝笔"，大概过了不久，张就去世了。总观二人交往，前后近三十年，也可谓事历数朝，"交情不替"。当然，二人交往中最重要最有意义的，还是从元和初到元和十年白氏贬江州司马之前这十年左右的时间。这十年，是白氏在政治上颇为得意，文学上取得辉煌成就的十年；而张籍虽官卑职冷，僻处街隅，贫病交加，却也是他创作上丰收的十年。卞著《张谱》指出：张籍"创作中最有价值的部分——乐府、歌行，多是五十岁以前，在贫病交迫的环境中写出的"。所谓"五十岁以前"，自然首先应包括穷守太祝冷官这最重要

---

[1]参阅卞孝萱：《张籍简谱》，载《安徽史学通报》1959 年第四、五期合刊。

的十年在内。这十年间，尽管两位诗友的境遇穷达不同，但过从十分密切，或彼寻我访，或相约出游，或对床夜话。可以想见，这两位思想倾向和诗风相近的诗人的频繁接触，相互切磋，无疑会给他们的创作带来有益的影响。他们的许多有价值的乐府诗和讽谕诗创作于这十年间，著名的新乐府运动也正兴起于这十年间，这与他们两位志同道合的诗人在这期间的相互影响和促进，肯定有极大的关系。元和十年白氏作《读张籍古乐府》诗云："张君何为者？业文三十春。尤工乐府诗，举代少其伦。为诗意如何？六义互铺陈。风雅比兴外，未尝著空文。"同年作《与元九书》，其中提到是年春与元稹等游城南，曾有打算精选几位好友的诗作编为《元白往还诗集》的动议，其中首先提到的就是"张十八古乐府"。这两条材料正说明，张籍的乐府诗主要作于元和十年之前，而且在当时已有了影响和定评。白诗中所称赞的张籍重风雅比兴，不著空文的诗风，正与白氏祖述风雅，彪炳六义，强调"文章合为时而著，歌诗合为事而作"的诗论主张相吻合。这应是两位诗人相互接近的重要原因，也是我们判定他们同属于一个诗派的主要依据。

王建与张籍，不仅是同年学友，其艰难困踬的遭际，亦与张相仿佛，且视籍更为坎坷。他一生奔走南北，糊口四方者达三十余年。直到元和八年，可能得裴度、田弘正举荐，始得回关辅为昭应丞。二年后转渭南尉，又年余除内职太府寺丞。于元和末转秘书郎，白居易为之撰《制》云："诗人之作丽以则，建为文近之矣。故其所著章句，往往在人口中。求之流辈，亦不易得。"（《除王建秘书郎制》）可知王建的那些富有现实性和人民性的乐府之作，亦多产生于登朝以前的艰难境遇中。长庆、大和间，历官太常丞、秘书丞、侍御史；大和二年出为陕州司马，白居易、张籍、刘禹锡、贾岛等均有诗送行。翌年，白以太子宾客分司东都，过陕州，王、白尽宾主礼，白赋诗惜别。后，王建亦自陕州退归咸阳原上闲居。有《原上新居十三首》,其中有"弟兄今四散","终日忧衣食","苦相常多泪","亲故亦无书"之句,可见其晚景凄凉之一斑。其卒年当在大和六年前后,年近七旬。[①]

由于王建同张籍是同年又复同学的挚友,生平遭际亦复相似,故所作乐府歌行,亦多注目现实,关心民间疾苦,诗风与张籍相类。有了这样的基础,再有张籍作中介,他同元白诗派的接近,应是很自然的事。由于王建于元和末年始登朝为秘书郎,与元白结识当亦较晚。值得注意的是,元和三年,张作《病中寄白学士拾遗》,白有《酬张太祝晚秋卧病见寄》作答。而王建是时在江陵,亦作《酬张十八病中见寄》。张寄白诗中有"秋亭病客眠"句,王酬张诗中有"秋灯照雨明"句可互证为同时赠答之作。似张籍同时以诗寄赠王、白。据此,可推知王与白未面识时,有可能已通过张籍的中介作用而互通声气。张籍晚年作《赠王建》诗云:"白君去后交游少,东野亡来箧笥贫。赖有白头王建在,眼前犹见咏诗人。"不无巧合的是,张籍晚年所作这首自嗟友朋星散,晚景萧条的小诗,也同时提到了王建和白居易。这不正好为说明张王与元白同属于一个诗派提供了一条有力的证据吗?

三

关于唐衢、邓鲂和李余、刘猛,由于资料奇缺,以往对这几位诗人的研究,还几乎是一个空白。我们将力求在资料方面再做些力所能及的爬梳钩稽的工作,以便把他们的形象描述得稍微具体一些,并使我们提出的关于这四位诗人是元白的追随者和新乐府运动的积极支持者的论点,能够成立并站得住脚。

当白居易的《新乐府》和《秦中吟》等讽谕诗问世后,曾引起权豪

---

①参阅谭优学:《王建行年考》,载《西南师院学报》1983 年第 4 期。

怨怒，亲朋讥诮的强烈反响。在《与元九书》中，他曾愤激地谈到自己的政治讽谕诗不为时俗所理解的痛苦心情：

> ……不相与者，号为沽名，号为诋讦，号为讪谤。苟相与者，则如牛僧孺之戒焉。乃至骨肉妻孥，皆以我为非也。其不我非者，举世不过三两人。有邓鲂者，见仆诗而喜，无何而鲂死。有唐衢者，见仆诗而泣，未几而衢死。其余则足下。足下又十年来困踬若此。呜呼！岂六义四始之风，天将破坏，不可支持耶！抑又不知天之意，不欲使下人之病苦闻于上耶？不然，何有志于诗者，不利若此之甚也！

白氏在这里提到的在当时能理解其讽谕诗而不以他为非的"三两人"中，正有唐衢和邓鲂，而且把他们同元稹相提并论。可见，他是多么看重这两位不知名的诗人对他的理解和支持。

关于唐衢，根据白居易《寄唐生》（约作于元和五、六年）、《伤唐衢二首》（约作于元和六年后至十年前），韩愈《赠唐衢》（约作于元和三年），李肇《国史补》及《旧唐书》本传的简略记载，可知唐衢是荥阳人。从白诗说他"五十寒且饥""五十著青衫"，可推知他大约生于代宗宝应、广德间，卒于元和八年前后，活了约五十岁。他"有文学"，"应进士，久而不第。能为诗歌，意多感发"。因感慨时事之艰难，复自嗟身世之悲凉，每有感触，则抗音悲泣，故世称"唐衢善哭"。唐衢能作古文，欧阳修《集古录》存其《阳武复县记》一篇，《跋尾》称其"气格不俗"。难怪韩愈《赠唐衢》要为他的"抱奇才"而"饿空谷"感到愤愤不平了。《旧唐书》将他同张籍、孟郊、李翱等同附于《韩愈传》之末，显然是把他看作"韩门弟子"的，因而把他看作古文运动的支持者乃至参加者似亦无不可。白氏《伤唐衢二首》之一，曾提到"偶游滑台侧，同宿李翱家"与唐初相识的情景。按：滑台（今河南滑县），唐河南道滑州治所。李翱，韩门弟子，贞元十四年进士，贞元末，曾任郑滑节度使李元素幕府判官(李翱《故度支李尚书事状》云："翱尝从事滑州一年有余")。贞元十八年冬,白自宣州赴京应拔萃科试,过滑州,因得在李翱家同唐相遇。果尔,则从白与唐相识到唐去世,二人交往当在十年以上。关于唐衢的"善哭",白氏亦把它比作"贾谊哭时事,阮籍哭途穷",分明寄寓着深刻的理解和同情。程学恂《韩诗臆说》云："乐天遗唐衢诗,全赋其哭。此(指韩愈《赠唐衢》)独不及哭,但称其才之奇而已。须知哭处正是奇才无所发泄处也。"①这同白氏对"善哭"的理解,可谓所见略同。白诗又云："遗文仅千首,六义无差忒。"可见唐衢不仅能诗,且其诗风合于白氏标榜的"六义"之旨。白诗中还提到,当其针砭时弊的政治讽谕诗,引起"贵人皆怪怒,闲人亦訾非"的时候,"唯有唐衢见,知我生平志。一读兴嗟叹,重吟垂涕泗。因和三十韵,手题远缄寄。致我陈杜间,赏爱非常意。此人无复见,此诗尤可贵!"从这些发自肺腑的诗句中,可以看出白氏是多么珍视和感激唐衢对其讽谕诗的理解和支持。尽管唐衢的诗一首也未留传下来,我们无从判断他是否创作过新乐府诗,但从白氏评价他的三首诗中可以推知,他的诗风合乎"六义"之旨,同白氏是相近的;同时,他对白氏以《新乐府》《秦中吟》为代表的讽谕诗是理解和支持的,而且这种支持是见诸行动的。因此,我们有理由把他看作新乐府运动的支持者。

关于邓鲂,可供我们研究的资料更少。所幸白氏除在《与元九书》中提到他,把他同元稹、唐衢一样看作难得的"知音"而外,白集中还给我们留下了两首关于邓鲂的五言诗:

> 古琴无俗韵,奏罢无人听。寒松无妖花,枝下无人行。春风十二街,轩骑不暂停。奔车看牡丹,走马听秦筝。众目悦芬艳,松独守其贞。众耳喜郑卫,琴亦不改声。怀哉二夫子,念

---

① 转引自钱仲联:《韩昌黎诗系年集释》卷六《赠唐衢》集说。

此无自轻!(《邓鲂、张彻落第》)

尘架多文集,偶取一卷披。未及看姓名,疑是陶潜诗。看名知是君,恻恻令我悲!诗人多蹇厄,近日诚有之:京兆杜子美,犹得一拾遗;襄阳孟浩然,亦闻鬓成丝。嗟君两不如,三十在布衣。擢第禄不及,新婚妻未归。少年无疾患,溘死于路歧。天不与爵寿,唯与好文词。此理无复道,巧历不能推!(《读邓鲂诗》)

第一首提到的张彻,据《登科记考》,于元和四年登进士第,可知此诗当作于元和四年之前,白氏在京任左拾遗时;第二首当作于元和十年之前,因元和十年所作《与元九书》中曾提到邓鲂的死。按:张彻是韩愈的及门弟子,且是韩的侄孙婿,很受韩的爱重。韩集有《答张彻》的长篇排律,及彻与张籍、孟郊同韩的联句诗多首。张及第后,迁殿中侍御史,后又为幽州节度判官;军乱,抗节不屈,骂贼死,韩为撰墓志铭以旌表之。白在诗题中将邓、张并提,且置邓于张之前,可见邓的才名当不在张下。在第二首诗中,白氏盛赞邓鲂的诗可与陶潜相仿佛(这很可能就其真率自然的诗风而言),而且将其"爵寿"同杜甫、孟浩然相比较;可见在白氏心目中,这位"三十在布衣"的短命诗人确非寻常等闲之辈。否则,他不会不感到"拟于不伦"的。正因为邓鲂在白氏心目中地位如此之高,所以他格外着重邓鲂对其包括新乐府在内的讽谕诗的理解和支持,在《与元九书》中,把他同元稹、唐衢相提并论,都被看作难得的"知音"。再根据邓鲂曾留有文集给白氏等情况,我们把邓鲂也看作白氏的追随者及新乐府运动的支持者,似乎还不是毫无根据的无稽之谈。

同唐衢、邓鲂相比,李余、刘猛似乎要幸运得多。李、刘二人之名,都入了张为《诗人主客图》,而且都在《全唐诗》中挂上了名。按:《全唐诗》存李诗二首,《小传》云"蜀人,工乐府。登长庆三年进士第";存刘诗三首,《小传》云"梁州进士,与元稹同时"。值得注意的是,李余仅存的两首七绝《寒食》与《临邛怨》,均被选入号称抉择精严的闻一多《唐诗大系》。同刘猛相比,李余的才名似稍胜一筹。同时代著名诗人与之交游唱酬者,除元稹外,还有张籍、贾岛、姚合、朱庆余等。辛文房《唐才子传》卷上,还有贾岛"乘闲策蹇访李余幽居,得句云:'鸟宿池中树,僧推月下门'"的记载。

关于李余登进士第之年代,《唐诗纪事》《全唐诗》小传及《登科记考》均定为长庆三年(823)。但元稹《乐府古题序》分明曾说:"昨梁州见进士刘猛、李余"云云。该《序》题下自注"丁酉"二字。按:丁酉即宪宗元和十二年(817),卞著《元稹年谱》正系此《序》于这一年。若此,则李余、刘猛登进士第最迟不应晚于元和十二年。可见长庆三年说是不能成立的。姑存疑于此,以俟方家指正。不过,李余确实曾登进士第当无疑问。当他及第后归蜀觐省,张籍、贾岛、姚合、朱庆余等,均有诗送行可证。张诗有句云:"十年人咏好诗章,今日成名出举场。"姚诗有句云:"十年作贡宾,九年多遭回。春来登高第,升天得梯阶。"可知李余为求科第,曾在长安蹭蹬达十年之久。又贾岛《送李余往湖南》诗云:"昔去候温凉,秋山满楚乡。今来从辟命,春物遍溽阳。"据此,似乎李及第后,曾辟为湖南州县佐吏。再从其所交游,多是门第不高、名位不显的落拓者这一点来看,李余显然也是一个出身寒微,有诗才,而功名仕途均不得意的人物。他们这种低下的社会地位和坎坷的生活境遇,也许正是他们在思想与艺术上同元稹接近的一个重要原因。

刘猛的身世经历,更难考索。关于他的研究资料,除张为《诗人主客图》及《全唐诗》所存《月生》《苦雨》及《晓》三首五古外,只有元稹于元和十二年所作《酬刘猛见送》《乐府古题序》以及和刘猛古乐府诗十首,可聊资参考。《酬刘猛见送》这首五古,乃步刘诗本韵而作,共十七韵,既抒发了自己因忤触权贵而遭贬谪的愤懑,也酬答了刘猛对他的慰勉送别的情谊,情辞恳切,可见二人交情非同泛泛。

当然,我们把李余、刘猛看作元稹的追随者和新乐府运动的支持者,主要的根据,还是元稹《乐府古题序》及和李、刘的古乐府诗十九首。按:《乐府古题序》长达七百余言,与白氏《新乐府序》及《与元九书》,同为研究新乐府运动的重要文献。此《序》的价值,不仅在于它为古今诗歌发展演变的大势理出了一个轮廓,特别是对新乐府诗的源流及性质特点,作了精辟的分析和论断,就研究李、刘同元稹及新乐府运动的关系而言,它至少给了我们两点重要的启示:一是从中可以推知李、刘所作乐府诗的性质和特点;二是可以看出元作此《序》的动机,意在对李、刘作宣传,以继续推进新乐府运动。让我们先看《序》中如下的一段话:

> ……昨梁州见进士刘猛、李余各赋古乐府诗数十首,其中一二十章,咸有新意,予因选而和之。其有虽用古题,全无古义者,若《出门行》不言离别,《将进酒》特书烈女之类是也。其或颇同古义,全创新词者,则《田家》止述军输,《捉捕》词先蝼蚁之类是也。刘、李二子方将极意于斯文,因为粗明古今歌诗同异之旨焉。

首先,从上面这段话可以看出,刘、李所作新乐府诗为数不少,其中"咸有新意"的那一二十首,其特点颇与元白新乐府相类似。他们所作的这些或"虽用古题"而"全无古义",或虽"颇同古义"但"全创新词"的乐府诗,虽然还不是"即事名篇,无复依傍"的元白新乐府的典型形态,但它们已不同于单纯地"沿袭古题,唱和重复",毫无"新意"与"讽兴"的那种过时的古题乐府,而是属于从古题乐府到新题乐府的一种过渡形态:其中既有"寓意古题,刺美见事"的一类,也有"全创新词"而意在"讽兴"的一类。刘、李乐府的这种"古题"与"新题"两种体制并存,而俱含"讽兴"的状况,颇与张王乐府相类似。不过,在张王乐府中,"新题"已占较大优势,而在刘、李乐府中"古题"与"新题"大体上各占一半罢了。正是考虑到刘、李乐府的这种性质和特点,我们把李余、刘猛看作元稹的追随者和新乐府运动的支持者,也许不会有大的不妥。

其次,从"刘、李二子方将极意于斯文"这句话,可以明显地看出,元稹之所以对作为后进晚辈的刘猛、李余表现出如此巨大的热情,既和诗又特地作了一篇讨论乐府诗的长《序》,其目的恐怕不能仅仅用奖掖后进去解释,而分明还有为推进新乐府运动作宣传的用意在。也就是说,当他敏锐地察觉到刘、李的乐府诗正处于"古题"和"新题"杂糅的过渡阶段,在思想倾向和艺术风格上都同他与白、李倡导的新乐府相近似,所以他乐于把他们引以为同调,并热情地给以启迪和鼓励,以为推进新乐府运动广其招徕,壮大队伍。

四

通过以上关于新乐府诗派构成情况的三个层次的分析,我们看到,以元白为代表的新乐府诗派确实是存在的。这一思想倾向、文学观点和艺术风格相近的诗人群体的存在,固然是新乐府运动所由兴起的最重要的前提,但是,由于当时历史条件的限制,我们不能指望他们会以开大会、发宣言、办同人刊物、出派别丛书等现代的活动方式来表明他们正在开展一个有组织、有纲领的文学流派运动。我们只能根据这一诗人群体的文学实践(包括理论和创作)所产生的社会影响,以及在文学发展史上的影响,来衡量和判断他们的文学活动是否构成了一个运动。

以成就和影响而论,白居易无疑是这一诗人群体中"最高的一根

枝条","是这个艺术家庭中最显赫的代表"①；同时,他所创作的其他讽谕诗,在思想倾向和艺术特色方面同新乐府基本上是一致的,所以,我们在讨论新乐府运动的影响时,不能不突出地谈到白居易,以及他所创作的包括新乐府五十首在内的讽谕诗。

关于新乐府运动的社会影响,可以从正反两个方面去分析。由于元白所倡导的新乐府创作,是以"刺美见事"、针砭时弊为主旨,具有明确的现实针对性,"意激言质"的战斗风格,它们的大量问世,必然会在社会上引起强烈的反响:一方面,会招来被讽刺的权贵们的憎恶;另一方面,也将受到被同情的黎庶细民的喜爱和支持。如元和八年前后,白氏在其《伤唐衢二首》之二中,曾说到他创作"一吟悲一事"的《秦中吟》,如何引起"贵人皆怪怒,闲人亦訾非"的情景;元和十年冬,白氏贬江州司马后不久,又在《与元九书》中,满怀愤激地回顾了他所创作的政治讽谕诗,接连遭到非难的情形:

> 凡闻仆《贺雨》诗,而众口籍籍,已谓非宜矣,闻仆《哭孔戡诗》,众面脉脉,尽不悦矣;闻《秦中吟》,则豪权贵近者相目而变色矣;闻仆《乐游园》寄足下诗,则执政柄者扼腕矣;闻《宿紫阁村》诗,则握军要者切齿矣。大率如此,不可遍举。不相与者,号为沽名,号为诋讦,号为讪谤。……

过不久,他又在《与杨虞卿书》中,沉痛地谈到,他如何采取"以诗歌导之"的方式作为讽谏的手段,结果却遭到权贵们的媒蘖中伤,以致引起皇帝对他的不信任("君臣之道间")。事实上,元和五年以后,元白的相继被疏远、斥逐,也正说明他们的政治讽谕诗尖锐有力,触及了当权者们的痛处,所以他们只能落得个"迁客逐臣"的悲剧下场。

---

①参阅丹纳著,傅雷译:《艺术哲学》第一章,安徽文艺出版社1997年7月第1版第45页。

白居易有感于他的"意激而言质"的讽谕诗,既遭到权豪贵近的非难,又不为时俗所理解,在《与元九书》中曾经愤激地说过:"今仆之诗,人所爱者,悉不过杂律诗与《长恨歌》以下耳。时之所重,仆之所轻。"于是,不少研究者便认为白氏讽谕乐府读者不多,流传不广。这种看法,似可商榷。按常理推之,白氏的那些"代匹夫匹妇立言"、通俗易懂的讽谕诗,是应该为下层人民所理解和接受的。不妨举两个例子来看看:一是元稹于长庆四年所作《酬乐天余思不尽加为六韵之作》句下自注云:"乐天先有《秦中吟》及《百节判》,皆为书肆市估题其卷云:'白才子文章'。"这说明,白氏《秦中吟》问世不久,已在社会上广泛流传。二是1959年在新疆婼羌县米兰古城(唐属安西都护府)遗址发现的《坎曼尔诗笺》,其中有回纥诗人坎曼尔用汉字抄写的白居易的《卖炭翁》和他自作的《诉豺狼》等三首诗;《诉豺狼》这首诗,把剥削人的财主比作豺狼,显然是受了白氏讽谕诗的影响。他的新乐府《卖炭翁》问世后不数年,即已流传到塞外的少数民族地区。那么,他的富有人民性的讽谕诗在汉族地区广大下层人民中间,必将更加受到欢迎,应是不难想见的。

正是鉴于以白居易为代表的这一诗人群体所创作的讽谕乐府,在正反两个方面都产生了广泛的社会影响,我们有理由把这一特殊的文学现象提到"运动"的高度来认识。

茅盾在其《夜读偶记》中说过:在中国文学史上,"'新乐府'差不多成为'现实主义'的代名词"。谈到新乐府运动在中国文学史上的影响,正是主要表现在它为继承和发展中国古典诗歌的现实主义传统,起到了重要的推进作用。这种作用,又主要是通过白居易为倡导新乐府运动,较为系统地宣传了他的诗歌理论而体现出来的。

第一,白居易继承了《诗经》及汉魏乐府"饥者歌其食,劳者歌其事"和"感于哀乐,缘事而发"的现实主义传统,明确地提出了"文章合为时而著,歌诗合为事而作"的创作主张。元稹关于"雅有所为,不虚为文"的提法,与白氏的主张,在精神上是一致的。这种主张,是儒家"经世致用"的思想和他早期"安人活国"、兼济天下的政治抱负在文学上的反映。其实质是要求诗人对自己所处的时代,对国事民生都持关心的积极的态度。这样,就把对诗歌的社会作用和诗人的社会责任感的认识,提到了一新的高度和水平。这一主张,对于促使人们认识诗歌同现实生活的关系,也具有理论的意义。

第二,白氏继承了汉儒以"美刺"论诗而侧重于"刺"的优良传统,强调以诗歌规讽时政,干预现实,揭露和讽刺现实生活中的阴暗面和消极面。他向最高统治者呼吁"欲开壅蔽达人情,先向诗歌求讽刺",并明确反对"讽刺之诗不稽政"。基于这样的认识,他创作的《秦中吟》用的是"直歌其事"的赋体手法,篇篇都含"讽兴"。他创作的新乐府五十首,其中刺诗即占43首,为了增强新乐府诗的讽刺炯诚的效果,他甚至提出了"其辞直而径","其言直而切","其体顺而肆"的偏激主张。在《杜陵叟》中,他甚至唱出了"剥我身上帛,夺我口中粟。虐人害物即豺狼,何必钩爪锯牙食人肉"这样尖锐激烈的调子。他的这种创作主张,显然打破了所谓"温柔敦厚""依违谲谏,不直言君之过失"的儒家传统诗教的藩篱。

第三,白氏把反映生民疾苦,奉为诗人的崇高使命。由于受到先秦儒家贵民、重民的思想传统的影响,我国过去时代的诗人和文学家,在其创作中一般都或多或少地会表现出一些同情人民的倾向。但像白居易那样,把关心民瘼,"救济人病"作为他的审美理想的核心,作为衡量诗歌的审美价值的最高标尺,则诚不多见。他一再表白,"救济人病,裨补时阙","使下人之病苦闻于上",这是他所奉行的"诗道",也是他创作讽谕诗的出发点。基于这样的认识,他的创作态度是"但歌民病痛,不识时忌讳","唯歌生民病,愿得天子知"。正是抱着这样崇高的目的和高度自觉的态度,他在短短的几年内,创作了以《新乐府》《秦中吟》为代表的一百七十余首充满着体恤下民的人道主义激情的讽谕诗。涅克拉索夫说得好:"世界上再没有比缪斯与人民的联盟更牢固的了。"我认为,不论我们的文学观念如何更新,对白氏具有高度人民性和现实主义精神的诗歌理论,以及他的那些贯穿着激进民本主义思想的讽谕诗,都应该给予足够的重视,并予以高度的评价。

白居易作为杜甫现实主义诗风的直接继承人,作为新乐府诗派的倡导者和杰出代表,以其强调诗歌的现实性、批判性和人民性为体系的诗歌理论,推动了新乐府运动的开展,不仅沾溉了同时代的诗人,而且对我国封建社会后期的诗歌发展都产生了深远的影响(限于篇幅,此不具论),为继承和发展我国古典诗歌的现实主义传统,作出了杰出的贡献。

"即事名篇,无复依傍"的新题乐府,作为诗歌体制上的一种改革,虽为杜甫所首创,但元白自觉地从理论上加以总结,并推衍之使成为运动,其贡献也应充分肯定。陈寅恪认为:乐天新乐府"乃以改良当时民间口头流行之俗曲为职志",具有"创造性质",较之陈子昂、李白改革齐梁体诗歌,"其价值与影响,或更较为高远也"①。但是,由于这种体裁的"灵魂",是以激切质直的笔调去规讽时政,所以难免不触逆鳞、犯忌讳。当他们因规讽时事而频遭打击,相继远贬之后,他们自己就再也不作新乐府,在当时也不见有人步其后尘。但是,应当看到,新乐府运动的影响是巨大的;新乐府作为一种新创的诗歌体裁,也是富有生命力的。因此,到了时世艰难的晚唐,又有不少人以新乐府这种体裁来传达人民痛苦的呼声。胡震亨指出:"……嗣后,曹邺、刘驾、

---

① 参阅《元白诗笺证稿》第五章。

聂夷中、苏拯、皮、陆之徒,相继有作,风流益盛"(《唐音癸签》卷十五)。所谓"风流益盛",诚不免有些夸大,但"杜甫始之,元白继之"的新乐府这种富有现实性和战斗性的诗歌体裁,倒确实被历代诗人继承下来了。远的,如苏轼的《鸦种麦行》《吴中田妇叹》,范成大的《织女叹》等;近的,如辛亥革命前夕,"诗界革命"中涌现的仿"杂歌谣辞"而作的"歌"体诗,乃至20世纪30年代鲁迅所写的《好东西歌》《公民科歌》及《言词争执歌》,40年代陈寅恪所作的《哀金圆》(陈声聪《兼于阁诗话》谓其"愤激痛切,有香山新乐府之风")等,都不妨看作元白新乐府之余响和回声。

总而言之,一个以元白为代表的新乐府诗派的存在,以及这一诗人群体的文学实践所产生的多方面影响的总和,这就是我国诗歌发展史上的新乐府运动。肯定并承认这一运动的存在和影响,对于全面地评价白居易的文学成就及其在文学史上的地位,具有重要的意义。这正是笔者不殚辞费地为之饶舌的原因所在。

(原载《西北师大学报》社科版,1986年第4期)

《长恨歌》主题平议

——兼论《长恨歌》悲剧意蕴的多层次性

一

白居易的不朽杰作《长恨歌》，真可谓以"出世之才"写"希代之事"（陈鸿《长恨歌传》），或者说是"以绝好题目，做绝好文章"（梁廷枬《曲话》评《长生殿》语）。所以，它一问世就博得万口竞传、雅俗共赏的社会效果。唐宣宗李忱《吊白居易》诗云"童子解吟《长恨》曲，胡儿能唱《琵琶》篇"，甚至连当时的歌儿舞女也以能"诵得白学士《长恨歌》"（《与元九书》）而自高其身价。清·赵翼《瓯北诗话》卷四云：

> 香山诗名最著，及身已风行海内，李谪仙后一人而已……
> 盖其得名在《长恨歌》一篇。其事本易传，以易传之事，为绝
> 妙之词，有声有情，可歌可泣，文人学士既叹为不可及，妇人
> 女子，亦喜闻而乐诵之，是以不胫而走，传遍天下。……

的确，这首叙事与抒情完美结合，声情并茂，蕴涵深永的佳作，对于成就白居易的不朽诗名，并使他跻身于享有世界声誉的天才诗人的行列，其意义和价值，都是显而易见并无可置代的。

然而，正如恩格斯所指出的："作品的观点愈隐蔽，对艺术作品来说就愈好。"（恩格斯《致玛·哈克奈斯》）正因为《长恨歌》是一首蕴涵深永、耐人咀嚼的千古绝唱，而不是那种直率浅露，一览无余的肤泛平庸之作，因而对其主题思想的理解，从它问世以来，就一直存在着

分歧。大体说来,过去时代的诗论家,由于受传统的君父观念及儒家诗教的束缚,大抵以是否有益于"箴规"和"劝诫"为准的,谴责它"止于荒淫之语,终篇无所规正"(张邦基《墨庄漫录》卷六),有的甚至斥责作者以"形容勾栏妓女之词"写贵妃,"直开千古恶诗之祖"(张祖廉《定庵先生年谱外纪》)。诸如此类的责难,不啻从反面示意出作品的倾向、重心和着力点,是在叙写李杨爱情悲剧的方面,尽管他们对这种倾向并不赞赏而持明确的谴责态度。也有在"叙艳情"与"存炯戒"之间持折中态度的,如清高宗《唐宋诗醇》评《长恨歌》云:"《长恨》一传自是当时傅会之说,其事殊无足传者。白居易诗词特妙,情文相生,哀艳之中,具有讽刺。"至于更广大的读者层,上至王公妾妇、仕女文人,下至牛童马走、市井细民,他们或则流连其情节的离奇曲折,可歌可泣,或则叹赏其词采的雍容华美,绮丽典雅;或者击节其韵律的流利宛转,声情并茂……无疑,他们都为作品巨大的艺术魅力所倾倒,所俘虏,但他们在击节叹赏之余,却大都无暇(或无力)对作品的主题思想给予咀嚼和品评,作出明晰的理性判断。

但是,应当看到,在阶级社会里,"统治阶级的思想在每一个时代都是占统治地位的思想"(《马克思恩格斯全集》第 3 卷,人民出版社1960 年版第 52 页)。这一定则适用于整个上层建筑的领域,自然也适用于文学批评的范围。因此,在《长恨歌》问世后的漫长封建社会里,不论其在流传中所产生的实际社会效应如何,在士大夫阶层中,讽谕的主题始终居于主导的地位。

文学批评的发展,往往是同文学观念的更新和研究方法的变革联系在一起的。要对产生和流传于我国封建社会的《长恨歌》作出客观而科学的评价,也只有期待于更高的社会发展阶段的到来,期待于新的历史条件下的科学和真理的照耀。但在 20 世纪的前半期,从1929 年俞平伯"隐事说"(俞平伯《〈长恨歌〉及〈长恨歌传〉的传疑》),

《小说月报》20 卷 2 号,1929 年 2 月)的提出,到 1947 年陈寅恪《〈长恨歌〉笺证》的发表,对作品主题思想的探讨虽甚有创获,但总的看来,发表的文章不多,探讨还有待于深入。新中国成立后,随着社会历史条件的变迁,在新思潮和新观念的激荡下,对《长恨歌》主题这一为文学史所艳称而又富有理论容量的论题,自然引起了学术界的兴趣,并在 50 年代末和 80 年代初,掀起了关于《长恨歌》主题的讨论和论争的热潮,发表论文近 200 篇,由于尚未得出为学术界所公认的结论,这种论争至今犹未止息。纵观长达半个多世纪的论争,关于《长恨歌》的主题思想,先后形成了以下五派观点:即为俞平伯所倡导的"隐事"说,以陈寅恪为代表的讽谕说,以马茂元为代表的爱情说,以王运熙为代表的双重主题说,以及新近出现的以陈允吉为代表的感伤说。

造成对《长恨歌》主题的歧解,原因可能是多方面的。除了它作为杰出作品,因其内容的涵盖深广,艺术的含蓄蕴藉,从而有可能导致对其主题作多层次、多角度的不同理解这一根本原因而外,我以为,还有以下几点原因值得正视:

第一,题材的特殊性。《长恨歌》既取材于历史,又取材于民间传说,而就作品的整个故事情节来说,它所描写的又是一个帝王宫妃间的令人荡气回肠的典型悲剧。它的题材的特殊性,为人们提供了从不同视角和层面去把握其主题思想的可能性。由于人们看问题的角度不同,着眼点不同,对其主题的理解,便不免出现见仁见智之差。

第二,表现手法的独特性。作品前半部分侧重于揭露李的贪欢怠政与杨的恃宠乘势,用写实的手法;作品的后半部分侧重于渲染李对杨的思念,杨对李的钟情,如方士寻觅、仙山问答、寄托信物等都是非现实的情节,使用浪漫的手法。写实有利于叙事与揭露,浪漫则宜于想象与抒情。于是,由于人们的审美趣味及审美感受的侧重点不同,便有可能对作品主题的把握出现歧义。

第三，作者创作思想上的矛盾。质言之，这是为作者既是一个诗人，同时又是一个封建官吏这种双重身份所决定的。作为一个有进步倾向的天才诗人，他勇于从民间传说中吸取养料，并把作为帝王宫妃的李、杨塑造成哀婉动人的爱情悲剧形象，以寄托自己及人民大众向往爱情和幸福生活的理想；作为一个恪守君亲大义的封建官吏，他又不能不观照到李、杨真实的政治身份，对其荒淫误国的一面给予讽刺，以存"炯戒"之意。《长恨歌》内部情节前后之间的矛盾，以及《长恨歌》同白氏其他涉及李、杨的讽谕诗之间在思想倾向上的矛盾，正是为作者这种双重身份所决定的思想上的矛盾在创作中的反映。不了解这一点，便不可能对《长恨歌》主题内涵的矛盾作出正确的解释，引起争论也就是必然的。

第四，文学观念和研究方法的局限。一方面，"一篇作品一个主题"的艺术教条长期禁锢着我们的头脑；另一方面，单线直观的思维方式和研究方法限制和束缚着我们的视野和手脚。这样，就使得我们不能从作品的实际出发，不能从深入分析作品的思想内容和艺术特点入手，多层次、多角度、全方位地去审视和把握作品的主题，致使对《长恨歌》主题的探讨，长期陷入各种观点的纷争对立，有我无你，互不相容的单一主题模式的困惑之中。同前三点相较，这是更重要、更带有根本性的原因。

针对《长恨歌》主题讨论中出现的迷误与困惑，本文试图在平正公允地检讨现存各派观点的是非得失的基础上，打破"一篇作品一个主题"的艺术教条的束缚，对《长恨歌》的主题作全方位的审视与分层次的把握，并以《长恨歌》作为典型的悲剧题材及其悲剧意蕴的多层次性为契机，从而把《长恨歌》的主题思想，理解为一个具有相对独立性的多重主题的兼包并容、相辅相成而又结合为一个有机统一整体的思想体系。

为此,我们须从检讨现有各派观点之是非得失入手。

二

下面,我们以各派观点出现的时间为序,逐一地作一番检讨。

1. "隐事"说。20世纪20年代末,俞平伯发表《〈长恨歌〉及〈长恨歌传〉的传疑》一文,揭开了在新的历史条件下,摈弃传统,对《长恨歌》主题作大胆自由探索的序幕。文章大意谓:白《歌》陈《传》所述似乎大体相同,实则各有用意,互为补充:《传》文所载李、杨事迹不过敷衍国史,而白《歌》则记述了一件皇家逸闻,一桩"世所不闻"的"隐事",即:马嵬兵变,事起仓皇,玄宗确曾赐杨妃死,然得高力士等亲信之助,被宫女替死,而得以换装隐逃,流落民间。玄宗晚年知杨尚在人间而又不能使之归来,只能徒托空言以结再生之缘。故西宫南内的上皇悲念,实为生离之苦,并非死别之恨。白氏将此事写入《长恨歌》,以为君讳不便明言,只能托陈《传》以示其隐旨。此文写于当时大胆假设的疑古之风盛行的学术空气中,虽胪列七事以证其说,但多属凭空推论与臆断,故说服力不足,反响甚为渺茫。

但是,20世纪80年代初,周煦良发表《〈长恨歌〉的恨在哪里?》以及周、俞二人《关于〈长恨歌〉的通信》(均载《晋阳学刊》1981年第1期),又将"隐事"说重新提出。周氏认为,俞先生的看法,今天仍是对《长恨歌》的"最正确的解释"。赞成其说的孙次舟也说,《长恨歌》问世一千余年来,只有俞先生第一个把这篇作品"读懂"(《读〈长恨歌〉与〈长恨歌传〉》,《文学遗产增刊》第14辑)。流风所及,有的小说家也附会其说而敷衍成长篇小说,谓杨妃先逃匿扬州,再乘日本使节船舶东渡日本,在日本又活了多年,甚至参与日本朝政云云(见台湾南宫搏著《杨贵妃外传》及所附考证)。然而,"隐事"说的首倡者俞平伯先生在回信中却明确表示:其旧说虽"似有创获,以佐证不足,难成定论";

并指出："讽刺而用曲笔"，是此诗写法上的特点，"本意固是惩尤物、窒乱阶，却又不能扬家丑，显国恶，故褒贬互用，美中有刺"。可见，俞先生关于《长恨歌》主题的见解实近于讽谕说。而对其早年所首倡至今仍不无影响的"隐事"说，以一个学者的严肃态度，作了明白无误的自我否定。

2. 讽谕说。以陈寅恪《〈长恨歌〉笺证》(载于 1947 年 10 月《清华学报》14 卷 1 期)肇其端，周天《〈长恨歌〉笺说稿》(专著，陕西人民出版社，1983 年 11 月出版)殿其后，几乎巨细无遗地概括了这一派观点的见解。反映在这两部著作中的论点，可视为讽谕说的代表性论点。其要点是：

第一，坚持"以史证诗"的方向。针对《长恨歌》所描写的主要人物和基本情节都取材于以"安史之乱"为历史背景的真人实事，陈寅恪逞其隋唐史名家之专长，从正史和野史详尽钩稽关于"天宝遗事"的材料，为《长恨歌》逐句作笺证，以论证酿成"安史之乱"，导致马嵬兵变，妃死国危，战祸连年，生民涂炭的历史大悲剧，实由于当时最高统治者唐玄宗迷恋杨贵妃，宠信诸杨集团和安禄山，贪欢怠政，荒淫误国所造成的恶果，从而揭示和突出作品的讽谕鉴戒意义。

第二，强调《歌》《传》一体，不可分割。陈氏在《笺证稿》中就文体之关系及当时文人之关系来研究白《歌》、陈《传》，认为《传》与《歌》的关系"非通常序文与本诗之关系，而为一不可分离之共同机构"；又说：《长恨歌》"本身无真正收结，无作诗缘起，实不能脱离传文而独立"。那么，其"作诗缘起"与"真正收结"，亦即我们今天所说的主题思想，又端的何在呢？陈氏明确回答说"乃见于陈氏传文中"，也就是陈先生点明可能"经乐天所删易"的通行本《长恨歌传》结尾的那一段议论。于是，这段文字中的"惩尤物，窒乱阶，垂于将来"这几句话，便一向为持讽谕说者引以为核心论据。

第三,联系新乐府《李夫人》《胡旋女》《上阳人》等讽谕诗来探讨《长恨歌》的主题。在这几篇作品中,作者都以谴责的口吻点了李、杨的名。限于篇幅,难以备述陈氏对上述诸诗之笺证,仅着重谈谈为陈氏格外看重的《李夫人》一诗。陈氏认为,以"鉴嬖惑"为主旨的《李夫人》,乃《长恨歌》之"缩写",可视为白氏为《长恨歌》"自撰之笺注"。陈氏还强调指出:"乐天之《长恨歌》以'汉皇重色思倾国'为开宗明义之句,其新乐府此篇则以'不如不遇倾城色'为卒章显志之言,其旨意实相符同,此其甚可注意者也。故读《长恨歌》必取此篇参读之然后始能全解。"这样,通过对两诗的关联与照应来论证《长恨歌》的讽谕主题,是颇有说服力的。

第四,结合作者的诗论和创作主张来探讨《长恨歌》的讽谕主题。《长恨歌》写于元和元年,当时白居易初入仕途,政治热情高涨,以干预时政为主旨的讽谕诗的创作方兴未艾;为了发挥讽谕诗"补察时政,泄导人情"的社会功能,他甚至明确强调:"欲开壅蔽达人情,先向诗歌求讽刺。"既然作者当时格外强调诗歌的讽刺鉴诫作用,既然作者当时所创作的涉及李、杨题材的讽谕诗大都注入了讽刺的内容,那么,在《长恨歌》中寄寓讽谕的主题,不也是合乎逻辑的吗? 这一论点并非仅仅出自陈氏"笺证",在周天"笺说稿"及许多持讽谕说者的文章中,大都有这样的推论。应当说,这一推论是合乎逻辑的,也是颇有说服力的。

由于陈氏是唐代文史研究大家,史料的发掘与分析的透辟,皆有独到之处。故陈氏关于《长恨歌》笺证的主要论点,一直为后来持讽谕主题论者奉为圭臬。在从 20 世纪 50 年代到 80 年代关于《长恨歌》主题的讨论和论争中,持讽谕说的论文在数量上始终占有优势,究其内容,则大都循着陈氏"以史证诗"的思路,从论点的确立、论据的选择到论证方法,也大都摆不脱陈氏"笺证稿"所规范的框架。直到 1983

年,周天所著《〈长恨歌〉笺说稿》问世,才谈得上对陈氏"笺证稿"的论述有所深化和补正。限于篇幅,不能对"笺说稿"详加论列。要而言之,其价值在于在继承陈氏"以史证诗"的框架的基础上,在史料的搜罗排比上,较陈氏做得更为细密详备;同时,又附益了陈氏未予涉及的以现代文艺理论对作品所作的艺术分析,虽行文稍嫌枝蔓,但不失为近年来问世的研究《长恨歌》的一部力作。

总的看来,以陈氏为代表的讽谕说,侧重对作品的社会历史内容的发掘,对作品的艺术特征的把握,则有所不足。因而讽谕说固然是颇有影响的一派观点,但它并未得到学术界的普遍认同,遭到非难的问题也不少,主要是:1. 过分强调"以史论诗",重视艺术真实同历史真实的联系,忽视了二者的区别。2. 过分强调《歌》《传》一体,忽视了二者相对的独立性。3. 过分强调作品前半对李、杨贪欢怠政的批判,忽视了作品后半对李、杨爱情悲剧的同情,等等。这些问题,在其"论敌"爱情说的观点中,逐一尖锐地提出,并予以驳斥,兹不赘说。

3. 爱情说。在 20 世纪 50 年代关于《长恨歌》主题的论争中,爱情说似乎并不占优势。这可能由于"左"的思潮的干扰,与当时的文学批评与文学研究偏重于对作品作社会历史的批评,而忽略对作品的艺术分析与美学批评有关;再者,在当时格外强调文艺为政治服务的形势下,侈谈帝王宫妃间的爱情,更不能不有所避忌。80 年代初,随着拨乱反正与思想解放的深入,持爱情主题说的文章才逐渐多了起来,并在各派观点中占了一定优势。

爱情主题说的观点,与讽谕说针锋相对,大都强调把《歌》与《传》分开,把"文学"同"历史"加以区别,要求更多地着眼于作品的审美因素与艺术特点,从分析作品中人物形象的塑造,以及作者对题材的剪裁处理等方面表现出的艺术匠心,来探讨《长恨歌》的主题。马茂元、王松龄《论〈长恨歌〉的主题思想》(《上海师大学报》1983 年第 3 期)

一文,史料考据与理论分析并重,全面而深入地展开了爱情说的一些主要论点,可以看作这一派观点的代表。该文认为,沿用历史题材的《长恨歌》,自然不可能完全抛开历史而面壁虚构,然而作为诗的主体和核心,它那富有悲剧意义的感人至深的情节,如作品后半部所描写的上皇悲念、方士寻觅、仙山问答、寄托信物等,"则来自民间传说,是不受历史原型的局限的"。事实上,作品中塑造的李、杨的形象,已经脱离了他们的"历史原型",作品所描写的爱情悲剧,也不再"仅仅是帝王宫妃的悲欢离合,而具有普通男女爱情悲剧的性质"。因此,应从较广阔的时代意义上去把握和理解《长恨歌》的主题思想所蕴含的社会历史内容:"既要看到作品通过李、杨爱情悲剧的描写,歌颂了爱情的坚贞与专一,倾诉了对他们在爱情上的不幸遭遇的深刻同情",同时也要看到作品"在客观上反映了李、杨故事的原始创造者——处在中唐战乱时代的人们(包括文人)对美满爱情的理想和渴求"。马先生是唐诗研究的名家,持论谨审,论证严密,此文一出,大大加强了爱情说在论争中的地位。

据日本友人下定雅弘教授《战后日本白居易研究概况》(《西北师大学报》1989 年第 4、5 期)一文介绍,在日本学术界,关于《长恨歌》主题的探讨,也是《长恨歌》研究中"最大的问题";而且,日本学者大都认为"其基本主题是爱情的赞美"。论证的思路也同我国学者相近。如强调把《歌》与《传》分开;认为《传》"有与以爱情为主题的《歌》根本不同的创作目的";指出白氏把《歌》归入"感伤诗"一类,这"证明他写作《长恨歌》的目的不在讽谕"等等。这些见解,对我们有参考的价值,值得重视。

在当前关于《长恨歌》主题的论争中,爱情说在我国学术界虽似略占上风,但远未被"定于一尊"。对它的非议和责难也是颇尖锐的,如:①长诗是一个整体,不能抛开作品前半部明显的讽刺描写,而仅

从后半部关于"爱情生活"的描写论证其"爱情主题"。②由于忽视了作品前半部的讽刺内容,从而把造成"安史之乱"的历史责任同李、杨腐朽荒淫的"爱情生活"之间的因果关系割裂开来,这有悖于历史的真实。③把帝王宫妃的爱情同人民群众的爱情等量齐观,有失于穿凿附会,甚至说这是一种"超阶级"的观点,等等。

4. 双重主题说。这是在 20 世纪 50 年代关于《长恨歌》主题论争中,伴随着讽谕说与爱情说的尖锐对立、互不相让,企图解决这两派的矛盾而出现的另一派观点。在当时,它曾是同讽谕说、爱情说鼎足而立的有影响的一派。及至 80 年代,这一派的声音似乎渐趋沉寂,但其潜在影响却又似乎正在扩大。例如,近年来出版的一些有影响的唐诗选本(如社科院文研所编《唐诗选》,程千帆、沈祖棻《古诗今选》,马茂元、孙昌平《唐诗三百首新编》等不下十余种),在为《长恨歌》所作题解和注释中,大都表现出双重主题说的倾向。在此仅举一例:如马茂元在前述《论〈长恨歌〉的主题思想》一文中,鲜明的持"爱情说"观点,但在其《唐诗三百首新编》关于《长恨歌》的题解中,却又说:"所谓'感其事'当然是指对唐玄宗和杨贵妃生离死别的悲哀的同情,但另一方面,作者创作此诗的目的,则又是意图通过这一事件,批评统治集团因腐朽荒淫而招致祸乱,垂作历史教训。这两者之间是有矛盾的,因而使得诗的主题思想复杂化。"这是可以理解的。阐明观点,或不免执着于一端,离开作品而肤廓论之;分析作品,则必须紧扣作品的情节结构说话,避免任意发挥。从作品的情节结构看,前半用叙笔,意在揭露李、杨的荒淫误国;后半用赋笔,意在渲染李、杨因爱情悲剧而引起的愁思苦恨,以唤起人们的同情。可见,马茂元在《长恨歌》主题探讨中出现的前后矛盾,乃是为作品内容所决定的固有矛盾的反映。博雅如茂元先生者,尚不免在爱情说与双重主题说之间出现犹豫与困惑,那么,在以往关于《长恨歌》主题论争中各派所坚持的自以为是的观点,到底有几分科学性,不能不引起人们的思考和怀疑。

诚然,同讽谕说、爱情说比较,持双重主题说的论文数量要少得多,但其中不乏有见解的文章。如林志浩《论〈长恨歌〉的主题思想兼论其论争》(《光明日报》1959年8月19日)、詹锳《从现实主义与浪漫主义两结合的观点试论〈长恨歌〉》(《天津日报》1962年10月7日)、王运熙《略论〈长恨歌〉内容的构成》(《复旦学报》1959年第7期)等三篇文章都甚有见地。其中特别是王运熙先生的文章,论证严密,说服力强,可视为这一派观点的代表。该文认为,此诗在内容上"一方面对李杨两人的生活荒淫、招致祸乱作了明显的讽刺,另一方面对杨贵妃的死和两人诚笃的相思赋予很大的同情"。作品在思想内容上具有这两个方面"是明显的无法否认的事实。念'汉皇重色思倾国','从此君王不早朝','可怜光彩生门户'等诗句,谁能否认它的明显的讽刺意味? 念'九重城阙烟尘生'以下的文字,特别是'君王掩面救不得,回看血泪相和流','夕殿萤飞思悄然,孤灯挑尽未成眠','临别殷勤重寄词,词中有誓两心知'等诗句,又有谁能否认诗人对杨贵妃的死以及两人诚笃的相思赋予很大的同情?"文章指出,作品思想内容的这两个方面,不仅可以从诗篇本身得到证明,也可以从陈《传》中得到印证:"'感其事',就是为两人的悲剧所感动,因而赋予同情。'惩尤物,窒乱阶',就是指出明皇因溺于女色而招致祸乱,必须加以讽刺,并从中吸取教训。"但是,《长恨歌》的思想内容虽然具有上述两个方面,二者之中"更为偏重的是对于李、杨两人悲剧遭遇的同情"。这里,不炫耀理论,不故弄玄虚,紧扣作品的情节内容乃至诗句,作朴素的实事求是的分析,以得出符合作品实际的有说服力的结论。王先生这种朴实的学风和文风是值得提倡和发扬的。

值得注意的是,日本学者丸山清子教授在《源氏物语与白氏文集》这部著作中,在对《长恨歌》作一般性评述时,似乎赞同爱情说的观点,可是当她在其著作中对《长恨歌》作专章论列,当她通过作品的情节结构对作品主题思想作冷静地分析与把握时,她实际上是持双重主题说的观点[①]。

80年代以来,随着爱情说与讽谕说在论争中各自强化其论点,双方各是其所是、各非其所非,针锋相对,相持不下,这样一方面固然使双重主题说受到冷落,但另一方面也不能不促使我们作逆向的思考:如果说处于对立双方的爱情说与讽谕说,它们都的确各自从一个侧面反映了作品的实际,有其一定的合理存在的价值,如果我们打破单一主题说的桎梏,把爱情说、讽谕说,以及其他有其合理存在价值的观点,都纳入一个分层次而又相互关联,结合为一个有机统一的主题思想体系之中,那么,早在50年代即已提出的双重主题说,不正好为这种新的思路提供了宝贵的启示么?

5. 感伤说。本来,白居易本人为其诗歌分类时曾明确把《长恨歌》归入"感伤诗"一类,从"感伤"的角度探讨作品的主题,本应是题中应有之义。但感伤说作为一派独立观点介入《长恨歌》主题的论争,却是80年代初才出现的。发表的论文虽为数不多,但其思路和视角,都令人耳目一新,很可能成为全面解决《长恨歌》主题论争的一个突破口。追寻这一派观点形成的轨迹,大致如下:

1981年,李泽厚所著《美的历程》问世。其中论及《长生殿》主题时,认为洪昇这部以《长恨歌》为本事的著名古典悲剧的主题,既不是"李、杨爱情说",也不是"国家兴亡说"与"反清意识说",等等,而是在明清易代之际,作为一种客观思潮和时代感情渗透到剧本中的那种"人生虚幻感",即一种"具有社会历史内容的人生虚幻的时代感伤"。

[①]参阅中译《源氏物语与白氏文集》(国际文化出版公司,1985年5月第1版),第二编第二章。

诚然,以《长恨歌》为本事的剧作《长生殿》毕竟不等于《长恨歌》,而洪昇也并非白居易。但他们一个生活在紧接着"开元盛世"的战乱频仍的中唐,一个生活在明朝亡国不久社会动荡的清初,从对时代的变迁与盛世难再的感喟与伤悼这种意义上说来,他们二人可能具有相类似的心态。从而有可能使《长恨歌》与《长生殿》这两部有着渊源关系的作品,流露出相类似的感伤情调。因此我们说,李先生在这里虽未直接论及《长恨歌》,但他从时代思潮对士人情感心态的影响的角度去探讨《长生殿》主题的思路,有可能成为建构《长恨歌》感伤主题说的宝贵的酵母。

我的这种推断,并非毫无根据。1984 年,北京师院廖仲安教授的研究生王新霞,在其硕士论文《从时代色彩看〈长恨歌〉之主题》(《北京师院学报》1984 年第 2 期)中,朝着感伤主题说的方向跨进了一大步,很可能是受了李泽厚先生关于"时代感伤"观点的启发。文章认为,讽谕、爱情及双重主题三说都存在片面性并逐一作了驳斥,进而强调把《长恨歌》放到中唐特定的历史背景和当时文学发展的潮流之中去考察,明确提出:《长恨歌》是一首"感伤盛世衰亡的长诗",是一曲感伤一去不复返的繁荣时代的"无尽的哀歌"。诗中绵绵无尽的哀伤情绪,"决不仅仅是为李、杨而发,更是为一个全盛时代的衰亡而发"。"'长恨'的含义,应包括两个方面,一方面是诗歌中直接描写的李、杨爱情悲剧性结局的长恨,另一方面是作者借这个题材所要抒写的哀伤盛世衰亡的长恨,前者是现象,后者才是本质。"论点已很明确,感伤主题说几乎要呼之欲出了。

1985 年,陈允吉发表《从〈欢喜国王缘〉变文看〈长恨歌〉故事的构成》(《复旦学报》1985 年第 3 期)一文,其主旨在于从变文中探讨《长恨歌》的本事,特别是作品后半所写"人天生死形魂离合"情节之由来,其结论能否成立,姑且不论,但该文明确提出《长恨歌》是一首感伤诗,并对其感伤主题作了扼要的论述,这标志着感伤主题说的正式提出,应是一个可喜的收获。

文章明确指出:"《长恨歌》不是一首旨在深刻揭露和剖析社会政治弊病的讽谕诗,也没有像杜甫的作品那样用巨大的现实主义笔触去描绘出壮阔的历史风云的画卷。"也不能把《长恨歌》单纯地看作对李、杨爱情悲剧的讴歌和同情。文章在分析《长恨歌》故事演变到最后,之所以"并没有像《欢喜国王缘》那样出现一个'人天会合'的大团圆结局",这"清楚地显示出这个贯穿始终的悲剧故事同时代保持着的联系"。忠实于现实的白居易,不过借李、杨爱情悲剧故事来表达处于"安史之乱"后的一代中唐知识分子感到"中兴"成梦,而流露出的对一去不复返的"开元盛世"的悼惜之情。文章指出:"《长恨歌》作为一首'感伤诗'所以能激起如此巨大的反响,根本原因就在它通过李、杨这个富有象征意义的悲剧故事的叙述,传递和宣泄出了中唐整整一代人叹恨时世变迁的感伤情绪。"《长恨歌》不仅在当时获得了最大多数读者的喜爱,"并且伴随着中国封建社会后半期浪漫感伤和世俗文学的洪流,把它深远的影响一直传到元代白朴的《梧桐雨》杂剧,清代洪昇的《长生殿》传奇,吴伟业的《永和宫词》和《圆圆曲》。甚至近代王闿运写的《圆明园曲》,还继续不断地在发扬着它的余韵和声彩。"这样的论断和思路都使我们看到对李泽厚《美的历程》中某些观点的联系和承袭,无疑是深刻的。

陈允吉此文关于《长恨歌》感伤主题的论述,标志着《长恨歌》主题讨论和论争中,一派新的观点的确立。这应看作对《长恨歌》主题内涵的深层次把握的一个突破性进展。

通过对以上五种观点的概略巡礼,我们看到,各派观点都立足于各自所取的角度和出发点,对作品主题作了严肃认真的探讨,并取得了自以为正确并确有一定价值的结论。但是也各自暴露出偏执于一端的局限,这不免妨碍了讨论的深入。面对这种现状,我以为,如果我们能打破单一主题说的桎梏,正视并承认论争中出现的分歧与矛盾,是为构成作品的主客观因素所决定的实际存在于作品中的固有矛盾的反映,也许我们就有可能以一种更客观更通达的态度来看待论争中的分歧和矛盾,并且有分寸地评价和肯定各派观点在一定层次上的合理存在的价值。兹试分别约略言之:

"隐事"说,因其倡导者俞平伯先生声言:"佐证不足",自行放弃,可存而不论。

讽谕说与爱情说,在针锋相对的论争中,相反而又相成地论定了各自都有其相对独立存在的合理的一面,同时也暴露出各自的片面性。对这两派观点的合理内容都应分层次地予以肯定。但紧扣人物形象及情节结构看,二者并不在同一个层面上,爱情主题应是一个基本的层次。

双重主题说,也许曾经是论争中各派观点中更接近作品实际的一派观点。但是,我们既然肯定了它所兼顾的两端爱情说与讽谕说可以分层次地同时存在于一个统一的主题内涵的框架体系之中,那么,它本身也就失去独立存在的意义了。

感伤说,应是讽谕说与爱情说这两个层次的主题内涵的深化与升华。因而它很难脱离前两个层次而独立存在。因为作品的时代感伤情调,主要是渗透在作者创作情绪的深层结构之中,并不是通过作者的直白或议论直接表露出来,而是借助于对李、杨既有批判又有同情的爱情悲剧的具体情节而传达出来的。脱离了讽谕说与爱情说这两个层次而孤立地侈谈感伤说,便不免失之于空泛与肤廓。

这样,在排除了"隐事"说与双重主题说之后,如何把讽谕说、爱情说与感伤说这三种各自有其相对独立存在的合理性而又各自有其片面性的观点,分层次地结合在一个有机统一的整体框架之中,变以往的相互排斥为相互依存，从而更加全面准确地反映作品思想内容的实际，这也许是解决《长恨歌》主题论争的一条正确的途径。

三

为了打破单一主题说的桎梏，从而为建立分层次的多重主题统一并存的体系廓清理论上的障碍，首先就必须澄清对主题这一概念的种种误解。

何谓主题？在我国现代文艺学中，"主题"这一概念本来是"舶来品"。"主题"一词，在希腊文（thema）、英文（theme）、法文（thèma）里，其基本含义不过是"题目""题材"或"主要思想"的意思。在俄文（TeMa）里"主题"同"题材"甚至是同一个词。在中外通行的一些文艺教科书里，对主题含义的界定，一般不外乎这样两层意思：即作家写入作品中的题材内容，以及作家对这些题材的审美评价，亦即作家自觉或不自觉地流露在作品中的思想倾向。这里，并没有为单一主题说提供什么论据。

在我国当代文艺批评及通行的文艺学教科书中，高尔基《和青年作家谈话》中的一段议论，常常被当作关于主题的经典性定义加以引用。他说：

> 主题是从作者的经验中产生，由生活暗示给他的一种思想，可是，它蓄积在他的印象里还未形成，当他要求用形象来体现时，它会在作者心中唤起一种欲望——赋予它一个形式。（高尔基《文学论文选》，孟昌、曹葆华译，人民文学出版社 1958 年版第 296 页。）

在他的定义里，显然"主题"同"主题思想"是同义的；但同样没有为单一主题说提供什么论据。不过，从他的定义出发，我们倒是可以获得几点如何正确地把握作品主题的宝贵启示：

第一，他强调作为艺术作品内容的主题，来自作家的生活经验，来自生活给予它的"暗示"。可见，在艺术对现实的审美关系这一原则问题上，他坚持了唯物反映论的立场。

第二，他指出：主题须"用形象来体现"，要"赋予它一个形式"。从而强调了艺术有别于其他社会意识形态的形象性这一本质特点。这同恩格斯指出的"倾向应当从场面和情节中自然而然地流露出来，而不应当特别把它指点出来"（恩格斯《致敏·考茨基》(1885 年 11 月 26日)，其基本精神是一致的。

第三，确认主题是来自作家的生活体验并与其创作动机相联系的一种思想，从而肯定了文艺作品的主题同作家的创作思想和世界观的联系。

基于对高尔基定义的上述理解，无疑地可以启示我们找到一条从作品的实际出发去把握作品主题的正确途径：即既要考察构成作品主题思想的客观因素，亦即文学同现实生活的联系；又要观照到构成作品主题思想的主观因素，即作家的创作思想和世界观对形成作品主题的制约和影响；同时，还必须服从文艺作品的形象性这一本质特点，力求通过对作品的情节及艺术形象的观照和体验，全面准确地去把握作品的主题；切忌脱离生动直观的艺术形象，抛开作品的情节结构，用一般社会学的研究方法及概念化的逻辑语言，对作品的主题作简单化的概括与抽象。

遗憾的是，高尔基给予我们的这些宝贵的启示，在我们的文艺批评实践中，特别是在关于《长恨歌》主题及明清小说主题的讨论和论争中，并未得到很好的遵循。在上述论争中出现那种不从作品实际出发，不充分考察形成作品主题思想的主客观因素，不尊重作品的形象化的特点，易于受外来因素的干扰（如"文革"中的评《水浒》、评《红楼梦》)，习惯于对作品的主题作简单化的，有时因为外来因素的干扰，甚至是随心所欲地概括与抽象。究其原因,在很大程度上正是因为背离了高尔基在关于主题的定义中昭示给我们的上述原则。

几年前,何满子先生针对明清小说主题研究中,对主题的内涵作任意延伸的庸俗社会学倾向,曾尖锐地指出:"把主题的内涵膨胀为文学作品的中心思想,亦即可用概括的逻辑语言表现出来的,作家体现在所描绘的生活中的艺术认识","这是将艺术作品中丰富的生活内容加以简单化、干瘪化的表达方法。"他认为:"这种'主题'所表达出来的语言,大抵是社会学和政治经济学的语言。"不幸的是,"这种排斥用艺术的固有规律来解释艺术,却用社会学方法抽象地蒸馏出'主题'来的做法,几十年来甚至贯彻到了中小学的语文课教学之中,桎梏了不止一代人的文学鉴赏的眼界和对艺术与生活的复杂关系的辨识能力。"它甚至成为人们头脑中的"习惯势力",成为人们"研究作品时固定的思维模式"。因此,他进一步强调指出:

> 然而,在《三国演义》和其它许多小说的研究实践中,已证明用单纯、抽象的"主题"来概括一部生活内容丰富的作品是无能为力的。人们可以就作品所反映的生活的各个侧面抽出自己所认可的"主题",众多的主题都不能统帅作品的全盘内容,把十几个或几十个主题加在一起,又不成其为单一的主题(哪怕再标一个两个所谓"副主题");抽象到最后,结果还只能是作品的题材或题目。(《"主题"问题献疑——古代小说研究肆言之三》,《光明日报》1984年11月27日)

为此,他甚至主张"根本放弃对抽象、干瘪的'主题'的寻求",乃至"抛弃这个于艺术分析有害的'主题'说"。何先生这一席"矫枉过正"的激烈言论,虽然是针对明清小说主题研究中出现的迷误和困惑而发的,对于我们研究《长恨歌》的主题,也不无启发。

但是,在说到用社会学方法来研究文学作品主题的根源,何先生认为是 20 世纪 20 年代苏联"拉普"倡导的"辩证唯物主义创作方法"的影响,却未免失之笼统。其实,对我国 1949 年后的文艺理论和文艺批评产生具体影响的,应是 50 年代初从苏联传入我国的两本文艺学教科书,即季摩菲耶夫的《文学原理》和毕达可夫的《文艺学引论》。这两部著作,对我国现代文艺理论学科的建立,无疑产生了很大的影响。直到今天,从我国现行的几部作为高校文艺理论课的教材(如以群主编的《文学的基本原理》、陈荒煤任顾问 14 校合编的《文艺理论基础》、刘叔成编著的《文艺学概论》以及 13 所师专统编的《文学概论》等)中,仍然可以看到这种影响的痕迹。例如,关于主题,在季、毕二氏的著作中,虽然都提出了"作品主题和思想的多样性"这样的命题,但未能给予切实的论证;同时又强调作品中"许多各别的'问题',归根结底成为一个中心'问题'",形成一个"基本思想"(季摩菲耶夫《文学原理》第二部,第 23 页),以及"每部正确地反映生活的作品,都有主要的、基本的主题"(毕达可夫《文艺学引论》,高等教育出版社 1958 年版第 208 页)。这样的提法,倒是有可能被片面地加以理解,使之成为导致我国文艺理论界对作品主题作简单贫乏的理解,乃至成为造成单一主题说的僵化模式的理论根源。兹以在我国问世较早,影响较大的以群主编的《文学的基本原理》为例,该书关于主题的定义是这样表述的:

> 主题是指通过作品中描写的社会生活所表达出来的中心思想,故又称主题思想。文学作品所反映的生活是丰富多彩的,它所表现出来的思想也是丰富的,多方面的。一部长篇小说,或比较大型的作品,往往在读者面前提出很多问题,显示多方面的意义,但其中必然有一个贯穿全面的主要问题主要思想。所谓主题,就是指这个贯穿整部作品的中心思想。(1981 年 12 月修订本第 1 版,第 289—290 页。)

很显然,这里着重强调了主题是"贯穿整部作品的中心思想",甚至在观照到作品内容的丰富性的"正主题"和"副主题","基本主题"和"次要主题"这样的提法也不曾有。前面提到的有的文艺教科书虽有正、副主题之类的提法,但却又都强调"副主题应该隶属并服务于正主题",有的甚至强调主题"是贯穿作品始终的一根红线","是作品的灵魂和统帅";作为作品主题的基本思想"对其他思想因素起着统率和制约作用",等等。这些用富有政治色彩的措辞来表述的定义和提法,显然是受了过去一个时期片面地理解"文艺为政治服务"的口号,狭隘地理解和追求文艺的思想性的庸俗社会学倾向的影响。把作品的主题归结为作品的"灵魂和统帅"即"中心思想",在文艺批评实践中,不仅有导致把作品丰富多样的思想艺术内涵加以简单化的危险,而且,不啻为"一部作品一个主题"的单一主题说作了理论上的规定。因为,既然一部作品只能允许有一个作为"灵魂和统帅"的"中心思想"(或"基本思想"),那么,不言而喻,实质上是说一部作品只能允许有一个主题(尽管上述教科书在表述上还有什么基本主题和次要主题,正主题和副主题之类的"但书")。这种脱离文艺创作和批评实际的似是而非的规定,导致在文艺批评实践中,杜绝了从作品实际出发,分层次地去把握作品的主题,以及探讨在一部作品中双重乃至多重主题并存的可能性。以往在《长恨歌》主题讨论中,双重主题说之所以被指责为"调和折中",显然是这种似是而非的单一主题说在作祟;在明清小说主题的讨论和论争中,虽然《三国演义》《水浒传》《西游记》和《红楼梦》等古典小说都各自出现了少则几种,多则几十种观点的纷争对立①,而且各派观点都摆出咄咄逼人的气势,力图为自己一派观

①参阅卢兴基主编的《建国以来古代文学问题讨论举要》中有关明清小说研究的篇章。

点被"定于一尊"而争论不休,却唯独没有人敢于冲破单一主题说的禁锢,正视这几部古典长篇小说反映社会生活面的广阔,描绘的场面宏大,事件纷繁,人物形象众多的实际情况,而作分层次地把握作品的主题,寻求多重主题的相互渗透融合,统一并存的逆向思考。由此可见,单一主题说作为一种艺术教条,已在我们的文艺批评实践中,形成了一种多么顽固的僵化的思维模式。今天,不打破这个僵化的模式,我们对包括《长恨歌》在内的文学作品的主题的探讨,就难以取得新的进展。

实践往往比理论更富有活力,而且永远是理论的先导。孙逊《论〈红楼梦〉的三重主题》(《文学评论》1990年第4期)一文的问世,一方面终于打破了古典小说研究中单一主题说的禁锢,一方面抛弃了单线直观的思维模式,从作品的实际出发,把《红楼梦》的主题分为文学审美层次、政治历史层次和哲学最高层次这样三个层次来把握,而且把这三重主题看作一个有内在联系的统一的整体。这样来理解和把握《红楼梦》的主题,无疑比以往关于《红楼梦》主题论争中片面追求的单一主题(如所谓爱情主题、政治主题、反封建主题和衰亡史主题等)更符合作家的创作意图,更接近作品的实际。该文的发表,打破了明清小说主题研究长期徘徊不前的沉闷空气,为我们研究《长恨歌》的主题,也提供了宝贵的启示与借鉴。

四

与《红楼梦》等明清叙事体长篇小说不同,《长恨歌》作为一篇不足百韵的七言歌行,其主题内涵的多义性,显然不是由于它反映社会生活面的广阔,以及所描绘的人物、事件的纷繁与曲折。事实上,《长恨歌》的人物形象及情节线索是单纯、集中而明晰的。其主题内涵的多义性,以及在其主题讨论中出现的歧解,乃是为作品题材的特殊性及作者创作思想的复杂性所决定的作品固有的内在矛盾的反映。从根本的意义上说，这是为作品的思想艺术的本质特点所决定的，亦即为作品作为一个特殊的悲剧题材，它所蕴涵的富有深刻社会历史内容的深沉的悲剧意蕴所决定的。

对于任何有艺术鉴赏能力的人来说，谁能否认《长恨歌》所描绘的是一个令人荡气回肠的悲剧故事呢？再者，不仅按现代文学观念来衡量，《长恨歌》所描写的是一个悲剧，即使按照西方文论关于悲剧的经典性定义来衡量，《长恨歌》也是一个典型的悲剧。亚里斯多德《诗学》给悲剧人物下的定义是："悲剧的英雄是善良的贵族中人物，但因犯了错误，由泰运而转入否运。"（转引自缪郎山《西方文艺理论史纲》，人民大学出版社 1985 年版第 92 页。）以此为标准来衡量唐玄宗这个悲剧人物，岂不几乎是丝丝入扣吗？

于是，我们可以更直截了当地说：《长恨歌》主题内涵的多义性，实际上，正是作品深邃的悲剧意蕴的多层次性的反映。这两者是互为表里的。以往在关于《长恨歌》主题讨论中，之所以出现几派不同观点的纷争对立，固然是因为在观念上受到单一主题说的禁锢，更主要的原因，正是由于我们没有正视和抓住《长恨歌》作为一个典型的悲剧题材这一本质特点，更没有从总体上去把握其富有深刻社会历史内涵的悲剧意蕴的多层次性。今天，我们企望从作品的实际出发，全面准确地去把握《长恨歌》的主题，就必须以分层次地把握作品的悲剧意蕴为契机，在不同的层次上，分别把《长恨歌》看作爱情悲剧、政治悲剧和时代悲剧，以便使前述给予相对肯定的爱情说、讽谕说和感伤说这三派观点，相应地各有所依存和附丽。这就是我们试图解决关于《长恨歌》主题论争的一个新思路。

首先，从作品的人物形象和情节结构看，《长恨歌》描写的是一个凄楚动人的爱情悲剧。李、杨是诗中贯彻始终的两个悲剧人物，全诗的情节线索,也正是围绕着李对杨的寻求,迷恋,死别,以及马嵬事变后两人诚笃的相思和对重圆的憧憬而展开的。诗的前半部,着力渲染了李、杨相爱的热烈与沉迷。在有的诗句中,虽然流露出对李、杨贪欢怠政的不满,但总的看来,这部分的重心和着力点仍不在政治讽谕;适当的婉讽,主要是为了昭示"乐极生悲"的人生哲理,并点明贪欢怠政与马嵬喋血之间的因果联系,以适应悲剧情节发展的需要。至于诗的后半部,则完全抛开了政治,附会民间传说中"人天生死形魂离合"的动人情节,用凄清淡雅的笔触,深情地刻画了李、杨对爱情的坚贞与专一。这是全诗最为精彩的感人至深的部分。《长恨歌》之所以千古传唱不衰,具有永恒艺术魅力,也正因为白居易逞其绝代才华,为我们塑造了李、杨这一对具有独特身份和非常遭遇的爱情悲剧人物形象。从作品的实际出发,即从分析作品的人物形象及情节结构出发,我们认为,对李、杨爱情悲剧的同情和赞美,是《长恨歌》主题内涵的一个基本层次。

然而,人们在接受作品的爱情主题时,为什么会出现扞格,并引起论争呢?这主要是由于人们在分析《长恨歌》的主题时,往往把作为帝王宫妃的历史人物的李、杨,同按照作者的审美理想重新塑造过的作为艺术形象的李、杨混为一谈。正如前述马茂元论《长恨歌》主题时所指出的:以历史题材为蓝本的《长恨歌》,固然不能完全抛开历史而"面壁虚构",但作为诗歌的主体和核心的富有悲剧意蕴的情节,主要来自民间传说,"是不受历史原型的限制的"。事实上,白居易为了肯定李、杨对爱情的坚贞和专一,并通过李、杨的悲剧形象来寄托自己以及处于战乱中的广大中唐人民对美满爱情的理想和渴求,不仅大胆吸取民间传说中非现实的情节来丰富和深化了李、杨的悲剧性格,另一方面,还对出自正史和野史中关于李、杨的材料,作了精心地剪裁和删削。比如,为了把杨妃描绘成一个养在深闺而又丽质天生的少女,而略去了她曾为寿王妃,先度为女道士,再册妃入宫的历史,隐去了她同安禄山关系暧昧的传闻,以及因恃宠嫉妒而两次被遣出宫的情节;为了把李隆基描绘成一个感情专注的钟情的帝王,也隐去了他同杨氏姊妹特别是虢国夫人的秽闻,删去了他在专宠杨妃的同时又私召梅妃的材料,等等。可见,白居易笔下的李、杨的形象,已经脱离了他们的"历史原型",是诗人按照自己的审美理想对"历史原型"加以净化和改造而重新塑造的艺术形象。

白居易之所以能够打破正统观念的束缚,不受"历史原型"的限制,勇于从民间传说中汲取养料,并按照自己的审美理想重新塑造李、杨的形象,这自然与他作为伟大现实主义诗人进步的思想倾向有关。文学创作不同于历史教科书。诗人大胆地超越人物和事件的"历史原型",去追求艺术的真实,这并不违背艺术创作的规律。以《长恨歌》同元稹《连昌宫词》相较,后者的命意和艺术表现,也许更贴近历史,因而更具有"风骨"。但唯其如此,《连昌宫词》充其量只算得上唐诗中一首富有现实性的名篇,永远也不可能达到《长恨歌》的艺术高度,成为具有永恒艺术魅力的不朽杰作。从这里,不是可以悟出一点艺术辩证法的道理来么?

其次,从政治历史的角度看,李、杨的悲剧又可以看作政治悲剧。诗中塑造的李、杨的艺术形象,固然超越了"历史原型",不能与作为历史人物的李、杨等同起来。但李、杨毕竟不是一对普通男女,而是当时居于封建皇权顶峰的政治人物。因而人们在把握《长恨歌》的创作主旨时,总是摆不脱历史的羁绊,总是习惯于把诗中作为艺术形象的李、杨,同作为真实历史人物的李、杨联系起来,把他们的贪欢怠政,荒淫误国,看作是导致"安史之乱"这场历史浩劫的重要政治原因。即是说,既把他们看作悲剧后果的承担者,又把他们看作悲剧的制造者。更重要的是,就这场悲剧的严重后果而言,不仅断送了他们酣歌醉舞、金粉沉迷的宫廷恩爱生活,造成"人天生死"绵绵无尽的愁思苦恨,而且导致"冀马燕犀动地来",造成天下骚动,战乱连年,生民涂炭的历史惨祸。从这种意义上说,以喋血马嵬为高潮和转折点的李、杨爱情悲剧,又具有政治悲剧的性质。这样,人们在把握《长恨歌》的主题时,"惩尤物,窒乱阶,垂于将来"的讽谕主题,也就成为一个不容否认的重要方面。

白居易对李、杨的态度之所以既有同情,又有讽刺,这一方面反映了他创作思想上的矛盾;另一方面,决定于李、杨作为历史人物其真实面目的二重性。白氏对唐玄宗的政治评价是一分为二的。认为他前期是一个选贤任能,励精图治的英主,常常把他同太宗并提,以"开元之治"同"贞观之治"媲美①。对玄宗后期的骄逸淫昏,是持批评态度的。如《新乐府》50首中的《法曲歌》《华原磬》《上阳人》《胡旋女》《新丰折臂翁》《蛮子朝》《骊山高》《西凉伎》《李夫人》等九首,都程度不同地含有批评李、杨及天宝政局的微词。这些批评是有史实依据的。考之史传,以开元二十五年(737)张九龄罢相去国为转折点,对玄宗晚年的淫昏失政,记载颇多。《旧唐书·李绛传》对玄宗晚年的失误作了总结性的批评:

> 开元二十年以后,李林甫、杨国忠相继用事,专引柔佞之人,分居要剧,苟媚于上,不闻直言,嗜欲转炽,国用不足,奸臣说以兴利,武夫说以开边。天下骚动,奸盗乘隙,遂致两都覆败,四海沸腾,乘舆播迁,几至难复。盖小人启导,纵逸生骄之致也。

李东阳《读新旧唐书杂论》也指出:"昔人谓:坏唐者三,女后也,奸臣也,宦官也。惟玄宗兼有之。"在一些写"天宝遗事"的传奇和笔记

---

①参阅《白居易·策林》第八《风行浇朴》、第九《致和平复雍熙》。

小说中,特别是宋以来的一些史论中,多着眼于总结治乱兴亡的历史教训,对唐玄宗后期的骄纵荒淫,持批评的态度。清末胡凤丹"缀集旧闻,网罗轶事",辑录李、杨事迹为《马嵬志》十六卷。盖"叹明皇之明于初而暗于继",也以"义存炯戒"(胡凤丹辑录《马嵬志·自序》)为主旨。此书的基调,正代表了历代人们对唐玄宗既有惋惜同情,又有批评谴责的历史性评价。

诚然,出于对李、杨的同情,也为了保持人物性格及情节结构的前后一贯,作者在作品前半部对李、杨的讽刺不能不有所保留和讳饰。但参照陈《传》及有关史料来玩味,其批判的锋芒仍隐约流露于字里行间。仅以"姊妹兄弟皆列土,可怜光彩生门户。遂令天下父母心,不重生男重生女"四句为例,从字面看似乎平淡无奇。但如果我们参读新旧《唐书·杨贵妃传》以及陈鸿《传》、乐史《外传》等史料,便可知这四句诗,多么精炼而含蓄地揭露了"一门一贵妃,二公主,三郡主,三夫人"的诸杨集团那种姊妹承恩,兄弟列土,豪贵雄盛,势倾天下的气焰。

再次,把李、杨的悲剧看作富有象征意义的时代悲剧,则其时代感伤的主题当可以成立。

清代诗论家叶燮,在论及古今诗运的转变时曾说:中唐"乃古今百代之中,而非有唐之所独得而称中者也。"(《百家唐诗序》)其实,不唯论文学如此,从中国封建社会从前期走向后期的历史发展阶段看,也是如此。为史家所艳称的"开元盛世"即所谓"盛唐",是如何从鼎盛走向衰落的呢?从理论上讲,这自然是当时各种社会矛盾发展的必然结果,有其历史的必然性。但历史的辩证法告诉我们:历史的必然性,往往是以偶然性的形式表现出来的。于是,史家们习惯于把唐玄宗晚年的淫昏失政,造成"安史之乱",导致大唐帝国从鼎盛走向衰飒没落,看作具有划时代意义的转折点,而同李、杨个人命运交织在一起的马嵬事变，正是这个转折点的富有象征意义的标志。马嵬喋血，不仅标志着李、杨爱情生活的毁灭，也象征着作为中国封建社会顶峰的盛唐时代的完结。因之，以喋血马嵬为高潮的李、杨爱情悲剧，就成为这个历史转折关头的聚光点，它给予人们的心灵和感情以强烈的冲击和震撼，引发出人们无限的感喟与叹恨。正如诗题"长恨"二字意蕴深邃，耐人寻味一样，为马嵬悲剧所引发的人们的感情波澜，也是绵邈而深广的。这里，既有为天子蒙尘，美人黄土，李、杨爱情的摧折而流露的惋惜与同情，也有对玄宗晚年淫昏失政，造成四海沸腾，生民涂炭的谴责与叹恨，更有为"开元盛世"的被断送一去不返，而发出的浩然长叹！在这几个感情层次中，悼惜盛世难再的感伤，也许是最为强烈的。这应联系作品的时代背景来考察。我们知道，从马嵬事变的天宝十五载（756），到白居易创作《长恨歌》的元和元年（806），这整整半个世纪所经历的肃、代、德、顺四朝，总的趋势是，朝政日非，社会黑暗，内有宦寺专权，外有强藩割据，兵连祸结，民不聊生。面对苦难现实的中唐人民，特别是对时势敏感的文人士子，当他们渴望的"中兴"终成梦幻，于是抚今追昔，借缅怀"开元盛世"来寄托其盛世难再的叹恨与感伤，便成为一种时代思潮与风尚。元稹《行宫》云："白头宫女在，闲坐说玄宗。"王建《赠阎少保》云："论事爱知天宝里，识人皆是武皇前。"便透露出这样的消息。这种感伤时代变迁的思潮，一方面反映在以陈鸿《长恨歌传》为代表的描写"天宝遗事"的传奇及笔记小说中，一方面反映在以白《歌》为代表的以李、杨悲剧为题材的歌咏之中（参阅王新霞《从时代色彩看〈长恨歌〉之主题》一文，载《北京师院学报》1984年第2期）。由于白《歌》以淋漓酣畅的笔墨，集中地塑造了李、杨这两个富有象征意义的悲剧形象，借以传达和宣泄了中唐一代人民缅怀盛世，渴望中兴的时代感伤情绪，便成为这类诗歌中无与伦比的佼佼者。

高彦休《唐阙史》云："马嵬佛寺，杨妃缢所，尔后才士经过赋咏，以导幽怨者不可胜纪。"岳珂《桯史》亦云："马嵬太真缢所，题诗多凄感。"的确，埋葬过杨妃"艳骨"的马嵬坡，是历代文人借以抒发幽怨伤感情愫的绝好题目。据胡凤丹《马嵬志》著录，仅见于马嵬诗碑的题诗，即逾百首。如贾岛《马嵬》云："长川几处树青青，孤驿危楼对翠屏。一自上皇惆怅后，自今来往马蹄腥。"王士禛《马嵬怀古二首》之二云："巴山夜雨却归秦，金粟堆边草不春。一种倾城好颜色，茂陵终傍李夫人。"二诗流露的惜逝伤怀的幽怨与凄怆，同《长恨歌》所宣泄的浩叹盛世难再的时代感伤情绪，是息息相通的。

以上三重主题，是一个有内在联系的有机统一的整体。把这三重主题密切关联在一起的重要因素，就是弥漫于全诗的浓郁的悲剧意蕴。为作品的人物形象及情节结构所决定的，对李、杨爱情悲剧的肯定与同情，是作品主题的基本层次；作品的政治悲剧意蕴及政治讽谕的倾向，是反思造成悲剧的原因及教训，在前一层次上所作的合乎逻辑的自然延伸；作品的时代悲剧意蕴及其伤感主题，则是前两个层次的悲剧意蕴的深化与升华。《长恨歌》永恒的艺术魅力，正在于白居易准确地把握住了与这一独特悲剧题材相适应的"哀感顽艳"的感情基调，并用凄婉清丽、声情并茂的诗句，将这一题材富有深刻社会历史内容的多层次的悲剧意蕴，尽情地宣泄了出来，感染着一代又一代读者。"三生影响陈鸿传，一种风情白傅诗。"（赵执信《上元观演长生殿剧十绝句》之一）《长恨歌》以其典型的悲剧品格和浓郁的抒情素质，必将使它成为祖国诗苑中一朵永不凋谢的奇葩。

（本文应日本东京勉诚社之约而作，原载《西北师大学报》社科版，1991年第6期，译文载该社编印的七卷本《白居易研究讲座》第二卷）

以声写情的千古绝唱《琵琶行》

——兼论白氏长篇叙事诗的艺术特色

在唐代,白居易是仅次于李白、杜甫的伟大诗人。清人赵翼《瓯北诗话》卷四云:"香山诗名最著, 及身已风行海内, 李谪仙后一人而已。"他进一步指出:"盖其得名,在《长恨歌》一篇。……又有《琵琶行》一首助之。此即无全集,而二诗已自不朽。"

《琵琶行》作为《长恨歌》的姊妹篇,同样被誉为千古"绝作"(同上)。它同样具有长篇叙事诗人物形象鲜明,故事情节较为完整,结构层次分明,主题寓涵深永的特点。它还被誉为"千古第一音乐诗",有其独具的以"声"写"情"的艺术魅力。

《琵琶行》作于白氏贬江州司马之次年——元和十一年(816)。故事发生在一个深秋月夜,诗人因江边送客,与琵琶女邂逅相逢,于是因听乐,诉情,而触发"同是天涯沦落人,相逢何必曾相识"的感情上的强烈共鸣。情节过程十分短暂,而且是置于枫叶荻花,月白风清的凄凉的秋夜的背景上展开的,因而极富戏剧性,并收到了以景托情,情景相生的艺术效果。

从情节结构看,作品分四个层次:从"浔阳江头夜送客"以下十四句,写诗人与琵琶女相遇,及琵琶女的出场,以简练经济的笔墨,交代时间、地点、人物、事件及场景,为全诗的发端。从"转轴拨弦两三声"以下二十四句为第二个层次,着力写身怀绝技的琵琶女,借演奏琵琶倾吐内心积郁,技艺超神入化,音乐精美绝伦。从"沉吟放拨插弦中"

以下二十四句为第三个层次，写琵琶女自诉"昔荣今瘁"的飘零身世，与前一段借琵琶声传达的"似诉平生不得意"的信息，相互映衬，相得益彰。从"我闻琵琶已叹息"至末尾共二十六句，正面写诗人因同情琵琶女老大沦落的身世，触发自身"忠而被谤"，无端遭贬的"谪迁"之意，从而完成了借琵琶女的遭遇"抒写天涯沦落之恨"（洪迈《容斋五笔》卷七《琵琶行海棠诗》）的主题。

《琵琶行》作为一篇以音乐为题材的千古绝唱，全诗最具特色的段落，当然是正面写琵琶女弹奏绝技的第二部分。诗人之所以能够把抽象缥缈的音乐形象，描绘得如此酣畅淋漓，绘声绘色，绝非偶然。有唐一代，本来是一个以开放的姿态，大胆地汲取西域歌曲乐舞，音乐高度发达的时代①。白氏本人酷爱音乐。其造诣之高，既见诸理论，也见诸实践。在《策林》中，他写过《议礼乐》《沿革礼乐》《复乐古器古曲》等与音乐有关的论文。操琴，更是他终生不渝的爱好。自称："本性好丝桐"（《好听琴》），"共琴为老伴"（《对琴待月》），"七弦为益友，两耳是知音"（《船夜援琴》）。对琵琶这种自西域传入，在当时颇为流行的乐器，白氏也不陌生。除《琵琶行》而外，还写有《代琵琶弟子谢女师曹供奉寄新调弄谱》《琵琶》《听李士良琵琶》《春听琵琶兼简长孙司户》《听琵琶妓弹略略》《听曹刚琵琶兼示重莲》等诗。看来，白氏对琵琶至少是有很高的欣赏水平的。请看，他是以多么专业的眼光去欣赏和描绘琵琶女的弹奏绝技的罢：

> 转轴拨弦两三声，未成曲调先有情。弦弦掩抑声声思，
> 似诉平生不得意。低眉信手续续弹，说尽心中无限事。轻拢
> 慢捻抹复挑，初为《霓裳》后《绿腰》。大弦嘈嘈如急雨，小弦

①参阅向达《唐代长安与西域文明》（三联书店1957年4月初版）之《西域传来之画派与乐舞》一节。

切切如私语。嘈嘈切切错杂弹，大珠小珠落玉盘。间关莺语花底滑，幽咽泉流冰下难。冰泉冷涩弦凝绝，凝绝不通声暂歇。别有忧愁暗恨生，此时无声胜有声。银瓶乍破水浆迸，铁骑突出刀枪鸣。曲终收拨当心画，四弦一声如裂帛。东船西舫悄无言，唯见江心秋月白。

与白氏同时代的诗人，如其好友元稹所作《琵琶歌》，韩愈所作《听颖师弹琴》，李贺所作《李凭箜篌引》等，都是著名的音乐诗。但就其描绘音乐形象的细腻生动，把"声""情""事"三者融合得如此自然而和谐，《琵琶行》显然远远超过了上述作品。

与《长恨歌》相较，《琵琶行》的主题思想是显豁的。正如《唐宋诗醇》卷二二所指出的："满腔迁谪之感，借商妇以发之，有同病相怜之意焉。比兴相纬，寄托遥深，其意微以显，其音哀以思，其辞丽以则。《十九首》云：'清商随风发，中曲正徘徊。一弹再三叹，慷慨有余哀。'及杜甫《观公孙大娘舞剑器行》，与此篇同为千秋绝调，不必以古、近、前、后分也。"但白氏《琵琶引序》却说：

> 予出官二年，恬然自安，感斯人言，是夕始觉有迁谪意。

如此表白，不过是表现了文人的"狡狯"。其实，白氏自"俟罪浔阳"以来，一直是满腹愤懑，"谪迁"之意，累累见于吟咏。《东南行》诗云："翻身落霄汉，失脚到泥涂"；《江南谪居十韵》云："才展凌云翅，俄成失水鳞"；《初到江州》诗云："早攀霄汉上天衢，晚落风波委世途"；《浔阳岁晚寄元八郎中庾十二员外》诗云："可怜白司马，老大在溢城。"贬江州以来，此类表现迁客逐臣不胜今昔的失落感的诗句，不胜枚举；只不过大都散见于感伤闲适之作的字里行间，表现得零散而隐晦罢了。而《琵琶行》则通过感慨身世沦落的琵琶女的遭遇，不啻为自己无端遭贬的满腔悲愤，找到了一个理想的爆发点，从而作了一次痛快淋漓的宣泄。此诗感人至深的奥秘，正在于诗人为琵琶女的飘零身世而感泣，同为自身的横遭斥逐而下泪，两者是水乳交融地交织在一起的。陈寅恪《元白诗笺证稿》第二章，论及元稹《琵琶歌》及白氏《琵琶行》作诗主旨，有云：

> 白诗云："我闻琵琶已叹息，又闻此语重唧唧。同是天涯沦落人，相逢何必曾相识？"则既专为此长安故娼女感今伤昔而作，又连绾己身迁谪失路之怀。直将混合作此诗之人与此诗所咏之人，二者为一体。真可谓能所双亡，主宾俱化，专一而更专一，感慨复加感慨。岂微之浮泛之作，所能企及者乎？

在我国文学史上，叙事诗并不发达。在《长恨歌》《琵琶行》之前，象《古诗为焦仲卿妻作》和《木兰辞》那样的长篇叙事诗，更属凤毛麟角。白居易在中唐叙事散文唐传奇兴盛的大背景影响下[1]，把叙事诗的创作，推向了一个新的水平。讽谕诗中《新丰折臂翁》《上阳白发人》《卖炭翁》《缚戎人》《井底引银瓶》《宿紫阁山北村》，以及《江南遇天宝乐叟》《霓裳羽衣歌》等，都是优秀的叙事诗。但就其情节的曲折动人，描写的细腻生动，抒情气氛的浓郁而言，《长恨歌》与《琵琶行》，无疑是白居易叙事诗的代表作。王国维指出："以《长恨歌》之壮采，而所隶之事，只小玉双成四字，才有余也。梅村歌行，则非隶事不办。白吴优劣，即于此见。"[2]的确，这两首长篇叙事诗突出的艺术特点，正在于不撏撦典故，不堆垛故实，纯粹用细腻的白描手法，去状物写情，刻画人

---

[1] 参阅陈寅恪《元白诗笺证稿》第一章，关于"当时文体之关系"及"当时文人之关系"的论述。

[2]《人间词话》卷上。按："梅村歌行"，最著名者有《圆圆曲》《永和宫词》《箫史青门曲》等，见《吴梅村集》中。徐调孚《人间词话》注云："白居易《长恨歌》有'转教小玉报双成'句为隶事。至吴伟业《圆圆曲》，则入手即用鼎湖事，以下隶事句不胜指数。"

物形象。如写杨妃的美艳，仅用"回头一笑百媚生，六宫粉黛无颜色"；"玉容寂寞泪阑干，梨花一枝春带雨"寥寥数语，而一个风姿绰约，光彩照人的贵妇人的形象便跃然纸上。真所谓"才有余也"。

何其芳对白居易叙事诗的创作成就，给予了极高的评价。他指出："在故事的完整、描写的细致和抒情气氛的浓厚等方面，他的《长恨歌》和《琵琶行》是其他唐代诗人和以后许多朝代的诗人的叙事诗不能比并的。李白和杜甫没有写过这样情节曲折的叙事诗。白居易的朋友元稹写过一篇《连昌宫词》，也是歌咏唐明皇杨贵妃的故事的，但却比《长恨歌》逊色多了。"又说："情节曲折动人，描写细致，很有抒情的气氛，又很有文采，每个句子都那样和谐好读——这就是白居易的叙事诗给我们留下的十分宝贵的传统。"（《新诗话》六，载《文学知识》1959 年第 4 期）由《长恨歌》衍化而成的戏曲有白朴的《梧桐雨》、洪昇的《长生殿》；由《琵琶行》衍化而成的戏曲，有马致远的《青山泪》、蒋士铨的《四弦秋》等。赵翼所谓"此即无全集，而二诗已自不朽。"诚非虚誉。

（原载《白居易论稿》，敦煌文艺出版社，2005 年 8 月第 1 版）

从"有所为而作"的主张到"为人生"的艺术观

——白居易诗论的现代意义

衡量一个作家在文学史上的地位，不仅要看他在当时产生了怎样的影响，更重要的，还要看他对文学发展产生了怎样的历史作用。质言之，就是要看他对待人民的态度如何？在其遗产中有多少人民性和民主性的因素，有多少"没有成为过去而是属于未来的东西。"（列宁《列·尼·托尔斯泰》，《列宁全集》，人民出版社，1954 年 4 月版，第 16 卷第 325 页）白居易在文学上史上的崇高地位，正是由于他以其具有进步意义的理论主张和创作实践，继承和发展了从《诗经》到杜甫的我国古典诗歌的现实主义传统。

早在新中国成立伊始，余冠英先生就运用新的文学观念去观照我国文学的发展史，从而鲜明地提出了如下的看法：

> 中国诗史上有两个突出的时代，一是建安到黄初，二是天宝到元和。也就是曹植、王粲的时代和杜甫、白居易的时代。董卓之乱和安史之乱使这两个时代的人饱经忧患。在文学上这两个时代有各自的特色，也有共同的特色。一个主要的共同特色就是"为时而著，为事而作"的现实主义精神。"为时为事"是白居易提出的口号。他把自己为时为事而作的诗题做《新乐府》，而将作诗的标准推源于《诗经》。现在我们应该指出：中国文学的现实主义精神虽然早就表现在《诗经》，但是发展成为一个延续不断的，更丰富，更有力的现实

主义传统,却不能不归功于汉乐府。这要从建安黄初所受汉乐府的影响来看。(《乐府诗选·前言》,人民文学出版社,1953 年 12 月北京第 1 版)

他进一步指出:"建安黄初最有价值的文学就是那些记述时事,同情疾苦,描写乱离的诗"(同上)。白居易为时为事而作的讽谕诗,不是正与建安诗风一脉相承么? 在这里,余先生用极其精练的笔墨,勾画出了从《诗经》、汉魏乐府到杜甫、白居易的关于我国古典诗歌现实主义传统的一条历史线索;同时,突出地强调了白居易在我国富有现实主义精神的进步文学传统中所占据的承前启后的重要地位。那么,在余先生未曾提及的,关于我国封建社会后期文学发展的状况,又是怎样的情形呢?

"凡一代有一代之文学"(王国维《宋元戏曲史·自序》)。我国古典诗歌,发展到唐代已臻于极盛。宋代以降,我国文学顺应历史的潮流,呈现出多元化发展的趋势,宋词、元曲,明清传奇和小说,递相兴起,异彩纷呈。相较而言,诗歌这一古老的文学样式,则日渐式微,再难焕发出新的生机。自两宋迄于清末,从诗人和诗作的数量来看,虽然仍不失为一大宗,甚至仍占据着文学的主流地位,但大都停留在对唐诗究应如何仿效与规摹的境地,很难从唐诗不可企及的巨大影响的阴影里摆脱出来。于是,出现了宗唐与宗宋的分歧,出现因趣尚不同而形成的格调、神韵、性灵、肌理等流派的对立和纷争;以及相应地为张扬其宗尚与趣向的各种唐诗总集、选集和诗话作品的大量涌现。但是,文学毕竟不能脱离现实生活的土壤,毕竟不能不受社会历史条件的制约。每当社会动荡,民不聊生,阶级矛盾和民族矛盾尖锐激烈,社会危机深重之际,诗人们便往往想起了杜甫和白居易。从赵翼"国家不幸诗家幸,赋到沧桑句便工"(《题元遗山集》),到龚自珍"我论文章恕中晚,略工感慨是名家"(《歌筵有乞书扇者》)的深沉感叹;从韦毅

《才调集》"以白太傅压通部",但取其"有关风教诸篇"(纪昀《删正二冯评阅才调集》),到辛亥革命前夕,黄遵宪、梁启超等人以所谓"新派诗"和"歌体诗"(参阅龚喜平《近代"歌体诗"初探》,载《西北师大学报》〔社科版〕1985年第3期)高扬救亡图存的爱国主义激情,总的看,以杜甫、白居易为代表的我国古典诗歌的现实主义传统,在漫长的封建社会后期,仍然存在着,发展着。完全可以说,"后代许多诗人正是沿着杜甫、白居易的道路前进的。"(参阅袁行霈《白居易的诗歌主张与诗歌艺术》,载《中国诗歌艺术研究》,北京大学出版社,1987年6月第1版)

应当强调指出的是,白居易富有现实主义精神的"有所为而作"的文学主张,因其注重文学同时代和现实生活的联系,蕴涵着人民性和民主性的精华,具有"属于未来"的积极因素,它不仅对我国封建社会后期的文学给予了有力的影响,同时,其合理的理论内涵,也理所当然地为我国现代文学所借鉴和汲取。

文学观念的更新,是文学革命运动的先导;而新的文学观念的形成,又将推进文学革命运动的深入发展。自然,新的文学观念绝不是凭空产生的。不破不立。这里既有"新"与"旧"的对立和斗争,也有对传统和外来文学观念的汲取和借鉴。在五四时期出现的具有代表性的所谓"为人生的艺术"和"为艺术的艺术"这两派并不具备成熟的理论形态的文学观念,就是新文化运动的弄潮儿们,一方面对传统的文学观念作了积极的扬弃,一方面又吸纳和借鉴西方文艺学的理论内涵和名词术语,从而形成的不中不西,带有文学转型期的过渡性质的文学观念。其中,更能切合时代需要的"为人生的艺术"一派,当他们把目光投向过去,企图从传统的文学观念中寻找理论依据和支持时,强调文学的社会功利性和作家的社会责任感,主张"为时为事"而作的白居易,很自然地被视为异代的知音。从这种意义上说,白氏"为时为事"的主张,对新的"为人生"的写实主义文学观念的诞生,不啻起到了酵母的作用。

最初对白氏"为时为事"的文学主张加以关注的,是作为五四新文化运动倡导者之一的胡适。早在 1928 年,他在其《白话文学史》中,明确地宣示白氏的文学主张是"为人生"的,是"写实主义"的。

胡适充分肯定白氏"歌诗合为事而作"的主张,其实质是要求诗人关注现实,同情民间疾苦,因而他高度赞扬从杜甫、元结到白居易、元稹"这一路文学只是要用文学来表现人生,要用诗歌来描写人生的呼号冤苦。"(第十五章《大历长庆间的诗人》)

胡适认为:

> 白居易与元稹都是有意作文学革新运动的人:他们的根本主张,翻成现代的术语,可说是为人生而作文学!文学是救济社会,改善人生的利器;最上要能"补察时政",至少也须能"泄导人情";凡不能这样的,都"不过嘲风雪,弄花草而已"(第十六章《元稹白居易》)。

胡适还强调指出:

> 元白发愤要作一种有意的文学革新运动,其原因不出下述的两点:一面是他们不满意于当时的政治状况,一面是他们受了杜甫的绝大影响。老杜只是忍不住要说老实话,还没有什么文学主张。元白不但忍不住要说老实话,还要提出所以要说老实话的理由,这便成了他们的文学主张了。白居易说:"……文章合为时而著,歌诗合为事而作。……"最末十四个字便是元白的文学主张。这就是说,文学是为人生作的,不是无所为的,是为救人救世作的。(同上)。

胡适还认为,白氏强调文学的写实性,盖源于他主张文学的社会功利性。他说:

文学既是要"救济人病,裨补时阙",故文学当侧重写实,"删淫辞,削丽藻","黜华于枝叶,反实于根源"。……"尚质抑淫,著诚去伪",这是元白的写实主义。(同上)。

胡适把白居易"有所为而作"的文学主张,定位为写实主义(即现实主义),在当时产生了广泛的影响。在稍后问世的郑振铎《插图本中国文学史》中,也依据白氏"为时为事"而作的观点,认定白居易"是彻头彻尾抱着人生的艺术之主张的。……这样彻底的人生的艺术观,是我们唐以前的文学史上所极罕见的。"(第二十七章《韩愈与白居易》)20世纪30年代初,朱东润承袭胡适的观点,也把白居易归入"为人生而艺术"一派。他说:

> 杜甫之诗,大半多在乱后,感时伤怀,……则于为人生而艺术之主张,犹未能坚树一帜。……及元、白持论,则追风骚而鄙六朝,自附于六义之遗则,然不能尽售其说,其所成就反出盛唐之下,故后世于其论往往忽之,不知质之《风》《雅》,其言不为无当也。(《司空图诗论综述》,载《中国文学论集》卷一,中华书局1983年4月第一版)

那么,白氏"为时为事而作"的文学主张,在现今社会主义历史条件下还有无积极意义?我们的回答是肯定的。白氏"为时为事""为民而作"的实质,是要求诗人们遵循从《诗经》到杜甫的现实主义传统,以高度的社会责任感去体察现实,关心民瘼,使诗歌发挥其"补察时政""泄导人情"的积极作用。这对于促使今天的文学艺术家把握时代的脉博,弘扬主旋律,让文艺更好地为社会主义服务,为人民服务,无疑是有启迪和借鉴意义的。

(原载《白居易论稿》,敦煌文艺出版社,2005年8月第1版)

《百道判》及其学术价值

——兼论白居易的早期思想

在白居易的至今犹保存得相当完整的诗文集中，有两个内容相当独特的部分，似乎尚未引起研究者的注意。这就是白集卷六十二至六十五的 75 篇《策林》，和卷六十六、六十七的 101 道《百道判》①。关于《策林》，虽尚未见到专门研究的论著，但在有些关于白居易的研究论文中，不时可以见到作为思想资料加以征引；而关于《百道判》，则几乎还是一块尚未被人触及的处女地。

诚然，《百道判》不过是作者早期为应付科举考试（特别是吏部铨选）而留下的一种写作练习，而且在形式上明显地带着官方法律文书的程式化的特点，但其学术价值却不能低估。首先，它出自白居易这样的大诗人、大文学家的手笔，其本身所具有的文学价值是毋庸置疑的。然而，在我们今天看来，其价值主要的还不在文学方面，而在于它本身作为文献资料所具有的学术价值。这是因为，《百道判》作为文献资料，就其本身所具有的独特性、真实性和保存的完整性而言，它对

---

①按：《百道判》这一名称为元稹提出。先是他在《酬乐天余思不尽加为六韵之作》一诗自注中谓之《百节判》，后来才在《白氏长庆集序》中称《百道判》。《容斋随笔》及《文献通考》均称《甲乙判》，盖谓假设甲乙，自为问答也。又按：白集卷六六、六七实编入判词一〇一道，谓之《百道判》，盖举其成数而言。复考《文苑英华》，共选录《百道判》五十一道；《全唐文》卷六七三、六七四，将《百道判》悉数收入，并在卷六七三开头多出二判，疑是误入。

于我们今天研究唐代的典章制度,特别是研究当时的科举制度、伦理观念、法律思想以及作者的早期思想,都具有充分的参考价值,并提供了无可取代的宝贵资料。因而,对《百道判》作必要的学术探讨,是全面地研究和评价白居易不可或缺的课题。

一、《百道判》的虚拟性质及其文学意义

所谓"判",顾名思义,它应是当时官府决狱断案而写下的判词,用我们今天的话来说,也就是"判决书"。从形式上看,白居易的《百道判》确实保持着官方法律文书的写作程式和规范。那么,它到底是作者为官时从事司法审判工作写下的实际判例呢,抑或是为了别的什么目的而虚拟的呢?为了确切地回答这一问题,就必须弄清它的写作年代和写作动机,并对"判"这一独特的文章体裁,作一些必要的历史考察。

元稹《白氏长庆集序》云:"贞元末,进士尚驰竞,不尚文,就中六籍尤摈落。礼部侍郎高郢始用经艺为进退。乐天一举擢上第,明年拔萃甲科。由是《性习相近远》《求玄珠》《斩白蛇》等赋泊《百道判》,新进士竞相传于京师矣。"汪立名指出,此序"疑有传写脱误",谓"乐天(贞元)十六年登进士第,十八年登拔萃科,凿然可据"①。按:汪氏此说是正确的;乐天进士及第之年,可证以《登科记考》;其拔萃登科之年,有白氏《养竹记》所云:"贞元十九年春,居易以拔萃选及第,授校书郎"可证。此不言十八年而言"十九年春者",盖因唐代选制"凡选始于孟冬,终于季春"(《通典·选举三》),即应选始于头年冬十月,次年三月始毕故也。元《序》谓白氏一中"拔萃甲科",其作为应试的墨卷的三篇

---

① 见汪立名编《白香山诗集·白氏长庆集》注文。

赋及《百道判》，即为"新进士竞相传于京师"，则可知《百道判》当系为
"试判"所作的练习与准备，必脱稿于他中"拔萃甲科"之年以前或当
年。朱金城先生《白居易年谱》明确地系《百道判》写作时间于贞元十
八年，即白氏应书判拔萃试的那一年，是准确的，有根据的。

白居易在早年入仕之前，之所以如此经意地注重判词的写作，并
留下了《百道判》这部内容独特的准备性的著作，是同当时吏部铨选
以书判取人这一制度分不开的。按：唐代选制，一般士子在应礼部试
中进士后，还不能立即授官，必须经过吏部铨试合格后，才能授予官
职。而吏部铨试在好几个环节上，都必须试判二至三道。

首先是关试①，试判二道。所谓关试，即士人于礼部及第后，须经
吏部员外于南曹试判二道，才能入吏部籍，进入铨叙官职的守选（即
候选）的行列。所以，关试既是新及第举子向吏部报到履行的一种手
续，也是吏部接纳选人的一种方式。试判合格后，发给春关（亦称"春
关牒"，因关试于春天礼部放榜后，随即进行而得名），算是名籍隶属
于吏部的一种凭证。姚合《答韩湘》诗云"昨闻过春关，名系吏部籍"，
即指此。

冬集铨试，试判二道。新及第士人经关试获得春关牒后，即进入
守选的过程，守选期一般为三年②。守选期满，即到吏部冬集，参加铨
试。铨试的内容，包括身、言、书、判。其中，判尤为重要。杜佑《通典·
选举三》称："其择人有四事：一曰身，取其体貌丰伟；二曰言，取其言

---

① 《太平广记》卷一七八《贡举一·关试》云："吏部员外于南省试判两节，试后
授春关，谓之关试。诸生谢恩。其日称门生，谓之'一日门生'。自此方属吏部矣。"
按：此条出《唐摭言》卷三。但今本《摭言》脱"试后授春关，谓之关试"九字。

② 《册府元龟》卷六四一《贡举部》："（大和）九年十二月中书门下奏：……进
士及第后，三年任选，委吏部依资尽补州县参军、紧县簿尉。"

辞辩证;三曰书,取其楷法遒美;四曰判,取其文理优长。"并强调指出:"判者,断决百事,真为吏所切。故观其判,则才可知矣。比身、言及书,岂可同为铨序哉!"冬集铨选的试判,较关试要求严格。因为要对判词分出等级,判词的优劣,关系到能否入仕,及授予官职的好恶。

吏部科目试中的书判拔萃科与平判科①,也须试判三道。吏部科目试,设博学宏辞、书判拔萃及平判等科,由吏部侍郎主持;是为守选未满三年,想提前参加铨选入仕的选人特设的。《通典·选举三》称:"选人有格限未至而能试文三篇,谓之宏辞;试判三条谓之拔萃,亦曰超绝。词美者得不拘限而授职。"《新唐书·选举志》亦称:"选未满而试文三篇,谓之宏辞;试判三条,谓之拔萃。中者即授官。"这里的所谓"格限未至",所谓"选未满",即指选人守选未满三年而言。例如,白居易于贞元十六年春进士及第,他于十八年冬参加吏部科目试,即因为守选未满三年;又因其祖父名锽与宏同音,不得应宏辞而试拔萃②,即试由吏部侍郎郑珣瑜主持的书判拔萃科,于次年春登第,授秘书省校书郎。

由上述可知,唐代士人经铨试进入仕途,必须两度试判:关试,是新及第士人,每人必须要过的一关,试判二道;再则,大多数选人须经冬集诠试,试判二道;少数应拔萃、平判科者,则须试判三道。明乎此,我们便不难理解白居易为何如此重视对于书判的谙习了。

――――――――――

①《元稹集》卷一六《酬哥舒大少府寄同年科第》"八人同着彩衣裳"句下注云:"同年科第:宏辞吕二炅、王十一起,拔萃白二十二居易,平判李十一复礼、吕四颖、哥舒大恒、崔十八玄亮隶不肖。八人皆奉荣养。"可知,仅白氏一人试拔萃科,元稹等五人所试乃平判科。

②李商隐:《樊南文集》清冯浩详注,钱振伦、钱振常笺注,1988年12月第1版。该书卷八《太原白公墓碑铭并序》"避祖讳"句下引"陈直斋曰:'避祖讳者,公祖名锽,与宏同音,言所以不应宏辞也'。"考辨甚详,文繁不具引。

正因为"试判"是唐代文人经由科举而进入仕途的一大关口,所以对"书判"的谙习与写作,势必在当时形成一种风尚。正如唐代进士科以诗赋取士,因而在一定程度上促进了唐诗的繁荣一样,书判这一特殊文体,也成为唐代以试判为主要内容的吏部铨选制度必然的派生物。为了把这里所讲的判词,同当时官府决狱的"案判"区别开来,我们不妨把当时文人为应吏部铨选而写下的带有虚拟性质的判词叫作"科判"。今查《文苑英华》卷五〇三至五五二,共采辑判词1007条,一无例外地全是"科判";《全唐文》共辑录判词1123条,其中可认定为"案判"者不足十条,绝大多数也都是"科判"。按:《全唐文》共收各类体裁文章18488篇,而"科判"一体竟占该书收文总数的百分之六强。从作者的人数看,从初唐以迄于唐末五代,从事"科判"写作的作者几乎代有其人,其总数亦不下数百,其中不少文人,竟仅凭短短的一道判词而得以名留史籍。还有一点值得注意的是,在《文苑英华》及《全唐文》中,有不少判题(如《对升高判》《对莱田不应税判》《对复以冕服判》等等),竟然有数见乃至数十见者。这些情况正生动地说明,当时文人从事"科判"的写作,完全是受吏部铨选以书判择人这一特殊制度所制约的。

自然,唐代吏部铨选以书判择人,在实践中逐渐程式化、制度化,也经历了一个过程。马端临《文献通考》在指出"科判"是唐代铨选制度的产物之后,进一步考察了"科判"的写作由"实"而"虚"而"怪",并终于日渐趋于式微的历史过程。他说:

> 初吏部选才,将亲其人,覆其吏事。始取州县案牍疑议试其断割,而观其能否,此所以为判也。后日月浸久,选人猥多,案牍浅近,不足为难,乃采集古义,假设甲乙,令其判断。既而来者益众,而通经正籍又不足以为问,乃征僻书曲学,隐伏之义问之,唯惧人之能知也。……陵夷至于五代,干戈

侵寻,士失素业,于是所谓试判,遂有一词莫措,传写定本,或只书未详,亦可应举。盖判词虽工,亦本无益。故及其末流,上下皆以具文视之耳。(《选举考·举官》)

鉴于学术界还有把《百道判》当作"案判"来看待的情况①,因而感到还有通过实例的对比,具体地考察一下"科判"与"案判"两者的区别之必要。

先举作为"科判"的《百道判》中的一例:

判51:"得乙在田,妻饷不至。路逢父告饥,以饷馈之。乙怒,遂出妻。妻不伏。"②

象彼坤仪,妻惟守顺;根乎天性,父则本恩。馔宜进于先生,饁可辍于田畯。夫也望深镐彼,方期相敬如宾;父兮念切嚣然,旋闻受哺于子;义虽乖于齐体,孝则见于因心。盍嘉陟岵之仁,翻肆送畿之怒。孰亲是念,难忘父一之言;不爽可征,无效士二其行。犬马犹能有养,尔岂无闻?凤凰阻于于飞,吾将不取!

下面,是从《全唐文》中列举的几个"案判"的例子,以资对照:

其一,颜真卿《按杨志坚妻求别适判》:

杨志坚素为儒学,遍览九经;篇咏之间,风骚可摭。愚妻睹其未遇,遂有离心。王欢之廪既虚,岂遵黄卷?朱叟之妻必去,宁见锦衣!污辱乡闾,败伤风俗。若无褒贬,侥幸者多。阿王决二十后任改嫁。杨志坚秀才赠布绢各二十四、米二十石,便署随军,仍令远近知悉。(《全唐文》卷三三七)

---

①《民主与法制》1980年第6期,余心言《白居易判词三则》一文,即是把《百道判》看作"案判"来分析的。

②为称引方便,所引《百道判》判题前之顺序号乃笔者所加,以下不再注明。

其二,陆长源《断金华观道士盛若虚判》:

> 本是樵童牧竖,偶然戴帻依师。不游玄牝之门,莫鉴丹田之义。早闻僭犯,苟乃包容。作孽既多,为弊斯久。常住钱谷,惟贮私家。三盏香灯不修,数夕至于婢仆。遍结亲情,良贱不分,儿女盈室,行齐犬马,义悖清廉。恣伊非类之徒,负我无为之教。贷其死状,尚任生全。量决二十,便勒出院。别召精洁玉守,务在焚修。(《全唐文》卷五一〇)

其三,王宗侔《李延召投状乞免役事佛判》:

> 虽居兵籍,心在佛门。修心于行伍之间,达理于幻泡之外。归心而依佛化,截足以事空王。壮哉貔豹,何太猛利!大愿难阻,真诚可嘉。准状付本军除落名氏,仍差虞候监截一足讫,送真元寺收管,洒扫焚修。(《全唐文》卷八八九)

从以上的对比中可以看出,尽管"科判"也保持着官方法律文书的形式,但同官府决狱断案的"案判"毕竟有着显著的不同。这主要表现在:第一,由于"科判"是虚拟的,所以判词中一般没有具体的当事人①,而是"假设甲乙",而"案判"则有法律当事人的真名实姓。第二,也正由于"科判"是虚拟的,本来缺乏情节的具体性(而且许多"科判"仅涉及伦理是非,并不触及刑律),所以没有量刑科罪的具体记载,而"案判"则不然。第三,吏部试判,本来意在"取其文理优长",所以"科判"一律用工致的四六骈文,格外注重辞藻与文采,而"案判"主实用,大抵骈散杂糅,不追求文字的缛丽与工整。总而言之,从形式上看,

---

①初唐张鷟《龙筋凤髓判》(见《全唐文》卷一七二至一七四,共收判78道),大抵每判皆有当事人,案情亦较具体,这可能与初唐试判以州县案牍实判为主有关,也可能与"鷟作是编,取编程式之用,则本为隶事而作"(《四库全书总目提要》语)有关。

"科判"虽然是对"案判"的摹拟,但它们的写作目的与要求判然有别,绝不可把两者混为一谈。

中国封建社会的科举制度,本来是统治阶级用以钳制思想、笼络人才的一种手段,用唐太宗李世民的话来说,其目的是为了使"天下英雄,入吾彀中"(《唐摭言·述进士上篇》)。唐代以"书判"选官的制度,其弊尤甚。自初唐以来,许多有识之士对此就多所指责。把以书判择人的弊端归结到一点,那就是偏重文学而蔽于政事。正如马端临《文献通考》所指出的:"选人之试判,则务为骈四俪六,援引必故事,而组织皆浮词。然则所得者不过学问精通、文章美丽之士耳。盖名之曰判,而与礼部所试诗赋杂文无以异,殊不切于从政,而吏部所试为赘疣矣。"(《文献通考·选举考·举官》)于是,以选吏为目的的所谓"试判",实际上变成了文学上的竞争。从一定的意义上说,《百道判》正是这种竞争的产物。正因为如此,我们认为有从文学的角度去探讨《百道判》的意义和影响之必要。

应当看到,《百道判》作为虚拟的官方法律文书,就其内容的性质而言虽然是非艺术的,但由于它出自天才诗人的手笔,而且是用四六骈文这种富有文采的文学语言写成的,从"科判"这一特殊的文体的写作规范来要求,它达到了内容与形式的统一,因而,应该承认它是具有艺术性与文学价值的。通过前面引述的"判51"的例子,我们可以看到,《百道判》在语言方面,无论是句式的整齐与对仗的工稳,还是平仄的协调与用典的贴切,都堪称四六骈文的上乘。当然,我们今天正视《百道判》的文学意义,并不是要抬高追求语言形式美的四六骈文,更不是要肯定作为唐代科举制的派生物的"科判"这一文体本身。而主要是着眼于把白氏早年从事《百道判》的写作练习,作为他文学道路上的一个重要环节,探讨它对其自身的写作生涯可能产生的影响,以及《百道判》作为一种程式化的写作范本,在其流传中可能产生的社会影响。

就《百道判》作为一种写作练习对作者后来的写作活动的影响而言，主要表现在对制诰文字和对近体诗的写作这两个方面。这是因为，作者通过《百道判》的写作，熟练地掌握了驾驭四六骈文的技巧，这为他后来从事制诰文字及近体诗的写作，打下了良好的基础。我们知道，唐代制诰文字通用今体四六骈文。由于白氏擅长四六骈文的写作，所以他先后在元和及长庆年间职掌翰林及中书舍人时，撰写了大量的制诰文字，在当时颇负盛名。元稹《酬乐天余思不尽加为六韵之作》一诗"白朴流传用转新"句下自注云："乐天于翰林中书取书诏批答词撰为程式，禁中号曰《白朴》，每有新学士求访，宝重过于《六典》也。"按：《白朴》即《白氏制朴》①的简称，是公文程式性质的制诏文字类编。这些制诏文字同《百道判》一样，是用四六骈文写成的，而《百道判》作为一种习作，它的写作在先，因而我们说《百道判》的写作不啻为其制诰文字的写作做了很好的准备。

还应当看到，正因为四六文这种体裁在语言运用上的讲究对仗、平仄与用典等特点，同近体诗的写作有共通之处，因而可以肯定，白氏早年运用四六骈文所从事的《百道判》的写作训练，对于他的诗歌创作，特别是近体诗的创作，也必然会产生有益的影响。赵翼《瓯北诗话》卷四云："五言排律，长篇亦莫有如香山之多者。《渭上退居一百韵》；谪江州有《东南行一百韵》；《微之以〈梦游春七十韵〉见寄广为一百韵报之》；又《代书诗寄微之一百韵》《赴忠州舟中示弟行简五十韵》；《和微之投简阳明洞五十韵》；《想东游五十韵》；《逢萧彻话长安旧游五十韵》；《叙德抒情上宣城崔相公四十韵》；《新昌新居四十韵》；

---

①《宋史·艺文志》有著录，今已不传。王楙《野客丛谈》卷三十称：《白朴》分上中下三卷，"此盖乐天取当时制文，类编以规后学者"。

此外如三十、二十韵者，更不可胜计。此亦古来所未有也。"不言而喻，写这种"大或千言，小犹数百"的长篇排律，通篇除首尾两联外，须得全用对仗，没有"铺陈始终，排比故实"（元稹《唐故工部员外郎杜君墓系铭并序》）的才力与学识，是难以胜任的。白居易的擅长五言排律，很显然也得力于他早年从事《百道判》的写作训练，为之打下了良好的基础。

再者，正因为《百道判》是用四六骈文这种富有审美特性的艺术语言来写作的，而且在内容上反映了作者较开明的伦理和法制观念（详后说），这样，它就有可能博得读者，并产生一定的社会影响。也就是说《百道判》不仅可能被当时应试的士子们奉为"程墨"范本加以研习，也不仅可能被当时职掌刑狱的吏曹们当作公文程式而加以摹仿，而且有可能因其本身所具有的文学因素，而在社会上博得更广泛的读者。事实上，《百道判》一问世即广为流传，并一再受到好友元稹的称赞。元稹《白氏长庆集序》称：随着白居易连捷进士及拔萃科，他的赋，"洎《百道判》，新进士竞相传于京师矣"（《白氏《与元九书》说："礼、吏部举选人，多以仆私试赋判，传为准的"，可与此相参证》）。《酬乐天余思不尽加为六韵之作》一诗"众推贾谊为才子"句下自注云："乐天先有《秦中吟》及《百节判》，皆为书肆市贾题其卷云，'白才子文章'。"按：《百节判》即《百道判》。又，元氏在越州所作《酬乐天》诗亦有句云："百篇书判从饶白，八采文章未服卢。"元对《百道判》的赞誉和钦服，正说明它在当时已广为流传，影响极大。

《百道判》对后世，特别是在宋代影响仍很大。宋洪迈曾将《百道判》同《龙筋凤髓判》加以对比，并大加揄扬：

> 唐史称张鷟早慧绝伦，以文章瑞朝廷。……今其书传于世者，《朝野佥载》《龙筋凤髓判》也。……百判纯是当时文格，全类俳体，但知堆垛故事，而于蔽罪议法处不能深切，殆

是无一篇可读,一联可味。如白乐天甲乙判,则读之愈多,使人不厌。聊载数端于此。……若此之类,不背人情,合于法意,援经引史,比喻甚明,非青钱学士所能及也。元微之有百余判,亦不能工。(《容斋续笔·龙筋凤髓判》)

洪氏乃南宋中叶人。他的高度赞誉,正说明《百道判》在两宋颇为流行。这可能与宋承唐制,吏部选人亦试书判有关。①

再往后看,我们从明清小说中似乎也可以看到它的影响的痕迹。如《今古奇观·乔太守乱点鸳鸯谱》中的判词,《聊斋志异·席方平》中著名的灌口二郎判词,不是都可以从其幽默调侃的笔调中,看到《百道判》的影子么?

二、《百道判》所反映的伦理观念

人们要问:《百道判》既然是作者为了应付科举考试而虚拟的法律文书,那么,我们为什么还要从伦理的角度加以探讨呢? 为了回答这个问题,有必要首先谈谈道德和法的关系。

马克思主义认为,作为上层建筑的道德和法,同属于行为规范的范畴。在阶级对立的社会中,这两者的关系是十分密切的。可以说,它们是为一定的经济基础所决定的人们之间错综复杂的社会关系中最为接近的两个层次。诚然,从其产生和发展的历史看,道德比法要古老得多。我们知道,法律作为统治阶级意志和利益的集中表现,是阶级社会特有的现象;在原始社会中,既然没有阶级和国家的存在,自然也就不会有法。但是在原始社会中,却存在着以风俗习惯为规范表现出来的道德(如敬老恤幼、同劳同食的平等观念等),作为调节人们

---

① 《宋史·选举志一·科目上》:"登科之人,例纳朱胶绫纸之直,赴吏部南曹试判三道,谓之关试。"则宋人关试,判增至三道矣。

之间简单而朴素的关系的准则,这就是所谓"风习的统治"(《列宁选集》第四卷,人民出版社1972年10月第2版,第44页)。当历史前进到阶级社会之后,由于存在着剥削和压迫,出现了阶级的对立与斗争,于是剥削阶级便制定出法律,并建立司法、公安等惩罚机关来强制执行,以维护本阶级的经济和政治利益,巩固本阶级的统治。但是从它们两者各自依靠的手段(法律由国家制定,并依靠惩罚机关强制执行;而道德则依靠社会舆论和教育的力量维持)和作用的范围(守法与违法、罪与不罪,要用法律手段与规范去解决;而是非、善恶、好坏,则要用道德规范去分清和调整)来看,道德所干预的领域,比法律要广泛得多。所以,过去历史上的统治阶级,无不把他们的法律和道德作为维护其经济和政治利益的相辅相成、软硬兼施的两手。这正如列宁所指出的,以往的一切统治阶级为了维护自己的统治,都必须执行"刽子手"和"牧师"这样两种"社会职能"(《列宁选集》第二卷,人民出版社1972年10月第二版,第638页);按照中国传统的说法,就是所谓"德治"与"法治"并重。在我国法律思想史上,有所谓"律出于礼""寓刑于礼"(孙星衍《重刻故唐律疏义序》),"礼、刑其初一物"(柳赟《唐律疏义序》);所谓"礼禁未萌之前,法制已然之后","二者相须犹口与舌然"(佚名撰《唐律释文序》)等等观点和说法,这正是在我国长期的封建社会中,统治阶级强调道德和法律的相互作用、相互补充,以加强其统治的一个确证。

作为中国封建社会鼎盛时期的李唐王朝,其统治阶级在如何使道德和法律相互为用,以巩固和加强其统治方面,表现得尤为典型和突出。自初唐以来,即一方面注重尊儒修礼,一方面致力于定律明法。在统治阶级利用官方力量制定并详加注疏的《唐律疏议》中,不仅把封建等级制度及地主阶级的各种特权用法律形式体现出来,而且以法律形式强制推行和维护"三纲五常"等封建道德——把"三纲五常"

等封建道德加以条文化和法典化,正是《唐律疏议》这部我国历史上最系统最严密的封建法典在内容上的一个显著特点。正如《唐律疏议》卷一《名例》疏文所指出的:"德礼为政教之本,刑罚为政教之用,犹昏晓阳阴相须而成者也。"李唐王朝的统治阶级在《唐律疏议》中之所以遵循"德主刑辅"的传统,贯彻"礼法合一"的原则,正是为了使道德与法律更好地相互作用,相互配合,以达到"制礼以崇敬,立法以明威,防闲于未然"(《旧唐书·刑法志》)的目的,从而确保大唐天下的"皇图永固",长治久安。

"任何一个时代的统治思想始终都不过是统治阶级的思想。"(《马克思恩格斯选集》第一卷,人民出版社 1972 年版,第 270 页)白居易作为当时统治阶级中下层的一员,当他通过科举考试向最高统治者寻求出路的时候,在其为应付吏部铨试而准备的《百道判》中,自然不能不体现"德主刑辅""礼法合一"的原则,以适应统治阶级思想的要求。这样,我们就不仅可以通过《百道判》来探讨他的法律思想,而且可以通过它来探讨其伦理观念。

那么,白居易从《百道判》中所反映的伦理观念,主要表现在哪些方面呢?

首先,对忠君观念及等级特权制度的极力维护。

马克思恩格斯在《共产党宣言》中曾经指出:"在过去的各个历史时代,我们几乎到处都可以看到社会完全划分为各个不同的等级,看到由各种社会地位构成的多级的阶梯。"列宁更明确地指出:"在奴隶社会和封建社会中,阶级的差别也是用居民的等级划分而固定下来的,同时还为每个阶级确定了在国家中的法律地位。所以奴隶社会和封建社会(以及农奴制社会)的阶级同时也是一些特别的等级。"(《列宁全集》第 6 卷,人民出版社 1959 年版,第 93 页注①)按等级来划分阶级这一特点,在有着漫长历史过程的中国封建社会,表现得尤其典型。自秦汉以来,就按照严格的宗法等级关系,把人大体上分成五等:天子、诸侯、大夫、士、庶人;把官分为九级,即所谓"九品"。皇帝是居于这一宝塔形等级阶梯顶端的最大封建主,自命为"天子","命为制","令为诏","朕即国家",拥有至高无上的权力。由于出自法律虚构的君权的神圣性,是维护等级特权制度的后盾,而封建的等级特权制度又是维护君权的绝对权威的统治基础,所以,维护君权的神圣性的忠君观念,和维护封建宗法特权的等级观念,便成为我国封建社会中最基本的道德原则和伦理观念。这一点,在白氏的《百道判》中,表现得极其鲜明而突出。

白居易秉承着儒家"贵民""重民"的传统观念,对待君臣、君民的关系,一般地说还是比较开明的。如他在《策林》中转述《孟子·离娄》的话:"君视臣如股肱,则臣视君如元首;君待臣如犬马,则臣待君如路人。君爱人如赤子,则人爱君如父母;君视人如土芥,则人视君如寇仇。"(第七十二《使臣尽忠人爱上》)在这里,他把君主对待臣民态度的好坏,看作臣民能否"尽忠爱上"的前提,把两者视为互为因果的关系。也许是受题材、体裁限制的缘故罢,白氏在《百道判》中所表现出来的忠君观念,却似乎要浓厚、保守得多。例如:

判7:"得辛奉使,遇昆弟之仇,不斗而过,为友人责。辞云:衔君命。"

这是一桩仅仅涉及伦理是非,而并未触及刑律的典型案例。白氏的见解是:"居兄之仇,避为不悌;衔君之命,斗则非忠。将灭私而奉公,宜弃小而取大。""节以忠全,情由礼抑。未失使臣之体,何速诤友之规?……是谓尽忠,于何致责"?他认为,"忠"的观念应高于"悌"的观念。这完全符合封建宗法的伦理观念。

判77:"得景为录事参军,刺史有违法事,景封状奏闻,或责其失事长之道。景云:不敢不忠于国。"

此判例所涉及的仍是伦理是非问题。按：录事参军为州刺史属僚之长，总揽内部一切事务；封状奏刺史违法，从形式上看，这是以下犯上。白氏从伦理的角度对该参军的守正不阿，给予了支持。他说："守位居常，小宜事大；持法举正，卑可纠尊"；景"虽举违犯上，亏敬长之小心，而陈奏尽忠，得事君之大节。既非下讪，难抑上闻"。他认为，"尽忠"的观念应高于"敬长"的观念。这也完全符合封建宗法的伦理观念。

判 62："得丁陷贼庭，守道不仕，贼帅逼之。辞云：尧舜
在上，下有巢许。遂免。所司欲旌其节，大理执不许。"

在此判例中，白氏从"臣节贵忠，国经懋赏"的伦理规范出发，对丁的身陷"贼庭"却能"守无二之忠"的崇高气节，给予了充分肯定。他强调说："从乱则必论辜，守道岂无旌善？野哉大理，信乃执迷；展矣所司，诚为劝沮！"

判 25："得诏赐百僚资物。甲独以物委地而不拜。有司
劾其不敬。云：本赃物，故不敢拜。"

白氏杜撰的这一案例是颇耐人寻味的。也许作者的本意是在暴露封建官场的黑暗与丑恶，但从字面上看，"尽忠爱上"的封建伦理观念，是一点也不含糊的。这则判词，说理周严，文亦可诵。为领略其中"微言大义"，不妨全文录出：

赐表主恩，拜明臣礼。苟临事而不敬，虽有辞而勿听。甲列在朝行，颁其资物，宜荷天而受赐，何委地而如遗？曾是奸赃，诚可恶于清德；今为宠锡，谅难拒于鸿私。既为善而近名，亦失恭而远礼。必也志疾贪冒，节励贞廉，自当辞让有仪，岂得弃捐不拜？况人不易物，锺离委珠而徒为；心苟无瑕，伯夷饮泉而何爽？宜许有孚之劾，用惩不恪之辜！

封建时代的法律，从本质上说是特权法。如果说白居易在对待君

臣关系方面毕竟还有开明的一面的话,比较起来,他在维护宗法封建的等级特权方面,却表现得更为保守。只要是有典章可依循或法律有明文规定的等级特权,他都一无例外地表示坚决维护,决不许逾越雷池半步。例如:

> 判43:"得景请预驸马。所司纠云:景,庶子也,且违格令,欲科家长罪,不伏。"

按:驸马,即驸马都尉,公主夫、皇帝婿也。"唐制,皇姑为大长公主(后亦谓之长长公主),姊为长公主,女为公主,皆封国,视正一品。……凡诸王及公主皆以亲为尊。"(《文献通考》卷二五八《帝系九》)对封建统治阶级来说,"结婚是一种政治行为,是一种借新的联姻来扩大自己利益的机会"(《马克思恩格斯选集》第四卷,人民出版社1972年5月版,第74页)。不言而喻,按照"亲贵合一"的原则,大抵只有出身于地主阶级当权派的贵胄之子方得预选驸马。再者,在宗法制度下,由于实行嫡长子继承制,这反映在婚姻方面,则坚持嫡庶有别。《唐律疏议·户婚》"为婚妄冒"条规定:在婚姻上以庶冒嫡者,女家徒一年,男家徒二年。景既是庶出,即使与平民通婚亦不容妄冒,而况"姻连天族"?所以白氏表示:"预傅粉之郎,岂可滥收庶子!"而且主张对这种"冒婚"的诈伪行为绳之以法:"国章宁舍于面欺?家长宜从于首坐!"

> 判46:"得景于私家陈钟磬,邻人告其僭。云:无故不彻悬。"

《唐会要》卷三十三《雅乐下》云:"贞观二年……伏准《仪礼》宫悬之制,陈镈钟十二架,当十二辰之位。甲丙庚壬,各设编钟一架;乙丁辛癸,各设编磬一架。……宗庙殿庭,皆用此制。"可知钟磬历来被视为帝王专用的"雅乐"。除非因功特别颁赐,就连勋贵之家也不得擅自陈设。否则即是"犯贵"的僭越行为,要受到法律制裁。白氏对于这一等级特权，也是坚决维护的。他在判词中说："礼既异于古今，法且禁其钟磬。……僭金石而奏，罪以声闻。雅当犯贵之辜，难许彻悬之诉。"但如系皇上恩许悬置，则又当别论："且彰北阙之恩，无爽南邻之击。是殊国禁，无告家藏"。总之，"私悬"则罪，特许则不罪。这一判例正说明至高无上的皇权，是等级特权所依恃的靠山。

判58："得丁将在别屯，士卒有犯，每专杀戮。御史举劾，诉称：曾受棨戟之赐。"

按照白氏基本的法律思想，他本来是主张"法贵简当""恤刑慎杀"的，但由于丁"将在别屯"，又"曾受棨戟之赐"，享有"专杀"的特权，所以他又主张"宜崇魏绛之威"[①]："既有令而必行，信无瑕而可戮"。可见，白氏的法制思想是服从其特权观念的。

判89："得太学博士教胄子毁方瓦合。司业以非训导之本，不许。"

按：《文苑英华》卷五一二《判十》"毁方瓦合判"题下，同对者除白居易外，还有吕颖、崔玄亮、元稹、哥舒恒等人。又考《登科记考》卷一五，谓与白氏同以书判拔萃科登第者，正有元稹、李复礼、吕颖、哥舒恒、崔玄亮等人。[②]据此可以确定，此判当即白氏于贞元十八年应试书判拔萃科之墨卷而编入《百道判》者。又按：太学博士、司业，俱学官名；胄子，唐最高学府国子监学生之泛称。"毁方瓦合"，典出《礼·儒行》："毁方而瓦合。"《疏》："方，谓物之方正，有圭角锋芒也。瓦合，谓瓦器破而相合也。言儒者身虽方正，毁屈己之方正，下同凡众，如破去圭角与瓦器相合也。"按：唐国子监事实上是专收文武三品以上子孙

———

① 魏绛，春秋时晋大夫。佐悼公，七合诸侯，称霸华夏。

② 按：《登科记考》有误。实则试拔萃科者仅白居易一人。元稹等五人所试乃平判科。可参阅元稹诗《酬哥舒大少府寄同年科第》"八人同着彩衣裳"句下注文。

的地道的"贵族学校"。太学博士教胄子"毁方而合众",意味着让这些贵胄子弟不必过分坚持其特权阶级意识，在为人处事上持较随和开明的态度。司业(职掌国子监之副职)则以"训导贵别"为理由,反对这种做法。白氏明确地站在司业的一边,可见他是主张让他们恪守其特权阶级意识及行为规范的。

此外,反映在朝参拜会、丧葬吊唁等方面的种种繁文缛节,作为封建社会人们行为规范的一个重要方面，其目的也在于区别尊卑贵贱,以维护其等级秩序。对于表现在这些方面的等级特权,白氏也一无例外地表示坚决维护。例如,判42:"得丁母乙妻俱为命妇,每朝参,丁母云:母尊妇卑,请在妇上。乙妻:夫官高,不合在下。未知孰是。"白氏以"朝廷正名,等列岂宜无别"为理由,判定:"母则失言,妻唯得礼"。判87:"得甲与乙爵位同,甲以齿长,请居乙上;乙以皇宗,不伏在甲下。有司不能断。"白氏以"王室贵亲"为理由,认为"难遵少长之伦,宜守亲疏之序",让出身"皇宗"的乙占了先。再如,判100:"得丁为士,葬其父用大夫礼,或责其僭,辞云:从死者。"白氏以"礼唯辨贵,孝不贬亲"为理由,认为丁的做法"未爽慎终之义,允符从死之文。辞则有征,责之非当"。

其次,对待孝亲、尊男卑女思想的开明态度。

就其历史渊源来看,"孝亲"的观念比"忠君"的观念显然要古老得多。因为在人类历史上,毕竟是父子关系先于君臣关系。在以血缘关系为纽带的人类文明的初期,孝的观念就有了萌芽。把忠看作孝的扩大,这符合历史实际,也是历史的必然。我国历史上统治阶级的思想家,总是宣扬什么"孝为百行之首","忠臣出于孝门",标榜什么"人之大伦,内则父子,外则君臣;事父以孝,事君以忠"。到了封建社会后期,统治阶级进而提倡"愚忠""愚孝",如宋明理学家所谓的"君要臣死,臣不得不死;父要子亡,子不敢不亡"。在我国过去史历上,"忠"与

"孝"之所以成为几乎是同等重要的道德规范,这是因为在我国长期的封建社会里,宗法制度、等级制度与分封制度总是密切地交织在一起,事实上实行的乃是带有浓厚宗法血缘关系色彩的亲贵合一、家国相通的政治体制的缘故。难能可贵的是,白氏在《百道判》中所反映出来的"孝亲"观念,同其"忠君"观念相较,是相当开明的。例如:

判6:"得景居丧,年老毁瘠,或非其过礼。辞云:哀情所钟。"

白氏认为,景因丧"尽哀",以致达到"毁瘠""危身"的地步,这是有悖于人情的"愚孝"行为。他批评说,"苟灭性而不胜,则伤生而非孝"。

判36:"得甲妻于姑前叱狗,甲怒而出之。诉称:非'七出'。甲云:不敬。"

《唐律疏议》对"七出"有明文规定;"一无子,二淫泆,三不事舅姑,四口舌,五盗窃,六妒忌,七恶疾。"甲妻"叱狗愆仪","信乖妇顺",但只算"细行有亏",显然未犯"七出"之条。所以白氏对甲"孝务恪恭",怒而出妻的做法,委婉地给予了批评:"若失口而不容,人谁无过?虽敬君长之母,宜还王吉之妻!"①

判74:"得丁丧亲,卖宅以奉葬。或责其无庙。云:贫无以为礼。"

白氏在《策林》六十六《禁厚葬》中说过:"况多藏必辱于死者,厚费有害于生人。习不知非,浸而成俗。此乃败礼法、伤财力之一端也。……礼适其中,则破产伤生之俗革矣。"在此判例中,他先于《策林》而表现出了类似的倾向。对丁"卖宅以奉葬"的"愚孝"行为,白氏

---

① 《汉书·王吉传》:"吉少时学问,居长安。东家有大枣树垂吉庭中,吉妻取枣以啖吉。吉后知之,乃去妇。东家闻而欲伐其树,邻里共止之,因固请吉令还妇。"

极不赞成。他说:"礼所贵于从宜,孝不在于益侈。盍申破产之禁,以避无庙之嫌。"

判101:"得甲将死,命其子以嬖妾为殉。其子嫁之。或非其违父之命。子云:不敢陷父于恶。"

尽管孔子曾经强调,"三年无改于父之道",但"生殉"毕竟是奴隶制时代的野蛮习俗。甲父命其子以"爱妾为殉,死而有害于人"的恶劣行径,这在中唐时期是骇人听闻的。白氏明确表示,"诚宜嫁是,岂可顺非!"他对甲之子能尽"因心之孝",而"不敢陷父于恶"的开明做法,给予了充分肯定。他的这种态度,在当时也是值得称赞的。

《说文》云:"妇,服也。"《尔雅·释亲》亦云:"妇之言服也,服事于夫也。"从语义学的角度也可以看出:尊男卑女,肯定"夫权",是封建社会重要的伦理观念。质言之,它是维护王道的"三纲"之一,也是维护封建宗法秩序的"四权"之一。然而,生活于中唐时期,作为封建士大夫一员的白居易,对待妇女的态度,却是相当开明的。他后来在其讽谕诗中,写出了许多为妇女的痛苦和不幸鸣不平的优秀诗篇,绝不是偶然的。在其早年写下的《百道判》中,就不难找到同情妇女的突出判例。例如;

判22:"得景妻有丧,景于妻侧奏乐。妻责之,不伏。"

白氏在判词中明确地表示同情女方,对男方有怼"夫义"、不近人情的行为,给予了谴责:"道路见缞,犹闻必变;邻里有殡,亦不为歌。诚无恻隐之心,宜受庸奴之责!"

判73:"得景娶妻三年无子,舅姑将出之。诉云:归无所从。"

《唐律疏议》卷十四《户婚》"妻无七出"条云:"虽犯七出,有三去。……一,经持舅姑之丧;二,娶时贱,后贵;三,有所受,无所归。而出之者,杖一百,并追还合。"景妻虽犯"七出"之条,但"归无所从",亦合"三不去"之律例。白氏援引律例,对此孤苦的弱女子给予了保护,判定:"请从不去。"

> 判90:"得甲居家,被妻殴笞之。邻人告其违法。县断徒
> 三年。妻诉云:非夫告,不伏。"

《唐律疏议》卷二十二《斗讼》"妻殴詈夫"条云:"诸妻殴夫,徒一年;若斗伤重者,加凡斗伤三等"。《注》云:"须夫告乃坐。"《疏》云"'须夫告乃坐',谓要须夫告,然后可论罪";所谓"加凡斗伤三等",指"处徒二年"。据此,可知县官的断决,显系不当坐而坐罪;而且即使要科罪,也不合律例,处分过重。所以白氏在判词中援引法律为女方做了辩护,而对多事的邻人及昏聩的县令,则给予了谴责。此判寥寥不足百字,通篇用典甚少,全用散文化笔法写出,以说理见长,而饶有风趣。姑全文录出,以飨读者:

> 礼贵妻柔,则宜禁暴;罪非夫告,未可丽刑。何彼无良?
> 于斯有怒。三从罔敬,待以庸奴之心;一杖所加,辱于女子之
> 手。作威信伤于妇道,不告未爽于夫和。招讼于邻,诚愧声闻
> 于外;断徒不服,未乖直在其中。虽昧家肥[①],难从县见。

再如,前面已全文引述过的"判51",白氏把"理"断给了以饷馈父的乙妻,而对乙的怒而出妻的做法进行了谴责,也是他同情妇女的突出表现。

第三,对待选举制度上为寒门庶族争地位的中小地主立场。

中世纪的中国地主阶级,大致可分为三个等级或阶层:即以皇帝为首的皇族地主,以世官世禄的勋贵名门织成的有身份特权的士族地主,以及出身寒微、不享有身份特权的庶族地主。其中,皇族是皇帝的宗室,他们同世代簪缨的士族一样,都在政治和经济上享有种种特

---

①家肥:谓家庭和睦。《礼记·礼运》:"父子笃,兄弟睦,夫妇和,家之肥也。"

权,这两者是地主阶级中最腐朽、最落后的上层。为了维护和扩张其既得资财及势力,他们贪得无厌地侵渔盘剥下层人民,甚至搞分裂割据,成为对抗中央集权的豪宗强藩。而作为地主阶级中下层的庶族地主,就其构成来看,有的是从胥吏、行伍因功而厕身地主的行列,有的则是由自耕农及工商户中的上层转化而来。由于他们的经济、政治地位相对地说比较接近当时社会的下层人民,所以,他们在拥护中央集权,反对豪家大族的横强兼并,同情人民疾苦等问题上,能够在一定程度上表现出适应历史发展要求的开明甚至进步的态度。正因为如此,所以李唐王朝的统治者,力图通过科举、选举制度为寒门庶族大开仕进之门,以打破豪门士族在政治上的垄断,扩大其统治的基础,维护中央集权的稳定与巩固。李唐王朝的统治者由于实行了从庶族地主乃至平民中擢拔人才的开明改策,固然扩大了其统治基础,起到了稳定政权的作用;但在另一方面也势必加剧统治阶级内部的矛盾和斗争。因而,在唐代中期以朋党形式反映出来的士庶之争,尽管说到底不过是统治阶级内部的权力和地位之争,但对其中的是非,还不能简单地一笔抹煞,在有的问题上,还有必要作历史的具体的分析。比如,《百道判》中不少涉及选举制度的案例,它们所反映出来的白居易极力为寒门庶族争地位的开明态度,这固然是其中小地主立场的自然流露,但它在客观上反映了抬高庶族以削弱士族的历史趋势,其进步意义应历史地给予肯定。下面是几个这方面的突出的案例:

判75:"得甲之周亲执工伎之业,吏曹以甲不合仕。甲云:今见修改。吏曹又云:虽改仍限三年后听仕。未知合否?"

按:周亲,犹言至亲、嫡亲。所谓"执工伎之役",指其身份乃系隶属于官府服工役的工匠。《唐律疏议》卷三《名例》"工乐杂户"条云:"工乐者,工属少府,乐属太常,并不贯州县……俱是配隶之色。"《唐六典·工部》亦称,"一入工匠后,不得别入诸色"。可知工匠在当时是地位低下的"贱色",实际上是世代为官府做工的工奴。他们非获恩准或因功放免,取得良人(自由民)的身份,是没有跻身仕途的资格的。这条案例提供的情节,还补正了文献的遗缺:"贱色"即使因放免而改变了身份,还得限以三年的考核期,而后才得准其入仕。律格难违,任何人不得超越。白氏虽然也表示"难违甲令之文,宜守吏曹之限",却又特地但书一笔,强调说:"如或材高拔俗,行茂出群,岂唯限以常科,自可登乎大用。"热忱地表示了从寒素平民中选拔人才的思想倾向。

判85:"得州府贡士,或市井之子孙,为省司所诘。申称:群萃之秀出者,不合限以常科。"

按:"市井""市籍",谓居市以商为业者。在我国古代,商居"四民"之末,因而市籍之子孙不得为宦,古有定制。《史记·平准书》:"孝惠、高后时,为天下初定,复弛商贾之律,然市井之子孙亦不得仕宦为吏。"《汉书·景帝纪》后元二年五月诏亦称:"有市籍不得宦"。从这则案例可知,这种限制,唐亦仍之。在判词中,白氏以"唯贤是求"及"不可以贱废人"为立论依据,对这种不合理的限制给予了大胆的驳斥。他说:"拣金于砂砾,岂为类贱而不收?度木于涧松,宁以地卑而见弃?但恐所举失德,不可以贱废人。况乎识度冠时,出自牛医之后[1];心计成务,擢于贾竖之中[2]。在往事而足征,何常科而是限?"他的这种愤激之情是可以理解的。后来在《与元九书》中,说到他自己"初试进士时,中朝无缌麻之亲,达官无半面之旧。策蹇步于利足之途,张空拳于文战之场。"不是凭出身,而是全凭自身的才能和努力,得以在"十年之间,三登科第,名入众耳,迹升清贯,出交贤俊,入侍冕旒"的。所以,他

---

[1]《后汉书·黄宪传》:"黄宪字叔度,汝南慎阳人也。世贫贱,父为牛医。"以识见深远,为时辈推仰。

[2]指桑弘羊。《汉书》卷五十八《公孙弘卜式儿宽传赞》:"弘羊擢于贾竖。"

极力主张在选拔人才方面打破门第出身的限制，为有才能的寒素之士，大开仕进之门。

> 判91："得乙居家，理廉使举请授官，吏部以无出身不许。使执云：行成于内，可移于官。"

按：唐代科举制度，士子中礼部试的称及第，中吏部试的称出身；即使考中进士及第后，也不能立即授予官职，还必须经过吏部铨试合格后，才能授予官职。例如著名文学家韩愈，进士及第后，三应吏部铨试不中，只好就任地方官幕僚，后得人引荐，才得到中央政府正式任命的官职，可见这种限制，在当时相当严格。但白氏在此案例中，却主张打破这种限制，破格录用人才。他说："抡琐琐之材，则循旧格；刘翘翘之楚，宁守常科！"这种主张打破常规，"唯才是举"的大胆言论，其用意亦在为寒素之士争取仕进的方便与机会。

三、《百道判》所反映的法律思想和法制观念

如前所述，《百道判》虽然是白氏为应付科举考试并作为仕进的一种准备而虚拟的法律文书，但作者基于这样的出发点来拟写这些判词时，必然要遵循我国法律思想的传统，并以当时的法律典章为准则。因而，它必然要反映出作者的法律思想和法制观念。为了加深对问题的理解，在这里有必要把作者在其另一部早期著作《策林》中所表现出来的法律思想，结合起来加以分析。

第一，从"德主刑辅"到"刑礼迭相为用"的时代特征。

"德主刑辅""礼法合一"，这本来是以儒家思想为核心的中国法律思想的传统观念。成书于初唐时期的《唐律疏议》，开宗明义就强调说："凭黎元而树司宰，因政教而施刑法"。故《律疏》云："德礼为政教之本，刑法为政教之用。"（卷一《名例》疏文）这种隆礼崇教、省法慎刑的立法思想，还不能简单地归结为统治阶级的欺骗与伪善，它鲜明地

体现了初唐统治者慑于隋末农民大起义的威力,鉴于"炀帝忌刻,法令尤峻,人不堪命,遂至于亡"(《旧唐书·刑法志》)的前车之覆,为了"安人宁国",不得不"以宽仁治天下,而于刑法尤慎"(《新唐书·刑法志》)的政治考量。自武德、贞观以迄于永徽,他们对隋《开皇律》一再删削修订。如在李世民主持修订的《贞观律》中,"比隋代旧律减大辟者九十二条,减流人徒者七十一条。……凡削繁去蠹,变重为轻者,不可胜纪"(《旧唐书·刑法志》)。李世民认为:"死者不可再生,用法务在宽简"(《贞观政要·刑法》),因之对死刑一再从轻。《旧唐书·刑法志》称:起初"议绞刑之属五十条,免死罪,断其右趾",后来又改断趾为流配,同时又改兄弟连坐俱死之法为"兄弟免死,配流为允";于是,"比古之死刑,殆除其半"。初唐的立法实践,确实是我国法制史上较为开明的一页。

但是,初唐统治者强调"德治","恤刑慎杀",在对待刑礼关系的问题上标榜"德主刑辅",却并非忽视刑罚作为一种强制手段对于维护其封建统治的重要作用。只不过是说,对被压迫者须先施以礼乐教化,以消磨其反抗意志,使之就范;若不听其"驯化",而敢于犯上作乱,则予以惩罚和镇压。所谓"德主刑辅",实质上不过是礼刑并用,软硬兼施,以便使封建的国家机器更好地发挥其阶级压迫的职能罢了。《唐律疏议》说得十分明确:"以刑止刑,以杀止杀。刑罚不可弛于国,笞捶不可废于家。时遇浇淳,用有众寡"(卷一《名例》疏文)。意谓"遇时俗之淳,则用刑少;遭时俗薄,则用刑繁也"(同上)。如果说初唐统治者在立法思想上贯彻"德主刑辅"的原则,作为其与民休息、"安人宁国"的让步政策的重要组成部分,是为紧承隋末大动乱之余的初唐社会特定的历史条件和政治形势所决定的,那么,白居易在中唐时期提出"刑礼道迭相为用"的观点,则反映了安史之乱后,盛极一时的大唐帝国日趋衰飒没落,阶级矛盾尖锐,社会危机加剧,不得不借助于刑罚镇压来维护其摇摇欲坠的统治的现实要求，带有鲜明的时代特征。

在《策林》五十四"刑礼道迭相为用"中，白居易曾明确指出："刑行而后礼立，礼立而后道生。……故曰：刑者礼之门，礼者道之根。知其门，守其根，则王化成矣。"在这里，他把"刑"看作"礼"的实现的重要条件和前提。他接着指出："夫刑者可以禁人之恶，不能防人之情；礼者可以防人之情，不能率人之性；道者可以率人之性，又不能禁人之恶。循环表里，迭相为用。……是以衰乱之代，则弛礼而张刑；平定之时，则省刑而弘礼：清净之日，则杀礼而任道。……将欲较其长短，原其始终，顺其变而先后殊，备其用而优劣等，离而言之则异致，合而理之则同功。其要者在乎举有次，措有伦，适其用，达其宜而已。"在这里，白氏从政治哲学的高度来看待刑、礼关系的问题，从而打破了儒家"德主刑辅"的传统观念，把"刑"提高到与"礼"同等重要的地位，其实质显然是要加强"法治"，以适应现实政治的需要。他在《策林》中，还对"朝廷轻法学、贱法吏"提出尖锐批评，并主张"悬法学为上科""升法直为清列"（《策林》五十六《论刑法之弊》），正体现了这种尚刑重法的精神。至于《百道判》的写作，我们也不能仅仅看作是作者为应付科举考试的一种准备，同时还应看作是作者在入仕之前对日后为政从事司法实践的一种准备。从这一事实本身，也正可看出作者早年有志于加强法制和励行"法治"的理想与抱负。

历史地看，白居易尚刑重法的思想，具有保守与进步的二重性。一方面，它反映了中唐时期处于风雨飘摇中的统治阶级，预感到危机四伏，不得不在重弹"德治""仁政"的旧调的同时，举起司法镇压的利器，刚柔并用，宽猛相济，以更有利于稳定其统治秩序的政治用心。这是反映其剥削阶级本质的保守的一面。另一方面，我们也要看到，在当时强调尚刑重法，也包含着对腐朽的统治阶级上层的胡作非为，给予法制约束的用意。这对于抑制豪强兼并，限制豪权势要的法外特权，以及他们对劳动人民的超负荷的强制性剥削，具有一定的积极作用，因而在客观上有利于减轻劳动人民的痛苦。从这种意义上说，它又具有一定的历史进步性。这一点，在《百道判》中也有所反映。例如，

判52："得丁上言，豪富人畜奴婢过制，请据品秩为限约。或责其越职论事，不伏。"

按：私家畜奴婢，乃是奴隶制的残余。《唐律》规定："奴婢贱人，律比畜产"（《唐律疏义》卷六《名例》）。他们亦可"比之资财"（同上卷一八《贼盗》），被当作家资和嫁妆，分配给子女，是当时社会地位最卑下的"贱口"，只能当色相婚，世代为奴。当时统治阶级也察觉到，私家大量畜奴婢，其弊甚多。因为奴隶劳动，毕竟是一种极端落后的生产关系，自然不利于生产的发展，同时由于他们不堪忍受过分的压迫奴役，往往会酿成奴婢反抗主子的起义；再者，豪宗强藩所畜大量奴婢，又可能转化为他们进行武装割据的兵源[1]。从这两方面来说，私家大量畜奴，都不利于中央集权的巩固。因此，唐代统治阶级明令禁止压良为贱，或掠卖人口以谋取暴利。《唐律》规定："诸略人、略卖人为奴婢者，绞。……若和同相卖为奴婢者，皆流二千里。"（《唐律疏义》卷二〇《贼盗》）同时，严格限制豪富人家畜奴婢的数量。如天宝八载六月十八日敕：限定私家拥有"南口"及立有契卷的奴婢，"虽王公之家，不得过二十人。其职事官，一品不得过十二人，二品不得过十人，三品不得过八人，四品不得过六人，五品不得过四人；京文武清官，六品七品不得过二人，八品九品不得过一人"（《唐会要》卷八六《奴婢》）。白居易在这条判例中所揭露的，正是不依品秩为限约，畜奴婢过制的情

---

①《唐会要》卷八十六《奴婢》："永昌元年九月，越王贞破，诸家僮胜甲衣者千余人。于是制王公以下奴婢有数。"

况。他在判词中说："品秩异伦，臧获有数。苟逾等列，是紊常典。丁志在作程，恶夫过制。爰陈诚于白奏，俾知禁于素封。将使豪富之徒，资虽积于巨万；僮仆之限，数无逾于指千。"认为丁的"上言"，旨在"抑淫""革弊"，而责其"越职论事"，则"无乃失辞"。其主张限制豪富人家法外特权的倾向性，是很鲜明的。再如，

判29："得乡老不输本户租税，所司诘之。辞云：年八十余，岁有颁赐，请预折输纳。所由以无例不许。"

这也是一个主张限制豪右之家的法外特权的案例。按：此乡老既然曾"名系版图"，且"岁有颁赐"，不言而喻，是一个告老还乡的官僚地主一类人物。他不交纳正税，而企图以尚未兑现的朝廷颁赐"预折输纳"的请求，不合律例，所以有司不许。白氏在判词中，对乡老的恃势妄请进行了指责，对有司的秉公执法给予了肯定和支持。他说："天赐未颁，且有躁求之请；地征合纳，非无苟免之心。曾是徇私，固难违例。……不从妄请，诚谓职司。"

第二，反对"凉德弊政，严令繁刑"的仁政理想。

白居易出身寒微，早年又有过羁旅奔波的困穷经历，这就使得他有可能接近并同情下层人民，同时由于受到宗经崇儒的家世教养及初唐以来"法贵简当""恤刑慎杀"的法律思想传统的熏陶，这就使得他有可能继承先秦儒家"贵民""重民"的优秀传统，在法律思想上表现出反对"凉德弊政，严令繁刑"的仁政理想。如果把他在《策林》中有关法律思想的论述，同《百道判》结合起来看，其"仁政"理想则可以看得更为鲜明。例如，他在《策林》中明确主张肉刑"可废而不可复"（五十三《议肉刑》）；主张执法平宽，"理大罪，赦小过"，力求"宽猛适宜，疏密合制"（五十七《使人畏爱悦服理大罪赦小过》），以便使平民百姓及"权轻而过小者"得到宽容，"寄重而罪大"的豪强权贵不能逃脱惩罚。他还深刻地提出了"贫困思邪而多罪"的犯罪论，认为"人之贫困

由君之奢欲","君之奢俭为人富贫之源"(二十一《人之困穷由君之奢欲》)。所以要想"止狱措刑",必须从最高统治者做起,"唯欲是防,唯度是守",做到"立制度,节财用,均贫富,禁兼并"(二十五《立制度》),真正施行"仁政"。所谓"仓廪实,知礼节;衣食足,知荣辱"。若能做到"富其人,崇其教,开其廉耻之路,塞其冤滥之门,使人内乐其生,外畏其罪,则必过犯自省,刑罚自措"(五十五《止狱措刑在富而教之》)。反之,"欲以凉德弊政,严令繁刑,而求仁义行,奸宄息,亦犹飘风暴雨,愆阳伏阴,而望禾黍丰,稂莠死,其不可也亦甚明矣!"(八《风行浇朴由教不由时》)这些极其开明而深刻的见解,鲜明地表现了白居易早年兼济天下、"安人治国"的政治抱负和"仁政"理想。下面,我们再从《百道判》中列举一些突出的判例来加以印证。

判5:"得乙上封,请永不用赦。大理云:废赦何以使人自新?乙云:数赦则奸生,恐弊转甚。"

在封建专制主义时代,统治阶级对"罪犯"实行赦过宥罪的宽大措施,这固然是一种以稳定其统治秩序为根本出发点的"怀柔"政策,但它毕竟可以在一定程度上减轻被压迫者的刑戮之苦,在客观上有利于劳动人民。正如白氏在判词中所说:"政包宽猛,法有弛张。习以生常,则起为奸之弊;废而不用,何成作解之恩?"所以他来了一个折中:"数则不可,无之亦难!"这同他后来在《策林》中既反对"废赦",以免使"好生之德废",也反对"数赦",以免使"惠奸之路启",即所谓"赦者可疏而不可数也,可重而不可废也"(五十九《议赦》)的思想,是一致的。

判18:"得丁为郡,岁凶,奏请赈给百姓,制未下,散之。本使科其专命。丁云:恐人困。"

这是在执法方面表现白氏关心民瘼、急人困贫的"仁政"理想的突出案例。在他看来,丁的专命济赈,虽然有违国章,但其急人之困的

用心,却合乎情理,值得肯定。所以他认为,丁的做法"是输济众之诚,允叶分忧之政","苟利国家,专之可也",并请"宥其自专之过,用旌共理之心"。平心而论,丁的做法在封建专制时代确实有悖于"为国救灾,美终归上"的准则,白氏却从实际出发,给予肯定和支持,这在当时应该说不失为一种大胆而开明的言论。

判71:"得丁乘车,有醉吐车茵者,丁不科而吏请罪之,丁不许。"

按:车茵,车席也。从情节看,丁可能是驷马高车的大官;醉吐者可能是其下属或随从的仆役。醉吐车茵,固然失礼,但毕竟是情有可原的小过。所以白氏对于丁的宽大为怀,给予了高度赞扬。他说:"克宽克仁,所谓易事;不知不愠,是曰难能。……宥过所宜无大,知非庶使有惭。未乖观过之仁,雅叶谛思之义。且恕当及物,察贵用情。……吐茵及乱,误岂不容? 无从下吏之规,庶叶前贤之美。"

判23:"得甲年七十余有一子,子请不从政。所由云:人户减耗,徭役繁多,不可执礼而废事。"

这里的"从政",非指入仕,乃指应徭役。这一案例的情节本身,就深刻地揭露了中唐时期由于土地兼并加剧,造成户口流失,徭役繁多,民不堪命的黑暗现实。某甲既然须应徭役,当系寒素平民。白氏在判词中对甲的境遇深表同情。他说:"家贫亲老,养难阙于晨昏。在子道而可矜,虽王徭之宜免。……庶人从政,亦何假于一夫?况当孝理之朝,难抑亲人之请。所由之执,愚谓不然。"矜老恤贫之心,溢于言表。

第三,在执法上"征其实""酌其情"的务实精神。

一般地说,在封建专制时代,法制的败坏往往是由于吏治的败坏。倘使执法者用非其人,"直是使国家生杀之柄假在小人之手";于是"黩货贿""怙亲爱""陷仇怨""畏强暴""欺贱弱"等等弊端,必将随之而生,甚至造成"重轻加减随其喜怒,出入比附由乎爱憎"(《策林》

五十六《论刑法之弊》)的严重恶果。针对这种情况,白氏主张澄清吏治,慎选法吏。他认为必有"贞观之官",而后能行"贞观之法"。这是就执法者的品德而言,是问题的一个方面。另一方面,为吏者能否"以法从事""准法科罪",还有个作风和才能的问题。许多冤狱,往往是由于执法者不能深入调查,高高在上,偏听偏信,主观武断的官僚作风造成的。针对这种情况,白居易强调"议事者宜征其实,用刑者宜酌其情"(《策林》五十三《议肉刑》),力求做到依法科罪,轻重适宜,防止冤滥。如果把《百道判》的写作看作白氏在入仕前的一种准备性的司法实践,我们不仅可以从中看到白氏作为执法者的执法平宽、清正廉明的品德,也可以从中看到作者注重事实、明察善断的作风和才能。有关这方面的案例,在《百道判》中真是举不胜举。下面列举的,仅是其中几个较突出的例子:

　　判27:"得景为具官判事,案成后,自觉有失,请举牒追
　　改。刺史不许,欲科罪。景云:令式有文。"

　　按:《唐律疏议》卷五《名例》"公事失错自觉举"条云:"诸公事失错,自觉举者,原其罪。"《疏》云:"公事失错,谓缘公事致罪而无私曲者。事未发露而自觉举者,所错之罪得免。"据此,则此案例中的县官,对自己在断案中的失误能自觉地追改,不唯不应科罪,其实事求是的态度,甚至值得赞许。正如白氏在判词中所说:"先迷后觉,判事虽不三思;苟有必知,牒举明无二过。揆人情而可恕,征国令而有文。"他还进一步表明了自己的倾向性:"苟昨非之自悟,则夕改而可嘉";"县无罔上之奸,州有刻下之虐!"这种态度,正是他"征其实""酌其情"的务实精神的具体表现。

　　判53:"得甲为邠州刺史,正月,令人修耒耜,廉使责其
　　失农候。诉云:土地寒。"

　　按:唐邠州,即今陕西省彬县。《元和郡县图志·关内道》称,邠

州乃"周之先公刘所居之地。《诗·大雅》云：'笃公刘，于豳斯馆'，是也。……开元十三年，以'豳'与'幽'字相涉，诏曰：'鱼、鲁变文，荆、并误听。欲求辨惑，必也正名，改为"邠"字。'"从历史沿革上弄清了邠州即古豳国，则此案之是非，不辩自明。正如判词所说："循诸《周礼》，修耒虽在于季冬；训此豳人，于耜未乖于正月。"可知刺史并未"失农候"，倒是廉使不能因地制宜，"责之迁也"。查《周礼·月令》，虽确有季冬之月"命农计耦耕事，修耒耜，具田器"的记载，但《诗·豳风·七月》亦云，"三之日于耜"。而豳历"三之日"，即夏历正月①。这样，结合农业生产实际来看，季冬之月修耒耜，对有的农候较早的地区来说，可能是适宜的；但对邠地来说，正月修耒耜，正合古之遗风，也是适宜的。白居易在判词中说得好："地苟异于寒温，农则殊于早晚。……纵稼器之已修，先成焉用？苟土膏之不起，欲速何为？"他的这些见解，从"为政"来说，可能避免泥古不化的瞎指挥；从"决狱"来说，则表现了"征其实""酌其情"的务实精神。从这两方面来说，都是难能可贵的。

判24："得景于逆旅食噬腊，遇毒而死，其党讼之。主人云：买之有处。"

《唐律疏议》卷十八《贼盗》"以毒药药人"条云："脯肉有毒曾经病人，有余者速焚之；违者杖九十；若故与人食并出卖令人病者，徒一年，以故致死者，绞；即人自食致死者，从过失杀人法。"据此可知，此案例中应负景"遇毒而死"之罪责者，不是店主，而是出售有毒之腊肉者。所以白氏在判词中说："死且焉知，徒云噬腊之毒；买而有处，请无寘菫之嫌。诚虐士之可哀，在主人而何咎？幸思恕物，勿妄罪人！"由于他能具体地分析案情，故能做到明察善断，从而避免了一起可能造成的冤案。

———————————

① 参阅高亨《诗经今注·豳·七月》附录注①。

此外,如判 11 因"冬月运路水浅",送庸调"不及春至";判 34 因江上阻风,"进柑子过期坏损";判 78"私发制书";判 79"稽缓制书";判 80"盗买印用"等等,白氏对这些案例都能作具体分析,故能斟酌情节的轻重,依律论处,或则从宽发落,予以减免,或则按罪量刑,务使罚当其罪。这充分表现了一个封建时代执法平宽的循吏的优良素质和作风。

四、从《百道判》看白居易的早期思想

以上,我们弄清了《百道判》的写作年代和写作动机,并从几个不同的侧面探讨了它的学术价值,在此基础上,我们就应该并有可能对白居易的早期思想,得出几点带有规律性的认识。

第一,鲜明的儒家正统观念。

白居易的思想是比较复杂的。总的看来,他的思想同儒家、道家、法家和佛家等,都有程度不同的纠葛。但从他的生平和创作道路的基本倾向来看,经世致用、"兼济天下"的儒家思想,无疑是其思想的主干。[1]通过对其入仕之前的早期著作《百道判》的深入分析,我们可以更清楚地看到,儒家的正统观念,在白氏的早期思想中,是表现得鲜明而突出的;他早年自述身世时自命为"乡里竖儒"(《初授拾遗献书》)及"读儒书与履儒行者"(《泛渭赋并序》)的表白,在《百道判》中得到了有力的佐证。比如,为了适应"以五经取士"的唐代科举考试的要求,并尊重以儒家学说为理论基础的"礼主刑辅,明刑弼教"的法律思想传统,白氏在虚拟这些判例时,不得不表现出一种宗经崇儒的鲜明倾向,力求到儒家典籍中去寻找"素材",这是一。其次,从判词的结

---

[1]参阅拙著《白居易思想散论》,载《甘肃师大学报》1981 年第 4 期。

构及写法看,每判必援引儒家经典特别是儒家传统的伦理观念,作为剖析和评断案情的理论依据,这不免带有汉儒"引经决狱"传统的明显痕迹。再次,判词中表现出的执法平宽、恤刑慎罚的倾向,以及在决狱上"征其实""酌其情"的务实精神,也正是儒家"德治""仁政"的人道理想,在其司法实践中的反映。

白居易在《百道判》中之所以表现出鲜明的儒家思想倾向,这是由他的阶级地位及当时的历史条件所决定的。这可以具体地从两个方面来分析:从主观方面说,他的中小地主的出身和门第,决定了他只能以科举作为进身之阶。这样,他就不能不受"以五经取士"的历史条件的制约,不能不把"奉儒守官"作为立身处世的准则。从客观方面说,或者就《百道判》的写作目的而言,它既然是作者为了应付科举考试而虚拟的法律文书,在写作上就必然要力求适应"德主刑辅""礼法合一"的官方立法思想的要求,并遵循把儒家伦理观念高度律格化的当时法律典章的规范。

第二,自觉的庶族地主的立场。

我们运用阶级分析的方法,把对问题的探讨深入到对阶层的分析,就不难发现白居易在《百道判》中非常自觉地表现出来的庶族地主的立场。这首先表现在,白氏在一些涉及选举制度的判例中,极力为出身微贱的寒素之士争取仕进的权利和机会。如前所述,他在判词中不止一次地呼吁朝廷选吏"不可以贱废人";主张对"材高拔俗,行茂出群"的特出人才,应当破格录用,不能"限以常科"。写这些判词时,白居易自己也是一个尚未敲开科举大门的白衣士子,他自然希望当权者在用人上能够打破门第出身的限制,真正表现出"唯才是与"的开明态度。所以,上述的那些话,既是为别人而发的,也可以说是为他自己而发的。白氏在其早期的讽谕诗《悲哉行》中,对那些出身于朱门大宅的膏粱子弟,"手不把书卷,身不摄戎衣。二十袭封爵,门承勋戚资"，过着"平封还酒债，堆金选蛾眉。声色狗马外，其余一无知"的骄奢淫逸的生活，进行了愤怒的谴责；而对"读书眼前暗，秉笔手成胝。十上方一第，成名苦常迟"的寒儒，则流露出深切的同情，以及随之而发的"山苗与涧松，地势随高卑"的感喟，也是其庶族地主立场的自觉表现。这种感情和态度，同他在《百道判》中所表现出的为寒门庶族争地位的态度是一致的。再者，白氏在《百道判》中，在承认并维护豪权势要的等级特权的同时，又极力反对他们分外要求的法外特权，以及主张对弱贱者省刑慎罚，对他们的疾苦表示同情的倾向，这也是为他的庶族地主的阶级地位所决定的。

第三，热衷于仕进的积极用世的态度。

在肯定了白氏早期思想中的儒家正统观念及庶族地主立场之后，这第三点看法，也就成为不言而喻的、合乎逻辑的结论。我们知道，关心现实、"兼济天下"的入世、淑世的积极思想，是儒家关于处世态度的传统观念。因其门第和出身的限制，白居易也只有通过科举考试，经由"学而优则仕"的途径，才能跻身于统治阶层，实现其"安人活国，致君尧舜"（《河南元公墓志铭并序》）的理想和抱负。所以说，白氏对科举的极端热衷，应当看作他力求在政治上取得权力和地位，以便实现其"兼济天下"的政治抱负的积极用世态度的集中表现。我们不妨翻翻与白居易同时代（乃至整个唐代）的诗人、文人的遗作，看一看有哪一位为了应付科举考试而花了白居易那样大的功夫，留下了像《百道判》和《策林》这样的、纯粹是为了应付科举考试而写下的准备性著作呢？应当看到，正因为白氏早期通过《百道判》和《策林》的写作，对当时的社会现实提出的种种问题，进行过深入的观察、体验和思索，使他对现实的认识，不是仅仅停留在感性直观，而是达到了理性思维的高度，这对他早期创作的积极干预现实的讽谕诗，之所以能够达到史诗般的现实主义深度，应当说是有积极意义的。再者，当我们认识了白氏早期的这种热衷于仕进的积极用世态度，也就不难理解，早年身为"元和谏官"的白居易，为什么会表现出那种"誓心除国蠹，决死犯天威"（《和阳城驿》）的高昂的政治热情；同时，也不难理解，晚年栖心释梵、佯狂诗酒的"香山居士"，为什么会流露出"睡到午时欢到夜，回看官职是泥沙"（《喜罢郡》）那样深沉的理想幻灭的悲哀了。

（原载《西北师院学报》社科版，1984 年第 3 期；2005 年辑入《白居易论稿》时，稍有增补）

白居易《失婢》诗考辨

宅院小墙庳，坊门帖榜迟。

旧恩惭自薄，前事悔难追。

笼鸟无常主，风花不恋枝。

今宵在何处？唯有明月知。

我之所以忽然想到给白居易晚年所作的这首小诗写篇文章，是因为在几年前的一场学术讨论中，此诗的题目及主旨都曾引起论争，而且成为至今犹未了结的一桩小小的公案。

那是1985年前后，在《光明日报·文学遗产》专栏展开的一场关于元白再评价的讨论中，裴斐先生在论及元白优劣时，曾列举白氏《不能忘情吟序》《赠同座》及《失婢》三诗为例，以论证乐天晚年"对待女性之残忍与伪善"（《元白雌黄》，《光明日报》1985年5月7日）。已故的中年学者吴汝煜先生，当时曾发表《从白居易〈失婢〉诗说起——兼与裴斐同志商榷》（《光明日报》1985年6月4日）一文，针对裴文所举三个例证以说明乐天"对待女性之残忍与伪善"的看法提出商榷。他认为："纰绎白氏原作，这三个例证都不能证明裴同志的观点。"特别指出：《失婢》诗原题应是《诮失婢榜者》，"榜者"绝不是白氏，"显然，白居易这首诗对婢女的逃跑行为是赞许和同情的。"对此，裴先生又撰文提出反驳道：

吴同志因刘禹锡有《和乐天诮失婢榜者》，便断定"白居易的《失婢》诗原题应是《诮失婢榜者》"。果尔，则题为谁所改？现存白诗为白氏生前亲手编定（有散佚），他为什么要把《诮失婢榜者》改为《失婢》？或者吴同志曾在何处见过此题之异文？如没有，是不好轻下断语的。（《再论关于元白的评价》，《光明日报》1985年9月10日）

对于裴、吴两先生之间的论争，我原则上是赞成吴汝煜先生的意见的。但我是在读了裴先生的《再论》，才得知吴先生曾就《失婢》诗的理解问题撰文提出商榷，但又不知吴文发表于何处？因即给吴先生去信，表示支持他的看法，并打问他写的商榷文章发表于何处？过了不几天就收到了复信，以及他寄来的发表于《光明日报》上的那篇短文。读罢这篇短文，我觉得自己所持的"原则上赞成"吴先生的意见的看法是审慎的。诚然，吴先生把《失婢》诗的主旨理解为白氏对逃婢的"赞许和同情"，是完全正确的。这关系到白氏的人品，关系到对他的评价，自然应该予以肯定和坚持。但裴文关于《失婢》诗题目何以会出现"异文"的诘难，如果不从版本学角度予以回答，也的确是一个"不好轻下断语"的问题。我当时以为这场论争可能会继续下去，也想过写篇短文来补正吴先生的看法。只是因为关于元白再评价的讨论草草收场，情随事迁，这一想法也就被置诸脑后了。

近来清理旧札，偶然发现吴汝煜先生的短笺及当时寄来的剪报，才使我想到有必要为这桩尚未了结的公案作一个了结。我与吴汝煜先生并不曾面识。只是前些年我主编我校文科学报时，曾发表过他的两篇文章，为此，曾通过几封信，并收到一本他题赠的大著《史记论稿》。当然，他近年来发表的一系列以考据见长的关于唐代文学研究的论著，我是关注并认真拜读的。因此，他给我的印象，是一位勤奋、严谨而谦逊的中年学者的良好印象。后来，遽闻噩耗，曾为他的积劳成疾，英年早逝，而叹惋良久。尔后，读到他的装帧精美的遗著《全唐诗人名考》，特别是读了傅璇琮、徐宗文两先生以沉重哀惋的笔调为是书所写的《序》和《后记》，又一次引起我对这位不幸早逝的学者的悼念。韩愈《欧阳生哀辞》云："寿命不齐兮，人道之常"，"命虽云短兮，其存者长"！我现在写这篇关于《失婢》诗考辨的短文，固然是为了补正汝煜先生似未来得及发表的意见，同时也有一层对这位令人敬仰的学者表示悼念的意义在。

其实，裴斐先生《再论》中提出的《失婢》诗题目"为谁所改"？以及诗题出现"异文"的版本依据这两个问题，是不难回答的。

首先，诚如裴先生所言，现存白诗虽"为白氏生前亲手编定"，但又"有散佚"。而且据专家研究，白集在流传过程中散佚还是相当严重的。岑仲勉先生在对白集版本源流作过深入研究后，得出结论说：

> 《白氏文集》寄存东林寺者，僖宗时高骈劫去，不知下落，洛、苏真本亦经乱散失。后唐李从荣在洛为补写，不数年，德化王杨澈又为重掇置东林，至宋真宗世，屡次亡逸，朝廷乃令崇文院写校送寺。所谓东林真迹，唐末早已失传。北宋时通行于代者，宋敏求谓是从荣补本。(《论〈白氏长庆集〉源流并评东洋本〈白集〉》)

据此可知，《失婢》诗题目出现的"异文"，当然不可能为白氏本人所改动，而是白集在流传过程中，经补写、传抄或翻刻所造成的。

其次，关于《失婢》诗题目之"异文"，只要稍微留意一下白集流传的版本，是不难找到根据的。况且，吴先生举出的刘禹锡《和乐天诮失婢榜者》这一题目本身就是根据之一。按唐人唱和惯例，往还诗题不必字面完全相同，题旨却须是相互对应的；但若诗题甚短，则字面亦往往相同。例如，在大和六、七年间的刘、白唱和诗中：刘《秋夕不寐寄乐天》，白《酬梦得秋夕不寐见寄》；刘《秋日书怀寄白宾客》，白《答梦得秋日书怀见寄》；刘《冬日晨兴寄乐天》，白《和梦得冬日晨兴》；白《初冬早起寄梦得》，刘《酬乐天初冬早寒见寄》等等，就是如此。准上诸例,吴先生关于白氏《失婢》诗原题应作《诮失婢榜者》的推论,是可以成立的。这是一方面。

另一方面,从严肃的版本学角度着眼,我们也可以给《失婢》诗题目找到"异文"。如清初汪立名编订《白香山诗集》,将此诗编入《补遗》卷二,标题正作《诮失婢榜》,并于题下注云:"出《唐诗纪事》。"值得注意的是,汪氏在诗末笺释中指出,"《刘宾客集》有《和乐天诮失婢榜者》诗",并著录刘诗全文;同时还引述了明蒋一葵《尧山堂外纪》一条材料:

> 《尧山堂外纪》唐人有《诮失婢榜诗》原情寄嘲云:抚养在香闺,娇痴教不依。纵然桃叶宠,打得柳花飞。晓露空调粉,春罗枉赐衣。内家方妒杀,好处任从归。 偷锁出深闺,风花何所依。想因乘月去,难道绰天飞。烛暗新垂泪,香凝旧舞衣。恩情如不断,还向梦中归。 揭榜讳因依,千声叫不归。头缠红缕髻,身穿紫罗衣。夹带无金玉,窝藏有是非。请君看赏格,惆怅音信稀。

今人童养年据汪辑本笺释引文,将此三首诗辑入《全唐诗补遗》卷八。作者署"缺名";标题作《诮失婢榜诗》,题下注云:"原情寄嘲。"从汪氏引述的这条材料看来,在唐代,婢女因不堪虐待而出逃,以及奴婢主的揭榜追寻,似乎是一种常见的社会现象。白、刘二位大诗人措意于此,并以之作为唱和题材,正表现出他们关心民瘼的进步思想倾向。由此可以看出,上举几种不同典籍中出现的关于《失婢》诗题目之"异文",似乎更能恰切地反映出诗人揭示的"失婢"这一特定的社会病态的主旨,并从而说明,吴先生关于白氏《失婢》诗原题应作《诮失婢榜者》的推断,思维方向是完全正确的。

最后,我们且撇开题目之争不谈,不妨本着"文本主义"观点,对白氏《失婢》诗本身作些分析,看一看此诗的本义和主旨,到底是白氏为自家"失婢"而叹恨呢？抑或是对酷虐的奴婢主的讥诮并对逃婢的深切同情？

首联："宅院小墙庳，坊门帖榜迟。"按：朱金城《白居易集校笺》及朱著《白居易年谱》、卞著《刘禹锡年谱》，均系此诗作于大和六年（835），时白居易在洛阳，任河南府尹。又按：唐代官制，河南府尹官秩与京兆府尹同，均为从三品。那么，当时身为一府最高行政长官的白居易，其住宅不论是官邸或是私宅，恐怕绝不会是寒伧得"院小墙庳"的。可见，首句交代的婢女逾墙而逃的具体环境，即与白氏本人的身份相悖。又，白氏作为一府之长的三品大员，若他家果有婢女逃逸，恐怕也无人敢于收留或隐藏。因为按当时法律，隐藏逃亡奴婢要受到徒刑甚至流放的处罚①；而且，只要他愿意，他尽可采取有力的手段加以追捕，而根本用不着出榜招寻；即使要出榜，他完全可以做得理直气壮，绝不会犹豫疑虑而"出榜迟"的。总之，细味首联诗意，颇与白氏身份不合。可知诗中所咏之"榜者"，绝非白居易本人。

颔联："旧恩惭自薄，前事悔难追。"按：朱金城《白居易集校笺》卷二六《失婢》诗《笺》云："《刘集》外二有《诮失婢榜者》诗。此诗云：'旧恩惭自薄，前事悔难追。'与刘诗俱为逃婢而作，含有为无告女子鸣不平之意，不可以游戏笔墨视之。"瞿蜕园《刘禹锡集笺证》外二《和乐天诮失婢榜者》诗《笺证》，在引述白氏原唱后指出："禹锡诗云：'从此脱青衣'，与白诗'旧恩惭自薄'相应，非徒为无告之女子鸣不平，且以儆遇人寡恩之辈。本集卷二十一有《调瑟词》，彼为逃奴而作，此为逃婢而作。当时奴婢主之酷虐亦可想见，此亦乐府讽谕之类也，不得以游戏笔墨视之。"二位专家，所见略同。可视为"榜者"绝非白居易之

①参阅《唐律疏义·贼盗·略和诱奴婢》条。

坚证。

颈联与尾联:"笼鸟无常主,风花不恋枝。今宵在何处? 唯有明月知。"这四句诗词意显豁,明白如话。倘上述对首联与颔联的诠释可以成立,则此四句诗所表现的对逃婢的关心与同情的意旨,就毋庸细说了。

综上可见,吴汝煜先生认为"榜者"绝不是白居易,白氏《失婢》诗表现了他"对婢女的逃跑行为的赞许和同情"的看法,是正确的。《失婢》诗题目之争,虽然并非问题的实质所在,但裴斐先生关于此诗题目之"异文"的诘难,也可以从版本学的角度给予肯定的回答。同时,以上两点,还可以从《失婢》诗本身得到印证。这就是我们的结论。

写到这里,不禁引出一个使我感到困惑的思考:为什么对同一首《失婢》诗,有的认为它表现了对逃婢的"赞许和同情",而有的却举以作为白氏对待女性的"残忍和伪善"之例证呢? 难道文学批评果真就没有是非可言,没有标准可依了吗? 平心而论,在 1985 年前后开展的那场关于元白再评价的论争中,裴斐先生对白居易的评价,的确不免有求之过严、责之过苛的倾向。诚然,在唐代士人"大抵放荡而不拘守礼法"(陈寅恪《元白诗笺证稿》第二章《琵琶引》),以及"唐世士大夫之不可一日无妾媵之侍"(同上第四章《艳诗及悼亡诗》)的社会风习影响下,白氏晚年佯狂诗酒,耽于声伎之乐,自然毋庸讳言;但据此以责备他对待女性的"残忍和伪善",甚至说上举三诗"活脱出极其丑恶而残忍的心态,读之令人发指"云云,则未免言重了。杜甫诗云:"不薄今人爱古人。"这是值得提倡的一种学风。窃以为,对待白居易这样一位享有世界声誉的天才诗人,自然不必"为贤者讳",但扬抑抗坠之际,也应笔下留情,庶免亵渎先贤也。应当说,这一层想法,也是我为这一个小题目饶舌的初衷之一。

(原载《西北师大学报》社科版,1992 年第 6 期)

也说"青衫"与"江州司马"

　　前一时期,《文史知识》先后发表了两篇有关中国古代服色制度的文章,均涉及到白居易《琵琶行》结尾"江州司马青衫湿"这句诗,并引起讨论和论争。但问题似乎并未得到真正解决。爰撰此小文,以献阙疑,并就正于方家。

　　杜建民《古代服色等级制度》(载《文史知识》1993 年 11 期,以下简称"杜文"),以不足四千字的篇幅,分阶段综论我国古代服色等级制度,大题小做,甚见功力。惜乎在论及唐代服色制度时,未能细检古代文献中有关载记唐代服色制度的史料, 便草率地举例说:"白居易诗云:'座中泣下谁最多,江州司马青衫湿。'见'青衫'便知白居易坐贬的江州司马,不过是卑微的八、九品小官。"这里是以作为品服的"青衫",去逆推作为职事官的"江州司马"的品秩。其结论不仅与唐代职官及服色制度相抵牾, 而且与白居易当时享有的实际官品亦不相符。按:《元和郡县图志》卷二八谓江州属上州。又按:《唐六典》卷三〇,上州司马,职事官品秩为从五品下。可见,作为上州僚佐的江州司马,并不是"卑微的八、九品小官"。那么,为什么会出现这样常识性的错误呢? 窃以为问题主要在于"杜文"不了解唐代职官制度有"官"与"阶"之别,亦即职事官与散官(亦称散阶、阶官)之区别;特别是未弄清"唐制,百官服色不视职事官,而视其阶官之品"①的特殊规定,因而便发生了用本来为阶品所限定的品服"青衫",去硬套作为职事官的"江州司马"的品秩的错误(详后说)。应当指出,唐代是我国封建社会职官制度的成熟阶段;唐代服色制度,上承北朝及隋而更加完备,在我国漫长的封建社会中,实具有"承前启后"的重要地位。然而,"杜文"作为专门讨论我国古代服色等级制度的文章,竟然忽略了唐代服色制度中百官服色不视职事官而视散官之品这一本质特征,实在是令人遗憾的。

侯玉芳《青衫与江州司马》(载《文史知识》1994 年 11 期,以下简称"侯文"),意在补正"杜文"之失。但由于同样没有抓住唐制服色不视职事官而视散官之品这一症结问题,所以除了引据两《唐书》有关职官制度史料,指出"白居易坐贬的江州司马并不是'八、九品小官',而是州刺史的一个高级佐官"——"一个五品官"这一点而外,并无多所进益。而且,由于没有抓住唐制服色不视职事官而视散官之品这一关键问题,"侯文"的辨析,从一开始就脱离了正确的方向,不但没有解决问题,反而把简单的问题复杂化了。

其实,由"江州司马青衫湿"这句诗引起的这桩不大不小的学术公案,前辈学者著名唐代文史专家陈寅恪先生在其名著《元白诗笺证稿》中早已解决了。他在该书第二章笺释《琵琶行·江州司马青衫湿》句时指出:"此句为世人习诵,已为一口头语矣。然一考唐代文献,则

---

①郭绍虞《宋诗话辑佚·蔡宽夫诗话·唐百官服色制》。郭氏此条似据《苕溪渔隐丛话前集》卷二一辑录,原文作:"唐制:百官服色,不视职事官,而视其阶,官九品与今制特异。"标点有误,且"九"当作"之"。吴景旭《历代诗话》卷五〇引此条原文作:"唐制,百官服色,不视职事官,而视其阶官之品,与今制特异。"甚是。但吴氏引此条作《西清诗话》则误。可参阅郭绍虞《宋诗话考》卷上。

不免致疑。"为此,他广泛征引《唐六典》《元和郡县图志》、两《唐书》《唐会要》以及《尚书故实》《十驾斋养新录》等文献中的有关史料,并以白氏《江州司马厅记》《祭匡山文》为内证,从而论定:乐天贬江州时,作为州司马,论职事官虽然秩从五品下,但其散官(阶品)实为最低之文散官从九品下的将仕郎;且"借绯"(亦称"假绯")亦不合条件①,因而依据"唐制,服色不视职事官,而视阶官之品"②的规定,"乐天此时止为州佐,固唯应依将仕郎之阶品著青衫也。"朱金城《白居易集笺校》卷一二笺释"江州司马青衫湿"句时,完全赞同陈寅恪先生的意见,他说:

> 唐制服色不视职事官而视阶官之品。元和十一年,乐天作此诗时,虽为江州司马秩从五品下,但由于其阶官系从第九品下将仕郎,故不得著五品服浅绯,而著九品服青衫也。详见陈寅恪《元白诗笺证稿》。

可见,由"青衫"与"江州司马"引发的服色与官品"错位"的纠葛,作为一个学术问题,早已获得解决。笔者两年前应日本友人之约为东京勉诚社撰写《八十年来中国白居易研究述略》③一文时,曾以无限钦佩的心情特为表出之,认为陈寅恪先生对"江州司马青衫湿"一句的笺释,可谓"发前人所未发"。这里再详加引述,以示不掠前贤之美也。

在此有必要指出,陈先生笺释"江州司马青衫湿"句牵涉的服色问题的核心论据,即"唐制,服色不视职事官,而视阶官之品"这条材

---

①《唐会要》卷三一《内外官章服》条云:"旧制:凡授都督、刺史,皆未及五品者,并听著绯佩鱼,离任则停之。"又:"(开元)八年二月二十日敕:都督、刺史品卑者,借绯及鱼袋。永为常式。"

②王楙《野客丛书》卷二七《唐阶官之制》。

③原载《西北师大学报》(社科版)1993 年第 3 期;日文载东京勉诚社编印七卷本《白居易研究讲座》第五卷。

料,乃据钱大昕《十驾斋养新录》卷一〇转引自南宋王楙《野客丛书》卷二七。据王氏《小序》及《跋》,此书约成于南宋宁宗庆元、嘉泰间。其实,在稗史中最早明确提出关于唐代服色制度的这一重要论点的,是北宋蔡居厚《蔡宽夫诗话》①,较之《野客丛书》约早一个世纪。《四库全书总目·杂家类二》称:王楙《野客丛书》三十卷,"盖刻意自成一家之言,故书中颇讥洪迈《容斋随笔》不免蹈袭"云云。这里不打算全面评价该书的学术价值,但应指出,王氏此书其"蹈袭"之嫌,似亦不免。如前述为《十驾斋养新录》所称引的"唐制,服色不视职官,而视其阶官之品"这条材料,便显然是承袭《蔡宽夫诗话》而稍加改制而成的。我们不妨列举这两条材料试加以比较:

> 唐制:百官服色不视职事官,而视其阶官之品,与今制特异。乐天为中书舍人、知制诰,元宗简为京兆少尹,官皆六品,故犹著绿。其诗所谓"凤阁舍人京兆尹,白头犹未著绯衫。南宫启请无消息,朝散何时复入衔"是也。后与元微之(引者按:应作元宗简)同制加朝散大夫,始登五品,故其诗曰:"命服虽同黄纸上,官班不共紫微前。青衫脱早差三日,白发生迟较九年。"中舍书人虽正五品,必待加朝散而后易绯。此知其不系于职事官也。前辈记张嘉贞为中书令著绯。傅游艺为相著绿,盖以此也。唐借服色皆并鱼假之。乐天自江州司马除忠州刺史。有《谢裴常侍赠袍鱼袋诗》云:"鱼缀白金随步跃,鹘衔瑞草绕腰飞。"其后除尚书郎,复有《脱刺

---

① 厉鹗《宋诗纪事》卷三七称:"蔡居厚字宽夫,有《诗话》"。《宋史》卷三五六有传,略谓宽夫乃神宗熙宁御史延禧之子。第进士,徽宗大观初(1107—1108)拜左正言。历官谏议大夫、吏部员外郎、户部侍郎、徽猷阁待制等职。可参阅郭绍虞《宋诗话考》中卷之上。

史绯诗》云："便留朱绂还铃阁,却著青袍侍玉除。无奈娇痴三岁女,绕腰啼哭觅银鱼。"此与今制特异也。其特赐者,疑亦不相越。《唐书》载牛丛为睦州刺史,赐金紫,辞曰:"臣今衣刺史所假绯,即赐紫为越等。"乃赐银绯。(《宋诗话辑佚·蔡宽夫诗话·唐百官服色制》)

唐制,服色不视职事官,而视阶官之品。至朝散大夫方换五品服色,衣银绯,封赠荫子,未至朝散,虽职事官高,未许易服色……仆观白乐天为中书舍人、知制诰,元宗简为京兆尹(引者按:应作"少尹"),官皆六品,尚犹著绿,其诗所谓"凤阁舍人京兆尹,白头犹未脱青衫。南宫启请无多日,朝散何时复入衔?"刘梦得《贺给事加五品》诗曰:"八舍郎官换绿衣"。元微之作《武儒衡升朝散大夫制》曰:"今由是级,则服色骤加,诚足贵矣。"《乐天授朝散大夫制》曰:"荫子封妻,岂唯腰白金而已。"……(王楙《野客丛书》卷二七《唐阶官之制》)

从以上对比中可以看出,后者的基本论点和主要材料,均从前者因袭而来;论时间,后者较前者晚出约一个世纪,"蹈袭"之嫌,诚恐难免。当然,我们的出发点,并不是企图从这种对比中判定出二者的优劣,我们的本意主要是为了强调说明,考据故实,理应力求找出最早最原始之材料为论据,才最具说服力,因而有感于王氏之材料后出却倍受学界青睐,而蔡氏之材料早出反而受到冷落,故不惜篇幅,加以胪列比照,以正视听。其次,是着眼于蔡氏这条材料接连引述多首白诗作为例证,涉及到唐代服色制度的几个主问题,如服色不视职事官而视阶官之品,以及"借绯"与"初着绯"等,而这些问题,正好被"侯文"所忽略,因而它在辨析因"青衫"与"江州司马"而生出的品服与官秩"错位"的疑难时,便不免隔靴搔痒,不得要领。诸如该文后半部分关于"浅绯"乃是作为五品官的江州司马的"官服",而"青衫"乃是白氏日常穿的"便服"的论析,以及关于服色青、碧之辨,虽用力甚笃,似有创获,实则既经不起唐代服色制度的验证,同时也不符合白氏生平享受官秩品服的实际情况,因而是不足为训的。

赵翼《瓯北诗话》卷四云:"香山诗不惟记俸,兼记品服。初为校书郎至江州司马,皆衣青绿。有《春去》诗云:'青衫不改去年身。'《寄微之》云:'折腰俱在绿衫中。'及《琵琶行》所云:'江州司马青衫湿'是也。"我们不妨以前引《蔡宽夫诗话》材料中所引述的白诗为线索,结合白氏生平与仕历,进一步检索白集①,从中找出内证,弄清白氏到底是在任江州司马时"着绯"的呢,抑或是在此以后?则被"侯文"弄得紊乱不堪的问题,便可涣然冰释,得以澄清。

如前所述,按唐制,百官服色不视职事官之卑崇,唯视其散官之品秩,须是散官进至朝散大夫(从五品下),始可着绯。据此,则白氏于元和十三年(818)末自江州司马除忠州刺史时,职事官虽为正四品下②,但散阶仍是将仕郎(从九品下),故其绯服鱼袋,只能遵制假借,且须"离任则停之"③。为了寄托这次久谪除迁及"初着刺史绯"的感慨,白氏先后写了《初除官蒙裴常侍赠鹃衔瑞草绯袍鱼袋因谢惠贶兼抒离情》、《初著刺史绯答友人见赠》、《又答贺客》、《别草堂三绝句》其

①关于白氏之行年、仕历及诗文系年,可参阅朱金城《白居易年谱》及《白居易集笺校》。

②《新唐书·地理志四》:"忠州南宾郡,下。"又按《通典·职官二二·秩品五》:下州刺史秩正四品下。凡本文涉及职事官及散官之品秩,均据《通典》(并参阅《旧唐书·职官志》),恕不一一注出。

③《唐会要》卷三一《内外官章服》条云:"旧制:凡授都督、刺史,皆未及五品者,并听著绯佩鱼,离任则停之。"又:"(开元)八年二月二十日敕:都督、刺史品卑者,借绯及鱼袋。永为常式。"

二,以及《行次夏口先寄李大夫》等多首诗。其中,有句云:"银章暂假为专城,贺客来多懒起迎"(《又答贺客》);"假著绯袍君莫笑,恩深始得向忠州"(《行次夏口先寄李大夫》)。可见白氏此时所着刺史绯,确是遵制"暂假"的。

元和十五年(820)夏,白氏自忠州刺史召为尚书省司门员外郎,有《初除尚书郎脱刺史绯》诗,内中有句云:"便留朱绂还铃阁,却换青袍侍玉除。"盖因乐天此时所授司门员外郎秩从六品上,而散阶仍是从九品下的将仕郎,故无资格着绯袍,亦须遵从"离任则停之"的"借绯"制度脱去,而换上九品文散官的品服"青袍"①。

不仅如此,乐天于同年冬改授尚书主客郎中、知制诰,职事官秩从五品上,但散阶未及五品,故仍不得着绯。元稹《白居易授尚书主客郎中知制诰》署白氏结衔云:"朝议郎、行尚书司门员外郎白居易……可守尚书主客郎中、知制诰,余如故。"所谓"余如故",主要指其散阶并未随其职事官而迁升,仍维持从六品上的朝议郎。准唐制,仍不得着绯,固其宜矣。这一时期,白氏所作《送侯秀才序》,有"青衫未改,白发已多"之叹;在同其好友京兆少尹元宗简的唱和中,亦有"此时独与君为伴,马上青袍唯两人"(《朝回和元少尹绝句》),"凤阁舍人京亚尹,白头俱未脱青衫"(《重和元少尹》)之句,均流露出白氏为自己仕途蹉跎,未及早脱青衫而换绯袍的失落感。

那么,白氏加朝散大夫并着绯究竟在何时? 答曰:是在长庆元年(821)夏,与元宗简同制加朝散大夫之时。白氏下列诗作,可作为有力的内证:

①元稹《白居易授尚书主客郎中知制诰》署白氏结衔为"朝议郎行尚书司门员外郎白居易"。疑白氏先除司门员外郎后加朝议郎,故诗中有"仍著青袍"之句。

命服虽同黄纸上,官班不共紫微前。青衫脱早差三日,白发生迟较九年。……五品足为婚嫁主,绯袍著了好归田。(《酬元郎中同制加朝散大夫书怀见赠》)

晚遇缘才拙,先衰被病牵。那知垂白日,始是著绯年。(《初著绯戏赠元九》)

且惭身忝官阶贵,未敢家嫌活计贫。柱国勋成私自问,有何功德及生人?(《初加朝散大夫又转上柱国》)

再如,宝历元年(825),乐天于苏州刺史任上所作《闻行简恩赐章服喜成长句寄之》亦有句云:"吾年五十加朝散,尔亦今年赐章服。齿发恰同知命岁,官衔俱是客曹郎。自注:'予与行简俱年五十始著绯,皆是主客郎中。'"按:乐天生于代宗大历七年(772),至穆宗长庆元年(821),恰是50岁,故此诗所纪年岁,亦是白氏"初著绯"确切年代之坚证。

综上可见,乐天"假绯"(初著刺史绯),是在元和十三年(818)冬江州司马除忠州刺史之时;而加朝散大夫初着绯,则在长庆元年(821)夏与元宗简同制加朝散大夫之时。由是知"侯文"侈论乐天官江州司马时的"着绯"问题,既有悖于唐代服色制度,又不符合乐天之仕历,更经不起其诗作的验证。的确是不但未解决问题,反而把简单的问题复杂化了。

(原载《西北师大学报》社科版,1995年第6期)

八十年来中国白居易研究述略

从 20 世纪 20 年代初,到 1991 年底,国内已发表白居易研究著作(包括对其诗文作校释的全集和选本)40 余部,论文 900 余篇。这些论著,内容涉及对其文集的研究整理,对其家世生平和思想的考释,以及对其文学主张和诗文创作的评述等各个方面,其中包括一些在学术界引起论争的问题和研究的热点。限于篇幅,本文在评述这些研究成果特别是引起论争的问题时,只能提要撷英,略陈梗概,不可能逐一地作动态描述;在取材上,将本着发展的观点,一般略于 1949 年前而详于新中国成立后;同时,为体现国内研究的水平,力求把学术界有影响的专家对有关问题的见解扼要而准确地介绍出来。对待持不同见解的各派观点,持论力求客观、公允。以期通过这篇简略的述评,把大半个世纪以来,我国白居易研究的主要成果、发展趋势和存在的问题,概略地介绍给读者。

一、关于文集的校勘整理

白氏文集 75 卷,乃白氏生前所手订,在流传中虽屡遭战祸散佚不少,但至今犹存 71 卷,诗文三 3600 余首,数量之浩繁与保存之相对完整,均居唐人之冠。然而自文集问世千余年来,对其加以校勘整理者,为数实甚寥寥。及至清康熙间,始有汪立名所编《白香山诗集》十卷(附《年谱》二卷)问世。《四库全书总目提要》称其"考据编排,特为精密","于诸刻之中特为善本"。其实,汪氏只在少数作品后征引一些材料,非常简陋。此后,又有何焯、查慎行、卢文弨等人先后为白集作过校勘。但流传不广,影响不大。20世纪以来,随着对白居易研究的全面展开,对其文集的校勘整理,也取得了划时代的进展。从30年代末到50年代初,先后有岑仲勉、陈寅恪两先生对白氏文集作了深入研究。尤其是岑先生于1940年前后,连续发表《论〈白氏长庆集〉源流并评东洋本〈白集〉》《补〈白集源流〉事证数则》《〈白氏长庆集〉伪文》《从〈文苑英华〉中书、翰林制诰两门所收白氏文论〈白集〉》《从〈金译图录〉〈白集〉影页中所见》《〈文苑英华辨证〉校白氏诗文附案》《〈白集·醉吟先生墓志铭〉存疑》等七篇文章,共十余万字。他以其多年治唐史的广博精湛的学识,通过大量细致详尽的校证和考释,解决了白氏作品研究中的几个关键性问题,为进一步深入研究白居易提供了极大方便。这几个关键性问题是:1. 考订《白氏长庆集》最后编订时间在唐武宗会昌二年(842)。2. 提出《白集》东林真迹于唐末或五代初已经消亡的论断。3. 根据传世的唐代碑志、正史、类书互相核校,比较宋代以来《白集》传世刻本的异同,指出今本所收白氏诗文大致可分为六类:"第一类,信白氏作品也。第二、三两类,其中虽有可疑,然未获强证,吾人不能断为非白氏作品也。第四类至第六类则异是,其必非白氏所作。"4. 他校定《白集》诸刻各有所善,指出从总体看,明马元调本优于日本那波道圆本。岑先生对《白集》的研究,成一家之言而闻名中外。日本著名学者花房英树撰文称赞岑氏对《白集》的研究"实在是充实的著作"。国内治白氏诗文者,亦以岑氏整理《白集》的研究成果作为自己研究的基础,多方加以汲取和借鉴(参阅陈达超《岑仲勉先生传略》,载《岑仲勉史学论文集》,中华书局,1990年7月)。另一位唐代文史专家陈寅恪,也于20世纪40年代后期注意对白诗的研究,并于1950年出版专著《元白诗笺证稿》。是书考证精博,颇多发明,可惜只限于《新乐府》及《长恨歌》《琵琶行》等几十首诗。

新中国成立后,对白居易的研究形成热潮,对《白集》的研究也有了长足的进展。先后出版白氏诗文选本多种,其中顾肇仓、周汝昌《白居易诗选》、王汝弼《白居易选集》、霍松林《白居易诗译析》,均各具特色,雅俗共赏。1979 年,中华书局出版了顾学颉校点的《白居易集》。该集以宋绍兴刻七十一卷本《白氏长庆集》为底本,参校宋、明、清各本进行校勘和标点。举凡原本明显错漏处,一一做了补改并做了校记;对有些仅据版本不能解决的问题,则参证史料加以考订。末附补遗诗文及有关附录。因参校刻本不多,校勘上似无多发明,但它毕竟是"拨乱反正"后国内出版的第一部较完整的《白集》读本,满足了研究界和读者的急需。

新中国成立以来整理《白集》成就最大者,当首推朱金城先生。据朱先生自述,他从 1955 年即开始《白居易集笺校》的撰著,到 1988 年 200 余万的笺校问世,历时 30 余年。而且,在此之前,他出版了《白居易年谱》(上海古籍出版社,1982 年 6 月)和《白居易研究》(陕西人民出版社,1987 年 4 月)两部力作,由此可见朱先生整理《白集》准备之充分与积累之深厚。《笺校》还全面继承了陈寅恪、岑仲勉两先生研究白氏诗文和《白集》的成果。由于准备充分,起点高,用力勤,在笺证与校勘方面都取得了突出成就,被学术界誉为近年来唐代文学研究和古籍整理中值得重视的成果。

书中笺证部分,以笺释人名为主,兼及典章制度、词语典故。在广泛吸取别人成果的基础上,努力发掘新材料,补正前人及时人的失误颇多。如《鄂州赠别王八使君》(1332 页),岑仲勉《唐人行第录》谓王八其人未详,著者据白集《论左降独孤朗等状》及有关制词,考出王八使君为长庆二年任鄂州刺史的王镒;又如《思旧》诗(2024 页),既肯定陈寅恪《笺证稿》对诗意的解释,又指出陈氏以崔玄亮作崔群之误;再如《宿紫阁山北村》(27 页)诗中"口称采造家",向来注家不得其解。著者引《册府元龟》所载："唐文宗大和元年五月癸酉,左神策军奏当军请铸'南山采造印'一面。"由此得出"可知南山采造系左神策军之直属机构"的确当不易之结论。此外,如《初到郡斋寄钱湖州李苏州》(1331页),指出《唐语林》以"李苏州"作李穰之误;《金銮子晬日》(480页),辨《云仙杂记》谓乐天女金銮"十岁忽书北山移文示家人"之误;《赠康叟》(1154页)辨王士禛谓康叟即康洽之误等等。凡此匡误救失之例证,举不胜举。

此书的校勘,以明马元调刊本《白氏长庆集》为底本,参校历代《白集》刊本十一种,唐、宋两代重要总集及选本七种。根据《白集》流传比较复杂的情况,以马本为底本,采择各本异同,以备众说,类似于集校。本书在校勘方面还注意尽量吸取已有学术成果,从而使校勘记不限于一般的列异同、校是非,而具有较高的学术水平。对此,著者在《前言》中曾举例说明。如《郡中即事》(435页)诗"今朝是隻日',句中之"隻日",马本、《全唐诗》本俱作"雙日",日本那波道圆本作"直日",俱非。考《宋史·张泊传》"自天宝兵兴之后,四方多故,肃宗而下,咸隻日临朝,雙日不坐。"可知朝谒当在隻日,本书乃据宋绍兴本卢文弨校改正。又如《村中留李三固言宿》(337页),此诗题下小注,宋绍兴本、马本、汪本、《全唐诗》本俱作"固言"。著者参校《元稹集》,并据花房英树《白氏文集的批判的研究》所示金泽文库本亦作"顾言",谓"当以'顾言'为正"。并指出:"此李顾言与《旧书》卷173所载曾相文宗之李固言,仅声音偶同,显系两人。"如此,则不但校正文字,而且笺释人名,可谓发前人所未发。(参阅傅璇琮为《白居易集笺校》所作书评,载《唐代文学研究年鉴》1989年号)

二、关于白居易的先祖与家世

这里,仅简略地介绍学术界向来存在着论争,或近年来虽有所进展,但迄无定论的三个问题。

1. 白氏的世系与族属问题

关于乐天的祖先,两《唐书》本传及白氏《故巩县令白府君事状》,皆谓白居易乃北齐五兵尚书白建之后裔。而《新唐书·宰相世系表》则谓白建乃后周弘农郡守、邵陵县男。清汪立名《白香山年谱》(简称《汪谱》)已指出两者的抵牾。今人陈寅恪引《北齐书·白建传》(《北史》略同):"白建字彦举,武平七年卒,赠司空。"谓白建卒于北齐未亡以前,其生存时期,周、齐乃东西并峙之敌国,身为北齐显贵的白建,其所赐庄宅不可能在北周境内之同州韩城。"其为依托,自不待论也。"陈氏乃由此推论云:"岂乐天先世赐田,本属于后周姓白名某字某之弘农郡守,而其人实乐天真正之祖宗。故其所赐庄宅能在北周境内,后来子孙远攀异国之显贵,遂致前代祖宗横遭李树代桃之厄耶?"(《唐代政治史述论稿》)这一论断《朱谱》表示赞同,并为学术界所认可。

关于乐天的远祖,据《家状》言,乃楚熊居太子建一脉奔秦之遗裔,则白出芈姓;如《新唐书·宰相世系表》言,乃虞公族百里奚媵秦穆姬所生孟明视之后代,如此,则白出姬姓。其间抵牾及可疑之点,宋陈振孙《白文公年谱》(简称《陈谱》)已详加考辨。其后沈炳震《新唐书·宰相世系表订伪》及武英殿本《新唐书·宰相世系表》所附考证,以及《汪谱》、顾亭林《日知录》、俞樾《九九消夏录》亦俱有所论析。今人陈寅恪指出,"此种谬伪矛盾可笑之处"乃"诸家谱谍记述,虚妄纷歧"所致,"今日稍具常识之读史者,决不致为所迷惑"。他进而根据《北梦琐言》五《中书蕃人事》条所记崔慎由诋白敏中语,《唐摭言》一三《敏捷》条白敏中、卢发所赋"十姓胡中第六胡"诸句,以及白氏《沃洲山禅院记》所云"厥初有罗汉僧,西天竺人白道猷居焉";"昔道猷肇开兹山,今日乐天又垂文兹山。异乎哉!沃洲山与白氏世有缘乎?"等语,谓"白氏与西域之白或帛有关,自不待言",从而推论乐天先世当出于西域胡姓(《白乐天之先祖及后嗣》,《岭南学报》1949.6,后辑入《元白诗笺证稿》)。

陈寅恪关于乐天先世出自西域胡姓的推论,多年来学术界持谨慎的回避态度。直至1982年顾学颉发表《白居易世系·家族考》(《文学评论丛刊》第十三辑)一文,这一问题才有所进展。顾文洋洋三万言,在充分利用前人研究成果的基础上,考述白氏世系、家族诸问题,颇多创获。在关于乐天先世出于西域胡姓这一问题上,顾氏作了两点重要补正:一是在陈氏所提供线索的基础上,广泛搜集有关正史、野史及《高僧传》中的材料,考知"因龟兹国境内有白山,故汉朝赠其王姓白,一直到唐朝未变",而且,从魏晋迄于唐代,"西域龟兹国来到中土姓白(帛)的很多",传教、从仕、经商者均有。这样,就使得陈氏关于乐天先世出于西域胡姓的推论,落实到更坚实的材料基础上。二是联系当时社会历史背景,指出白氏托古冒名,伪造其先祖世系之苦衷,乃是唐代谱牒之学特盛,亦即当时社会上世族及世族观念强大的反映。继顾氏之后,又有魏长洪《白居易祖籍新疆库车摭谈》(《新疆大学学报》社科版,1983年第2期)一文,从总体上支持陈、顾二氏关于乐天先世出于西域胡姓的论点,但取材范围和考辨深度均无明显进展。而且,在个别问题(如遽定白道猷为乐天直系祖宗)的考订上有失审慎。

2. 关于乐天父母是否亲舅甥婚配问题

最先提出白父"季庚所娶乃妹女",即"取甥为妇"这一问题的是罗振玉(见《贞松老人遗稿》甲集《后丁戊稿》)。陈寅恪赞成罗的看法,谓"其说虽简,然甚确"。并指出乐天父母亲舅甥婚配,有悖于当时礼法人情,这影响到乐天后来政治上的出处甚大(参阅《元白诗笺证稿》附论《白乐天之先祖及后嗣》)。对罗、陈二氏的结论,岑仲勉则持异议。他认为造成误会的原因,盖因白氏为其外祖母所撰墓志(即《唐故坊州郿县尉陈府君夫人白氏墓志铭》)流传文字有误。据他考证实则乐天父母"不过中表结婚,绝非舅甥联婚"(参阅岑著《隋唐史》第 415 页,高等教育出版社,1957 年 12 月)。对于这一论争,学术界的态度较为暧昧。《朱谱》亦云:"岑氏之说亦可并存",并录以"俟考"。到 20 世纪 80 年代,这一论争仍在继续。顾学颉赞成罗、陈关于乐天父母乃亲舅甥为婚的论断。他认为"据现存的文献材料来看,这个论断是对的",而"岑氏的理由并不能成立"。第一,他指出岑氏辨白氏志铭中"第某女"乃"女弟"之误,"某"字是妄人所加,不能成立。绍兴本白集正作"第某女"可证。第二,他引陈白氏志铭:"惟夫人在家以和顺奉父母,故延安府君(指白锽)视之如子"及"洎延安终,夫人哀毁过礼,为孝子"为内证,说明陈白氏是白锽之女,与白季庚为兄妹关系,是明白无误的。如此,则陈白氏之女嫁给季庚为妻,构成亲舅甥婚配,亦无可置疑(参阅《白居易世系·家族考》)。陈之卓《白居易父母非舅甥婚配考辨及有关墓志试正》(《兰州大学学报》社科版,1983 年第 3 期)一文,则支持岑氏的看法,并作了认真补正。该文首先据白氏《家状》及《陈夫人墓志》考证出白父季庚之母出河东薛氏,而陈夫人出昌黎韩氏,则季庚与陈夫人非一母所生明矣。文章进而考定韩氏既非白锽继室,也非妾媵、外室,从而论定"白季庚之父巩县令锽与陈夫人之父'延安令'不是同一人";此延安令应讳"湟",与季庚之父巩县令锽应是叔侄关系,而与乐天曾祖白温为同辈。湟、锽两字在唐代读音不同,不犯家讳,到宋代,湟、锽两字合为同音,遂导致宋人为避忌叔侄同名,乃擅自将"湟"字改为"锽"字,将两人合为一人,以致造成白氏世系的紊乱。倘其说可以成立,则延安令白锽与韩钦女所生陈夫人与乐天祖父巩县令白锽为从兄妹,而白居易父季庚与陈夫人所生颍川君乃"中表结亲",不得谓"舅甥为婚"。这一推论,尚能言之成理,可备一说。

3. 白居易的子嗣问题

乐天无子,其子嗣是谁?是侄还是侄孙?各种史料记载分歧,历来是学术界争论不休并感到困惑的问题。大致有三种说法:1. 侄孙阿新。白氏自撰《醉吟先生墓志铭》云"乐天无子,以侄孙阿新为之后"。《旧书》本传则云:"无子,以其侄孙嗣",未说名字。2. 侄景受。《新唐书·宰相世系表》于居易下云:"景受,孟怀观察支使,以从子继。"李商隐《白公墓碑铭》:"子景受。"与《新书》合。3. 侄孙景受。《册府元龟》卷862《总录部·为人后》条云:"白景受,刑部尚书致仕白居易之侄孙。居易卒,无子,以景受为嗣。"以上三说相互矛盾,由此引起后人的种种推测。《陈谱》与《汪谱》倾向于阿新与景受不是一个人,可能因乐天对立嗣的主张前后有改变,于是造成误会。此说不无道理,但无法证实。清人冯浩《樊南文集详注》卷8《太原白公墓碑铭》注,引《唐文粹》卷58此文后《殇子辞》为证,谓《辞》中"令子"指阿新,"不幸夭折"。今子,指景受。其后钱振伦《樊南文集补编》卷7《与白秀才状》注,推衍冯说,谓"新书世系乃据后追录,不嫌与旧书歧出也"。今人陈寅恪大体赞成冯说,但不信"令子即阿新",只能说:"其先立之子先死,后立之子为阿新耳。"但据《全唐文》卷945所载杨氏《伤子辞》文句与《文粹》所载相同,并注明杨氏为"弘农人,宰相王抟妻,著《女诫》一卷"。非居易妻杨氏明矣。故冯说所持证据,犹不可视为坚证也。(参阅顾学颉《白居易世系·家族考》)及至20世纪80年代初,洛阳发现《白居易家谱》(顾学颉注释编纂,中国旅游出版社,1983年3月第1版),乐天子嗣问题之迷雾,才终于得以廓清。"今据《谱系》,确知系其兄幼文之次子景受为居易嗣,即商请李商隐为乐天撰墓碑之人,《谱系》与墓碑之说吻合。千载疑团,涣然冰释,毫无疑义矣。"(顾学颉《白居易家谱·后记》)

三、白居易的思想及其转变

白居易的思想游移、折中于儒、道、佛之间,在其生活的前期和后期,又有明显的转折和变化,因而呈现出极其复杂矛盾的面貌,但迄今为止,对白氏的思想作过全面而深刻的论述的文章,尚不多见。这里,首先要提到的是陈寅恪《白乐天之思想行为与佛道关系》(《岭南学报》10 卷 1 期,1949 年 12 月)。该文从"乐天对于佛道两家关系浅深轻重之比较"着眼,拈出"丹药之行为与知足之思想"二端,从而得出"白公则外虽信佛,内实奉道","乐天之思想乃纯粹苦县之学,所谓禅学者,不过装饰门面之语"的论断。并进而申论:"夫知足不辱,明哲保身,皆老氏之义旨,亦即乐天奉为秘要,而决其出处进退者也。……其趋向消极,爱好自然,享受闲适,亦与老学有关者也。……乐天之所以身安而名全者,实由食其老学之赐。"在 20 世纪五六十年代,国内学术界颇热衷于对白氏富有功利色彩和现实主义精神的诗论和创作给予积极评价,而对消极因素颇多的白氏思想,则大都采取回避态度。及至 80 年代初,蹇长春发表《白居易思想散论》(《甘肃师大学报》社科版,1981 年第 4 期)一文,才对白氏的思想作了较全面的评述。该文首先对陈氏关于乐天思想"乃纯粹苦县之学"的论点提出商榷。文章指出,白氏前期积极用世,以"兼济天下"为己任,用"纯粹苦县之学"的结论来衡量白氏思想,"至少是与其前期思想大相径庭的"。再者,乐天后期虽确有"丹药之行为",但不过浅尝辄止,总的看,对服食是持批判态度的;而"知足知止"的观念,在本质上同儒家"既明且哲,以保其身"的"乐天知命"思想有其相通之处,从儒家典籍中就可找到它的渊源。因此,陈氏举出"丹药之行为与知足之思想"二端,以论证白氏思想"乃纯粹苦县之学",大有商榷的余地。蹇文坚持认为:纵观白氏一生,他"基本上是以儒家思想为其思想的主干的。只不过他的前期思想更多地反映了'兼济天下'积极用世的儒家思想的积极面;而在后期,他虽然说过'栖心释梵,浪迹老庄'的门面语,但实质上他既不佞佛,也不信道,而是以'执两用中'的儒家中庸之道,作为其思想和行为的杠杆的"。带有"儒道互补"倾向，作为白氏后期处世哲学的中庸主义，是他"应付一切现实矛盾的万应灵丹"。这主要表现在以下三个方面，即："在思想领域里，对待儒释道三教持调和平衡、兼包并容的官方立场；在出处进退的问题上，持'似出复似处'的'中隐'观念；在朋党之争中，持中立、调和的骑墙态度。"寒氏另有《〈百道判〉及其学术价值——兼论白居易的早期思想》(《西北师院学报》社科版，1984年第3期)一文，通过对充分反映其早期思想的《百道判》的分析，指出白氏早期思想具有以下三个特点：一是鲜明的儒家正统观念；二是自觉的庶族地主的立场；三是热衷于仕进的积极用世的态度。从一个侧面对前文关于白氏早期思想更多地反映了"积极用世的儒家思想的积极面"的论点，作了印证和补充。

80年代以来。还继续发表了几篇研究白居易思想的文章，值得注意。王拾遗《白居易世界观刍议》(《白居易传代序》，陕西人民出版社，1983年5月)认为，白氏首先接触的是儒家思想，而后才依次接受了佛、道二家思想的影响。但白氏"对佛家、道家的论述，往往是以儒家的论述，去衡量，去裁汰，而不是无所辨析地去囫囵接受"。因此，他认为："白居易的思想，儒家思想占主导地位，佛家思想和道家思想是从属的地位，故而它们之间没有什么不可调和的矛盾。"白居易的世界观，"从当时的历史条件来衡量，是进步的，是富有人民性的；但是也具有一定的局限性"。张立名《白居易与佛道》(《湘潭师专学报》社科版，1984年第2期)认为："评价白居易，无疑应当首先看到他'救济人病，裨补时阙'的积极方面；从总的倾向看，'兼济'是他思想中的主要方面。但是，如果忽视了佛道对他的影响，忽略了他的'忘情任诗酒，寄傲遍林泉'的消极方面，也就不可能对他作出全面的正确的评价。"而白氏信奉佛道的用意，则一是为"寻求精神寄托"，二是为了"远祸全身"。这是他对抗当时腐败政治的"特殊方式"。正是这种方式使他"得以全名,高寿,厚禄,在客观上起了护身的作用。它本身是消极的,但又具有批判现实的积极意义"。钟来因《白居易与道教》(《江海学刊》1987年第4期)一文,首先肯定"白居易乃是善于调节儒、释、道三教的大诗人",指出白氏35岁前"以儒为主,偶有出世思想",但全文着重强调的是"白乐天终生崇道,道家思想根深蒂固"。文章较具体地论述了乐天的服食与追求林泉声伎之乐,以及崇道思想对白氏后期创作的影响。

纵观白氏一生,以元和十年(815)江州之贬为转折点,其前期"志在兼济",积极用世,后期消极"退撄",追求"独善"。因而以元和十年的江州之贬作为划分白氏思想前后期的分界线,似乎已成为学术界的定论。但也有人主张把划分白氏思想前后期之分界线定在"元和五年卸任拾遗之时"(王谦泰《"胸中十年内,消尽浩然气"——略论划分白居易思想前后期之分界线》,《宁夏教育学院学报》社科版,1986年第2期)。

四、白居易诗论的成就与局限

白居易在其以《与元九书》为代表的诗论中,提出了关心民瘼,为时为事而作的进步文学主张,这是他在我国文学史上受到高度评价的原因之一。对此,学术界的看法基本上是一致的。只是在如何恰切而有分寸地看待他的文学主张的成就与局限,以及其诗论是否可以称为"现实主义理论"(特别是"成熟的现实主义理论")这两点上,还存在着较大分歧。

由于儒家诗教的影响,我国的诗论文论向来有强调文学有益于政教的社会功利性传统。"五四"新文化运动以后,要求文学为变革社会现实服务成为时代潮流。白居易带有社会功利色彩的文学主张受到重视和高度评价,是可以理解的。从20年代到30年代,有的著作称赞白氏为"文学革新运动的领袖",基于白氏的文学主张"为人生"和"写实"的基本精神,把他的诗论径称为"写实主义"理论(参阅胡适《白话文学史》第十六章)。有的肯定白氏"为时为事而作"的文学主张,是"彻头彻尾抱着人生的艺术之主张","这样彻底的人生的艺术观,是我们唐以前的文学史上所极罕见的。"(郑振铎《插图本中国文学史》1932年初版)有的认为"元、白持论,则追风骚而鄙六朝,自附于六义之遗则",因而把他们看作中唐主张"为人生而艺术"一派的代表(朱东润《司空图诗论综述》,见《中国文学论集》卷一,中华书局,1983年4月第1版)。我们知道,所谓"为人生的艺术",所谓"写实主义",是20世纪初,西方现代文艺学引入中国之际,文艺界对"现实主义"的代名词。我国学术界后来把白居易的诗论称为"现实主义理论",溯其根源,盖由于此。

从新中国成立直到60年代,白居易富有现实性和人民性的诗论,一直受到学术界的高度评价,甚至有过誉和拔高的倾向。如有的著作称白居易是"伟大的现实主义诗人",他"直接地、有意地继承了杜甫的现实主义传统……建立了现实主义的文学理论"(北京大学中文系五五级学生编写《中国文学史》,人民文学出版社,1959.9)。有的称赞白居易是"现实主义的战士",他的《与元九书》是反对形式主义的"激烈的宣言","进一步发展了现实主义的理论内容,并且向反现实的文学作了有力的斗争"(刘大杰《中国文学发展史》中卷,古典文学出版社,1958.1)。有的认为白居易是继杜甫之后"我国古代最伟大的一位现实主义诗人","唐代现实主义诗歌理论……到了白居易手里才算把它总结发扬,建立起一个完整的体系"(马茂元《唐代诗人短论·白居易》,《人文杂志》1959年第2期)。并指出:唐代反对六朝形式主义的文学思想斗争,"到白居易才在现实主义理论上最后廓清影响,竟其全功"(马茂元《略论白居易的文学思想——重读〈与元九书》，《文汇报》1961 年 3 月 15 日）。有的称白居易是"杰出的现实主义诗人"，他的一个"独特贡献"就是"在总结我国自《诗经》以来现实主义诗歌创作经验的基础上，建立了现实主义的诗歌理论。……他的《与元九书》便是一篇最全面、最系统、最有力地宣传现实主义，批判形式主义的宣言"（游国恩主编《中国文学史》二，人民文学出版社，1963 年 7 月第 1 版）。在当时，唯一对白居易诗论评价持谨慎乃至保留态度的是何其芳。他在一篇短文中指出，白居易继承了汉儒以"美刺"言诗的传统，"强调用诗歌来批评当时的社会和政治……这种理论当然是进步的。正是由于这种理论，他才写出了那些讽谕诗。但他的这种理论也有缺点，就是把诗歌的作用和诗歌的题材范围看得比较狭窄了一些。"他还强调指出："现在有些著作把白居易关于诗歌的理论称为现实主义的理论，有的甚至说是全面的现实主义的理论这并不恰当。"（《新诗话》六，《文学知识》1959 年第 2 期）何其芳作为当时中国科学院文学研究所所长，在他主持下编写的一部三卷本《中国文学史》（人民文学出版社，1963 年 7 月第 1 版），其中对白居易诗论的评价也比较慎重：既肯定白氏的诗论是"基本上符合现实主义的诗歌理论"，同时又指出："他所谓的'核实'，同我们今天的现实主义的创作方法也还有区别。"

20 世纪 80 年代以来，学术界对白氏诗论的评价，总的趋势是作客观的、有分析的肯定，但也曾一度出现要求过苛，否定过甚的倾向。如霍松林既肯定白居易"提出了诗歌以反映民间疾苦，表达人民情感为职责的现实主义理论"，又指出白居易诗论"把'为民'和'为君'混为一谈，这给他的创作带来了局限"（《白居易诗译析·前言》，黑龙江人民出版社，1981.9）。敏泽认为，白居易诗论"带有鲜明的、具有进步倾向的功利主义，它要求文学要有强烈的讽谕、美刺、比兴的原则；要有强烈的现实主义精神或现实性"。但是，他的"为君、为臣、为民"而作的纲领,"从根本上说仍然是为了维护封建主义的政治统治。……这就是他的理论和创作上的局限性"(《白居易的诗论》,《学术月刊》1980年第2期)。褚斌杰认为,白居易"符合于现实主义基本精神的文学主张,既反映了他为生民疾苦而呼吁的心愿,也是对当时脱离社会现实的文风的一种改革,在我国现实主义文艺理论的发展上,作出了重要贡献"。其局限性主要表现在"对文学的功能的理解过于狭隘",因而导致"只看重或肯定那些直接歌咏社会政治的作品";对从屈原到李、杜等伟大作家,"都采取了贬低的态度";主张"系于意不系于文",甚至主张"直歌其事"。这是其政治讽谕诗的长处,但也影响了这部分诗歌的艺术性。(《中国历代著名文学家评传》二《白居易》,山东教育出版社,1983年6月第1版)

从1984年末到1986年初,《光明日报·文学遗产》专栏,连续发表了十余篇文章,就所谓元白再评价问题展开讨论。涉及的问题甚多,其中关于白氏诗论是否可以称为"现实主义理论"是论争的热点之一。虽然有不少知名学者介入了这场论争,但因限于报刊的篇幅,论点未能充分展开,论争并未取得结果。总的看,这场论争对白居易的文学成就特别是对其诗论,有求全责备、贬抑过甚的倾向;但在论争中提出了一些需要重新加以审视的问题,这有助于促进白居易研究的深入。在20世纪80年代后期发表的一些评述白居易诗论的文章,持论就较为全面和公允。如袁行霈《白居易的诗歌主张与诗歌艺术》(见《中国诗歌艺术研究》,北京大学出版社,1987年6月第1版)一文,其中对白氏诗论的成就与局限,都作了深入而审慎的评析,不啻为此前关于白氏诗论的得失之争,作了一个小结。第一,他指出:"白居易诗歌主张的核心,是要求诗歌为政治服务",强调"补察时政""泄导人情","主观上虽然是维护封建统治",客观上却"有利于反抗封建统治的斗争"。第二,他强调诗歌反映现实。一是要求讽谕时事:

"文章合为时而著,歌诗合为事而作。"这是白氏"对现实主义诗歌理论的一大贡献"。二是要求反映民间疾苦:"唯歌生民痛, 愿得天子知。"这两点是白氏"诗歌主张的精华"。因为在这两个方面,杜甫均有实践,而无理论主张。白氏在师承杜诗的基础上,比杜甫前进了一步。这样,"前有杜甫的榜样,后有白居易的主张,这就为后世诗人指出了一个新的方向,为诗歌创作开辟了一个新的天地。后代许多诗人正是沿着杜甫、白居易的道路前进的"。第三,关于诗歌的内容和形式的关系,白氏"总是把内容放在首要地位,要求语言、形式为内容服务。他反对离开内容单纯地追求'宫律高''文字奇'。为了使诗歌发挥社会作用,他强调形式通俗,语言浅显"。这些有针对性的主张,在当时是有积极意义的。然而白氏在内容与形式的关系这一问题上,也有两点认识不足:一是"没有把艺术的真实与生活的真实区别开来。"因而过分强调"核实","排斥虚构、夸张、幻想,使诗歌成为真人真事的报道",甚至"近似押韵的奏章"。二是"首先强调诗歌的思想内容是完全正确的,但对艺术形式却重视不够。这可以说是从元结到皮日休整个中晚唐现实主义诗论的缺陷。"

其后,霍松林也发表《白居易诗歌理论的再认识》(《河南社联》1988 年第 2 期)一文,强调在评论白氏《与元九书》时,"不能不考虑夹杂其中的泄愤悱的成分"。指出白氏"关于'讽谕诗'的理论和实践,就其客观效果而言,是有利于人民而不利于统治者推行暴政的"。白氏"讽谕的诗歌理论有什么缺点是应该讨论的,但其对社会、对政治、对人民所体现的强烈的责任感,却是值得肯定的。不伦不类地与'文艺为政治服务'挂钩而加以贬斥,进而阐扬一种淡化现实、淡化政治的理论,虽然很时髦,却未必是有益的"。

五、白居易的诗文创作

1. 讽谕诗与新乐府运动

对白居易创作的以《秦中吟》《新乐府》为代表的讽谕诗,我国学术界向来是给予肯定性评价的。但肯定的基调前后又有所变化,大体上可分为以下三种观点:

一是高度评价、充分肯定。这种观点,在20世纪50年代占着上风。游国恩、刘大杰的见解,具有代表性。新中国成立初,陈寅恪对《新乐府》五十首逐一作了笺证,盛赞白氏《新乐府》,"乃一部唐代诗经","洵唐诗中之钜制,吾国文学史上之盛业也。"(《元白诗笺证稿》第五章)这一积极评价,为我国学术界肯定白氏讽谕诗定下了基调。游国恩认为,白居易"一生作品中最有价值、最有意义的也就是讽谕诗"。他把讽谕诗所反映的现实内容归纳为:"反映人民疾苦""讽刺横征暴敛""攻击豪门贵族""揭露贪污强暴"等八个方面。指出这些讽谕诗"大胆揭露了当时政治社会的黑暗及阶级矛盾",表现了作者"有正义感""肯替人民说话"的斗争精神。这就是今天我们"重视他的这些讽谕诗,乃至重视白居易这个伟大诗人的理由"(《白居易及其讽谕诗》,《人民文学》1953年2月)。刘大杰也认为:白居易"讽谕诗的最大特色,是广泛地反映了劳动人民的悲惨生活,揭露封建统治阶级的残酷剥削与荒淫腐朽的本质,提出许多严重的社会问题,具有深厚的人道主义和强烈的斗争力量。同时,他在诗歌语言上,有意地要求通俗化,这在诗歌艺术的普及上,在诗歌艺术与人民联系的要求上有很重要的意义"(《中国文学发展史》中卷)。

二是既充分肯定,又指出其局限性。这种观点代表着从20世纪60年代以来,国内学术界对白氏讽谕诗评价的主流。如中科院文研所编《中国文学史》(二)认为:讽谕诗是白居易旨在"反映民生疾苦的现实主义诗歌",是"替被压迫人民说话"的"不朽之作"。但他写讽谕诗的目的是为了"愿得天子知","为统治阶级服务的思想是很明白的";他强调"核实",有忽视诗歌艺术性的倾向。游国恩主编《中国文学史》(二)也认为:讽谕诗是白诗中"价值最高,他本人也最重视"的作品,"是他的现实主义诗论的实践","具有高度的人民性和丰富的现实内容"。艺术上的缺陷"主要是太尽太露,语言激切而缺少血肉,有时流于苍白的说教"。顾学颉也在肯定白氏讽谕诗"广泛反映了中唐时期社会生活的重大问题,着重描写了现实的黑暗和人民的痛苦……措辞急切,毫无顾忌,突破了'温柔敦厚'诗教的框框"的同时,指出在艺术上有"意太详、语太露、缺少蕴藉含蓄的韵味和抑扬顿挫的气势"的缺陷。(《中国大百科全书·中国文学》卷《白居易》条,中国大百科全书出版社,1986年11月)

三是持贬抑乃至否定的态度。这是在20世纪80年代中期,关于元白再评价的论争中,一时出现的对白氏讽谕诗的艺术性求全责备的倾向。如有的研究者认为:"从作品实际和在当时发生的社会影响看,元白主要成就均不在《新乐府》,而在题材广泛的抒情诗。"(裴斐《再论关于元白的评价》,《光明日报》1985年9月10日)有的认为,白氏新乐府"仅从稽政着眼","题材十分狭窄",而且"立意不新不深","把自己的倾向赤裸裸地泻泄净尽……读之了无余味,这不能不说是艺术上的失败"。(王启兴《简论白居易的新乐府》,《光明日报》,1985年10月10日)

在中唐诗坛是否存在一个由白居易倡导的"新乐府运动"?这一有争议的问题关系到对白氏文学成就的评价,向来为学术界所关注。我们知道,"新乐府运动"这一现代文艺学的概念,是20世纪20年代初胡适在其《白话文学史》中最早提出的。他指出这一运动滥觞于杜甫、元结,而"这个运动的领袖是白居易和元稹,他们的同志有张籍、刘禹锡、李绅、李余、刘猛等"。我国学术界基本上承袭了这一观点。在我国有影响的几部文学史中，往往可以看到这样一些流行的提法和论点，如："白居易是现实主义的战士，人道主义的诗人，新乐府运动的领导者！"（刘大杰《中国文学发展史》中卷）"白居易最大的贡献和影响是在继承从《诗经》到杜甫的现实主义传统掀起一个现实主义诗歌运动，即新乐府运动。"（游国恩主编《中国文学史》二）值得注意的是，1985年初，卞孝萱发表《白居易与新乐府运动》（《文史知识》1985年1、2期）一文，吸取新中国成立以来学术界的研究成果，对白居易领导的新乐府运动作了总结性的评述。其主要论点是：1. 新乐府运动是在"元和中兴"的历史背景下，在具有进步倾向的宰相"裴垍的支持下兴起的，它可以说是裴垍集团的政治活动的一部分"，因此，"白居易把讽谕诗当作净谏的手段之一"。"由此出发，才能理解《新乐府》和新乐府运动的成就与局限。"2. "新乐府运动的兴起，决定于中唐的社会状况，也依借于诗歌发展的内在条件。"即：白氏远绍《诗经》，近承杜甫，自觉地联合同时代声气相近的诗人，"把新乐府的创作，从个别人的分散行动，推进到一批人共同行动的新阶段，这就是我们所称道的中唐新乐府运动"。3. 白氏新乐府创作的成就高于其诗友及同时代的新乐府作者，"其创作对我国诗史也是一个崭新的发展"。但由于他在理论上折中于"为君"与"为民"之间，反映在新乐府创作中，往往"有明显的美化皇帝的倾向"。4. 总的看来，白居易"进行理论宣传，注意组织起来，成功地领导了新乐府运动。他所写的讽谕诗，反映民间疾苦，抨击黑暗现实"，"作为唐代伟大的现实主义诗人，在我国诗史上有不可磨灭的功绩"。

就在卞文发表的前后，国内学术界曾一度出现要求重新评价白居易，特别是贬抑其讽谕诗和否定新乐府运动的倾向。有的学者不同意把《与元九书》看作白氏"领导新乐府运动的纲领"，并指出："当时是否有过这么一个运动,以及白居易是否领导了这个运动,都是很可疑的"(裴斐《白居易诗歌理论与实践之再认识》,《光明日报》1984 年 12 月 18 日)。有的认为,既然按照元、白关于新乐府运动的理论主张写新乐府的人数不多,而且他们倡导的理论"自身既未能坚持实践","理论上未见有响应者","也就很难说是有意发动这样一个运动"(罗宗强《"新乐府运动"种种》,《光明日报》1985 年 11 月 19 日)。针对这种看法,蹇长春发表《新乐府诗派与新乐府运动——关于白居易评价的一个问题》(《西北师大学报》社科版,1986 年第 4 期)一文,提出了商榷。该文认为,在中唐诗坛确实存在一个由"思想倾向,文学观点和艺术风格相近的诗人群体"组成的"新乐府诗派"。要判断他们的文学活动是否构成一个"运动",只能根据这一诗人群体的文学实践(包括理论和创作)所产生的社会影响,以及在文学发展史上的影响来衡量。文章认为,"新乐府诗派"的诗人可以分为三个层次:白居易、元稹、李绅作为倡导者,属于第一个层次;张籍、王建作为同盟军参加者,属于第二个层次;唐衢、邓鲂是白氏的追随者,李余、刘猛是元氏的追随者,属于第三个层次。文章还以朱著《白谱》,卞著《元谱》《李谱》的年代为经线,以三位诗人从贞元末相识到元和四年的有关行迹为纬线,进行综合考察,从而得出:第一,三人同属新兴进士阶层,思想倾向和艺术风格相近,这是形成同一诗歌流派的直接原因;第二,这期间三人交往密切,实质上为新乐府运动的兴起作了酝酿与准备;第三,元和初的政局,为新乐府运动的兴起提供了社会条件;第四,这期间三人创作了大量的新乐府诗。从理论到创作,实际上已形成了一个诗派。运用关于文学流派运动的现代文艺学观点来衡量,无疑可以称之为"新乐府运动"(参阅朱易安、杨恩成《白居易研究》,《唐代文学研究年鉴》1987 年号)。

关于新乐府运动的论争,至今仍在继续。王运熙认为:"新乐府作为一种样式,既可以表现讽谕性内容,也可以表现非讽谕性内容。所以说讽谕诗与新乐府二者,既有联系又有区别,不能混为一谈。"他从而主张:"在论述唐代诗歌时,不宜使用'新乐府运动'这一名称;如果勉强运用'运动'的话,那采用'讽谕诗运动'这一名称更为贴切一些。"(《讽谕诗和新乐府的关系和区别》,《复旦学报》社科版,1991年第6期)

2.《长恨歌》与《琵琶行》

对于这两首叙事与抒情完美结合,代表着白诗最高艺术成就的千古绝唱,我国学术界向来是极为关注并给予高度评价的。20世纪以来,国内研究二诗的论文已逾350篇(占白氏研究论文总数的三分之一强),对两诗的研究,是白诗研究的最大热点。

关于《长恨歌》,由于题材的特殊性,作者创作思想的复杂矛盾性等因素,导致作品主题内涵的隐晦、模糊和多义性,于是给读者和研究者把握作品的主题思想带来了难度。多年来,国内学术界对《长恨歌》的研究,实质上是对《长恨歌》主题的讨论和论争。自20世纪20年代以来,国内已发表研究《长恨歌》主题的论文近200篇。大体说来,已形成以下五派不同观点,即:俞平伯倡导的"隐事"说,以陈寅恪为代表的讽谕说,以马茂元为代表的爱情说,以王运熙为代表的双重主题说,以及近年形成的以陈允吉为代表的时代感伤说(各派具体论点,请参阅塞长春《关于〈长恨歌〉主题》,载《唐代文学研究年鉴》1984年号及《〈长恨歌〉主题平议》,载《西北师大学报》社科版,1991年第6期)。

关于《长恨歌》主题的论争,目前仍在继续。从大体趋势看来,似有如下三种动向:一是持爱情说者对其论点的执著并力图强化在论争中的优势;二是感伤说渐趋定型,影响有所扩大;三是主张多重主题的相互渗透与融合。

　　钟来因《〈长恨歌〉的创作心理与创作契机》(《江西社会科学》1985年第3期),从三个方面分析了《长恨歌》的创作心态:1.作为仕途得意的新进士白居易,出于"生活浪漫,思想开朗,反旧礼教习俗等要求,促使他写出《长恨歌》这样的'风情'诗";2.对初恋者湘灵的思念及不能与之结合的"绵绵之恨",是其创作《长恨歌》的"感情的酵母";3.反映了白氏婚前对爱情的理想与渴求。文章进而指出:"白居易创作《长恨歌》,既倾注了自己的爱情,又溶化了许多生动的民间传说,使之既符合安史之乱以后人民怀念太平盛世的情绪……也符合人民美好的理想,更符合新进士白居易渴望幸福与爱情的急切心态。"此文试图从创作心理这一独特角度来深化爱情说的论点,反映了上述第一种趋势。

　　张碧波、吕世玮《〈长恨歌〉主题新说》(《中国文学研究》1987年第3期),通过对作品主题作"静态分析"(主要分析作品的内在结构)和"动态分析"(主要分析可能影响作品主题的外在因素),把《长恨歌》的主题归结为:"通过对李杨爱情悲剧的描写,反映了中唐时代具有市民意识的地主阶级知识阶层追求理想生活而受阻,只能在精神领域进行有限超越的悲哀,表达了对人世间美好事物不能终局的刻骨铭心的痛惜。"这实质上是从一个侧面对感伤主题说的补充,反映了上述第二种趋势。

　　蹇长春《〈长恨歌〉主题平议——兼论〈长恨歌〉悲剧意蕴的多层次性》(《西北师大学报》社科版,1991年第6期),在冷静地分析造成分歧的原因,客观地评价各派观点的是非得失的基础上,主张摈弃单一主题说的僵化模式,分三个层次去把握《长恨歌》的悲剧意蕴:即把李、杨悲剧分别看作爱情悲剧、政治悲剧和时代悲剧,从而使爱情主题、政治讽谕主题和时代感伤的主题,各有所依存和附丽。居于不同层次的三重主题,构成一个有内在联系的统一的整体。这样,就有分析地肯定了各派观点的合理性,避免了其片面性,变以往论争中各派观点的相互排斥、相互否定为相互渗透、相互融合。此文的发表,反映了上述第三种趋势。这对于持续多年徘徊不前的《长恨歌》主题研究,可视为一个新进展。

《琵琶行》是同《长恨歌》齐名的作品,研究文章也很不少(已逾150篇)。也许因其题旨显豁,不存在什么可能引起歧解和争议的问题,所以这些文章大都停留在赏析的层次,甚至题目雷同,内容重复,有新意、有深度的研究文章尚不多见。

陈寅恪《白香山〈琵琶行〉笺证》(《岭南学报》10卷2期,1950年6月;后辑入《元白诗笺证稿》),为我国《琵琶行》研究奠定了基础,至今仍是代表我国研究水平的文章。如该文关于白氏《琵琶行》与元稹《琵琶歌》、李绅《悲善才》及刘禹锡《泰娘歌》的比较研究;关于征引洪迈《容斋随笔》两条材料所作关于《琵琶行》本事及其题旨的探讨,诗句笺证中关于"水下滩"与"冰下难"之辨析,特别是据结句"江州司马青衫湿",考知白氏虽名为从五品下的上州司马,而实际官阶却是从九品下的"将仕郎"(按:为当时品秩最低之文散官,据此可知"江州之贬"对乐天打击之大,及其悲愤之深),"固唯依将仕郎之阶品著青衫也"。凡此种种,皆发前人所未发。何其芳《新诗话(六)》(《文学知识》,1959年第4期)强调指出:"在故事的完整,描写的细致和抒情气氛的浓厚等方面,他的《长恨歌》与《琵琶行》是其他唐代诗人和以后许多朝代的诗人的叙事诗所不能比并的。"热情肯定作品是"描写音乐的绝唱";指出此诗主旨及其感人至深之奥秘所在,是诗人通过以往失意的人们爱吟的"同是天涯沦落人,相逢何必曾相识"这两句诗,"表达出来了一种典型的情感"。这在当时学术界热衷于肯定白氏的讽谕诗和新乐府而不遑及它的气氛中,该文能给予《琵琶行》以高度评价,实属难能可贵。霍松林《〈琵琶行〉赏析》(《陕西教育》1980年第

10 期)指出:白氏把自己的不幸同琵琶女的不幸"相提并论,相互映衬",以抒发其"天涯沦落"之恨,是作品的主题之所在;而琵琶女这一形象的出现,"透露了一个重要消息:市民阶级的人物,将从此更多地跨进文艺作品"。这是一个深刻而富有新意的见解。王达津《漫谈〈琵琶行〉》(《文学遗产》增刊 14 辑)认为:《琵琶行》所反映的"不仅是诗人和琵琶女两人之间相互同情,而是有意识地反映时代由盛入衰的历史变化过程,通过琵琶女的流落,文化的衰亡,反映开元之治甚至元和初年之治的不可再来,表现对唐王朝的走向衰亡的无限哀伤"。正因为"两人的命运同历史兴衰的命运相联系,因此才产生如此深刻巨大的同情和共鸣"。把作品的主题归结为时代感伤,见解新颖而深刻。

《琵琶行》被誉为"千古第一音乐诗"。专门从音乐的角度研究它的文章也甚多。金学智《白居易〈琵琶行〉中的音乐美——兼论白居易的音乐美学思想》(《学术月刊》,1985 年第 7 期),是其中较有深度的一篇。认为《琵琶行》善于以"声"写"情",将"声""情""事"三者水乳交融,故能感人至深;作品还形象地揭示了音乐欣赏的美学奥秘,因而可以"把它当作诗化了的音乐美学或艺术哲学来阅读"。

3. 闲适诗

白居易在其给自己诗作所分的四个类别中,他最看重的是讽谕诗和闲适诗。几乎是把两者放在同等地位的。然而,长期以来,白居易的讽谕诗受到积极评价,而闲适诗却被看作他的消极思想的反映而受到冷落。尽管早在 1955 年,郭沫若在为日本友人片山哲研究白居易的著作所写的序言中,就曾强调指出:"白乐天的闲适诗,应该说是诗人在封建势力压迫下的后退一步。但这种后退,我们从历史的观点来看,对于诗人是应该予以同情,而不能予以责备的。"他的闲适,"是出于不得已","是对于恶浊的顽强的封建社会的无言的抗议!"(《关于白乐天》,《文艺报》1955年第23期)但未引起学术界的反响,闲适诗继续处于被弃置的地位。这种不正常的情况,到了80年代才逐渐有所改变。但迄今为止,研究闲适诗的文章,依然屈指可数。

这里,首先要提到的是霍松林《论白居易的田园诗》(《陕西师大学报》社科版,1982年第3期)一文。他认为,白氏前期闲适诗中,有不少田园诗和山水诗。该文即着重分析了白氏前期任周至尉及丁母忧退居渭村时期,接触和体验了农村生活而写作的田园诗。主要论点是:1. 白氏着重写"田家苦"的田园诗,"植根于农村生活土壤,来自对农民疾苦的深刻了解和深厚同情。正因为有了这种人道主义的闪光,才把白居易的田园诗同传统的田园诗区别开来";2. 以陶渊明和盛唐王、孟为代表的传统田园诗,着重表现"田园生活的淳朴、宁静和闲适,用以对照上层社会的虚伪、污浊和倾轧",类似于西洋文学中看不见"豺狼"的带有"牧歌情调"的田园;而白居易笔下的田园诗,则着重写"田家苦",愤怒地鞭挞"虐人害物"的"豺狼",因而是不同于传统田园诗的"新的流派";3. 白氏田园诗,特别是"讽谕"诗中的田园诗,是"以自己的生活体验和思想认识为前提,继承了《七月》和杜甫等前辈诗人表现'田家苦'的传统创作出来的";4. 当前学术界论唐代田园诗只讲王、孟和储光羲等,而不提杜甫、白居易是不全面的。

到了20世纪80年代后期,又陆续发表了几篇肯定白氏闲适诗的文章。有的认为,白居易的闲适诗中,"虽有一定的消极成分,但也从另一个侧面反映了当时的社会现实,有一定的认识价值"(朱恢宏《浅论白居易闲适诗的积极意义》,《徐州师院学报》社科版,1986年第4期)有的认为,白居易的闲适诗"是诗人世界观矛盾的产物,是他'独善其身'自我意识的表现,具有对封建社会不合理制度的认识作用和批判现实的积极意义"(曹治邦《浅论白居易的闲适诗》,《贵州文史丛刊》1987年第3期)。有的认为,"闲适诗是白居易生活的一个方面的反映,内容多是他精神世界的自我解剖,透过诗人的主观感情,读者同样可以看到一定的社会脉搏","基本精神仍然是现实主义的。"(杜纯粹《白居易闲适诗新探》,《中国文学研究》1987年第1期)总的看来,对白氏闲适诗的研究,还是一个薄弱环节。

4. 散文及其它

白居易不仅是一位天才的诗人,而且是一位出色的古文家。这在历史上是有定评的。但长期以来,他的文名却被其诗名所掩。自20世纪以来,虽然胡适和陈寅恪先后在20年代和40年代就肯定过他同唐代古文运动的联系和贡献(如胡适称他"与同时的韩愈、柳宗元都是散文改革的同志",见《白话文学史》第十六章;陈氏称他和元稹是"当日主张复古之健者","元和一代文章正宗,应推元白,而非韩柳",见《元白诗笺证稿》第四章),但在全国解放后,白氏文名为其诗名所掩之遭遇,似较过去为烈。在五、六十年代出版的几部文学史和多种带有普及性的白氏评传中,除游国恩主编的《中国文学史》交代了一句"诗人张籍、元稹、白居易等在文章方面也都直接或间接地受到韩愈和古文运动的影响"而外,其余的著作都只字不提白氏散文写作的成就,更绝口不提白氏同韩柳古文运动的关系。

这种忽视白氏散文成就的偏向,到了80年代才逐渐有所改变。首先是王汝弼在其《白居易选集·前言》中,对白氏散文写作的成就作了热情肯定。他强调指出:论及唐代古文运动,单提韩愈而不提白居易,"无论是从历史实际来讲,抑或是从创作成就来讲,都是说不过去的"。他认为,白氏《策林》七十五篇,"是有意识地追踪贾谊的《治安策》";《为人上宰相书》,"上继李白《上韩荆州书》,下开宋代王安石《上仁宗皇帝言事书》《上时政疏》,都是我国古代政论文中的重要作品",白氏《江州司马厅记》《三游洞序》等抒情、写景小品,"或则旨趣隽永,或则丘壑郁盘,足以发皇耳目,澡雪精神"。此后,顾学颉和朱金城,分别在《中国大百科全书·中国文学》卷《白居易》条,及《白居易集笺校·前言》中,都热情地肯定了白氏散文创作的多方面成就,及其对韩柳古文运动的支持与实践。但是,迄今为止,专门评述白氏散文的研究论文,仍极为少见。张立名《出色的古文家白居易》(《湘潭师专学报》社科版,1983年第1期)一文,是其中较有深度的一篇。文章首先肯定:"白文在唐代古文运动中占有重要地位。"并对其策问、书、序、奏状、祭文、碑志、游记等各体作品,逐一作了评析。称赞其议论文"结构严谨,论证充分,说理透辟";游记散文"文笔清新,自然,明快",描写景物"着墨不多,而体物入微,情景逼真"。就其散文作品的总体风格特色而言,在其"志在兼济"的前期,"笔多讽谏,词锋峻切,气势凌厉";后期,则多怡悦性情的闲适之作,"大多清新自然,很少雕饰,充溢恬适之趣"。

《策林》七十五篇,作为一组内容丰富而系统的政论文结集,多被研究者当作反映白氏早期思想的资料而加以引证,至多也不过抽取反映其某一方面思想的资料加以评析。迄今为止,尚未见到对这部内容丰富、思想深刻的政论结集的思想内容和艺术特色作全面论述的文章。

《百道判》,作为白氏早期为应付科举考试而撰写的准备性著作,向来无人问津。几年前,塞长春《〈百道判〉及其学术价值——兼论白居思的早期思想》(《西北师院学报》社科版,1984年第3期)一文发表,算是填补了这一空白。文章认为:《百道判》作为白氏早期著作,不仅因为它出自天才诗人的手笔,因而具有充分的文学价值,而且就其作为文献资料的"独特性、真实性和保存的完整性而言,它对我们今天研究唐代的典章制度,特别是研究当时的科举制度、伦理观念、法律思想,以及作者的早期思想,都具有充分的参考价值,并提供了无可取代的宝贵资料"。同时指出,通过《百道判》的写作,使白氏熟练地驾驭了四六文的写作技巧。这为他后来从事制诰文字及近体诗的写作也打下了良好的基础。

白氏另一部早期著作《白氏六帖事类集》，近年来也引起了学术界的关注。王有朋《浅论〈白氏六帖事类集〉》(《华东师大学报》社科版，1986 年第 1 期)一文，分别从《白帖》的性质，它在早期类书中的地位和作用，反映于其中的白居易的思想倾向，以及与白居易诗文创作的关系等四个方面，作了甚见功力的考述。这也是一篇填补空白之作。

六、几点思考与建议

一、通过以上粗略的巡礼，我们看到，大半个世纪以来，我国学术界对白居易的研究，伴随着时代的风雨，虽然出现过曲折、起伏乃至中断的状况，但总的来说是重视的，不断发展的。许多宏观和微观方面的问题，经过专家学者们的探讨、切磋和论争，都取得了不同程度的进展；从而使我们透过历史的迷雾，对白居易这位中世纪伟大诗人的家世、生平、思想、杰出的文学成就及其在中外文化史上的影响等方面，都有了一个基本了解和总体印象。

毋庸讳言，研究中也还存在着许多不足之处。一是研究的视野有待拓宽。从现有的研究成果看，几乎近半数的论文集中在《长恨歌》《琵琶行》和讽谕诗这三个热点上。而对于白氏的闲适诗和反映其后期半官半隐的恬淡生活及思想苦闷的大量感伤诗、杂律诗，以及为数甚多的各类散文作品，则很少涉猎，或浅尝辄止，有的甚至还是一个空白。不着眼于"全人""全书"，尽快地弥补上这方面的不足，就不利于全面准确地评价白居易及其多方面的文学成就。二是侧重于对白居易诗歌的思想性和社会功能的研究，而对它们的艺术分析和审美评价，则显得薄弱。这固然同白氏的诗歌理论及创作实践都表现出强烈的社会功利性有关，也同我国解放后长时期强调文艺为政治服务的时代背景有关。但是，缺乏艺术感染力和审美价值的诗歌，是苍白无力的，并不能有效地发挥其社会功能。况且，白居易作为一位开宗立派的伟大诗人，其作品自有其独特的艺术个性和审美价值。如果我们不把对白诗的社会历史批评和美学批评结合起来，只重视其社会功利性，而忽视其审美特性，这并不是抬高了白居易，而恰恰是贬低了白居易。三是侧重于对具体问题的考据和微观探索，对白氏的思想和文学成就的宏观综合和整体把握，则尚嫌不足。诚然，微观探索是宏观综合的基础。以往，我们在微观研究方面是有成绩的；对前述若干有争议而迄无定论的具体问题，无疑应继续深入探索。但是，如果只重视微观研究，而不重视宏观综合，就会只见树木，不见森林，只能认识白居易的某一侧面，而看不清他的总体风貌。大半个世纪以来，经过几辈人的努力探索，有关白居易的各方面的问题，都取得了很大进展，积累了丰富的资料。综合现有研究成果，写出一本反映白居易全貌的高质量评传的条件已经成熟。我们期待着这样的评传早日问世。四是研究的思维方式尚嫌单一，对新方法的汲取、采用还不够大胆。对研究古代文学来说，校勘、训诂、考据等行之有效的传统方法，固然是基本的研究方法，应予充分重视。但在全面改革开放的今天，中外文化学术交流日益频繁，如何有分析、有鉴别地汲取国外的新方法来开拓和深化我国的白居易研究，也是一个不容忽视的新课题。

二、为便于进一步动员、组织力量，推进白居易研究，建议尽快成立全国性的白居易研究会。长期以来，国内学术界一直是李、杜、白并提，白居易在唐代诗坛的地位，与李白、杜甫基本上属于同一个层次。但近年来，学术界对李、杜倾注了格外高涨的热情：如早已分别成立了全国性的研究会，不止在一地分别设立了他们的纪念馆，而且都有以他们的名义创办的研究刊物，以他们的名义定期召开的学术研讨会(大都是国际性的)也很频繁。相形之下,白居易似乎受到了冷落。据悉,陕西渭南与河南洛阳,因分别是白公的籍里和茔墓所在之地,已分别成立了地方性的白居易研究会。但规模较小,影响不大。为此,建议学术界加强联系,积极筹备,争取早日在陕西或河南成立全国性的白居易研究会,以尽快改变这种使白公受到冷落的不正常局面。

三、白居易是一位具有国际影响,享有世界声誉的天才诗人。他的作品在国外,特别是在日本,也拥有许多读者和不少研究者。如果能够重视和加强中外特别是中日之间的学术交流,必将有利于提高白居易研究的水平。可喜的是,近年来国内报刊已陆续发表了一些向国外宣传白居易的文章,以及国内外研究白居易的信息和动态。如茅盾为路易·艾黎英译《白居易诗选》所作序言(《白居易及其同时代的诗人》,载《收获》1979 年第 1 期),苏联著名汉学家列·艾德林博士俄译《白居易诗选·前言》(《论白居易》,尹锡康节译,载《唐代文学研究年鉴》1986 年号), 严绍璗两篇介绍白居易对日本文学影响的文章(《一代之诗伯,万世之文匠——白居易诗歌与日本中古文学》(《文史知识》1981 第 1 期;《白居易文学在日本中古韵文史上的地位和意义》,《北京大学学报》社科版,1984 年第 3 期),以及下定雅弘教授《战后日本白居易研究概况》(《西北师大学报》社科版,1989 年第 4、5 期)等,都引起了学术界的关注,并获得好评。尤其令人高兴的是,最近,日本学术界发起编印七卷本《白居易研究讲座》,这在中外白居易研究史上是一个创举。《讲座》的问世,不仅将推动我国白居易研究的发展,对于扩大白居易的世界影响,对于促进中日之间的学术文化交流和中日友好,都具有积极意义。我对于日本学术界朋友所从事的这一有益于中日友好的崇高事业,是热忱支持的,借此机会,谨向他们由衷地表示钦佩和敬意!

最后,我要说明,这篇文章,是由于日本友人大阪帝塚山学院大学下定雅弘教授的建议,并在他一再敦促之下完成的。谨此衷心地表示感谢。

(此文应日本勉诚社之约而作。原载《西北师大学报》社科版,1993 年第 3 期;译文载勉诚社编七卷本《白居易研究讲座》第 5 卷)

《傅玄阴铿诗注》前言

　　傅玄,字休奕,北地泥阳(今甘肃宁县西北)人。他生于东汉献帝建安二十二年(217),卒于西晋武帝咸宁四年(278),是魏晋之际一位重要的政治家、有影响的诗人。

　　傅玄出身于陇右的世家望族。祖父燮,曾和皇甫嵩一起镇压过张角领导的黄巾军起义。因秉性刚直,屡忤权贵,"出为汉阳(郡治故城在今甘肃甘谷县南)太守"[①]。汉灵帝中平四年(187)为保卫汉阳抗击王国、韩遂的叛乱而"临阵战殁,谥曰壮气侯"[②]。父干,亦知名于时,位至扶风太守。从弟嘏,曾任曹魏的尚书仆射,以功封阳乡侯。这样的门第和家世教养,决定了傅玄对曹魏及司马晋政权抱支持与合作的态度,以及他在思想上宗经尊圣的儒家立场。

　　但史称:"玄,少孤贫"[③]。大概其显赫的家世,到傅玄一代已经中落了。他是凭着自己的才能,经由州郡的举荐而进入仕途的。《晋书》本传说:"州举秀才,除郎中,与东海缪施俱以时誉选入著作,撰集《魏书》。后参安东、卫军军事,转温令,再迁弘农太守,领典农校尉。所居称职,数上书陈便宜,多所匡正。五等建,封鹑觚男。武帝为晋王,以玄为散骑常侍。及受禅,进爵为子,加驸马都尉。"入晋以后,又先后历任

---

①②《后汉书·傅燮传》。
③《晋书·傅玄传》。

侍中、御史中丞、太仆、司隶校尉等职,卒"谥曰刚",并"追封清泉侯"。总观傅玄一生,虽正当魏晋易代的扰攘多事之秋,但其仕途生涯还算是顺利的。究其原因,这也许同司马炎对他的宠信不无关系。试看:司马炎为晋王,傅玄任散骑常侍的近职;司马炎受禅代魏,傅玄是佐命大臣之一。所以司马炎黄袍加身,傅玄也得以加官晋爵。司马氏受禅之初,傅玄应制作宗庙乐章,今存于郭茂倩辑《乐府诗集》者,凡五十八首(占其现存乐府诗的三分之二),其大旨不外乎历述司马氏"以功德代魏","言圣皇受禅,德合神明"①,为司马氏取代曹魏政权大造舆论。另一方面,他又适应"(武)帝初即位,广纳直言,开不讳之路"②的政治需要,利用自己执掌的谏职,发表了许多针砭时弊的言论,"虽不尽施行,而常见优容"③。这些都说明了傅玄对司马氏政权的忠心归附,以及司马炎对他的格外眷顾。正因为傅玄在政治上有这样难得的际遇,所以他虽然生性"刚劲亮直,不能容人之短"④,其咄咄逼人的言论,使"贵游慑服,台阁生风"⑤,又因"争言骂座,两遭免官"⑥,而卒能再黜再起,得以善终,且恩信延及子嗣。对此,清人陈沆曾深有感慨地说:"值不讳之朝,蒙特达之顾,生司喉舌,没谥刚侯。人臣遭遇,如傅休奕亦仅矣!"⑦

傅玄一生,勤于著述。《晋书》本传说:"玄少时避难于河内,专心诵学,后虽显贵,而著述不废。撰论经国九流及三史故事,评断得失,各为区例,名为《傅子》,为内、外、中篇,凡有四部、六录,合百四十首,

①《晋书·乐志》。
②③④⑤《晋书·傅玄传》。
⑥张溥《〈傅鹑觚集〉题词》。
⑦陈沆《诗比兴笺》卷二。

数十万言,并文集百余卷行于世。"①从《隋书·经籍志》《新唐书·艺文志》及马总《意林》可知,其《傅子》一书,在唐代"尚为完本"②,至宋代已大部分亡佚。清人严可均在明张溥辑《傅鹑觚集》及清初《四库全书》所辑《傅子》一卷的基础上,从《群书治要》《初学记》《艺文类聚》《北堂书钞》《太平御览》,及《三国志》裴松之注里,辑录出傅玄的佚文六卷。其中前二卷计收赋五十四篇(其中大多数是残篇),《表》《疏》《颂》《赞》《箴》《铭》等三十八则(亦多为残篇)。后四卷为《傅子》,其前二卷为较完整的论文二十三篇;后二卷为《补遗》,辑录杂著及史料数十条。从内容看,《傅子》是一部以政论为主体的综合性文集。该书中的政论文,历来颇受重视。与傅玄同时代的王沈,在见到该书的《内篇》时,即推崇这部著作"言富理济,经纶政体,存重儒教,足以塞杨墨之流遁,齐孙孟于往代"③。唐初魏徵等撰辑《群书治要》,竟选辑《傅子》达二十四篇之多。《四库全书总目提要》认为:"此书所论,皆关切治道,阐启儒风,精意名言,往往而在。以视《论衡》《昌言》,皆当逊之。"虽持论从儒家正统观念出发,溢美过当,但由此也可以看出它在历史上产生过的不容忽视的影响。《补遗》中辑有《马先生传》一篇,历述马钧当时在工艺上的许多创造发明,称赞他是堪与中国历史上的公输般、墨翟、张衡齐名的"名巧";可惜由于他"不典工官巧",其才能未能得到发挥。文末为之感慨说:"用人不当其才,闻贤不试以事,良可恨也。"这篇著作,反映了傅玄重视科技与物质生产的进步思想倾向,和他的开明的人才观,是我国古文献中一篇不可多得的奇文。

傅玄的诗作,亦多散佚。《文选》中仅选录其《杂诗》一首;《玉台新咏》选录其乐府诗八首,古诗四首;宋郭茂倩《乐府诗集》辑录其乐府

①③《晋书·傅玄传》。
②《四库全书总目提要》。

诗八十七首。其后，明冯惟讷《古诗纪》、近人丁福保《全汉三国晋南北朝诗》及逯钦立《先秦汉魏晋南北朝诗》，先后于《类聚》《书钞》《御览》等类书中爬梳钩稽，递相增补，至逯氏之书已堪称收罗完备，计共得傅诗完篇或基本完整者一百一十八首，残篇三十九首，合计一百五十七首。

傅玄的主要成就在文学方面，特别是在乐府诗的创作方面。考之郭茂倩《乐府诗集》可知，以今存乐府诗数量之多而论，傅玄在魏晋之际的诗人中实占居首位。如在当时的重要诗人中，曹操仅存有十六首，曹丕十八首，曹植三十五首，张华二十九首，陆机三十五首，均不及傅玄所作八十七首之半。当然，我们也要看到，在今存傅玄所作八十七首乐府诗中，竟有三分之二（五十八首）是沿袭旧套，"陈陈相因，徒具形式"①的宗庙乐章。刘勰《文心雕龙·乐府篇》说："逮于晋世，则傅玄晓音，创定雅歌，以咏祖宗。"通晓音律，也许是傅玄所作"咏祖宗"的"雅歌"在数量上居于同时代诗人之冠的原因所在吧。这类作品，自有其作为文献资料的存在价值，但它确实没有什么艺术欣赏的价值可言。所以本书所注傅玄诗，不包括这部分宗庙乐章在内（同时亦不作为附录；但附录中的《晋书·乐志》及《南齐书·乐志》中引录这类作品甚多，可以观其大概）。我们在讨论傅玄诗的思想与艺术时，自然也不把这部分作品作为分析研究的对象。

傅玄虽出身望族，但因家道中落，于困顿中曾有机会接触下层社会，体察民间疾苦；所以，他后来虽跻身于统治阶级上层，但对魏晋易代之际的政治腐败，社会黑暗，危机四伏的现实有着较清醒的认识。这样的思想倾向，决定了他的诗歌创作能够继承和学习汉乐府民歌的优秀传统，正视现实，反映社会问题，具有意存寄兴与讽诫的建安

---

①逯钦立《先秦汉魏晋南北朝诗·凡例》。

遗风。

对统治阶级的讽谕和对人民苦难的同情，是傅玄诗值得重视的思想内容之一。傅玄是追随司马氏政权的"忠臣"，同时又是一位"体强直之姿，怀匪躬之操，抗辞正色，补阙弼违，谔谔当朝，不忝其职"[①]的贞谅之臣。他作为统治阶级上层的一员，从维护和巩固本阶级的统治出发，在其谏议和诗歌创作中，本着儒家"国以民为本"[②]的思想传统，一方面对统治阶级的昏庸腐朽进行了规谏，另一方面对挣扎在门阀制度压迫下的广大人民的疾苦，倾注了同情。例如《飞尘篇》："飞尘秽清流，朝云蔽日光。秋兰岂不芬，鲍肆乱其芳。河决溃金堤，一手不能障。"这首短诗，以飞尘、朝云比奸佞，以日光、秋兰喻贤良，借鲍鱼之肆喻门阀制度下腐败的社会风气，以"河决溃金堤，一手不能障"的警策之句，对统治阶级提出警告，表现了他对于危机四伏政局的危机感和清醒的忧患意识。再如《墙上难为趋》一诗，通过衣履阔绰，"顾盼有余辉"的贵族和衣着褴褛而洁身自好的"贫士"的鲜明对比，以及"甚美致憔悴，不如豚豕肥"的深沉感慨，从而鞭挞了上层杜会的"富不知度"，骄奢淫逸。其《杂诗三首》之二、之三中："安贫福所与，富贵为祸媒。金玉虽高堂，于我贱蒿莱"；"居不附龙凤，常畏蛇与虫。依贤义不恐，近暴自当穷"等诗句，虽意在自勉，但对当时上层社会的侥幸竞进的风气，当不无规箴劝诫的作用。刘勰所谓"傅玄篇章，义多规镜"[③]，正是针对这类作品而言的。

魏晋之际，战乱频仍，生产凋敝，民不聊生。傅玄作为一位怀有儒家"仁政"理想的封建官僚，在其疏奏和政论中，发表了不少平赋役、

---

①《晋书·傅玄传》。
②《傅子·安民》。
③《文心雕龙·才略》。

防水旱,反对"役繁赋重""酷刑峻法""视杀人如杀狗彘"①之类悯恤下情、关心民瘼的开明言论。这种积极的思想倾向,也鲜明地表现在他的诗歌创作中。如《放歌行》:

> 丘冢如履綦,不识故与新。高树来悲风,松柏垂威神。旷野何萧条,顾望无生人。但见狐狸迹,虎豹自成群。孤雏攀树鸣,离鸟何缤纷?愁子多哀心,塞耳不忍闻。长啸泪雨下,太息气成云。

这是一幅"骨横朔野,魂逐飞蓬"②的战后乱离图。画面阴森凄冷,读之给人以强烈的艺术感受,其意境与笔力,堪与曹操《蒿里行》、王粲《七哀诗》相伯仲。再如《苦雨》《炎旱》二诗,前者描写了"霖雨如倒井,黄潦起洪波。湍流激墙隅,门庭若决河。炊爨不复举,灶中生蛙虾"的特大水灾给人民带来的痛苦;后者则描写了在久旱不雨,"河中飞尘起,野田无生草。一餐重丘山,哀之以终老。君无半粒储,形影不相保"的严重灾荒下,赤地千里,饿殍遍地,民不聊生的惨状。傅玄在其《水旱上便宜五事疏》中说:"臣闻圣帝明王,受命天时,未必无灾。是以尧有九年之水,汤有七年之旱。唯能济之以人事耳。故洪水滔天,而免沉溺;野无生草,而不困匮。"从表面上看,以上二诗似在客观地描写自然灾害,实际上是在批评统治阶级不能"济之以人事",致使水旱为患,生民涂炭,其现实意义不容低估。

前人已经注意到,傅玄诗"新温婉丽,善言儿女"③。妇女问题的确是傅玄诗作的中心主题之一。无论就其数量之多或思想之开明来看,他的这类诗作在其同时代诗人中都占有突出地位。具体说来,他的这

---

①《傅子·问刑》。

②钟嵘《诗品·序》。

③张溥《〈傅鹑觚集〉题辞》。

类反映妇女问题的诗作,大致可以分为以下三类:

第一类是表现妇女对爱情真挚热烈的追求的。如《杂言》和《车遥遥篇》:

> 雷隐隐,感妾心;倾耳听,非车音。(《杂言》)

> 车遥遥兮马洋洋,追思君兮不可忘。君安游兮西入秦,愿为影兮随君身。君在阴兮影不见,君依光兮妾所愿。(《车遥遥篇》)

这两首诗,别具匠心地分别抓住听觉和视觉的审美特点,别致而深细地表现了思妇对恋人执着的思慕之情,确非寻常笔墨所易到。

再如《饮马长城窟行》《怨歌行朝时篇》及《秋兰篇》,则歌颂了坚贞的爱情,也都写得情真语切,清丽可诵。

第二类是同情妇女的痛苦和不幸遭遇的。如《豫章行苦相篇》及《明月篇》,以和泪之笔深情地描写了在当时尊男卑女的社会条件下,妇女处于以颜色侍人的不平等地位,一旦年老色衰,即遭遗弃的悲惨命运。二诗皆以自述口吻出之,凄切宛转,如泣如诉,今日读之,令人犹觉隐隐有余悲。《董逃行历九秋篇》十二章,其命意与前二诗相近,描写了处于随人俯仰、前途莫测的可悲地位的妇女,对夫妻间"恩爱不竭""长保初醮结发"的祝愿与渴求,以及唯恐人老珠黄而遭遗弃的担心和忧虑。如该诗第八章:"妾受命兮孤虚,男儿堕地称珠,女弱虽存若无!骨肉至亲更疏,奉事他人托躯。"在无端的哀怨中,就分明透露出女主人公对妇女地位卑下的清醒认识。

第三类是肯定和歌颂妇女的反抗精神的。如《西长安行》与《昔思君》二诗,均写妇女遭到遗弃后的哀怨,但哀怨中透露出自重,反映出她敢于面对惨淡人生的勇气,和维护自身人格尊严的自尊心的觉醒。至于《秋胡行》和《和班氏诗》二诗,则通过赞美秋胡妻的坚贞刚烈的性格,谴责了薄幸的负心男子。在长篇叙事诗《秦女休行》中,诗人热情地歌颂了秦女庞娥亲除恶锄奸为父报仇的正义行为。庞娥亲大义凛然，敢于"白日入都市"，"洒血溅飞梁。猛气上干云霄，仇党失守为披攘"的鲜明形象，具有向强梁横行的黑暗社会抗争和挑战的社会意义。这一不畏强暴的妇女形象，置之我国古代文学画廊中，也是极其鲜明而突出的。

在傅玄的诗作中，还有一部分是抒写个人抱负和感叹人生的抒情性作品。如《放歌行》一诗开头写道："灵龟有枯甲，神龙有腐鳞。人无千岁寿，存质空相因。朝露尚移景，促哉水上尘。"这反映了在兵连祸结的魏晋之际，人们感到生死无常，朝不保夕，因而激起珍视生命的价值和对于生活执着追求的强烈愿望。在《鸿雁生塞北行》一诗中，诗人以秋兰自喻，婉转地反映出他对于仕途艰险、前途未卜的无穷忧虑。诗云："常恐物微易歇，一朝见弃忘。"正透露出这样的意绪。《何当行》一诗，则反映出诗人自视甚高，追慕管鲍之交，不屑与凡俗之辈为伍的高尚情怀。诗人的这种恃才傲物，壮志难伸的抑郁不平之气，尤其强烈地反映在《白杨行》一诗中：

> 青云固非青，当云奈白云。
>
> 骥从西北驰来，吾何忆！
>
> 骥来对我悲鸣，举头气凌青云，当奈此骥正龙形。
>
> 蜿足蹉跎长坡下，蹇驴慷忾，敢与我争驰！
>
> 踯躅盐车之中，流汗两耳尽下垂。
>
> 虽怀千里之逸志，当时一得施？
>
> 白云影影，舍我高翔。
>
> 青云徘徊，戚我愁啼。
>
> 上眄增崖，下临清池，日欲西移。
>
> 既来归君，君不一顾。
>
> 仰天太息：当用生为？青云乎！

飞时悲,当奈何耶? 青云飞乎!

诗人满怀愤激之情,通过以怀抱"千里之逸志"的龙骥同驽钝的"蹇驴"并驾争驰的鲜明对比,抨击了在门阀制度下,"世胄蹑高位,英俊沉下僚"[①]的黑暗现实,具有深刻的社会意义。尤其值得注意的是,诗人模仿张衡而作的《拟四愁诗四首》,属辞清丽,寄寓深远,深刻地反映了诗人对人生的执着追求,以及不达目的的失望和痛苦。正如张衡《四愁诗·序》所说:"时天下渐弊,郁郁不得志,为《四愁诗》。屈原以美人为君子,以珍宝为仁义,以水深雪雾为小人,思以道术相报,贻于时君,而惧谗邪不得以通。"傅玄的拟作,也显然是为现实的感触所激发,并深有寄托的。如果把这首诗仅仅看作是"善言儿女"的言情之作,那就未免失之肤浅了。

从艺术上看,傅玄诗也颇具特色,充分显示出诗人的创作才能和艺术个性。

我们知道,从建安到西晋初年,是我国文学史上诗风丕变,文学开始走向独立、自觉并日趋成熟的阶段。如果说,在两汉以前,由于受到"诗言志"的传统诗论的束缚,诗乃至文学尚未独立开来,而仅仅处于儒家经学附庸的地位,那么,到了魏晋之际,随着曹丕"文章者经国之大业,不朽之盛事"[②]、陆机"诗缘情而绮丽,赋体物而浏亮"[③]等著名论点的提出,则标志着文学开始意识到自己的时代使命,从而逐渐从"自在"的阶段走向"自为"的阶段。在诗歌创作的领域,随着"缘情说"的取代"言志说",从而激发了诗人的创作活力,使他们在作品中能够更加自由地表现自己的创作个性,这样,就给当时的诗坛带来了

---

①左思《咏史八首》之二。
②曹丕《典论·论文》。
③陆机《文赋》。

人才辈出的空前繁荣的新局面。傅玄的诗歌创作活动,主要是在曹魏末季的正始、嘉平年代;他正是当时诗风发生递嬗演变的过渡时期的一位重要诗人。因而,傅玄诗的艺术特点,便不能不带有既尊重传统又表现个性的过渡阶段的时代特征。

第一,善于描写和叙事。傅玄继承了汉乐府民歌长于叙事与刻画人物的艺术传统,以其独具特色的作品,成为晋代故事乐府之大家。如他所作的《秋胡行》《惟汉行》《秦女休行》等,虽其事皆有所本,却能围绕一个中心来安排情节,描写人物,突出主题。诚如萧涤非先生所言:"此种作品,既无足观感,原非所贵。然即其所咏,则一时代之社会心理亦隐约可见。又吾国诗歌,叙事者少,然则即以趣味之眼光观之,寻其源流而究其影响,亦乐府史中一快事也。"①

第二,强烈的抒情性。傅玄诗不仅"善言儿女之情"②,在其为数甚多的描写男女爱情及反映妇女的痛苦和不幸的诗篇中,深情地表现了男女间的嬿婉之情,而且还善于在一些感慨仕途失意和人生不平的抒情之作中,抒发令人荡气回肠的激昂慷慨之情——特别善于运用浪漫主义的手法来渲染气氛,以增强感情的力度和深度。如前述《白杨行》便是这类作品的代表。陈沆《诗比兴笺》卷二指出:"其诗尤长拟古,借他酒樽,浇我块垒,明远、太白皆出于此。"我们认为,鲍、李受傅玄诗的影响,正突出地表现在以浪漫主义手法抒发其顿挫沉郁的感慨这一点上面。普列汉诺夫说得好:"艺术既表现人们的感情,也表现人们的思想,但是并非抽象地表现,而是用生动的形象来表现。"③用这个定义来衡量傅玄的诗作,其抒情性的突出,正是当时诗

①萧涤非《汉魏六朝乐府文学史》第四编第二章《晋之故事乐府》。
②陈沆《诗比兴笺》卷二。
③普列汉诺夫《论艺术》,1973年2月,北京三联书店出版社,第4页。

歌创作摆脱"言志说"的束缚,要求既"言志"也"言情",从而更加自由地表现诗人的创作个性的时代特征的反映。

第三,形式的多样化。这主要指诗歌的句法体式而言。我们知道,汉乐府民歌的主要形式是五言和杂言。其后曹操曾用四言来写乐府诗,曹丕有七言的《燕歌行》。傅玄乐府诗于以上诸体皆有尝试,并进而创为"九言"(《昔思君》)及"六言"(《董逃行历九秋篇》)的新体制。特别是这首《董逃行历九秋篇》,历来为诗论家所重视,被誉为"六言之祖"。傅玄在诗歌体制上追求创新所作的努力,在我国诗歌发展史上是不容抹煞的。

总的看来,傅玄的诗作比较深刻地反映了当时的社会现实,在艺术上也富有特色和个性,他不愧是魏晋之际一位有影响的重要诗人。然而,由于钟嵘《诗品》将他的诗作抑为下品,认为"孟阳(张载)诗乃远惭厥弟(张协),而近超两傅(傅玄、傅咸)"。《文选》也仅选录他的一首《杂诗》,所以他在文学史上一直受到冷落和不公正的待遇。及至明清,他才引起一些诗论家的关注。胡应麟说:"傅玄'庞烈妇',盖效《女休》作者,辞义高古,足乱东、西京。"① 张溥说:"晋代郊祀宗庙乐歌,多推傅休奕,顾其文采,与荀(勖)张(华)等耳。《苦相篇》与《杂诗》二首,颇有《四愁》(张衡)、《定情》(繁钦)之风。《历九秋》诗,读者疑为汉古辞,非相如、枚乘不能作。其言文声永,诚诗家六言之祖也。"② 陈祚明《采菽堂古诗选》,亦称傅玄诗"古质健劲"。郑振铎在其《插图本中国文学史》中很有见地地说:"玄诗,钟嵘列之下品,与张载同称,且还以为不及载……实未为允。玄诗传于今者,佳篇至多,至少可以和陆机、

---

① 胡应麟《诗薮·内编》卷一。
② 张溥《〈傅鹑觚集〉题辞》。

张协、左思，潘岳诸大诗人分一席地的，何至连张载也赶不上呢？"这个评价是公允的。

本书以逯钦立辑校的《先秦汉魏晋南北朝诗·晋诗》卷一所收傅玄诗为底本，将其中完整或基本完整的乐府诗二十九首、古诗三十一首，以及残句三十九首，悉数收入。篇章次第，除对个别篇目作了合并调整，在注释中予以说明外，其余篇目一仍其旧。注释力求确切明了。为了有助于读者加深理解，每首诗的第一条注释带有"题解"性质，对有关背景材料及作者创作该诗的大旨，力求有所交代和说明。除注释文字外，对有关典故及涉及当时社会史实而又关乎对作品内容的理解者，亦作必要的诠释。书末将有关资料作为附录，以供读者参考。

阴铿，字子坚，武威姑臧（今甘肃省武威市）人，生卒年不详。他是南北朝梁陈时代的著名诗人。在当时诗坛上，轻靡淫丽的宫体诗大为盛行，宫廷诗人以描绘闺情、声色为能事。他们背离了《诗》《骚》、汉魏乐府的现实主义传统，"为文而造情，……采滥忽真，远离风雅，近师辞赋，故体情之制日疏，逐文之篇愈盛"（《文心雕龙·情采篇》）。在这股形式主义泛滥的逆流中，阴铿的诗作却能别具清新的风格，"神采清澈，辞精意切"（《竹林诗话》），因而甚"被当时所重"（《南史·阴子春附子铿传》）。他的诗，流传下来的虽不多，但在我国诗歌发展史上却占有一定的地位，历来被视为由汉魏乐府五言诗过渡到唐代五言诗的桥梁，是五言律诗的先驱者之一。

阴铿的祖先，本为甘肃河西望族。在他的五世祖时，其家迁移到了南平（郡名，故治在今湖北省公安县南）。《南史·阴子春传》称："晋义熙末，曾祖袭，随宋武帝南迁，至南平，因家焉。父智伯，与梁武帝邻居，少相善。"阴子春为阴铿父，梁武帝萧衍，原籍南兰陵中都里（今江苏省常州市武进区）。由此可知，阴铿的家在其祖父幼年时，已由湖北徙至江苏。阴子春善诗,在梁朝曾任东莞太守,梁、秦二州刺史,以廉洁著称。后征为左卫将军,迁侍中。侯景作乱时,阴子春随王僧辩攻平邵陵王,对平息侯景之乱有功,后卒于江陵。阴铿随父在南国长大,他从小聪慧异常,"五岁能诵诗赋,日千言。及长,博涉史传,尤善五言诗"(《陈书·阮卓附阴铿传》),在当时颇有影响,与何逊齐名。

阴铿在梁朝曾任湘东王法曹行参军。在那门阀等级森严、阶级尖锐对立的时代,他并不严守等级观念,思想较为开明,对下层劳动人民颇有同情心。有一年冬季,阴铿同宾客宴饮,见到为他们斟酒的仆人很辛苦,便亲手斟上一杯热酒让这个仆人喝。在座的人都笑话他,阴铿却很不以为然,说:"吾侪终日酣饮,而执爵者不知其味,非人情也。"(《南史·阴子春附子铿传》)后来,侯景作乱,阴铿被叛军俘获,有人把他救了出来。救他的人,原来就是当年那个宴席上为他们递酒具的仆人。

陈霸先平定侯景之乱后,灭梁建陈。天嘉中,阴铿做了始兴王(陈伯茂)府中录事参军。由于得到宫廷中很有名望的诗人徐陵推荐,阴铿的诗名为文帝陈蒨所知。一次,文帝宴请群臣,庆贺安乐宫落成大典。阴铿奉诏赋诗,援笔成篇,这就是著名的五言诗《新成安乐宫》。这首诗,描绘了安乐宫的雄伟壮丽,也写出了宴会的盛况,深得文帝的赞赏。后来,阴铿在陈朝历任招远将军、晋陵太守、员外散骑常侍等官职。

阴铿的诗作,在当时以清丽的风格与何逊齐名,有"阴何体"之称。在阴铿生活的梁陈嬗代之际,诗风一般是绮靡浮艳的。正如杜确《岑嘉州诗集序》所说:"梁简文帝及庾肩吾之属,始为轻浮绮靡之辞,名曰宫体。自后沿袭,务为妖艳,谓之摛锦布绣焉。"这种艳曲连篇,色情泛滥的宫体诗,正是由于统治阶级生活的荒淫腐朽,并适应他们享乐的需要而兴盛起来的。李白诗云:"自从建安来,绮丽不足珍"(《古风五十九首》之一），就是针对这种格调卑下的形式主义诗风而发的。阴铿的难能可贵，正在于他"承齐梁颓靡之习，而能独运匠心"（黄子云《野鸿诗的》），以"清丽简远"的写景诗著称于时；其笔力虽不免有时失于柔弱，但却能汰尽铅华，别具新姿，毫无脂粉气息。阴铿之所以能做到这一点，主要是因为他秉承着"老庄告退，而山水方滋"（《文心雕龙·时序篇》）的宋齐文学余绪，突破宫体诗的樊篱，从自然界选取题材。他的诗以写景见长，尤其善于描写江上的景色，风格流丽清新。阴铿的写景诗，比之陶渊明、谢灵运两大家的山水田园诗来，当然显得逊色，但在轻靡浮艳的宫体诗泛滥的当时，确实能使人耳目为之一新。在他的笔下，山野的春色，江渚的寒夜，宏伟的建筑，荒芜的丘墟，行客的乡愁，船夫的榜歌……无不描绘得真切动人，饶有生活气息。如《开善寺》一诗：

> 鹫岭春光遍，王城野望通。
>
> 登临情不极，萧散趣无穷。
>
> 莺随入户树，花逐下山风。
>
> 栋里归云白，窗外落晖红。
>
> 古石何年卧？枯树几春空？
>
> 淹留惜未及，幽桂在芳丛。

这首诗，是作者在春光烂漫时节，游览南京钟山开善寺所作。全诗以精工的笔触，描绘了钟山的旖旎风光，危寺的雄伟气势，抒发了作者登山春游的无穷兴致。此诗音节嘹亮，结构完整协调，炼字造句，颇具匠心，堪称诗人写景诗的上乘之作。

再如《渡青草湖》一诗，洞庭春色，跃然纸上：

> 洞庭春溜满，平湖锦帆张。
>
> 沅水桃花色，湘流杜若香。
>
> 穴去茅山近，江连巫峡长。

> 带天澄迥碧,映日动浮光。
>
> 行舟逗远树,度鸟息危樯。
>
> 滔滔不可测,一苇讵能航?

在这首写景诗中,诗人以饱满的笔墨精心描绘了洞庭湖上的春景以及湖波浩渺的阔大气象。"沅水桃花色,湘流杜若香"二句,既使人联想到桃花源的清幽和屈原诗的高洁,又以桃花的艳丽和杜若的幽香来渲染诗的意境,含蓄蕴藉,意象优美。而"行舟逗远树,度鸟息危樯"一联,则以细致准确的笔触刻画出湖上独特的景象,衬托出湖面的宽阔无涯。这首诗,意境深远,笔力俊迈遒健,也是诗人写景诗中的力作。

也许是由于诗人长期生活在泽国水乡,对舟楫行旅生活有较深入的体验吧,阴铿的一些有关江上景物的诗作,大都写得情景交融,形象清新,委婉动人。如送别诗《江津送刘光禄不及》:

> 依然临江渚,长望倚河津。
>
> 鼓声随听绝,帆势与云邻。
>
> 泊处空余鸟,离亭已散人。
>
> 林寒正下叶,晚钓欲收纶。
>
> 如何相背远,江汉与城闉。

这首诗写诗人去江边渡头送友人不及,迟迟不忍离去,依然徘徊江渚,在渡头遥望孤帆远影的情景。作者抓住渡口的寻常景物,创造出缠绵凄清的意境,使人感受到诗人惆怅难遣的惜别之情。

阴铿这样情景交融的好诗为数不少。再如《和傅郎岁暮还湘州》一诗,描写诗人送傅郎沿长江上溯归湘州(今湖南长沙市)的情景。"大江静犹浪,扁舟独且征"二句,寓动于静,以"大江"与"扁舟"相映衬,愈益显出大江浩瀚的气势,与扁舟的孤单。而"棠枯绛叶尽,芦冻白花轻。戍人寒不望,沙禽迥未惊"两联,以白描的手法写出沿岸凄清的景色,更使人联想到行者的寂寥与苦辛。从这幅淡远的冬日江行图中,分明透露出作者惜别的情怀。《五洲夜发》一诗,写江上夜行,浓雾笼罩江面,新月远透微明,"溜船惟识火,惊凫但听声",真是绘声绘影;而"劳者时歌榜,愁人数问更"二句,以简洁的手法如实地写出"劳者""愁人"的不同心情,也富有生活气息。再如《晚出新亭》:"潮落犹如盖,云昏不作峰。远戍唯闻鼓,寒山但见松。"这两联意境幽邃,形象生动鲜明,是历来被人传诵的名句。正如清人陈祚明所说:"阴子坚诗声调既亮,无齐梁晦涩之习,而琢句抽思,务极新隽;寻常景物,亦必摇曳出之,务使穷态极妍,不肯直率。此种清思,更能运以亮笔,一洗玉台之陋,顿开沈(佺期)、宋(之问)之风;且觉比玉台则特妍,较沈宋则尤媚。"(《采菽堂古诗选》卷二十九)这段话,很有见地地道出了阴铿诗在艺术上的独特之处。

阴铿在诗歌创作中斟音酌句,对声律、对仗等技巧的运用甚为重视。他流传下来的诗,都是五言诗,五言八句格式的诗占了将近半数。这些作品虽然还有个别字平仄不够协调,但不少诗篇已基本上形成了律诗的形式,当之无愧地成为由汉魏乐府五言诗过渡到唐代五言律诗的桥梁。古诗只留意于押韵,而不顾及声调,两句之中,全平全仄,并不失格。至于律诗,不但要押韵脚,而且要调平仄,还要注意四声八病。

齐朝周颙著《四声切韵》,梁朝沈约著《四声谱》,王斌著《四声调》。从此以后,四声之说在诗坛上风靡一时。正如《南史·陆厥传》所说:"时盛为文章,吴兴沈约、陈郡谢朓、琅玡王融以气类相推毂,汝南周颙善识声韵。约等文皆用宫商,将平上去入四声,以此制韵,有平头、上尾、蜂腰、鹤膝。五字之中,音韵悉异,两句之内,角徵不同,不可增减。世呼为'永明体'。"这种新体诗在当时得到普遍的发展,"士流景慕,务为精密"(钟嵘《诗品·序》),"转拘声韵,弥为丽靡"(《南史·庾肩吾传》)。南朝诗人注意四声八病,在诗的格律、声调方面有所发展,为唐代律诗的产生作了声韵学方面的准备。阴铿正是一位以自己在诗歌创作上的艺术实践,为五言律诗的形成作出了重要贡献的诗人。

阴铿的五言诗,如《蜀道难》《登武昌岸望》《晚出新亭》《南征闺怨》《侯司空宅观妓》等,可以说是从齐梁新体诗向唐代近体诗演变过程中的过渡作品。沈德潜说,《晚出新亭》一诗,格调"俊逸""高亮",有唐人五律的气魄。再如《蜀道难》的"高岷长有雪,阴栈屡经烧。轮摧九折路,骑阻七星桥";《登武昌岸望》的"巴水萦非字,楚山断类书。荒城千仞落,古柳细条疏"等诗句,不但对仗工整,而且前后两联平仄相调,同唐代五言律诗基本无异。又如《雪里梅花》《昭君怨》《和侯司空登楼望乡》《侍宴赋得夹池竹》《秋闺怨》《游巴陵空寺》《咏石》《观钓》《西游咸阳中》《经丰城剑池》《咏得神仙》《晚泊五洲》等,这些诗,除了个别字句平仄不够协调外,通篇已近似唐人五律。宋人韩子苍说:阴铿诗"其格律乃似隋唐间人所为,疑非出于铿……"清代沈德潜也指出:"五言律,阴铿、何逊、庾信、徐陵已开其体,唐人研揣声音,顺稳体势,其制乃备。"(《说诗晬语》卷上)这些评论说明,阴铿的诗歌创作实践,对唐代五言律诗的形成确有特出的贡献,不愧为五言律诗的先驱者之一。因此,阴铿在我国诗歌发展史上无疑应该占有一定的地位。

阴铿的诗作,在艺术上对唐代诗人产生过深刻的影响。阴铿是杜甫十分赞赏的诗人。杜甫在《解闷十二首》中,自称"颇学阴何苦用心",这里阴指阴铿,何指何逊。他在《秋日夔府咏怀奉寄郑监李宾客一百韵》中,有"阴何尚清省,沈宋欻联翩"之句,以阴铿等赞美郑、李二人。关于阴铿对杜甫的影响,清人张澍在《二酉堂丛书·阴常侍诗集》按语中更有具体的论述,他说:

> 阴铿诗有"行舟逗远树",杜诗"残生逗江汉""远逗锦江波"用之。又阴诗有"天际晚帆孤""天边看远树""大江静犹

浪"，老杜"江流静犹浪""云中辨烟树"用之。阴诗有"薄云岩际出，初月浪中生"，老杜"薄云岩际宿，孤月浪中翻"用之。又阴诗有"中流闻棹讴"，老杜"中流闻棹讴"；阴诗有"花逐下山风"，老杜"云逐度黔风"均用之。而老杜"寒日出雾迟，清江转山急"，亦用阴诗"野日烧中昏""山落（按：应作'村路'）入江穷"之意。

宋代王明清在《挥麈录》中说："'柳色黄金嫩，梨花白雪香'，阴铿诗也，李太白取用之。"这条材料正坐实了杜诗"李侯有佳句，往往似阴铿"（《与李十二白同寻范十隐居》）之说，并非虚拟之辞。由此可见，李白在诗歌创作上也同样受到阴铿的影响。正因为李白、杜甫这两位唐代最伟大的诗人都学过阴铿的诗，受到阴铿的影响，所以阴铿的诗历来受到诗论家重视。宋代词人柳永曾引用阴铿"夜雨滴空阶"句入词。至清代，诗人许荪荃也曾写诗盛赞阴铿，其诗云："武威莫道是边城，文物前贤起后生。不见古来盛名下，先于李益有阴铿。"

由于历史和阶级的局限，阴铿的创作视野较为窄狭，他的诗，基本上没有触及当时的社会矛盾。特别是因为他生活在宫体诗盛行的梁陈时代，其创作自然不能不受到一些影响，因而在他的笔下不免间有无聊之作；也有一些作品还流露出刻意雕琢的痕迹。所有这些缺点，联系诗人当时所处的历史条件来看，都是不难理解的。

据《南史》记载，阴铿有诗集三卷行世。至隋，他的诗集就已散佚，故《隋书》记载仅存一卷。至唐，据《文献通考》记载，阴铿诗也仅存一卷。清代武威著名学者张澍，在其《二酉堂丛书》中辑录阴铿诗三十五首，并为之序以评述其家世及诗作云：

> 吾凉阴氏父子若孙，皆擅长文采，兼通经义，不徒以官阀称也。观荀济《赠阴梁州诗》曰："诗酒悦风云，琴歌爱桃李"；又邓铿有《和阴梁州闺怨》之作，则幼文之能诗可知矣。

其子铿,以清丽之格与何逊齐名,而孝穆、子山丛深热服,梁陈之际,盖一作者。铿子灏,官虎门博士,著《琼林》二十卷;灏子宏道,官临涣令,杂采子夏、孟喜等十六家之说,为《易新传疏》十卷。今《琼林》《易传》湮没无传,而子坚诗句犹得於尘邈之余留其光气,虽散佚过半,精华不存,而寻其梗概,可於灰里拔之,宜为少陵野老吟诵不置与?……

本书以《二酉堂丛书·阴常侍诗集》为底本,再参校《玉台新咏》《艺文类聚》《初学记》《文苑英华》《古诗纪》《古诗源》《全汉三国晋南北朝诗》等书所辑的阴铿诗,共得诗三十六首。这里多出一首《赋得山中翠竹》,辑自《文苑英华》。诸本文字互异处,择其善者而从之,但一般不在本文下注明异文,确有参考价值者则于注释中注明之。注释力求简明,诗中用事用典,力求结合诗意加以申述;每诗第一条注释,带有题解性质,对该诗写作背景及命意等力求有所交代,以便于读者阅读和理解。有关阴铿生平及创作的材料,加以辑录整理,附书后,以供读者参考。

需要说明的一点是,这本小书,是我们三人共同研究、分工合作的成果:每首诗的注释由王会绍同志写成初稿;余贤杰同志主要负责搜集有关版本及附录资料,并对每首诗和附录作了初步校勘;最后,由蹇长春同志对每首诗的校勘、注释和附录,作了认真的审订、修改和整理,并写出前言,以总其成。限于水平,我们在本书的校注整理工作中,失误和缺点在所难免,敬请读者批评指正。

1983 年 4 月于兰州

（原载《傅玄阴铿诗注》,甘肃人民出版社 1987 年 7 月第 1 版）

读岑参《题金城临河驿楼》

古戍依重险,高楼见五凉。
山根盘驿道,河水浸城墙。
庭树巢鹦鹉,园花隐麝香。
忽如江浦上,忆作捕鱼郎。

这首五言律诗,见于《全唐诗》卷 200《岑参诗》卷三,学术界通行的看法是,此诗当是盛唐边塞诗人岑参出使西域戎幕途经金城(今甘肃兰州市)之作。然而,此诗亦见于《全唐诗》卷 197 张谓集中,题作《登金陵临江驿楼》;字句略同,仅"五凉"作"五梁","忽如江浦上"作"忽然江浦上"。可见,要解说此诗,首先得回答此诗著作权归属的问题。令人遗憾的是,一些唐诗选注本乃至唐代边塞诗选注本,大都忽略或回避了这一问题。

陈铁民、侯忠义《岑参集校注》卷三,对此诗归属问题,倒是有所辨正,认为"据诗中前四句所云,题作'金城临河'为是。岑参两度从军出塞,金城系必经之地,所以此诗应是岑作而误入张谓集中。"这一结论似乎周严可取,惜未作充分考证,尚留有可资商榷的疑窦。很显然,仅仅论定岑参曾从军出塞并途经金城是不够的,还必须明确回答:与岑参大体同时的盛唐诗人张谓,是否也曾"从军出塞"并"途经金城"?否则,此诗著作权归属的问题,仍然是难以遽断的。

其实,关于张谓是否从军西域的问题,傅璇琮在其《唐代诗人丛考·张谓考》中,早已作出明确的回答。傅先生据元结《别崔曼序》谓

"张公(按:指张谓)往年在西域,主人能用其一言,遂开境千里,威展绝域,宠荣当世"等语,以及《全唐文》卷375所载张谓《为封大夫谢敕赐衣及绫采表》《进娑罗树枝状》及《进白鹰状》等三篇为封常清所草拟的表状,考知张谓"在天宝十三、十四载期间在封常清幕府"。至于张谓何时赴西域?何时离开西域?傅先生表示:"因史料缺乏,无法确知。"因而傅先生对此诗著作权归属问题的态度是很慎重的:"这首诗是张谓还是岑参所作,也还难以确定。"

可是,时隔几年以后,傅先生在其所撰《唐才子传校笺·张谓传校笺》中,对此诗著作权归属的论断似乎有所变化,他认为编入《全唐诗》卷197的张谓诗作中,"间杂有他人之作,如《早春陪崔中丞浣花溪宴得暄字》为岑参诗,《登金陵临江驿楼》亦岑参作"。

至于其所以改变的理由,傅先生未作明确交待,只是备注要求"详参《唐代诗人丛考·张谓考》"。我们复按《张谓考》,发现傅先生在《校笺》中的论断,同《丛考》是自相抵牾的。因为傅先生在《丛考》中分明提出了两个疑点,即:一是"张谓诗中的'金陵'与岑参诗中的'金城',还难以断定何者为误";二是天宝十三、四载"张谓与岑参都同时在封常清幕,从军的地点是相同的"。正是根据这两个疑点,傅先生在《丛考》中,才作出此诗到底是张谓或岑参所作"还难以确定"的论断的。可是,在《校笺》中对这两个疑点未作任何辨证,便遽断此诗为岑参作,岂不是前后抵牾,自相矛盾吗?

可见,要真正解决此诗著作权归属的问题,还不能回避并需认真回答傅先生在《张谓考》中提出的两个疑点。

第一,关于诗题中"金陵"与"金城"何者为误的问题。在《张谓考》中,傅先生曾结合此诗内容有所辨正,指出"首句说'古戍依重险'","显然并非指南京的金陵";"据《新唐书》卷四十《地理志》,陇右道有兰州金城郡,有二县,即五泉与金城。从诗的内容看来,似以作'金城'

为是"。我们认为,这一论断接触到了问题的实质,惜乎未结合"诗的内容"予以充分论证。为了求其周严,搜寻旁证,有意宕开一笔,反倒把问题复杂化了。他说:

> 但作"金陵"也不一定必误,东晋时李暠在西凉设建康郡,以表示对东晋政权的归顺,地点在张掖与酒泉之间。李白《上安州裴长史书》(王琦注《李太白全集》卷二十六)说:"白本家金陵,遭沮渠蒙逊难,奔流咸秦,因官寓家。"虽然王琦认为"金陵"为"金城"之误,但也并没有确凿有力的证据。因此张谓诗中的"金陵"与岑参诗中的"金城"还难于断定何者为误,但它们都指西北陇右地区(即今甘肃一带),则是可以确定的。

诚然,五凉政权中的前凉和西凉,因都是汉人建立的割据政权,都设置过建康郡(治建康城,今高台县西南四十里之骆驼城),都确有心向晋室的倾向。或奉表称臣,或发兵勤王,史籍多有记载。但如果硬要据此曲径通幽,左钩右连,非要把"建康郡"同东晋政权联系起来,企图以"建康"隐喻"金陵",转而再以"金陵"指代河西,虽然可通,但毕竟迂屈,和读者打这样的哑谜,是任何诗人所不取的。如作"金城",则无上述问题。

关于诗题中"金陵"与"金城"何者为误? 实质是同题的岑参诗与张谓诗,何者为真何者为伪的问题。既然傅先生在《张谓考》中已明确指出:"从诗的内容看,似以作'金城'为是";而他的另一推断:"作'金陵'也不一定必误",又落不到实处。我们似可断定,此诗本岑参作而误入张谓诗中,至于诗题中将"金城"作"金陵"、"河"作"江"之异文,当是在流传中为浅人所妄改。

傅先生《张谓考》提出的第二个疑点,是由于天宝十三、四载,岑、张二位诗人同时在西域封常清幕任职(即是说,他们二人都有可能

在途经金城时写下此诗),因而难以确定此诗究竟为何人所作。限于
史料,这的确是一个难于回答的问题,唯一可行的办法,是通过版本
及文字的校勘来寻求"内证",这也许是解决这一疑点的正确途径。

按:张谓《登金陵临江驿楼》除见于《全唐诗》卷197外,还见于
《文苑英华》卷298,诗题及正文,文字悉同。而岑参《题金城临河驿
楼》,除见于《全唐诗》卷200《岑参诗》卷三外,有关岑参集的各种古
本,如四部丛刊影印七卷本、明刊沈恩本、明刊张逊业本及明铜活字
本《唐五十家诗集》均有著录,诗题及正文,文字与《全唐诗》悉同。若
谓此诗本岑作而误入张谓诗中,盖自宋已然,由来久矣。关于张、岑二
诗题目异文之辨正,主要是"金陵"与"金城"的正误问题,已如前述;
至于二诗正文中之异文,共有两处:一是岑诗"高楼见五凉",张诗作
"高楼见五梁"。按:"五凉"乃十六国时期建于河西的五个割据政权
(详后说),结合诗的内容看,当以"五凉"为是,若作"五梁",则不辞
矣。二是岑诗"忽如江浦上",张诗作"忽然江浦上"。请注意:"忽如"与
"忽然"虽意义相近,且仅一字之差,但这很可能是我们考辨此诗著作
权归属问题的一个突破口。细检岑参诗集,我们发现"忽如"一词,似
乎是岑参惯用的语汇,一共检得五例。除"忽如江浦上"一例外,再如:

宝塔凌太虚,忽如涌出时。(《登千福寺楚金禅师法华院
多宝塔》)

忽如高堂上,飒飒生清风。(《送祁乐归河东》)

忽如一夜春风来,千树万树梨花开。(《白雪歌送武判官
归京》)

仰望浮与沉,忽如云与泥。(《虢州郡斋南池幽兴因与阎
二侍御道别》)

以上五例,用法(词义与词序)完全相同,这难道是偶然的吗?按
照西方现代统计语言学的理论,统计词汇出现的频率,可用以了解作

家运用语言的风格,并判定匿名文章的作者。据此,我们径可把"忽如"一词在岑诗中多次出现这一语言现象,看作《题金城临河驿楼》一诗乃岑参所作之坚证。

当我们认定此诗乃岑参所作,并据闻一多《岑嘉州系年考证》,结合诗中所写景物时令,进而认定乃岑参于天宝十三载夏,赴北庭封常清幕途经金城时所作,再来通释此诗,便会感到处处妥帖顺适,了无滞碍矣。

诗题云:《题金城临河驿楼》,金城,唐兰州金城郡,治所在今甘肃省兰州市。河,指滨城而过的黄河。驿楼,官设馆驿之楼。有的注本谓驿楼"即金城关楼",似不确。按:岑诗中"关楼"与"驿楼"是了然分明的。《初过陇山途中呈宇文判官》云:"山口月欲出,光照关城楼。"关城楼,指陇关即大震关楼;赴安西途中又有《题铁门关楼》,指焉耆附近之铁门关楼也。又,《送张献心充副使归河西杂句》云:"云中昨夜使星动,西门驿楼出相送。"是以知"驿楼"与"关楼"不容混淆也。此诗当是岑参赴北庭途中,驻马金城馆驿,登驿楼眺望金城之山川形胜与自然景物,有感而作。

"古戍依重险,高楼见五凉。山根盘驿道,河水浸城墙。"首二联写登楼所见山川形胜,着眼于"重险"二字落笔,雄浑苍凉,笔力劲健。古戍,指金城关。《元和志》卷39《陇右道上·兰州》:"金城关,在州城西,周武帝置金城津,隋开皇十八年(598)改津为关。"张维《兰州古今注》云:"兰州铁桥之北,有山曰白塔。其上庙宇栉次,山下居人数千家,沿河列肆,长约三四里,肆西北之阳为金山寺……又西为金城关,南阻大河,北连崇岭,自汉代设关,隋时复置官。两千余年,号为险峻。"有的注本谓古戍"指金城",似嫌肤泛。所谓"依重险",即就金城关依山带河,据有重迭之险阻而言。高楼,指驿楼。疑馆驿建于金城关内之坡地,盖楼因地势而高也。五凉,指十六国时期的前凉、后凉、南凉、北凉、西凉等五个割据政权，活动中心在今甘肃武威、张掖、酒泉及青海乐都一带，地域辽阔，且远隔千里，本非眺望中目力之所能及。然着一"见"字，则登楼极目西眺中苍茫寥廓之境界全出矣。三四句写俯视所见：此岸，山脚下驿道蜿蜒西去；彼岸，黄河水浸逼城墙，滔滔东流。高适《金城北楼》有句云："北楼西望满晴空，积水连山胜画中。湍上急流声若箭，城头残月势如弓。"在两位盛唐边塞诗人笔下，古郡金城雄奇险峻的河山胜概，实有异曲同工之妙。只不过高诗写的是夜景，苍凉中更带着几分沉郁罢了。

"庭树巢鹦鹉，园花隐麝香。"颈联二句，写即目所见馆驿庭院中鸟语花香的盛夏景物。闻一多《岑嘉州系年考证》称：天宝十三载"安西四镇节度使封常清入朝，三月，权北庭都护伊西节度瀚海军使，表公为大理评事，摄监察御史，充安西北庭节度判官，遂赴北庭。五月，常清出师西征，公在后方。六月，常清受降回军。"岑参曾迎候于北庭西郊，献诗颂捷。有《北庭西郊候封大夫受降回军献上》及《登北庭北楼呈幕中诸公》二诗可证。据此推算，岑参于天宝十三载赴北庭途经金城的时间，当在四、五月之交，与诗中所写的时令相吻合。鹦鹉，鸟名，古时陇右盛产鹦鹉，载籍多有著录。祢衡《鹦鹉赋》云"命虞人于陇坻"。可知古时陇右出产鹦鹉。《元和志》卷三九《陇右道上》亦称：陇山"上多鹦鹉"。罗愿《尔雅翼》云："鹦鹉，能言之鸟……陇右及南中皆有之，然南鹦鹉小于陇右。"《本草纲目》云："绿鹦鹉出陇、蜀。"岑诗《赴北庭度陇思家》亦有"陇山鹦鹉能言语"之句。麝香，鸟名。稍后，杜甫于乾元二年（759）过秦州所作咏麦积山之《山寺》一诗亦有句云："麝香眠石竹，鹦鹉啄金桃。"可知岑、杜二公以"鹦鹉"对"麝香"，盖以禽鸟对禽鸟，方为的对。而向来说杜诗者（包括《钱注》《仇注》《杜诗镜铨》《杜臆》等）皆释"麝香"为兽名，即香麝；而今之说岑诗者，或沿袭旧说，谓麝香"指麝，一种珍贵动物"；或谓麝香"指园中弥漫着浓烈的花香"。凡此,虽似亦可通,然终不若释"麝香"作鸟名为胜。宋罗愿《尔雅翼》卷二十《释兽》云:"麝,兽之香者,极物之香者比之。今有麝香鸟。"《辞源》修订本第四册,举此以证杜诗《山寺》中"麝香"为鸟名,甚是。又,雍陶《寄襄阳章孝标》诗云:"闻说小斋多野意,枳花阴里麝香眠。"似亦应释"麝香"为鸟名为佳。

"忽如江浦上,忆作捕鱼郎。"尾联二句,紧承颈联,写诗人为临河馆驿庭院中鸟语花香之盛夏景物所陶醉,忽发遐思浮想,忆及早年隐少室与终南别业的渔樵之乐。这是诗人思想深处"仕"与"隐"的矛盾的反映,与同时期所作《发临洮将赴北庭留别》中"勤王敢道远,私向梦中归"之句,意趣颇为相似。

(原载《文史知识》,1997 年第 7 期)

卞孝萱先生对《柳文指要》的学术贡献

　　孝萱先生出生于扬州一个名门世家，不幸幼而失怙，家道中落，全凭太夫人在艰难竭蹶中抚孤成长。先生亦自幼立志向学，勤勉自励；且才思敏捷，禀赋过人，在学界有"扬州才子"之誉。历数十年如一日辛勤耕耘，终于成为学识渊博，著作繁富，享誉海内外的文史专家。

　　追溯先生的学术经历，探究其成才的奥秘，窃以为，先生超凡的禀赋与锲而不舍的进取精神，固然是其成功的主要原因；但先生之所以能达到文史兼赅、明而能融的学术造诣与境界，还与他在其漫长的人生历程中，有幸先后受到 20 世纪我国的大师级文化名人——范文澜与章士钊的奖掖与熏陶有极大关系。

　　新中国成立后不久，先生即入中国科学院近代史研究所，在范文澜先生领导下，参与《中国通史简编》的编撰工作。在迄至"文化大革命"前的十余年里，先生一直工作、学习、食宿在范老的公寓里，与范老朝夕相处。范老高尚的品格、融通经史诗文的博洽学识、理论与史料并重的严谨务实的学风，都给了先生以深刻的影响。完全可以说，正是追随范老编撰"通史"的这一段宝贵经历，奠定了他一生学术事业的基础。从先生文史互证，重史料而不说空话，以及文词表达简洁明快的独特学风，不难看出其深受范老影响的痕迹。

　　尤其为先生感到幸运的是，在 20 世纪六七十年代之际，"四人帮"肆虐，学术活动遭到禁锢，先生却有幸从下放劳动的河南干校奉调回京，协助九十高龄的章士钊先生整理最后一部近百万字的学术巨著《柳文指要》。但先生能获得这一机遇,却不是偶然的。章老因柳宗元文章富于逻辑性,特别爱好,以其毕生的研究,撰为《柳文指要》一书。20世纪60年代初,章老为继续修订该书,着他的秘书王益知,到北京市各图书馆查阅资料,孝萱先生就是在图书馆与王相识,并曾多次为他解决疑难问题;章老知悉这一情况后,约请先生与他见面,对先生多有奖掖之辞,并面托先生为他寻觅永贞内禅的史料。同时,因章老的引荐,先生得以同另一位留意永贞革新的文化名人王芸生先生结识,并发生过文字因缘。

章老近百万字的皇皇巨著《柳文指要》,在1966年已经完稿,并呈毛主席阅读过,但因受"文化大革命"冲击,一直到1970年尚未出版。这时,章老已年届九十高龄,痛感时不我待,要求尽快出版。他的要求得到了毛主席的支持,当即决定交中华书局用大号字排印出版。章老自揆年老体弱,精力不济,乃给周总理去信,要求调孝萱先生充当他的助手,协助他校阅全稿。于是,周总理将先生从下放劳动的河南干校调回,全力以赴地为《柳文指要》的校勘出版而辛勤工作。先生与章老朝夕相处,密切配合,工作进展顺利。章老又欣然函告总理,谓卞来工作,全书有望如期完成。1971年秋,《柳文指要》出版后,章老赠书一部,亲笔题识:"孝萱老棣指疵。此书出版,荷君襄校之力,甚为感谢。章士钊敬赠。一九七一年十月廿六日。"钤印二方:"章士钊印"(白文)、"行严"(朱文)。当该书出版,先生任务完成后,章老乃第三次函陈周总理,大意谓:《柳文指要》及时出版,幸赖卞襄校之力;并说到在当今青年学者中,卞乃一时无二,仍回干校,未免可惜,以留京发挥作用为好。因此之故,先生未再回河南干校,赢得了留京从事学术研究的机会。

通过上述关于先生同章老这段交往的简略回顾,可以看出,章老作为位高望重的爱国民主人士,在他身上的确有一种怜才惜贤的古君子之风,其发现人才,可谓独具只眼;爱惜人才,更是无微不至。孝萱先生在那段艰难岁月,能得章老的奖掖与爱护,并获得亲炙的机会,不能不说是其一生中的一大幸事。

说到孝萱先生对《柳文指要》的学术贡献,窃以为,主要表现在以下两个方面:

第一,《柳文指要》这部学术巨著,凝聚着章老这位世纪老人毕生的学术积累,征引史料至为繁富,其种类数以千计,而其出版,又值衰暮之年,幸得孝萱先生为之复核校勘,使这部巨著避免了可能出现的史料甄引及排印上的讹误,从而保证其学术质量。章老赠书题识云:"此书出版,荷君襄校之力",正当作如是解。

第二,综观柳宗元一生,他之所以不仅以著名文学家,而且以杰出的思想家、政治家彪炳史册,究其缘由,主要与他参与中唐政治史上"永贞革新"这一重大事件有关。他的卓越的政治识见与耿介不阿的凛凛节概,正是通过这一事件及其在此后身处逆境中表现出来的。因而弄清这一事件的前因后果,特别是有关永贞内禅隐秘的内幕,便成为诠释柳文不可回避的核心课题。孝萱先生对《柳文指要》的学术贡献,正在于他凭借其长期协助范老编撰隋唐史,特别是潜心研究中唐著名文学家行年仕历(先后有《刘禹锡年谱》《元稹年谱》出版,并有张籍、李绅等诗人简谱公诸报刊)及探讨唐传奇与政治之关系的深厚学术底蕴,为章老解决了关于永贞内禅在史料方面的几个关键性的疑难问题。章老在其《柳文指要》中多处引用先生的研究成果,大都与"永贞革新"事件有关。兹仅略举其中突出的三例:

其一,为章老提供关于二王刘柳同阉宦坚决斗争之"强证"。"八司马"集团发起的"永贞革新",锋芒所向,在于"内抑宦官,外制方镇,摄天下之财赋兵力而尽归之朝廷"(王鸣盛《十七史商榷》卷七四《顺宗纪所书善政》条),假皇权以肆虐的宦官,自然首当其冲。双方斗争的情形及其激烈之程度,韩愈《顺宗实录》《通鉴》及两《唐书》多有载记,但或囿于史识,或限于史料,大都语焉不详,失之模糊混乱。《柳文指要·通要之部》卷二《永贞一瞥·册府元龟之永贞史料》云:"卞孝萱勤探史迹,时具只眼,顷从《册府元龟》中检得永贞史料二事见示,颇足珍异。"《柳文指要》1362~1363页全录卞文。章老对先生提供的"唐顺宗以贞元二十一年正月即位……诏停内侍郭忠政等十九人正员官俸钱"(《册府元龟》卷五〇七《邦计部·俸禄》)这条史料尤为看重,引用卞文:"一举而停十九个宦官之俸钱,为中晚唐绝无仅有之大事,二王刘柳与宦官斗争之坚决,于此得一强证。"1965年章老撰《柳文指要·通要之部·序》,又大书特书此事,认为"于攻治柳文有甚深理解"。

其二,为章老觅得关于巨珰强藩相与扇连,从而促成皇太子监国,导致"永贞革新"失败的关键史料。《柳文指要·通要之部》卷二《永贞一瞥·二恨潜通史迹》云:"就中权珰强镇,此二恨如何交通构扇之迹,恨无显文露书可资左验,曾偶与卞孝萱谈及而嗟叹之,越日,孝萱果提供所谓'永贞史料钩沉'二则,持读辄为一快。"盖先生在《钩沉》中,将崔元略为永贞之际任太原监军的巨珰李辅光所撰《李公墓志铭并序》、韩愈《顺宗实录》卷四以及两《唐书·裴垍传》中有关永贞内禅的史料加以关联比照,从而坐实了西川韦皋、荆南裴均、太原严绶等三节度使相继上表,请皇太子监国,实乃受李辅光等大宦官的幕后操纵与指使。《柳文指要》1358~1359页全录卞文。章老还指出:"从崔元略志中'殊勋'二字关想,为问国家大事,除监国外,将更何所谓殊?如此觅证,在逻辑谓之钢叉论法,百不失一。孝萱既从联锁中获得良证,而吾于子厚所云外连强暴之一大疑团,立为销蚀无余,诚不得谓非一大快事。"又于《柳文指要·通要之部·序》中大书此事,认为"人从而覆治柳文,将能理解亲切"。

其三,用缜密的考证,论定李复言(谅)《辛公平上仙》,乃影射永贞内禅之际顺宗被弑之难得史料。陈寅恪《顺宗实录与续玄怪录》（《北京大学四十周年纪念文集乙编》，后辑入《金明馆丛稿二编》）称：《辛公平上仙》乃江湖举子李复言行卷之作，其内容是影射元和末宪宗被弑，实有所未谛。孝萱先生这一考证成果，不仅为章老所采用，而且经章老介绍，王芸生先生曾与孝萱先生讨论这一问题，这一成果也被王老在一篇文章中所吸取。（参阅王芸生《韩愈与柳宗元》文末"附白"，该文载《新建设》1963 年第 2 期）《柳文指要·体要之部》卷四《议辩·晋文公问守原议》全文引录孝萱先生关于《辛公平上仙》考证致章老函（见 159~160 页），章老认为"孝萱考证详明"；在同书卷三十八《表·为王户部荐李谅表》，引用先生的考证成果（1186~1188 页），证明王叔文革新集团成员李谅所撰之《辛公平上仙》，是影射顺宗幽崩。

不言而喻，因参与《柳文指要》的校勘出版工作，在同章老这位德高学硕的世纪老人的接触中，章老渊博的学识、高尚的品格，也使孝萱先生深受陶冶和影响。后来，先生策划《中华大典·文学典》的框架体例，其中，"综论"与"分论"这两个最重要的纬目，可能即胎息于《柳文指要》关于"通要之部"与"体要之部"的构想。再者，章老（当然还有范老）爱惜人才、奖掖后进的美德，在孝萱先生身上也得到了继承和发扬。从近 20 年同先生的交往中得知，不论相识或不相识的年轻人向他求教求助，他总是不遗余力地给予指导和帮助。常言道：天道酬勤，吉人善报。先生虽年届耄耋，著作等身，而犹精神矍铄，笔耕不辍，其德寿双馨之晚景，岂非勤学敬业、宽以待人、助人为乐之善报乎？行文至此，意犹未尽，爰缀小诗一首，以恭贺先生八十华诞，并祝愿先生青春永驻，不断有学术成果问世，以嘉惠学林：

　　大才凭自励，著作比金针。

　　博洽兼文史，优游贯古今。

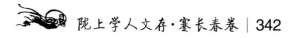

传奇考唐稗①,数典继清音②。

德寿双馨日,声名满学林。

(原载《淮阴师范学院学报》哲社版,2003 年第 3 期)

---

①先生有《唐人小说与政治》《唐传奇新探》问世,是海内外知名的唐人小说研究专家。

②先生是《中华大典·文学典·隋唐五代文学分典》主编。而且,该《分典》被作为《中华大典》之试点,先行开展。先生在《中华大典》编撰的学术理念及体例方面的草创之功不可没。

魏明安《中国古代文学论丛》跋

明安兄长我一岁，学术功底厚实，研究成果累累，是我的名副其实的老学长。但我同他交往的时间却并不长，算起来才不过十多个年头。

明安兄的名字，我是最初从已故的老教育家辛安亭同志那里听到的。德高望重的辛老，勤谨谦和，驭下宽厚，曾是我多年的老领导、老上级。当他于20世纪70年代末到80年代初在兰州大学主持工作时，我同他的许多仍留在西北师大工作的老部下一样，常常利用节假日到兰大去看望他，并乐于聆听他的教诲。辛老于名利淡泊如水，对学问的追求却孜孜不倦。当时，他虽已年逾八旬，公余之暇，仍是目诵手批，勤于著述，不时有新著问世。与青年人交谈，也总是离不开做学问这个中心话题。一次，偶然谈及兰大师资力量的现状，辛老饶有兴致地提到兰大中文系有位中年教师叫魏明安，博闻强记，文史兼通，思维敏捷，对中国古代文献资料尤其谙熟，在侪辈中殆无出其右者！这是我第一次从辛老口中听到明安兄的名字。不过，我素稔辛老是一位"见一善惶惶然自以为不及也，见一能娓娓乎誉之不止也"的忠厚长者，当时以为他对明安兄的赞许，也许不无溢美的成分，也就不曾深以为意。后来，明安兄在我先后参与编辑和主编的《西北师大学报》上发表过几篇文章，特别是那篇经我亲手处理并曾引起学术界广泛重视的《傅玄是太康作家吗？》，我才心折其史料功夫的扎实与考订的精审，意识到辛老对他的称赞并非虚誉。

由于我同明安兄从事的专业相近，彼此间的交往便逐渐多起来了。每当我遇有学术上的疑难,他总是热忱与我探讨,或则示以解决问题的思路,并指出需要查阅的资料,使我沾溉良多。明安兄富有特色和个性的学术论文,我也是很爱读的。承蒙不弃,近年来他每有新作问世,必及时见贶,甚至连尚未发表的打印稿乃至手稿,也让我有幸先睹为快。其学术论文扎实的史料功夫,隽敏的文笔和富有新意的覃思卓见,每每给我以会心的欣快和启迪。然而,平时常以无由通览其全部学术论著为憾。

最近,欣闻在朋友们的一再敦促下,明安兄的学术论文选集《中国古代文学论丛》,约 35 万字,终于交黄山书社付梓了。有陕西师大霍松林教授为之题签,南京大学卞孝宣教授为之作序。足见学术界对其学术论著的结集问世,以广其传,是关注的,支持的。我为此感到高兴,并希望借此在更大范围内进行学术交流,以扩大其影响。

明安兄以目力不济,嘱我为其《论丛》看一下清样。忝在知交,况且我又有多年从事编辑工作的经历,是可以在这方面尽些绵薄之力的。于是,便欣然应命了。尔后,他又嘱我为其《论丛》写几句跋语,却不免使我感到为难,甚至有点惶惑了。盖为人作序跋,大抵须是有身份有地位的名人或名家,方可收相得益彰之效应。人贵有自知之明。为明安兄的大著作跋,不论从哪方面来说,我自知都是不够格的。然而,明安兄却督责再四,我也就不便坚辞,所谓"恭敬不如从命"了。那么,写什么呢? 关于《论丛》作为学术论著的精义宏旨,及其足以益人传世的意义与价值,卞老在其煌煌序言中,已从四个方面作了精当的概括与阐发。在这些方面自然毋庸我再来赘说。好在通过这次逐字逐句地校读其文稿清样,不仅使我对《论丛》中论列的诸多具体学术问题,有了更深切的理解,尤其是对明安兄的学术个性及其做学问的路子,似亦有所悟解。我认为,明安兄能达到目前这样的学术造诣,绝不是偶然的。下述的几点,值得借鉴,尤其是值得我学习的。

一是博洽与专精并用。苏东坡论治学之道,有所谓"博观而约取,厚积而薄发"。梁启超在谈到其师康有为的治学经验,也称:"康先生之教,特标专精、涉猎二条。无专精则不能成,无涉猎则不能通也。"他们所标举的治学经验的要旨,无非是昭示人们:不论做哪一门学问,首先要博览群书,广泛涉猎,逐渐积累知识,打好做学问的根柢和基础;同时,还必须结合自己所从事的专业领域,把精力专注于一端,作而锲不舍的深入钻研,这样才可能收到厚积薄发,触类旁通的效果,取得具体的成就。他们所说的"博"与"约"、"通"与"专"之间的关系,用我们今天的话来说,也就是宏观与微观的关系。必须正确处理二者之间的关系,注意把二者结合起来,切不可把二者对立起来。否则,一味泛览与涉猎,不落实、不专注于微观的钻研,则有可能陷于游谈无根,难以取得具体的成果;反之,若脱离宏观的观照与融通,偏执于对琐屑的细枝末节的考索,则有可能陷于钻牛角尖,甚至迷失方向。显然,这两种偏向都是应当避免的。明安兄治学,正是走的博洽与专精并用、宏观与微观结合的路子。

从总体上看,收入《论丛》的 22 篇论文,可分为三组,即:汉末魏晋南北朝一组,唐五代一组,清中叶纪昀一组;而时间跨度,则从公元 2 世纪末到 18 世纪初,上下近 1700 年。由此也可以看出,著者涉猎的广泛与学术视野的开阔。具体看来,收入《论丛》的这 22 来篇文章,尽管论述的问题有大小、难易之别,其学术价值也不能等量齐观,但这些各具特色的学术论文,每一篇都是明安兄凭借其广博而深厚的学术功底,去解决具体的学术问题所取得的实际成果;它们都程度不同地有所创获,有的甚至填补了学术上的空白,因而都有其存在的价值。若就其充分体现明安兄博洽与专精并用的治学用心而言,我以为《论丛》中关于皇甫谧的一组文章,格外引人注目。

《魏晋思潮与皇甫谧》一文,密切观照杀伐攘夺略无宁日的魏晋之际的历史背景和时代思潮，结合皇甫谧宏富而庞杂的著述来评析其政治态度与思想倾向。这篇不足两万字的文章，征引史料竟达160余条，于此亦可见著者搜罗之广与用力之勤了。经过著者的考索，皇甫谧"垂范""抗暴"的深曲用心，及其既忧谗畏讥而又不甘随俗俯仰的隐者风貌，得以清晰地呈现在我们面前。著者深邃的历史眼光，融通文史哲多方面知识的能力，辨析入微的考据功夫，在此文中都得到了充分体现。就其涵盖历史的深度与广度而言，完全可以把它当作魏晋之际的思想史来读。

《皇甫谧〈高士传〉初探》，以考据见长。皇甫谧撰写《高士传》隐含着"垂范""抗暴"，讽谕流俗，振起颓风的深曲用心，是研究皇甫谧思想最可靠的第一手资料。但因年代久远，这部古老典籍的本来面目，自宋代以来已被弄得混乱模糊。学术界通行的看法是，"今本《高士传》系后人杂抄《太平御览》所引嵇康《高士传》《后汉书》等，附益而成"(《辞海》1979年版，第4684页)。为了弄清皇甫谧《高士传》原来的篇目和故事渊源，明安兄分别从五个方面作了细致严密的考辨，终于澄清从南宋李石《续博物志》、清纪昀《四库全书总目提要》到今天《辞海》递相沿袭的讹误。特别是以坚实的内证，厘清了范晔《后汉书·逸民传》同皇甫谧《高士传》之间的关系，得出了是"范书采用了谧书，而非谧书据范书"的正确结论。

《谈皇甫谧的〈列女传〉》，从辑佚入手，并运用了比较研究的方法。皇甫谧所著《列女传》，至宋已亡佚。明安兄从《三国志》裴注、《初学记》《太平御览》诸书中辑得26篇，而后结合作者生平及时代背景加以评析，并以之同刘向《列女传》及正史《列女传》加以比较。认为皇甫谧《列女传》，是作者"早期的作品"，表现了"儒家用世的思想"，"接触到汉末强暴横行的社会现实"。较之《刘传》，"题材更广泛"，更富有现实性；较之以后正史中"专从'节烈''孝义'载笔的《列女传》，也显示出更多的"锋芒光彩"。

由上可见,对皇甫谧的研究,难度是颇大的。明安兄凭借其深厚的学术功底,或考据,或辑佚,或比较研究,或综合评述,终于拂去历史的尘埃,使已被弄得模糊甚至已被湮没的皇甫谧的本来面目,又呈现出清晰的轮廓;对其多方面的学术成就和贡献,也给予了实事求是的评价。从一定的意义上说,这一组文章弥补了学术史上的一大空白。

再如,《闻一多与李义山》一文,其命意似乎在于探讨闻一多与李义山这两位相距千余年的诗人的精神联系,以及李义山的诗歌艺术对闻一多的重要影响。但论述中涉及的知识范围却十分广泛。它实质上是综合运用中国古典诗学、现代诗学乃至西方诗学的理论,对闻、李二位诗人作比较研究。没有对古今中外诗歌及诗学理论的广泛涉猎,没有融通综贯的思辨功底,面对这样的论题,是难以措手的。

二是史料与理论结合。治学必先治史。这是前人治学的经验之谈。鲁迅曾说:"无论是学文学的,学科学的,他应该先看一部关于历史的简明而可靠的书。"明安兄研治的领域,主要是中国古代文学。学习历史,谙熟史料的重要性,自不待言。而明安兄也正是以谙熟文史资料见长,因而他的学术论文,具有重史实,重书证,重考核,不说空话的鲜明特点。试读辑入《论丛》的《张说斟议》《史家论陈子昂》特别是《读〈唐五代人物传记资料综合索引〉》等篇目,可以看出他对《资治通鉴》用力之勤与造诣之深;读《论丛》中关于纪昀的两篇文章,也可以看出明安兄不仅对集"诗人、学者、词章之臣"于一身的纪晓岚的文学与事功,有全面而真切的了解,而且对清中叶乾嘉时期统治阶级实行思想钳制政策,提倡考据之学,以及由此而反映在文化思想领域的激烈斗争,都有细致的描述与精当的分析。总之,明安兄在其学术论文中所作的有益的探索,得出的富有新意和创见的结论,都是有扎实的史料为依据的。这一点，卞老在其序言中，已给予了充分的肯定。

我还要强调指出的是，明安兄是一位具有清醒现代意识的文史研究者。他绝不为史料而史料，为考据而考据。而是坚持实事求是的态度，用马克思主义的理论观点（主要是历史唯物主义与辩证唯物主义）去驾驭和统率史料，力求做到理论与史料的有机结合。所以，他的学术论文尽管史料丰富，但毫不给人以繁琐与堆砌之感；论点明晰，透露出明而能融的综贯手眼与痛快沉着的理论锋芒，而不使人感到浮泛与空疏。《论丛》中《评〈锦瑟〉诗的笺解》与《李商隐无题诗研究中的一个分歧论点》两篇带有驳论性质的文章，是史料与理论有机结合的典型例子。

前一篇文章，在逐一地评述从古到今对《锦瑟》诗笺解中先后出现的"爱情""悼亡""自伤""咏物""神秘"与"政治"诸说的基础上，重点驳斥了把李义山"升格"为"法家"，从而杜撰的所谓"君臣际遇"说。明安兄凭着他对义山诗的深切理解，以及他对义山诗研究资料的充分掌握，把政治批判与学术批判结合起来，完全用事实和材料说话，从而有力地驳斥了强加于《锦瑟》诗的种种歪曲和附会。

如果说前一篇文章侧重于以扎实的史料功底，逐一地批驳对方的论据，以证成己说，那么，后者则是同一位有知名度的学者展开学术争鸣，因而更能见出明安兄的理论修养与明辨学术是非的造诣与胆识。文章首先援据马克思、恩格斯关于婚姻与爱情的论断立论，尖锐地提出问题，而后从五个方向层层深入地驳正了对方对我国古代文人爱情诗持否定态度的论点，以及对李商隐无题诗的曲解。文章论据充分，说理透彻，有气势，有力度，是一篇材料与理论有机结合的力作。

三是多读多思，勤于动脑动手。韩愈说："业精于勤而荒于嬉，行成于思而毁于随。"在我的交游圈子中，明安兄是以藏书丰富、读书刻苦著称的。在他那间卧室而兼书斋的斗室里,几乎占去多半空间的七个大书架还不够用,于是只好任其堆案盈几,甚至连卧榻上也堆满了书。卢照邻《长安古意》有句云:"寂寂寥寥扬子居,年年岁岁一床书。"这两句诗,正可以看作明安兄寂寥俭澹的书斋生活的写照。偶尔造访他的斗室,总可以看到在他的书案上摆着正在阅读的打开的书,或正在撰写的文稿。不用说,收集在《论丛》中的这22篇论文,正是明安兄多年辛勤耕耘的结晶。

还应当看到,由于明安兄治学严谨,侧重于走考据、实证的路子,这就尤其需要花大力气,下笨功夫,孜孜不倦地在浩如烟海的文史典籍中广取博收,旁搜远绍。例如,他为了补正傅璇琮等先生编著的《唐五代人物传记资料综合索引》不收《资治通鉴》唐五代纪及《太平广记》之失缺,竟用近一年时间翻检这两部巨著,草成长达六万言的书评。他为此而付出的辛勤劳动,表现出的顽强毅力,使学术界深为感佩。又如,五代作家王仁裕,生平著作宏富,但多已亡佚。为了取得评述这位重要作家的第一手材料,他不惜花大量时间和精力,先后从《太平广记》中辑得《玉堂闲话》159篇、《王氏见闻录》30篇。这些亲手辑录的资料,为他的进一步探索,提供了可靠的基础和前提。再如,《汉末清议与傅氏一家之儒》,在论及"清议"之"清"作为词素或词根的褒义时,他从《后汉书》有关列传中,一口气举出"清贤""清实""清厉""清选""清俭""清悫""清简""清识""清辩""清旷""清裁""清绩""清淳"等13例;又从魏晋间典籍中检得"清诗""清颜""清眸""清瞻""清讴""清魂""清概""清当""清发""清觞""清篁""清癖"等12例;更从《世说新语》中觅得以"清"褒美人物品格、体貌者,如"清远""清廉""清高"等数例。这样,通过从词义学方面的充分举证,从而使他标举的"清议是傅玄政论的中心要求,也是傅氏四代人(傅燮、傅干、傅玄、傅咸)百余年间相继坚持的政治纲领"这一中心论点,显得更加鲜明

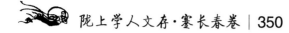

而突出。很显然，上述数十例出现于魏晋之际典籍中以"清"为词根的褒义词，乃明安兄平时广泛涉猎，勤于积累所得，绝非临文时搜肠刮肚可得而致也。

记得20世纪50年代中期在西北师院中文系念一年级时，给我们讲授《语言学概论》的是著名音韵学家赵荫棠先生，他一次在课堂上谈到治学的甘苦时，曾慨乎言之："须是聪明人用笨功夫，乃可学有所成！"所谓"聪明人用笨功夫"，不过是"天才就是勤奋"的换一种说法而已。明安兄天资聪慧，幼承家学，又有孜孜矻矻，锲而不舍的顽强进取精神。这正是他在学术上取得突出成就的奥秘所在。

最后，我还要指出，据我所知，结集在《论丛》中的这二十多篇论文，大都是80年代以来，在他眇一目，健康状况大不如前的情况下勉力完成的。因而显得更加难能可贵。而且，明安兄在学术上继续奋进的壮心宏愿，并未因顾及健康而有所消歇。尚冀建构规模宏大的学术专著，其中有的已草成初稿，稍加润饰，即可交出版社付梓。愿明安兄善自珍摄，并期望他有更多的学术论著相继问世。

1992年12月于西北师范大学

（原载魏明安《中国古代文学论丛》，黄山出版社1992年12月第1版）

武世珍《神话学论纲》序

我与武世珍同志相识已近 30 年了。大凡人们之间的交往,多由于性之相近。正是世珍同志耿介刚正、爱憎分明的为人,和他那于名利十分澹泊,在学术上刻苦钻研、锐意进取的精神,赢得了我的信任与敬重,使得我们之间的友谊与日俱增。特别是从 1977 到 1988 这十多年里,我们一道从事学报编辑工作,业务上相互支持,学术上相互切磋,道义上互相砥砺——在我不大的交友圈子里,世珍同志称得起是我的一位可以无话不谈的挚友和畏友。

据我所知,世珍同志从事神话研究起步较早,大约在"文革"后期即开始从事资料方面的准备工作。后来,他的一系列有理论深度和真知灼见的研究论文陆续问世,博得神话学界同行专家的好评,我并不感到意外。约莫在一年以前,世珍同志告诉我,他打算把自己多年来从事神话研究的心得,加以综合整理,结撰成一部专著,命名为《神话学论纲》,先期付梓,以便在更广泛的范围内进行交流,并听取学术界和同行专家们的意见。对于他的这一打算,我是热忱支持的。我以为,就世珍同志在神话研究方面的深厚积累和独特造诣,早就应该有这方面的专著问世。前不久,他又告诉我,他的《论纲》已经付排,嘱我为他的大著看一下清样,同时为他的大著写一篇《序》。对此,我却有些踌躇了。作为老朋友,我知道他的目力不济,为他的大著看一下清样是义不容辞的;但为之作《序》,却使我感到为难了。诚然,世珍同志从事神话研究的漫长而艰苦的历程,我是了解的;他在刊物上陆续发表的那些各具特色的研究论文,也大都拜读过,并从中深受启发。但是,我对于神话这一涉及史前文化许多学科领域的独特意识形态却素无研究;说到底,我对于它的了解,至多也不过停留在常识的层次,而对于这一学术领域的一些理论问题和实际问题,是感到陌生和隔膜的。因此,我虽然十分感激世珍同志对我的信任和厚爱,但我考虑让我这个外行来作序,深恐难以发皇其大著的精义与宏旨,有负朋友的重托,因而迟迟不敢应命。但世珍同志是实心人,在他的执意敦促下,我也就不便坚辞,只好勉强答应了下来。

那么,写什么呢?好在如前所述,我对于世珍同志从事神话研究的漫长而艰苦的历程,以及他那种锲而不舍、一丝不苟的严谨学风,是谙熟的,敬佩的。在这里,我就不妨着重说说世珍同志刻苦认真的治学精神吧。至于他在神话研究领域所取得的卓越成就,就只能凭自己校读清样的理解所及,结合《论纲》所展示的结构体系,谈一点"读后感"了。我想,世珍同志在这方面的成就,学术界早有定评,或许不会因为我的评介的浅陋,而有损其光辉的。

世珍同志从事神话研究,并非出于兴之所至,猎异搜奇,而是从一开始就怀着严肃的探索精神,以全身心沉浸于这一学术领域,废寝忘食地进行了全面而充分的准备,才从容不迫地迈出他那越来越坚实的步伐的。据我了解,他至少在以下三个方面作了充分的准备。

首先是资料方面的准备。神话作为史前文化的特殊意识形态,有其独特的研究对象和范围。力求详尽地把握和熟悉这方面的资料,是从事神话研究的基础和前提。为此,世珍同志结合阅读鲁迅《中国小说史略》《汉文学史纲要》、茅盾《中国神话研究初探》、丁山《中国古代宗教与神话考》、闻一多《神话与诗》及徐旭生《中国古史的传说时代》等前辈和大师们关于神话研究的论著,认真蒐集和研读了《山海经》,及散见于先秦诸子与《淮南子》《搜神记》《述异记》《太平御览》等典籍中关于中国古代神话的史料；同时，结合学习马克思、恩格斯关于神话的论述，又认真阅读了古代希腊、罗马以及埃及、印度等外国古代神话的史料，这样就为他对中外神话作具体微观的把握和跨文化的比较研究打下了坚实的基础。

其次是理论的准备。为神话研究独特的对象和范围所决定，神话学是一门学术性、理论性很强的学科。如果没有科学的理论的观照与贯注，就不能阐明这一学科的性质和特点，就不能阐明这一史前文化的特殊意识形态嬗变演化的轨迹及其对人类文明的影响。总之，就达不到"古为今用""洋为中用"的目的。因而，世珍同志除了认真阅读前述丁山、茅盾、闻一多等前辈的有关著作，以作为神话研究的入门知识外，特别认真阅读了马克思、恩格斯、列宁关于哲学、美学和神话等的有关论著，对马克思、恩格斯关于希腊罗马神话的论述以及普列汉诺夫《论艺术——没有地址的信》用力尤勤。此外，对西方近现代学者的有关学术理论著作，如摩尔根《古代社会》、维柯《新科学》、黑格尔《美学》及《小逻辑》、康德《判断力批判》、弗雷泽《金枝》、博厄斯《原始艺术》、弗洛伊德《精神分析纲要》及《图腾与禁忌》、荣格《心理学与文学》、克莱夫·贝尔《艺术》、布留尔《原始思维》、柯林伍德《艺术原理》、马林诺夫斯基《巫术科学宗教与神话》和《文化论》、卡希尔《人论》《语言与神话》及《神话思维》、列维·斯特劳斯《野性的思维》、皮亚杰《发生认识论原理》及《结构主义》、格罗塞《艺术的起源》、罗伯特·汤姆生《思维心理学》，以及让·保罗·萨特《想象心理学》等等——老实说，以上列举的这一大批书名，远远超出了我的阅读范围，而世珍同志都一一有分析，有鉴别地认真拜读过，并在自己的研究中不时地引用这些西方学者理论中合理的因素来充实和深化自己的论点。这样，就使得世珍同志的神话研究，能够打破传统的封闭体系，保持着开放的、全方位的、高起点的格局。

再次是关于研究方法的探索与革新。正因为神话研究的对象和范围具有跨文化的人类共同性，所以，不仅在史料的把握方面要打破中华文化的限阈而面向世界，在理论准备方面要沟通古今中外的壁垒，而且在研究方法方面也应当打破传统的藩篱，谋求开拓与创新。为此，世珍同志在致力于对传统的训诂、考据和社会历史的研究方法的学习与运用的同时，在马克思主义的指导下，有意识地认真阅读了西方有关控制论、信息论、系统论和结构主义等关于研究方法方面的著作。而且，世珍同志对新方法的探讨与运用，并不像时下的某些赶潮流者那样，仅仅自矜于对一些新的名词术语的一知半解，而是在对新方法加以批判地审视和扬弃的基础上，有鉴别、有选择地吸取其合理的因素，他力求以马克思主义的世界观和方法论为指导，注意把传统的方法和新方法（特别是系统的方法）结合起来，坚持用整体性、综合性和动态性的原则，对神话进行全面的、辩证的、历史的研究；同时又运用跨文化的比较方法，深入探讨中西神话发生、发展和演变的一般规律。这样，就使得世珍同志的神话研究，在方法和手段方面也具有全新的面貌，能够跟上当代国际神话学研究发展的步调和水平。

不言而喻，严肃的治学态度与严谨的治学方法的结合，是世珍同志在神话研究方面取得突出成就的基础。如前所述，正因为他以严肃认真的态度，在资料、理论和研究方法方面都做了充分的准备与深入的探讨，具有深厚的积累，因而在研究中能够做到高屋建瓴，博观约取，厚积薄发。他的研究论文，以理论思辨取胜，且有理论深度；既表现出宏观的综贯手眼，又具有微观的透彻剖析。因此，他近年来一系列研究成果，引起了学术界的强烈关注。民俗学专家钟敬文教授推崇武文为"凝聚心力"之作（《挺进中的民间文学》，见 1982 年《中国百科年鉴》），是"神话研究的曙光"（《民间文学事业在前进》，见 1981 年《中国百科年鉴》）；他的研究论文还多次被《新华文摘》《中国白科年鉴》《中国文学研究年鉴》《中国文艺研究年鉴》《文史知识》、"人大"复印资料和《高校文科学报文摘》予以转载或摘要介绍;《中国大百科全书·中国文学》卷把世珍同志列为我国当代在神话研究方面取得突出成就的代表人物之一。

通过校读清样,绀绎《论纲》全书,我以为世珍同志在神话研究方面的成就和建树,主要集中在以下几个方面:

关于神话的起源。新中国成立以来,学术界基本上认同"劳动起源"说。世珍同志对此说做了补充,指出古代神话的起源,是与原始人类社会意识的产生、有声语言的形成和最早的思维形式的特点密切相关的。而上述三个构成神话赖以产生的基本条件,又毫无例外地都是在物质生产劳动中形成的。他还进而论定,古代神话乃是物质生产劳动和社会功利结合的产物;促进古代神话形成的总的推动力,应该是社会需要的总和,即社会功用。所以,生产劳动为古代神话的起源提供了物质基础,而劳动发展到一定阶段上产生的社会功用,则是促进古代神话形成的动力。只有这两者才是形成古代神话的基本根源。

关于神话的特点。世珍同志通过对古代神话进行历史的综合考察,以及与文明社会意识形态的比较研究,指出古代神话具有以下五个特点,即:对自然和社会形态的不自觉的艺术加工;对物质生产的直接依赖性,即它的创造是直接为社会物质生产方式和生产力发展水平所决定和制约,因而基本上是与物质生产的发展相适应,成比例的;古代神话既是原始社会意识形态的单一体,又是这一单一体的主体;最后两个特点是表现形式的象征性和口头流传的奇异性。我认为,这是迄今为止,对古代神话的特点所做的全面而明晰的科学概括。

关于神话的发展和演变。我国有的学者把神话发展和演变的结果,归结为"历史化"和"仙话化"这两个方面。世珍同志不同意"仙话化"的提法,并将其发展和演变归结为四种结果:即除了"历史化"之外，一部分哲理化而演变为寓言，一部分宗教化，还有一部分神话定型化，成为神话遗产的基本成分。世珍同志还深入探讨了古代神话发展和演变的四种形式：一是原始神话故事向英雄传说逐渐过渡，即从"神话"向"人话"过渡，这是比较普遍的形式；二是从天帝神格发展到反抗神的产生；三是神格中心的演化，即从以女性神格为中心的神话向以男性神格为中心的神话过渡；四是从非艺术领域向艺术领域的过渡。这些论断，亦皆发前人所未发。

关于神话研究的对象和范围，即神话的上限与下限。关于神话生成的上限，我国神话学界有三种看法：神话最早生成于人类野蛮时代的低级阶段；生成于蒙昧时代的高级阶段；生成于蒙昧时代的中级阶段。世珍同志对上述三种看法全面地进行了比较，并以与神话生成有关的人的自然生理基础的进化和发展，以社会实践的发展向生产工具的积淀所反映的人的内在认知建构的发展，以人类有声语言所表明的人的思维和意识的发展等作为参证，论定第二种看法是正确的，从而较有说服力地回答了神话生成的上限问题。关于神话发展的下限，我国有的学者断至封建社会的初期，而且认为中国封建社会也陆续有新的神话产生。有的学者甚至将中国神话的下限定为近代。世珍同志不同意上述看法，他列举充分的证据，论定神话应该终止于原始社会的崩溃时期。

关于神话思维。神话思维作为人类在较早阶段形成和发展起来的一种原始的思维方式，应该是原始先民借助想象认识对象世界的一种现存实践的思维。世珍同志称这种思维为"实践—精神"的思维，它具有以下特点：首先，这种思维在本质上是实践性的；其次，它是一种半精神性的思维；第三，它是一种原生的单一的思维形式；第四，它又是一种动态结构的思维。随着神话思维的解体，古代神话作为这种思维的产物，也就消失了。这一论点，也可以看作是从思维角度对"广义神话"说的批评。

最后，关于对"广义神话"说的批评和争论。所谓"广义神话"说，是我国一位有影响的神话学研究者在 20 世纪 80 年代初提出来的。他认为产生神话的经济基础和条件，从原始社会到今天为止，都还没有消失。因而在当代，新的神话和神话因素浓厚的传说故事还会不断产生出来。世珍同志则认为，马克思从存在与意识、经济基础与上层建筑的相互关系来阐述和界定神话的性质和特点，是极其精辟的。依据马克思的论断，神话只能产生于与之相适应的氏族社会，即人类社会的童年时期。而"广义神话"说离开了神话自身的特点，将研究对象和范围无限扩大，是不科学的。

上述几点，是世珍同志近年来在神话研究方面的心得与创获，也是构成这本《神话学论纲》的框架体系的支撑点。由此可见，《论纲》并非脱离实际，为学术而学术的高头讲章，而是紧扣神话这一独特学科的性质和特点，密切结合我国神话研究的实际和现状来立论的。有的放矢，不发繁琐的空论的现实性品格，更突显了它的理论和学术的光彩。相信它的问世，必将对我国神话研究的发展有所助益。

世珍同志已过"知命"之年，但小我好几岁，对于一个文史研究工作者来说，应算是正当"壮年"。《论纲》不过是他从事神话研究的发轫之作。我知道，他还有好几部分别剖论神话研究领域某些专门问题的著作，正在酝酿和结撰之中，我们期待着世珍同志有更多的佳作陆续问世。龚自珍诗云："虽然大器晚来成，卓荦全凭弱冠争。"然而，我常常慨叹，我们这一辈人被无端耗费掉的青春和生命，实在是太多太多了！但愿"大器晚成"这句话，会在我老朋友身上得到应验。

1993 年 4 月于西北师范大学

（原载武世珍《神话学论纲》，敦煌文艺出版社，1993 年 5 月第 1 版）

附录

塞长春学术成果目录

一、著作类

1.《中国儒学辞典》,辽宁人民出版社,1988年12月第1版;参编,任编委会常委,撰写部分条目。

2.《唐代边塞诗研究论文选粹》,甘肃教育出版社,1986年8月出版,参与编选论文,并合作撰写前言。

3.《傅玄阴铿诗注》,甘肃人民出版社,1987年8月第1版,三人合作,第一作者,审订全稿,并撰写前言。

4.《中华大典·文学典·隋唐五代文学分典》,江苏古籍出版社,2000年12月出版;参编,任《分典》副主编兼《中唐文学部》主编。

5.《白居易评传》,南京大学出版社,2002年5月第1版。

6.《白居易论稿》,敦煌文艺出版社,2005年8月第1版。

二、论文类

1.《试论白居易对永贞革新的态度及新乐府运动的历史背景》,《甘肃师大学报》社科版,1979年第3期。

2.《试论白居易诗歌的艺术风格》,《甘肃社会科学》,1980年第2期。

3.《白居易诗论的美学意义》,《甘肃师大学报》社科版,1980年第4期。

4.《白居易思想散论》，原载《甘肃师大学报》社科版，1981 年第 4 期；后辑入《白居易论稿》，略有改动，更名为《白居易思想论略》。

5.《白居易讽谕诗的人道理想》，《西北师院学报》社科版，1983 年第 1 期。

6.《谈谈识字教学中的听写练习》，《西北师院学报》社科版，1983 年第 1 期。

7.《〈百道判〉及其学术价值——兼论白居易的早期思想》，《西北师院学报》社科版，1984 年第 3 期。后辑入《白居易论稿》，稍有增补。

8.《唐代边塞诗讨论综述》，原载《西北师院学报》社科版，1984 年第 4 期；《唐代文学研究年鉴》1985 年卷、《新华文摘》1985 年第 1 期全文转载。

9.《关于〈长恨歌〉主题》，《唐代文学研究年鉴》1984 年卷。

10.《新乐府诗派与新乐府运动——关于白居易评价的一个问题》，《西北师院学报》社科版，1986 年第 4 期。

11.《〈长恨歌〉主题平议——兼论〈长恨歌〉悲剧意蕴的多层次性》，应日本勉诚社之约而作，原载《西北师大学报》社科版，1991 年第 6 期；日文译文载勉诚社编七卷本《白居易研究讲座》第二卷。

12.《回顾与展望——为师大学报出版百期而作》，《西北师大学报》社科版，1991 年第 6 期。

13.《白居易〈失婢〉诗考辨》，《西北师大学报》社科版，1992 年第 6 期。

14. 魏明安《〈中国古代文学论丛〉跋》，黄山书社，1992 年 12 月第 1 版。

15. 武世珍《〈神话学论纲〉序》，敦煌文艺出版社，1993 年 5 月第 1 版。

16.《八十年来中国白居易研究述略》,应日本勉诚社之约而作,原载《西北师大学报》社科版,1993 年第 3 期;日文译文载勉诚社编七卷本《白居易研究讲座》第五卷。

17.《也说"青衫"与"江州司马"》,《西北师大学报》社科版,1995 年第 6 期。

18.《读岑参〈题金城临河驿楼〉》,《文史知识》,1997 年第 7 期。

19.《进不趋要路,退不如深山——白居易的"中隐"观念及其影响》,原载《文史知识》2002 年第 12 期;日文译文载日本白居易研究会编《白居易研究年报》2003 年第四号。

20.《卞孝萱先生对〈柳文指要〉的学术贡献》,《淮阴师范学院学报》社科版,2003 年第 3 期。

21.《〈三教论衡〉简析》,《诸子百家名篇鉴赏辞典》,上海辞书出版社,2003 年 9 月第 1 版。

22.《不教才展休明代,为罚诗争造化功——白居易生平、思想与创作道路述略》,《甘肃高师学报》,2004 年第 3 期。

23.《白居易的江州之贬与王涯的落井下石——兼论元和朝局及乐天遭贬的政治原因》,《西北大学报》社科版,2005 年第 1 期。

24.《白居易的佛教信仰》,《白居易论稿》,敦煌文艺出版社,2005 年 8 月第 1 版。

25.《以声写情的千古绝唱〈琵琶行〉——兼论白氏长篇叙事诗的艺术特色》,《白居易论稿》,敦煌文艺出版社,2005 年 8 月第 1 版。

26.《从"有所为而作"的主张到"为人生"的艺术观——白居易诗论的现代意义》,《白居易论稿》,敦煌文艺出版社,2005 年 8 月第 1 版。

27.《唐人为什么重视判的写作》,《白居易论稿》,敦煌文艺出版社,2005 年 8 月第 1 版。

28.《关于〈白氏六帖事类集〉》，《白居易论稿》，敦煌文艺出版社，2005 年 8 月第 1 版。

29.《从〈不致仕〉看白居易的廉退思想》，《白居易论稿》，敦煌文艺出版社，2005 年 8 月第 1 版。

30.《论江州之贬是白居易前后期思想的分界线——兼与王谦泰先生商榷》，2005 年 9 月洛阳《白居易诗歌国际研讨会论文选》，河南文艺出版社，2009 年 3 月第 1 版。

《陇上学人文存》已出版书目

· 第一辑 ·

《马　通卷》马亚萍编选　　《支克坚卷》刘春生编选

《王沂暖卷》张广裕编选　　《刘文英卷》孔　敏编选

《吴文翰卷》杨文德编选　　《段文杰卷》杜琪　赵声良编选

《赵俪生卷》王玉祥编选　　《赵逵夫卷》韩高年编选

《洪毅然卷》李　骅编选　　《颜廷亮卷》巨　虹编选

· 第二辑 ·

《史苇湘卷》马　德编选　　《齐陈骏卷》买小英编选

《李秉德卷》李瑾瑜编选　　《杨建新卷》杨文炯编选

《金宝祥卷》杨秀清编选　　《郑　文卷》尹占华编选

《黄伯荣卷》马小萍编选　　《郭晋稀卷》赵逵夫编选

《喻博文卷》颜华东编选　　《穆纪光卷》孔　敏编选

· 第三辑 ·

《刘让言卷》王尚寿编选　　《刘家声卷》何　苑编选

《刘瑞明卷》马步升编选　　《匡　扶卷》张　堡编选

《李鼎文卷》伏俊琏编选　　《林径一卷》颜华东编选

《胡德海卷》张永祥编选　　《彭　铎卷》韩高年编选

《樊锦诗卷》赵声良编选　　《郝苏民卷》马东平编选